MADONNA

50 anos

[illegible]
16 - outubro - 2008
I love you MADONNA.
[illegible]

Com Carinho

MADONNA
50 anos

Lucy O'Brien

A biografia do maior ídolo da música pop

Tradução
Inês Cardoso

2ª impressão

Título original: Madonna: Like an Icon

Editora Nova Fronteira S.A.
Rua Bambina, 25 – Botafogo – 22251-050
Rio de Janeiro – RJ – Brasil
Tel.: (21) 2131-1111 – Fax: (21) 2286-6755
http://www.novafronteira.com.br
e-mail: sac@novafronteira.com.br

CIP-Brasil. Catalogação-na-fonte
Sindicato Nacional dos Editores de Livros, RJ

O14m O'Brien, Lucy
Madonna : 50 anos : a biografia do maior ídolo da música pop / Lucy O'Brien ; tradução Inês Cardoso. – Rio de Janeiro : Nova Fronteira, 2008.

Tradução de: Madonna : Like an Icon
Inclui bibliografia e índice

ISBN 978-85-209-2139-5

1. Madonna, 1958-. 2. Cantoras – Estados Unidos – Biografia. I. Título. II. Título: A biografia do maior ídolo da música pop.

CDD 782.42166092
CDU 929:7.071.2

Para Malcom, Erran, Maya
e
Dorothy O'Brien (1906-1951)

Sumário

Introdução

Tornei-me fã da Madonna em 1985. Lembro-me de um dia entrar no quarto de uma amiga e encontrá-la assistindo à TV.

— O que está passando? — perguntei, sentando-me ao seu lado.

— É um show da Madonna — respondeu.

— Ah, não!

Quase saí do quarto. Para mim, Madonna era aquela perua pop com roupas bregas de *lycra* que se contorcia feito uma cobra numa gôndola veneziana no videoclipe de "Like a Virgin".

— Não, espere um instante — retrucou minha amiga. — Na verdade, ela é muito boa. Muito engraçada. Tem algo extremamente atraente nela.

Continuei assistindo. E, em poucos minutos, consegui "captar" o que era. A cantora, lançada como uma futura estrela atrevida no programa musical da BBC inglesa *Top of The Pops*, ganhava um novo significado para mim. Muita gente só veio a entender o que havia de tão cativante nela depois de assistir ao vídeo da turnê *Like a Virgin*. Era uma energia calorosa e efervescente. Madonna falava diretamente com o público feminino. Tinha uma cintura gorduchinha e não ligava nem um pouco para isso. Sorria muito, piscava para a multidão e nos convidava a participar da brincadeira. E sua música — com uma batida gostosa e dançante, aliada a letras ousadas e melódicas — era absolutamente sedutora.

Ela despertou o meu interesse com a turnê *Like a Virgin* e, mais tarde, conquistou a minha admiração com o filme *Procura-se Susan desesperadamente*. Nele, ela interpretava uma garota irresponsável, alegre e com a malícia de quem vive nas ruas de uma cidade grande. Não era mais um ídolo pop pré-fabricado, era ela mesma, autêntica. Madonna passou, então, por uma série de mudanças intencionais, da interesseira oxigenada de *True Blue*, em meados da década de 1980, aos aromas, sinos, cabelos negros e misticismo de *Like a Prayer*. O que, para uma garota de formação católica, era algo inspirador. Assistir à turnê *Blond Ambition*, com aquela enorme nave de igreja e uma Madonna penitente, fez meu coração parar.

Depois foi a vez da mulher ambiciosa e exagerada do filme *Dick Tracy*, e da elegância decadente do videoclipe "Justify My Love", de 1990, filmado em monocromo por Jean-Baptiste Mondino em um hotel desconhecido de Paris. Houve a alegria transparente de "Vogue", trilha sonora perfeita para um verão dançante, antes das revelações de seu livro *Sex* e do documentário *Na cama com Madonna*. Certa vez, ela disse:

— Prefiro estar dentro da mente das pessoas do que fora.

Em 1992, aquilo foi uma provocação até mesmo para seus fãs mais devotos.

No entanto, eu ainda admirava sua ousadia, sua coragem e sua luta pelas culturas alternativas e modos de vida não convencionais, que se encontravam expostos em seu trabalho: desde as lésbicas sadomasô do livro *Sex* até o convincente pastiche do estilo disco gay em *Confessions on a Dance Floor*, ou ainda o beijo que ela dá em cheio na boca de um cristo negro no videoclipe de "Like a Prayer". Madonna estava sempre alerta às tendências do universo pop ao tomar atitudes como essa — ao estrelar o filme *Evita*, por exemplo, se firmou como um ícone hollywoodiano mais convencional. Quando se tornou mãe, parecia que os dias de rebeldia haviam terminado e que finalmente sossegara, mas, então, apareceu com uma ambiciosa textura musical cheia de experimentalismo nos álbuns *Ray of Light*, de 1998, e *Music*, lançado em 2000. Com o disco de 1998, Madonna ganhou seu primeiro Grammy, e foi finalmente aceita como uma artista séria pela fraternidade do rock.

Tenho assistido a todos os shows de Madonna desde a turnê *Who's That Girl?*, de 1988, e pude testemunhar seu desenvolvimento como artista. Também acompanhei sua vida pessoal com muito interesse, observando diversas coincidências com a minha própria trajetória. Somos da mesma geração. Assim como ela, fui uma garota católica que se desviou da religião, impulsionada pelo feminismo. Toquei em uma banda só de mulheres e conheci a vibração de estar no palco. Como Madonna, fui seduzida pelo universo do punk e dos clubes noturnos underground. Como ela, me concentrei na carreira antes de encontrar um parceiro e me casar, o que deixei para fazer mais tarde na vida. Também tive dois filhos (um menino e uma menina) depois dos quarenta anos. Sua história é, em diversos aspectos, típica da minha geração: a maneira com que o feminismo nos tornou corajosas; o fato de, apesar da liberdade pela qual havíamos lutado, ainda existir um conflito intenso entre o trabalho e a maternidade.

Na sua música e na sua arte, Madonna fala muito sobre o que significa ser mulher. Ela se utiliza de uma linguagem popular e generaliza tudo ao extremo, mas sempre toca em algum ponto significativo. Na qualidade de compositora constantemente atenta à classe artística feminina, sempre a achei fascinante. O que me impressiona nela é sua singularidade. Ela não tem a potência vocal de Billie Holiday ou de Ella Fitzgerald, e não marcou uma geração com um rock'n'roll cru, como fizeram Janis Joplin e Patti Smith, mas conquistou uma presença significativamente intensa na música pop exatamente por conta de sua atitude e versatilidade, que são de tirar o fôlego. Por reunir diversas tendências, se deixou influenciar por milhares de fontes e as condensou sob uma única visão. Isso por si só é uma obra de arte.

— Eu sou a obra de arte. Eu sou a arte. *Je suis l'art* — disse Madonna para Sébastien Foucan, o rei do movimento francês *Le Parkour*, também conhecido como *jumping buildings*, além de importante dançarino da turnê *Confessions*. O que realmente motiva Madonna como artista e compositora tem sido ofuscado pela imagem provocadora que a mídia lhe atribui.

— Existem cantores muito talentosos que simplesmente contratam um produtor e deixam que ele faça todo o trabalho, reservando para si a tarefa de entrar no estúdio, cantar as músicas três vezes e voltar para casa. Madonna *não* é um desses artistas — diz Guy Sigsworth, produtor de *Music*, álbum futurista do novo milênio. — Ela se envolve intimamente em todo o processo criativo como colaboradora e produtora. Esse seu lado é em geral ignorado, e as pessoas se fixam demais na sua imagem. Todas essas canções de sucesso certamente não se devem apenas a vinte anos de belos cortes de cabelo.

É essa música — combinada com uma beleza peculiar e luminosa, uma energia irresistível e aparições altamente teatrais — que fez de Madonna um ícone quase religioso. Apelidada de "Imaculada Conceição" (jogo de palavras com o nome do álbum de 1990, *The Immaculate Collection*, em português, *Coleção imaculada*) pelo seu amigo, o ator Rupert Everett, ela provoca uma espécie de adoração em massa:

— Os olhos dela, do mais pálido azul, são estranhamente separados um do outro. Se fossem um pouco mais distantes, ela pareceria uma louca ou portadora de alguma doença congênita. Quando eles olhavam na minha direção, eu congelava — disse Everett sobre a primeira vez em que os dois se encontraram, na década de 1980. — Ela, definitivamente, não tinha uma beleza convencional. Era como se fosse uma pintura de Picasso. Havia um campo de força em torno dela que, como uma onda, arrastava todos a cada vez que começava a dançar.

A estrela pop Madonna surgiu como a versão provocadora de um ícone clássico no século XX. Enquanto a Virgem tradicional simbolizava modéstia e pureza, a nova Madonna pregava *tanto* o poder da sexualidade *quanto* a espiritualidade.

— Ela uniu e cicatrizou as duas metades separadas: Maria, a Virgem abençoada e mãe sagrada, e Maria Madalena, a prostituta — diz a ensaísta Camille Paglia.

A compositora Tori Amos concorda:

— Acredito que a união dos temas "Madonna", "Virgem" e "sexo" foi como revitalizar a imagem histórica da primeira Madonna. Isso representou um grande despertar sexual para as garotas cristãs, católicas, protestantes, mórmons, batistas: que venham todas. O significado de ter uma mulher chamada Madonna cantando "Like a Virgin" não pode ser menosprezado, tampouco o efeito de uma multidão de garotas ao redor do mundo cantando junto com ela.

FREQÜENTEMENTE SE TEM PERGUNTADO quem é a "verdadeira" Madonna. O estereótipo negativo mais popular é o da louca por holofotes, manipuladora e agressiva com o público masculino. Enquanto isso, porém, para muitas mulheres Madonna faz o papel de ícone feminista. Sempre achei seu trabalho claro e autobiográfico, mas sua personalidade, no entanto, parecia-me complexa e ameaçadoramente mutante. Por já ter trabalhado em biografias de artistas importantes como Annie Lennox e Dusty Springfield e por ter escrito um histórico das mulheres na música pop, sempre quis chegar ao cerne das motivações de Madonna. Com mais de duzentos milhões de álbuns vendidos no mundo todo e 58 canções figurando entre as 10+ das paradas de sucesso do Reino Unido, ela é a artista que mais vendeu em todos os tempos.

Desde os seus dias de "Like a Virgin", venho montando o meu arquivo sobre Madonna, e em 2005 comecei a trabalhar num livro sobre ela. Queria me voltar para sua vida e para seu trabalho quando ela estivesse chegando aos cinqüenta anos. Que tipo de discussão isso poderia trazer? Como ela conseguiu chegar lá criando e mantendo estéticas capazes de atingir pessoas de todas as gerações? O que ela *era* realmente? Fascinada pela *persona* contraditória — loura fatal, *Lady of the Manor* (ou Senhora da Mansão, proprietária de terras, uma das figuras aristocráticas mais tradicionais da sociedade inglesa), defensora da cabala, xamã feminina —, busquei uma maneira de compreendê-la. Madonna é mais do que uma combinação pós-moderna de signos. Ela é uma mulher de carne e osso, mas sua identidade mutante fez dela um quebra-cabeça.

Toda vez que me deparo com um aspecto enigmático, volto-me para suas canções. A música deixa uma impressão física. No som gravado, podemos encontrar o mundo e a mente do artista. Usando isso como ponto de partida, ouvi todos os álbuns de Madonna, da primeira à última música, e encontrei uma história irresistível. Fossem as passagens da liturgia católica em *Like a Prayer*, as profundezas misteriosas de *Ero-*

tica, ou o transe hipnótico de *Confessions on a Dance Floor*, em que a voz de Madonna tornou-se apenas uma textura na canção, ela estava sempre traçando uma trajetória pessoal. Às vezes caía em contradição, às vezes parecia estar vivendo um melodrama, mas freqüentemente o que se vê em sua música é alguém enfrentando a dor e em busca de felicidade.

Para entender como ela construiu esse caminho, comecei a retraçá-lo num itinerário próprio. Percorri desde estúdios de gravação com tecnologia de ponta a um apartamento em Hornsey, ao norte de Londres, onde Doug Wimbish e os integrantes da banda pós-punk Tackhead ainda se reuniam. Perambulei por Michigan, visitando lugares antigos freqüentados por ela no passado, acompanhada por uma mulher que estudara com Madonna no colégio. Vaguei em meio aos ventos típicos das ruas de Detroit, entrevistei diretores à beira de piscinas em Los Angeles, e viajei até Nova York para conhecer antigos amigos e colaboradores. Andei pelos campos de Wiltshire e passeei pelos interiores cobertos de tapetes felpudos dos templos cabalísticos de Londres. Conversei com dançarinos, coreógrafos, músicos e produtores — pessoas que trabalharam com Madonna. Durante o percurso, pensava no meu próprio passado católico e na minha avó, que morreu jovem depois de ter seis filhos. Pensei sobre o que significava ser mulher em determinada geração, o que significava ter nascido na primeira década do feminismo, do punk e da liberação homossexual. E o que significava tornar-se mãe tardiamente, na meia-idade. E como o fato de ser mãe de uma menina fez com que eu me tornasse militante no sentido de querer que tudo desse certo dessa vez.

Minha busca por Madonna tornou-se insana. Eu continuava enxergando duas imagens bem definidas dela: havia uma mulher brutalmente competitiva que seguia em frente de modo implacável, e uma outra que eu nunca vira antes — doce, infantil e cativante.

— Quando está em algum lugar público ou em qualquer lugar em que esteja sendo vista, ela ergue um muro de defesa, mas faz isso de modo firme e ao mesmo tempo gentil. Parece arrogante, como se estivesse fazendo o papel da estrela — disse-me o diretor James Foley, amigo de Madonna. — Mas quando chega em casa e tira o casaco, é como se tirasse junto essa personalidade. Até o sotaque muda: do britânico falso para o de um nativo de Detroit.

Se fosse apenas uma questão de um comportamento para a vida pública e outro para a vida privada, seria fácil de entender. Mas Madonna vai de um para o outro de uma forma muito mais complexa. Demorei um bom tempo para perceber isso e, quando o fiz, já estava terminando de escrever este livro.

NAS ENTREVISTAS, Madonna parece cautelosa e ensaiada:

— É como se ela tivesse mandado a assessora dar a entrevista por ela — observou Norman Mailer.

O famoso senso de humor que tantos colaboradores mencionam não fica muito em evidência. Ela pode ser assim, calculista nas relações com os amigos, e chegar até a criar complexos jogos amorosos do tipo morde e assopra com maridos e amantes, mas muita gente que trabalhou com ela fala do seu jeito terno, acessível e natural. Seria ela uma combinação de duas pessoas diferentes? Minha ficha só caiu quando assisti às imagens dos ensaios para a turnê *Confessions*: Madonna estava relaxada e feliz. Não usava maquiagem e vestia roupas casuais, mas era possível perceber que cada célula do seu corpo estava viva e intensamente envolvida com o processo da performance.

O único ambiente onde Madonna parece ser ela mesma é em seu trabalho. Em outras situações, parece hiperconsciente da própria imagem, de seu prestígio, consciente de tudo. Só quando está fazendo suas performances é que essas camadas são retiradas e é possível enxergar apenas ela. Porque no momento em que é apanhada pelo processo criativo, esquece de si mesma. Madonna, a certo ponto, é a soma de todas as influências que recebeu. Ela se apropria dessas influências — o cinema, a cultura disco, a literatura e as artes visuais — e as deixa transitar por seu corpo. Reage ao mundo fundamentalmente como dançarina, processando e expressando toda informação que encontra no caminho. E quando tudo isso sai de dentro dela, não é de forma meramente acidental, nem de modo caótico ou indefinido. No mundo de Madonna, isso está atrelado a uma estética que ela sempre deixou clara e que manteve próxima de si durante toda a vida.

Como as verdadeiras divas, Madonna encontra no trabalho o alimento para a sua vida. Desde o catolicismo da infância até a morte da mãe, passando pelo terrível ataque sexual em Nova York e pela revolta intensa e fervorosa dos anos de *Sex* até a redenção que encontrou na maternidade, a vida de Madonna *é* o seu trabalho, sua razão de existir. Em 2006, ela foi manchete de jornais do mundo todo quando adotou o menino David Banda, de 13 meses, de um orfanato em Malauí. Seu gesto gerou um debate fervoroso — se sua motivação provinha de uma consciência social ou de desejos egoístas. Atormentada pela saraivada de críticas, Madonna declarou, longe da imprensa:

— Não sou tão odiada desde que o meu livro *Sex* foi lançado no início da década de 1990. O que foi que eu fiz para merecer isso?

Seu estilo é confrontador e sua ambição é desenfreada; no entanto, de forma constante e compulsiva, ela dedica sua vida à fascinante arte pop. Como disse um antigo namorado, o produtor Steve Bray:

— O que mais me impressiona nela é a capacidade de te dominar por completo, e ainda fazer com que você goste dessa sensação.

Madonna se tornou uma deusa da nossa era, e um ícone criado por todos nós. Esta é a sua história.

Lucy O'Brien
Londres, 2007

Livro I

Batismo

I

A morte de Madonna

Ao sair de Detroit pela estrada principal, a I-75, você é surpreendido pela paisagem comum, suave e plana. As pontes de concreto e as planícies se estendem até os subúrbios. Mas há também uma enorme sensação de vazio, de vastidão e de isolamento. Não há distrações. O lugar é como uma tela em branco, você pode se inventar completamente.

O inverno chega cedo por aqui. O verão termina suavemente, as folhas vão ganhando uma tonalidade dourada de castanho, e bam! De repente, no final de outubro, começa uma onda de frio. Uma onda que se estende por todo o inverno. "Ele chegou", dizem os moradores locais, com um suspiro. O frio é tão grande e profundo quanto as ruas. Em Detroit, há muito poucas árvores para reduzir o frio e prover a cidade de paisagens naturais que se possam apreciar. A cidade é toda feita de blocos de concreto e ruas desnudas. O vento gelado desce como um funil por elas com uma severidade que não nos abandona até fins de maio.

— O inverno dura oito meses — diz o motorista do táxi, com um ar resignado —, mas quando chega janeiro, você já se acostumou com ele.

Não tem como escapar do frio, exceto dentro de casa, onde é quente, há luz e tem uma TV ligada. Não é de se admirar que os nativos de Detroit levem tão a sério suas formas de diversão. Está na maneira de se maquiar, no jeito de trabalhar e de jogar pesado, na atitude corajosa deles de "mandar ver". Se não assumir essa atitude, você simplesmente evapora. O clima é tão devastador que é necessário desenvolver uma carapaça para agüentá-lo, ou, se tiver dinheiro, simplesmente fugir dele.

Parece adequado o fato de a principal escultura pública de Detroit ser um punho fechado gigante de meia tonelada moldado em bronze pelo escultor americano Robert Graham. Um tributo à resistência do boxeador peso-pesado e nativo de Detroit, Joe Louis. A escultura simboliza a resiliência da cidade depois dos altos e baixos da economia.

Alguns tomam um gosto perverso por essa cidade fria e dura. É a atitude irresponsável dos Stooges e do MC5. É a alienação e o gosto pelos prédios nus e pela tecnologia que fazem o som techno de Detroit. Está presente no ritmo insistente do soul da Motown — tão insistente que os músicos cavaram buracos no chão do estúdio A. Eles batiam os pés com toda força no chão para não perderem o tempo da música.

O SUBÚRBIO DE PONTIAC fica bem ao norte de Detroit. Agora uma região devastada, nos tempos de Madonna era uma próspera cidadezinha industrial que servia à enorme indústria automobilística de Detroit. Uma estrutura cavernosa em forma de bolha ergue-se na beira da auto-estrada. Trata-se do estádio Silverdome, construído na década de 1970 para o time de futebol de Detroit, mas, desde que os Lions se mudaram para o centro da cidade, em 2002, a construção está mais ou menos abandonada. Nos seus tempos áureos, foi a sede dos jogos All-Star da NBA e recebeu bandas de rock como Led Zeppelin e The Who. Em janeiro de 1987, o papa João Paulo II rezou uma enorme missa lá.

Bem em frente ao Silverdome, há um pequeno bairro de operários. Foi ali que Madonna passou os primeiros anos de sua infância, no número 443 da rua Thors, numa modesta residência de pavimento único, pintada de verde-água. Quando passei por lá, em 2006, a casa tinha um ar decadente, como se os fantasmas não tivessem abandonado o lugar. Nos anos 1960, ela vivia cheia de crianças. Foi a primeira casa dos pais de Madonna, o lugar onde eles começaram a vida de casados, e onde a filha mais velha começou a esboçar seus sonhos aventureiros.

— Meus avós vieram de navio da Itália. Não falavam nem uma palavra em inglês. Não eram muito instruídos, e acho que, de certo modo, eles representavam um estilo de vida antigo, do qual meu pai queria se distanciar — disse Madonna.

Seu avô, Gaetano Ciccone, veio de Pacentro, um vilarejo italiano na região de Abruzzo. Ele provinha de uma família de camponeses, mas fora encorajado a estudar e a ampliar suas oportunidades. Em 1920, sem trabalho, o ambicioso adolescente embarcou para os Estados Unidos e chegou até Aliquippa, uma cidade fora dos limites de Pittsburgh, cuja economia se baseava na produção de aço. Depois de conseguir emprego trabalhando no ambiente esfumaçado e barulhento da fornalha, voltou para buscar a jovem esposa, Michelina di Ulio. Moraram em uma casa alugada de um único cômodo próxima à fábrica de aço, e criaram seis filhos, cinco dos quais foram trabalhar na fábrica. O mais novo, o pai de Madonna, Tony (Silvio, de batismo), foi o único que teve a sorte de ir para a faculdade.

Não era fácil para os Ciccone ser uma família de imigrantes: havia um forte preconceito contra a nova onda de imigração européia, principalmente os italianos, que freqüentemente eram de origem pobre e se viram vulneráveis à exploração por fábricas cujos operários não contavam nem mesmo com um sindicato.

Gaetano trabalhou duro e era politicamente ativo. Estimulado pelo National Labor Relations Act (movimento histórico de 1935 que reconheceu os sindicatos), ajudou a organizar uma curta, mas eficaz, greve na fábrica de Aliquippa no verão de 1937, que levaria a uma melhoria das condições de vida dos trabalhadores. Madonna, mais tarde, carregaria consigo esse senso de justiça na sua política inclusiva e no apoio ao Partido Democrata. No início dos anos 1990, por exemplo, ela filmou uma mensagem publicitária sem receber cachê para a campanha do US Rock The Vote, um movimento criado pela MTV que levou a um aumento de 20% no número de eleitores jovens em 1992 e teve influência direta na eleição do presidente Clinton. E, em 2003, logo após o início da guerra no Iraque, Madonna declarou sua oposição a George W. Bush, estimulando os fãs a assistirem ao controverso documentário de Michael Moore, *Fahrenheit 11 de Setembro*. Em 2004, apoiou a candidatura de Wesley Clark, pelo Partido Democrata, às eleições presidenciais dos Estados Unidos, com uma declaração apaixonada: "O futuro que desejo para os meus filhos está correndo perigo." E, dois anos depois, também expressaria seu apoio à campanha de Hillary Clinton para a presidência.

Embora não tenha uma atuação política tão ativa quanto a de outros astros como Bono Vox ou Peter Gabriel, Madonna lutou durante anos por causas e questões como o sexo seguro e a aids, e sempre se opôs à discriminação injusta, tanto no que diz respeito à raça quanto ao sexo. Como filha de uma segunda geração de imigrantes, Madonna tinha uma consciência aguçada acerca da marginalização social.

Seu avô Gaetano mantinha em casa uma disciplina rigorosa e conseguia sustentar sua grande família, mas a vida cotidiana era uma luta. A tensão encontrava sua válvula de escape no vício pela bebida, um hábito que se firmou depois que ele começou a fabricar o próprio vinho em casa. Madonna já disse que seus dois avós paternos eram alcoólatras, fator que a influenciou a manter-se longe da bebida e das drogas. Ainda que a comunidade italiana em Aliquippa fosse bastante unida, era também bastante restritiva: esperava-se pouco das mulheres além das funções de mãe e dona-de-casa dedicadas. E os estudos para além do colégio, com sua ameaça potencial aos valores tradicionais, eram vistos com certo grau de suspeita.

Estudioso e dedicado, Tony decidiu libertar-se das restrições de seu passado.

— Ele queria subir na vida e ir para a parte mais desenvolvida e próspera dos Estados Unidos — declarou Madonna a Denise Worrell, redatora da revista *Time*. — Acho que ele queria que nós tivéssemos uma vida melhor do que a dele quando jovem.

Depois de um breve período no Texas prestando serviço militar junto às Forças Aéreas americanas, Tony voltou para casa, na Pensilvânia, em 1952, para cursar engenharia na Universidade de Geneva, uma instituição católica em Beaver Falls. Ele tinha planos para o futuro. No ano anterior, conhecera Madonna Fortin, a irmã mais nova de um amigo da Força Aérea, Dale Fortin. Tony fora convidado para o casamento de Dale, que se realizaria numa pequena capela na base aérea Goodfellow, no Texas, onde tinham trabalhado juntos. A garota Madonna, de 17 anos, era dama de honra. Tinha uma beleza tranqüila, um humor irônico e um sorriso gentil, descendente de franco-canadenses — gerações de fazendeiros e lenhadores que trabalhavam a terra com um cuidado determinado e pragmático. O pai dela, Willard Fortin, havia sido administrador geral de uma firma de construção e, junto com a esposa, Elsie, criara os oito filhos para serem católicos devotos.

— Ela era muito bonita — recorda-se Madonna. — Eu me pareço com ela. Tenho os olhos do meu pai, mas o sorriso é da minha mãe e também herdei muito de sua estrutura facial.

Não foi só a beleza de Madonna Fortin que atraiu Tony, mas também o fato de ela vir de uma família de origem católica acostumada ao trabalho duro. Ambos tinham ideais e laços familiares fortes. Começaram a namorar quase imediatamente. Tony fazia o longo percurso da Pensilvânia até Bay City sempre que podia. Uma cidadezinha com muito vento, na região do lago Huron, perto da fronteira com o Canadá, Bay City chegou a ser um centro da indústria madeireira. Na época em que Madonna Fortin nasceu, os barões da madeira já tinham se mudado e quase todas as madeireiras haviam fechado as portas, dando lugar à indústria da pesca. A vida em Bay City era lenta e calma, assim como o relacionamento de três anos mantido à distância entre Tony e Madonna. Eles finalmente se casaram, depois da formatura de Tony, no dia 1º de julho de 1955, na Visitation Church, em Bay City. Depois de conseguir emprego como engenheiro na fábrica de automóveis Chrysler, ele se mudou com a jovem esposa para Pontiac, perto de Detroit.

Logo após o casamento, Madonna Fortin Ciccone engravidou, e o primeiro filho deles, Anthony, nasceu em 3 de maio de 1956. Martin nasceu um ano depois, em 9 de agosto e, no dia 16 de agosto de 1958, foi a vez da primeira filha do casal, Madonna Louise, que nasceu enquanto os pais passavam as férias em Bay City. O jovem trio constituía o cerne da família Ciccone: a pequena Madonna tinha uma relação de competição com os dois irmãos mais velhos, e os três juntos disputavam a atenção dos pais, um fator que se faz presente na maneira agressiva e debochada com que Madonna às vezes trata os homens de sua vida.

— Eu era considerada a mulherzinha da família, porque lançava mão de artifícios femininos para conseguir o que queria — disse Madonna. — Meus irmãos mais velhos pegavam no meu pé, e eu sempre os dedurava para o meu pai.

Foram necessários anos para que a rivalidade entre os irmãos se resolvesse, e até hoje há uma trégua desconfortável entre eles. Se a Madonna mãe tivesse sobrevivido, talvez a dinâmica da família fosse menos polarizada. Em 1959, quando sua irmã Paula nasceu, Madonna perdeu o reinado como única filha. Christopher veio em 1960, e Melanie, em 1962. Nessa ocasião, no entanto, uma sombra pairava sobre a família. Embora os Fortin e os Ciccone fingissem que nada sério estivesse acontecendo e que aquilo era uma preocupação como outra qualquer, Madonna mãe estava morrendo.

Quando estava grávida de sua filha mais nova, Melanie, ela fora diagnosticada com câncer de mama. Muitos apontaram o seu trabalho como técnica de raio X como motivo da doença. O avental protetor contra radiação, que agora é obrigatório, era raramente usado naquela época. O tratamento teve que ser adiado para depois do nascimento de Melanie, o que acabou sendo tarde demais. Ela ainda lutou por mais um ano. As crianças foram mandadas para casas de parentes, e, mesmo quando a mãe estava em casa, sentia-se exausta demais para dar a eles os cuidados de que necessitavam.

Para a menina Madonna, de cinco anos, que começava a tomar consciência de si e de seu lugar no mundo, essa foi uma experiência inteiramente desnorteante. Por ser a mais velha entre as meninas, tinha um forte senso de independência e, ao mesmo tempo, uma profunda necessidade de chamar atenção. Estava sempre desafiando os pais, mesmo nessa idade. Madonna se recorda da mãe limpando a casa compulsivamente, ajoelhada na cozinha, esfregando o chão.

— Minha mãe estava sempre nos dando broncas. Éramos de fato bagunceiros, crianças terríveis. Eu me lembro de ficar dividida — disse Madonna. Ela falou do amor que sentia pela mãe, mas também de ficar confusa com a falta de limites. — Acho que eu a torturava. Crianças pequenas sempre fazem isso com pessoas que são muito boas para elas. As crianças não conseguem acreditar que as pessoas não estão gritando com elas, então zombam de você. Eu realmente zombava da minha mãe.

Quanto mais a energia da mãe se esvaía, mais a pequena Madonna tentava fisicamente trazê-la de volta. Há uma lembrança que é freqüentemente citada de sua mãe doente, tentando descansar um pouco no sofá, e Madonna batendo em suas costas, na tentativa desesperada de conseguir alguma reação. A raiva passou quando Madonna viu que a mãe estava chorando.

— Eu me lembro de me sentir mais forte do que ela. Eu era tão pequena e, no entanto, ao colocar meus braços em torno dela e sentir seu corpo soluçando sob o meu, tive a sensação de que ela é que era a criança. — Esse foi um momento crucial. Assustada com a fragilidade da mãe, Madonna desenvolveria uma aversão à fraqueza que levaria para toda a vida. — Eu sabia que podia ficar triste, fraca e descontrolada, mas também podia simplesmente me acalmar e dizer "tudo vai melhorar".

Apesar de sua negligência em relação à disciplina das crianças, a Madonna mãe era uma mulher guerreira. Era lembrada como "angelical e bondosa". Ex-dançarina e amante da música clássica, ela tinha graça, equilíbrio e uma força interior considerável e discreta. Ria e brincava com os filhos sempre que possível, tentava manter em dia as tarefas domésticas e fingia que não havia nada de errado; mas o esforço era visível. Estava constantemente indo e voltando do hospital. Até que no dia 1º de dezembro de 1963, nove dias depois do assassinato do presidente Kennedy, ela se foi. Tinha apenas trinta anos de idade.

Na adolescência, Madonna costumava ler Anne Sexton e conversava com as irmãs sobre a grande semelhança que havia entre a mãe delas e a poeta vencedora do prêmio Pulitzer. A poesia de Sexton significou muito para ela, sem dúvida, por causa da maneira intensa com que a autora explora a vida, a arte e a morte. Como muitas das mulheres que Madonna admirava, de Sylvia Plath a Virginia Woolf e Frida Kahlo, Sexton teve uma vida conturbada, lutou contra a depressão e conflitos internos. Assim como o trabalho daquelas mulheres, sua obra era extremamente pessoal, freqüentemente autobiográfica e por vezes temperada com um humor que tira graça da própria dor. Sexton se suicidou em 1974, depois de publicar oito coletâneas de poemas cujo estilo combinava um ritmo forte com o melhor do romantismo e uma referência visível ao feminismo emergente. A linguagem econômica e o enfrentamento destemido da morte viriam a influenciar mais tarde os últimos álbuns de Madonna. Mas, no início da década de 1970, para uma adolescente em busca da mãe e de respostas, a poesia de Sexton ofereceu um conforto um tanto esquisito, principalmente no poema "Madonna", sobre a morte da mãe de Sexton, também vítima de câncer.

O funeral de Madonna Fortin Ciccone aconteceu em 1963 na Visitation Church, em Bay City, a mesma igreja onde se casara oito anos antes. Ela foi posta num caixão aberto e vestida como um anjo. Apenas uma coisa não estava correta. A boca, como Madonna muitas vezes observou, estava esquisita. Quando ela se aproximou e examinou o rosto da mãe, viu que seus lábios tinham sido costurados um ao outro. A imagem aterrorizante a perseguiria por anos, e mais tarde ela pareceu resgatá-la no videoclipe em preto e branco da canção "Oh Father". Depois de morta, Madonna mãe foi simbolicamente silenciada. O anjo da casa, a mártir humilde, jamais poderia falar a verdade outra vez, não poderia contar às filhas como sua vida realmente era, não poderia envelhecer junto delas, não poderia amadurecer, e, nesse amadurecimento, mostrar suas falhas, suas dúvidas e inseguranças, bem como sua sabedoria. Em vez disso, tudo o que restou foram algumas fotografias preciosas, alguns filmes enigmáticos de eventos familiares em Super-8 e uma memória imaculada que jamais seria manchada.

Não é de se admirar que o trabalho de Madonna seja carregado de alusões a segredos e à necessidade de revelações, manifestando urgência para dizer, para se expressar.

— Eu mal disse uma palavra, não conseguia interromper o fluxo de seu discurso — lembra o vocalista do Pet Shop Boys, Neil Tennant, sobre a ocasião em que a entrevistou para a estação de rádio inglesa *Smash Hits*, no início dos anos 1980, quando ele ainda trabalhava como jornalista.

Muitos amigos mencionam a sua tagarelice, sua necessidade de emitir uma opinião sobre o que quer que esteja lutando contra, a todo momento. Nas entrevistas, parece articulada, falante, e às vezes usa as palavras como um escudo para se proteger de pessoas que ela acusa de tentar "capturar sua alma".

A jornada de Madonna traçada por meio da música começou assim: primeiro, como o ex-namorado e DJ Mark Kamins diz, por meio de "rimas infantis", que espelhavam a inocência ardilosa de uma menina de cinco anos; uma celebração dionisíaca do amor e da dança, um mundo povoado por anjos e heróis. Depois veio o experimentalismo, a fase rebelde, os questionamentos acerca da religião, do sexo e do erotismo; e, por fim, o movimento em direção a uma transformação espiritual, as dúvidas políticas e um novo tipo de transcendência. A inquietação, no entanto, persistiria.

A vida de Madonna foi sendo construída em oposição à de sua mãe. Se o silêncio da mãe significava a morte, então ela iria falar. Se a doença da mãe indicava que dormir era perigoso, pois uma pessoa pode morrer enquanto dorme, então ela ficaria acordada. Se o corpo da mãe a decepcionou, Madonna se certificaria de estar sempre em excelentes condições físicas. Ela escolheu a dança não apenas como meio principal de expressão, mas também como forma de exibir força física e capacidade de resistência, sentindo-se assim viva e agarrada ao presente.

— Às vezes, eu simplesmente finjo que vou viver para sempre — declarou ela, certa vez. — Não quero morrer. A morte é o derradeiro desconhecido. Não quero ir para um além sombrio.

Ela evitou as drogas e o álcool porque qualquer coisa que tranqüilizasse o espírito seria uma pequena morte, uma ameaça a seu estado de alerta e à sua "consciência de onde tudo está". Um amigo chega a sugerir que Madonna não se dedica à reflexão:

— Ela simplesmente não reflete. Não tem qualquer interesse pelo que fez na semana anterior, quanto mais há dez anos. Para ela, tudo se resume a finalizar uma coisa e, em seguida, iniciar outra.

Madonna já comentou sobre "ter amadurecido rápido" depois da morte da mãe, e sobre ter aprendido a não contar com ninguém a não ser consigo mesma. Segundo o psicólogo John Bowlby:

— A característica mais assustadora de um animal morto ou de uma pessoa morta é a imobilidade. O mais natural, então, para uma criança que tem medo de morrer é manter-se em movimento. — Ele também identifica "hiperatividade e independência compulsiva" como sintomas que freqüentemente se desenvolvem depois de alguma perda ou privação ocorrida na infância.

Contradizendo essa imagem, no entanto, temos uma garotinha de cinco anos que sofreu uma perda e tornou-se agorafóbica, não conseguindo sair de casa sem adoecer, ficando praticamente agarrada ao pai em busca de proteção.

— Durante os cinco anos após a morte de minha mãe, sonhei todas as noites com pessoas pulando em mim e tentando me estrangular — disse ela, um dia.

Madonna também se tornou o que Bowlby chama de uma "obsessiva por cuidar dos outros", e passou a tomar conta de seus irmãos mais novos, substituindo a mãe como a nova pequena dona da casa. Pois enquanto o pai permaneceu viúvo, em luto e solteiro, ela pôde seguir na ilusão de que o papel principal era dela. Mais tarde, ela viria a cumprir esta função com os dançarinos de seus shows, proclamando que era uma mãe para todos eles, um instinto que costuma ser comum em coreógrafos interessados em manter suas companhias unidas e trabalhando em equipe.

VÁRIAS GOVERNANTAS FORAM, uma após a outra, contratadas para manter a tribo dos Ciccone sob controle. Como as governantas dispensadas sucessivamente pela família Von Trapp no filme *A noviça rebelde*, ou aquelas repelidas pelas crianças em *Nanny McPhee — A babá encantada*, também entre os Ciccone elas nunca permaneciam mais do que alguns meses. Foi assim até entrar na casa a rigorosa, mas dedicada, Joan Gustafson. Até então, um Tony Ciccone desolado, recluso, em luto e enfiado no trabalho, esforçava-se para não deixar a jovem família desabar. Como o patriarca vitoriano tradicional, ele não conseguia fazer isso sozinho. Precisava de uma mulher para cuidar de seus seis filhos órfãos de mãe. Joan o fez sair da reclusão, e em seis meses os dois estavam casados. Aos oito anos de idade, Madonna sentiu-se roubada. Além de perder a mãe, agora sentia-se abandonada pelo pai, justamente aquele com quem acreditava ter uma ligação especial na família.

Desde então, começou a desenvolver uma afiada capacidade de resistência emocional. É possível observar isso nos retratos de família: uma Madonna pré-adolescente, com longos cabelos castanhos caindo em cascata até a cintura, a mão pousada possessivamente sobre o braço do pai, lançando um olhar assombrado e incerto para a câmera. A incerteza teimava em acompanhá-la, mas a tristeza de antes fora substituída pela raiva. Ela se rebelou contra a madrasta Joan, recusando-se a chamá-la de "mãe" e ignorando suas ordens. Madonna encontrou um curioso tipo de libertação com a morte da mãe.

— Acho que o que mais me tornou capaz de me expressar e de não me intimidar foi ter crescido sem uma mãe. Mulheres são tradicionalmente criadas para serem submissas e passivas. Espera-se do homem o espírito desbravador. Ele traz o dinheiro, ele dita as regras. Eu sei que minha falta de inibição vem da morte de minha mãe — disse Madonna. — Por exemplo, mães ensinam boas maneiras. Eu não aprendi nada dessas regras de educação e de comportamento.

Madonna não cresceu com um modelo constante de maternidade e isso proporcionou a ela um modo alternativo de ver o mundo. Em 1976, a poeta feminista Adrienne Rich escreveu: "Mãe significa a vítima que existe dentro de nós, a mulher que não é livre, a mártir." Em sua devoção impecável e fervorosa à religião e à família, a Madonna mãe ofereceu um modelo de abnegação.

— O catolicismo é uma religião muito masoquista. Eu vi minha mãe fazer coisas que me afetaram intensamente. Ela era religiosa apaixonada, extasiava-se com aquilo — relembra Madonna.

Vinda de uma família de franco-canadenses que trabalhavam com madeira, a Madonna mãe foi influenciada pelo jansenismo, uma interpretação da doutrina católica formulada no século XVII pelo padre belga Cornelius Jansen. Fruto direto da Reforma religiosa, o jansenismo consiste em crenças católicas acrescidas de um traço de puritanismo e marcadas por uma visão pessimista e austera da vida. Segundo Richard P. McBrien:

— O jansenismo promoveu a teoria da predestinação e um estilo de vida cristão moralmente rigoroso. Uma vez que o pecado original corrompeu tão radicalmente a natureza humana, tudo o que é puramente natural é nocivo. A graça é concedida apenas a uma minoria. O jansenismo foi popular na França, tornando-se um elemento-chave da educação de muitos padres, e foi transportado, junto com os imigrantes, para a parte francesa do Canadá. Muito da obsessão católica americana, pré-Vaticano II, pela moralidade sexual e por sua piedade eucarística relativamente limitada (por exemplo: a infreqüente recepção da comunhão, o fato de só haver comunhão depois da "ida ao confessionário") tem sido relacionada à influência jansenista.

Muito se tem comentado sobre a formação católica de Madonna, mas o lado francês desse catolicismo, que veio de sua mãe, é tão forte quanto o italiano. O catolicismo francês é uma força de características marcantes, um ponto de referência para a religião católica no mundo inteiro. A fé de sua mãe significava viver uma vida santa, com um exame diário de consciência. A teoria do pecado original diz que uma pessoa nasce distante do apoio divino, e que um crente deve se esforçar para se aproximar de Deus novamente por meio da prece diária. Para a Madonna mãe, cada dia era, de certo modo, um passo dado em direção à morte, como se a qualidade de sua passagem para a outra vida dependesse da maneira como ela viveu na Terra. Sua prática devota — fosse os jejuns rigorosos, o ajoelhar-se no arroz ou o dormir sobre cabides — envolvia em geral dor e perseverança. Embora a mãe criasse sua jovem família com delicadeza e compaixão, ela também o fazia com um rigoroso senso de autodisciplina, assumindo o papel de mãe com a seriedade de uma vocação.

— Minha mãe era uma fanática religiosa — disse Madonna mais tarde. — Sempre havia freiras e padres na minha casa quando eu era criança. Não sei quão curiosa era ela, o quanto procurou saber o que acontecia por trás das cortinas, porque é exatamente assim que sou, sempre quero saber o que está por trás do que vejo. Minha mãe tinha certeza de que o que estava fazendo era o certo, então talvez a gente tenha isso em comum. — Quando pequena, Madonna absorveu toda essa atmosfera religiosa. Na Sexta-Feira Santa, sua mãe cobria as imagens e estátuas religiosas da casa com um pano roxo até a celebração da ressurreição. — Eu achava tudo aquilo um ritual bizarro, mas muito bonito. — Madonna também se lembra de a mãe ter coberto a estátua do Sagrado Coração de Jesus quando uma mulher entrou na casa usando jeans com zíper. Muito tempo depois, Madonna fez referência a essa lembrança ao colocar um close de seus quadris vestindo jeans na capa do álbum *Like a Prayer*, de 1989. A calça jeans também aparece com um zíper numa edição limitada do *single Express Yourself*. Na época de sua mãe, jeans significavam sacrilégio. Conforme a doutrina da entronização, possuir uma imagem do Sagrado Coração de Jesus era como ter um padre em casa. Como o escritor religioso Joseph P. Chinnici propõe:

— Era um ato fundamental colocar a imagem do Sagrado Coração de Jesus num local proeminente e acompanhá-la de um compromisso da família de rezar. Isso era direcionado intencionalmente contra as forças do divórcio, da educação não-religiosa, da violação da santidade do casamento e da "campanha contra os padrões cristãos de modéstia realizada no modo de vestir, na imprensa e nos filmes".

As meninas geralmente começam a se separar aos poucos de suas mães na puberdade, mas Madonna teve que passar por essa ruptura bem mais cedo. Com a morte da mãe, ela se sentiu psicologicamente livre de um modo pouco comum para uma garota de sua geração. Como argumentam as terapeutas Luise Eichenbaum e Susie Orbach: "Quando uma mulher dá à luz uma menina, ela, de certo modo, está reproduzindo a si mesma. A mãe deve prepará-la para uma vida destinada ao cuidado com os outros, e também para o cuidado com ela própria. A mãe, consciente disso ou não, deve também preparar a filha para ocupar um lugar como o seu na sociedade, o de uma cidadã de segundo plano."

Uma mulher aprende com a mãe a reprimir os próprios desejos, e passa isso adiante para a filha. No entanto, em vez de absorver essa mensagem ambivalente, a jovem Madonna identificou-se com o pai. De acordo com o que dizem Eichenbaum e Orbach, o pai é "a conexão com o mundo exterior no âmbito familiar, e a filha deve usá-lo para ter acesso a esse mundo. O pai encoraja a filha a seduzir a ele a ao público masculino, a atrair e prender sua atenção com atitudes femininas específicas, exatamente como ela precisará fazer mais tarde". Garotas adolescentes freqüentemente se identificam com o pai como uma forma de ganhar independência, mas para Madonna esse processo começou cedo. As histórias de "mostrar a calcinha" são inúmeras. Toda vez que ela tinha oportunidade, começava a fazer exercícios de ginástica ou simplesmente levantava as saias, exibindo-se para os meninos. Já mostrava uma ansiedade adolescente antes mesmo de atingir a pré-adolescência. Já estivera preparando seu caminho em direção ao mundo desde os cinco anos, e seu modelo — empreendedor, independente, focado em metas específicas — era masculino.

UM DOS PRIMEIROS RELACIONAMENTOS de Madonna foi com seu público. Ainda que a família fosse muito instável, diz-se que os Ciccone "não pareciam ser tão próximos". Ignorando propositadamente a madrasta Joan, competindo com os irmãos e suplicando pela atenção do pai, que trabalhava muito, Madonna cresceu com uma profunda necessidade de estabelecer laços. O fator físico sempre foi importante para ela, não apenas por meio do sexo e da dinâmica dos relacionamentos, mas também pela ligação que cria com o público. Em suas apresentações, ela recebe de volta a mesma energia que transmite a ele.

Sempre esteve atenta ao figurino, à fantasia, ao disfarce. As freiras de St. Andrew, a escola católica onde estudou as primeiras séries, a fascinavam pelos longos hábitos negros. Curiosa com o que havia sob aquelas roupas misteriosas, ela e uma amiga escalavam as janelas do convento para espiar as freiras se despindo. Mesmo criança, já percebia o poder da indumentária.

Os hábitos das freiras são símbolos de sua condição de noivas em luto. Quando uma freira faz os votos, é como se estivesse se casando com Cristo. Ela se deita prostrada diante do altar (imagem que Madonna reproduziu tanto no livro *Sex* quanto na turnê *Confessions*), numa declaração de amor ao Espírito Santo. Há uma ponta de sexualidade reprimida no catolicismo que advém do fato de as freiras e os padres permanecerem castos. O resultado dessa repressão é que a sexualidade se torna um foco de atenção.

Madonna sentiu-se instigada bem cedo a compreender os traços ocultos de sexualidade que percebia estarem presentes nos ensinamentos católicos. Irritada com a insistência de Joan em vestir suas irmãs e ela mesma com roupas de tecido e estampa idênticos, Madonna encontrava meios de reivindicar um estilo próprio — fosse vestindo blusas apertadas, saias curtas e passando batom vermelho à maneira vulgar da década de 1950, fosse indo à igreja vestindo apenas um sobretudo. Consolidar a união entre sexo e espiritualidade tornou-se uma missão para ela. E este viria a ser um vínculo que ela freqüentemente voltaria a reforçar em seu trabalho ao longo dos anos que ainda estavam por vir.

2

Um lugar mágico

Vocês conseguem imaginar como seria a vida em Adams sem as nossas animadoras de torcida do time de juniores? No mínimo, menos animada. O time de juniores desse ano contou com uma torcida animada o suficiente para torcer para vários times juntos. Essas garotas mostraram alegria mesmo nos momentos mais difíceis.

Livro do ano de 1974, Adams High School, Rochester, Michigan.

Em 1968, a família de Madonna mudou-se de Pontiac para uma casa maior que ficava num subúrbio mais rico de Rochester. A carreira de seu pai ia bem. Ele trabalhava como opticista e engenheiro para a General Dynamics, empresa americana de equipamento militar. A casa onde Madonna passou a adolescência era a de número 2.036 da rua Oklahoma, em Rochester Hills. Uma construção em estilo colonial com um jardim amplo e circundado de pinheiros e choupos.

— Embora as pessoas achassem que meus pais eram loucos por morarem em Rochester, dizendo coisas como: "Como vocês podem morar lá? É tão longe!", aquele era um lugar realmente confortável para uma criança crescer — contou-me Kim Drayton, colega de escola de Madonna. Ela tem lembranças agradáveis da cidade. — Dava para ir de bicicleta até o centro. Era só pedalar cinco quilômetros e chegávamos lá. E havia uma enorme floresta atrás de nosso terreno, que podíamos explorar. No verão, saíamos de manhã e só voltávamos na hora do jantar. Almoçávamos na casa de amigos ou levávamos comida para lanchar em algum lugar, pedalando pelos bosques ou pelos campos.

Quando Madonna era jovem, Rochester era um subúrbio novo cercado de bosques, perto de estradas de terra, fazendas e campos abertos. Kim faz uma descrição idílica de uma comunidade bastante unida, composta por jovens famílias:

— Era um grande grupo de famílias. Quase todos trabalhavam nas fábricas automobilísticas. Quero dizer, todos os pais, pois naquela época as mães não trabalhavam fora. Quase todo mundo freqüentava a igreja, e todos na igreja se conheciam.

A família de Madonna freqüentava a igreja de St. Andrew, uma construção de concreto da década de 1960, decorada à moda antiga com esculturas de Cristo em ferro e vitrais cheios de vida. O estacionamento era grande e ficava lotado aos domingos. A família Ciccone estava sempre lá, e causava impacto na vizinhança.

— Eles eram uma enorme família católica. Lembro que o pai dela tinha um aspecto envelhecido, consumido pelo tempo. E a madrasta era muito bonita — diz Kim, cuja mãe, Maree Cooper, trabalhava com Joan como assistente de professor na escola primária. — Joan era uma moça maravilhosa, de fato muito simpática. Tinha dois filhos pequenos, Jennifer, uma menina doce, e Mario, um garotinho que sabia tudo de equipamentos de vídeo. Toda vez que tínhamos um problema com o nosso, recorríamos a ele. Era totalmente voltado para a mecânica. Joan se preocupava muito com aquelas crianças, principalmente com os dois menores. Sempre que precisávamos, podíamos contar com ela. Não se podia dizer isso de todo mundo. — Quanto ao pai de Madonna, Maree esteve com ele apenas uma ou duas vezes. — Era um homem muito calado. Muito diferente da filha!

As crianças da família Ciccone eram totalmente diferentes entre si. Segundo um ex-colega de turma:

— Martin era extravagante, barulhento e meio esquisito. Ele não batia muito bem da bola, era um pouco excessivo. Anthony era muito inteligente, calado e ficava na dele.

Christopher, por sua vez, era um dançarino ágil, que tinha uma veia artística forte, e acabou sendo o que tinha mais características em comum com a irmã famosa. No entanto, foi sempre mais resguardado.

— Sou uma pessoa muito reservada em minha vida privada e não sou muito sociável. Prezo muito a privacidade e lamento por minha irmã não ter tanta — disse Christopher. — Mas isso foi uma escolha que ela fez, eu não tenho necessidade de ser uma estrela.

Quanto às meninas, Paula era impetuosamente independente e com traços um pouco mais rígidos do que os da irmã.

— Paula era realmente muito simpática, não era tão excêntrica quanto Madonna — recorda-se Kim. — Madonna era a mais bonita, muito linda, já naquela época, mas Paula sempre foi mais simples. Não usava muita maquiagem, não foi animadora de torcida, nem nada dessas coisas.

Melanie também tinha em si uma parcela dessa excentricidade dos Ciccone.

— Ela era meio loura, meio morena, e eu me lembro de ela ser diferente... de ser meio... diferente, entende? — diz Kim, rindo.

E havia os meios-irmãos de Madonna, Mario e Jennifer. Por ser a menina mais velha, Madonna tinha responsabilidades como trocar fraldas e ajudar nas tarefas da casa. Ela não tem recordações muito alegres desse período.

— Eu me ressentia daquilo, porque, enquanto todos os meus amigos estavam brincando na rua, eu tinha todas aquelas responsabilidades de adulto... me via como uma Cinderela elevada à quinta potência.

As crianças estudaram nas mesmas escolas. Da St. Andrew passaram para a West Junior High. A escola funcionava num prédio de formato quadricular, achatado e sem pilastras, na avenida Old Perch, em Rochester. A mudança marcou uma transição no desenvolvimento de Madonna como dançarina e artista. Ela fez aulas de jazz e sapateado, e começou a atuar em montagens teatrais da escola. O momento de mudança foi quando, aos 12 anos de idade, ela chocou a platéia do show de talentos da escola dançando ao som da música "Baba O'Reilly", da banda de rock The Who, vestindo pouco mais do que um *collant* fluorescente e fino, de corpo inteiro. Seu pai não achou a menor graça. Um disciplinador em casa, sentiu-se desconfortável ao ver a filha tão "fora do controle" em público. O irmão mais velho de Madonna, Martin, recorda-se de uma vida doméstica na qual certos valores estavam sob constante vigilância.

— Eu não diria que eram preceitos severos, mas conservadores. Meu pai acreditava muito em liderança, em manter uma margem de competição. Reze, se dê bem na escola e será recompensado por seu investimento.

Ainda assim, apesar de Madonna ter se rebelado contra as regras de vestuário e criticado os regulamentos que se aplicavam de modo diferente às meninas e aos meninos — o que significava que os irmãos podiam sair ilesos de certos comportamentos e ela não —, ela manteve, em linhas gerais, uma atitude profundamente convencional. Estudante exemplar que só tirava a nota máxima (incentivada pela quantia extra que Tony Ciccone dava a algum dos filhos quando trazia da escola um boletim com notas boas), Madonna sempre soube dançar conforme a música.

— A cachorra nunca precisou estudar, cara. Nunca — lembra-se Martin. — Eu estudava o tempo todo, mas minha mente não estava concentrada naquilo. Estudava porque tinha que estudar. Madonna estudava porque sabia que isso a levaria a algum lugar. — Talvez a recompensa financeira de Tony por seu rendimento escolar tenha plantado na psique de Madonna a necessidade de sempre fazer sucesso comercial com sua arte.

Em 1972 ela foi transferida para a Adams High, uma escola grande e nova, situada na esquina da Tiekens com a Adams, perto de gramados abertos e campos de golf. A escola atraía famílias que tinham renda mais alta.

— A garotada deu à escola o apelido de Country Club — diz Kim. — Os que estudaram na West Junior High depois se dividiam entre os que iam para a Adams High e os que iam para a Rochester. Passamos a ser rivais em todas as competições esportivas. A Rochester ficava no centro da cidade e, pela demarcação de fronteiras sociais, o campus da Adams High era freqüentado pelos mais ricos.

Aqui a ambiciosa Madonna, ao se juntar à equipe de animadoras de torcida, ganhou sua marca fundamental no que diz respeito a status social e aceitação. Parece estranho que, com a sua veia rebelde, Madonna tenha escolhido cumprir um papel tão convencional no colégio.

Mas essa combinação de atletismo e coreografia funcionou como uma válvula de escape para ela. E lhe proporcionou também certa posição de poder entre os colegas.

— Os *campi* das escolas são como pequenas vilas, e ser uma animadora de torcida é o ápice do status feminino nessa hierarquia — comenta a dra. Wendy Fonarow, escritora e antropóloga da UCLA. — As meninas usam saias sensuais e graciosas que são muito atraentes. É a vestimenta provocadora estabelecida pela sociedade. Ser uma animadora de torcida é um ideal a ser alcançado para uma menina que está cursando o ensino médio. Elas podem usar isso para solidificar a condição de "abelhas rainhas". Os rapazes que saem com as animadoras de torcida também ganham prestígio. Para uma garota, é uma excelente maneira de ser notada. Para as animadoras de torcida e os jogadores de futebol americano, o ensino médio é, com freqüência, a melhor fase de suas vidas. Eles são os reis e as rainhas de seus universos.

A Adams High tem um mini-estádio bem aparelhado. Ao lado do prédio de concreto da escola, há uma ladeira que segue até o campo de futebol. Embora muito aberto e exposto ao vento, o lugar tem uma atmosfera agradável. Parece ser tratado com muito carinho e amor. É fácil imaginar Madonna executando movimentos coreográficos ali, experimentando pela primeira vez o sabor da adulação da multidão.

— Durante os anos que passou na Junior High, ela era como qualquer garota normal. Fazia parte do programa "Kids Lend a Hand", no qual alunos mais velhos ajudavam os mais novos — recorda-se Kim. — Muitas dessas meninas eram animadoras de torcida, a maioria delas era muito inteligente. Hoje em dia é só exibição, mas, naquela época, elas eram as mais inteligentes, bonitas e populares. Se você não tivesse esses atributos, não era sequer aceita no teste para animadora de torcida. Resumindo, você simplesmente não se encaixava.

Madonna freqüentava as festas de adolescentes, embora não fosse muito de beber. Os eventos sociais giravam em torno do álcool.

— Costumávamos sair para beber o tempo todo — diz Kim. — Havia muitas estradas de terra naquela região, então nos reuníamos nos depósitos de cascalho, levávamos bebida e dávamos grandes festas até a polícia chegar. As pessoas costumavam dar festas com bandas ao vivo e barris de cerveja. Pagávamos cinco pratas cada um e bebíamos o quanto queríamos. Lembro que alugávamos quartos no Motel Spartan para fazer festas lá.

O pai de Madonna, no entanto, estabelecia um limite de horário absolutamente rigoroso, de modo que, de vez em quando, ela tinha que sair escondida na calada da noite para ir a alguma festa.

Popular, sexualmente curiosa e sempre namorando, Madonna perdeu a virgindade aos 15 anos com um namoradinho do colégio, Russell Long. Passado o encanto dos longos e escondidos encontros amorosos que aconteciam no banco de trás do Cadillac 1966 azul-claro que ele tinha, Madonna voltou sua atenção para um jogador de futebol americano do time da escola, Nick Twomey (agora um reverendo na cidade de Traverse, no Michigan). Ambos a descreveram como uma pessoa sensível, confusa e perturbada pela relação com seus familiares. Embora a *persona* pública da artista seja a de uma fêmea dominadora, autoritária e "falastrona", isso transmite uma impressão errada dela. Por ser muito franca e gostar de flertar abertamente, foi rotulada de "vagabunda" por alguns colegas, mas Madonna desmentiu, dizendo que nunca foi promíscua e que só dormia com os namorados estáveis. Foi uma interpretação errada que determinou as escolhas que faria em sua vida. Alguns a consideram uma espécie de prostituta em busca de publicidade que faz uma música pop medíocre; outros, porém, a vêem como uma artista inteligente que transformou a si mesma num espetáculo vibrante. Realizações e aprovação eram claramente importantes para Madonna, mas ela também cultivou uma personalidade extremamente rica e, desde cedo, esteve pronta para questionar as coisas e adotar uma postura não-conformista.

Como as antianimadoras de torcida do videoclipe de "Smells Like Teen Spirit", do Nirvana, sacudindo sem a menor energia os pompons e vestindo *collants* escuros com símbolos anarquistas grafados em vermelho-sangue, Madonna optou subitamente por um caminho alternativo. Ela se desviou da ginástica olímpica para o balé, para a boêmia e para o existencialismo.

— Foi uma transformação radical — recorda-se Kim. — No segundo ano do ensino médio, ela era animadora de torcida, estava sempre sorridente, tinha cabelos compridos e era muito bonita; depois, lá para o último ano, já estava de cabelos curtos. Passou a fazer parte do grupo de teatro amador, o International Thespian Society, e não depilava mais as pernas nem as axilas. Todos se perguntavam o que havia acontecido com ela. Era popular quando era animadora de torcida e, de repente, ficou estranha e excêntrica, muito diferente dos outros. Não sorria mais e praticamente se distanciou dos colegas.

Wyn Cooper, que saiu com ela algumas vezes e tornou-se um amigo íntimo, lembra-se de Madonna como uma das poucas pessoas que trocavam de tribos.

— A Adams High era uma escola dividida entre os atletas, que eram saudáveis e praticavam esportes, e os *freaks*, os esquisitos, que matavam aulas e fumavam maconha e cigarro. Madonna era animadora de torcida, então isso a encaixava na turma dos atletas, mas ela também tinha uma mente aberta e não se prendia a um estilo convencional, então isso a deixava mais próxima da turma dos *freaks*.

Cooper conheceu Madonna quando ela estava com 14 anos e tinha acabado de passar para a Adams High. Ele estava uma série acima, e era completamente fascinado por ela.

— Madonna andava pelo bairro com outras meninas mais novas, e um dia veio até a minha casa. Ela me pareceu uma garota bonita e interessante. E um pouco tímida. Ficamos amigos e acabamos saindo. — Ele se recorda da escola como sendo predominantemente de classe média. — O colégio tinha dinheiro, então os professores eram bons. Havia também um abuso excessivo de drogas, principalmente maconha, mas ácido e cogumelo também, além de muita bebida. Eu tinha um carro, um Mercury Capri, equipado com um K7 de oito pistas e fitas gigantes. Eu e Madonna entrávamos no carro e saíamos dirigindo, ouvindo Ziggy Stardust and the Spiders from Mars, enquanto curtíamos um baseado.

Embora Madonna tenha dito mais tarde que não se interessava por drogas, parece que, na adolescência, não era tão contra assim quando se tratava de uma experimentação juvenil.

A imagem descrita por Cooper, no entanto, contradiz a idéia geral de que Madonna era uma festeira convicta quando adolescente.

— Madonna era meio reservada. Levava-se mais a sério do que a maioria de nós naquela idade. Ficava na dela mais do que os outros. Não entrava em panelinhas. Lia mais do que o comum para uma estudante de colégio — diz ele. — Eu lia um livro por dia. A escola era boa, mas isso não era um desafio para mim. Ela me perguntava o que eu estava lendo e eu sempre passava os livros para ela. Ela adorava *O amante de Lady Chatterlay* e o escritor Aldous Huxley. — Cooper é agora um poeta e letrista consagrado (seu poema "Fun" foi convertido em canção por Sheryl Crow, e recebeu o título de "All I Wanna Do". A canção ganhou o Grammy em 1993) e ele costumava impressionar Madonna com sua poesia vigorosa. — Ela dizia: "Quando você crescer, vai ser meu poeta favorito."

Certo dia, Cooper viu um lado dela que ainda não havia conhecido.

— Estava muito quente, então propus a ela: "Você quer nadar sem roupa?" Arranquei minhas roupas e mergulhei num lago. Ela tirou as dela lentamente. Eu fiquei paralisado. Ela normalmente usava roupas largas e não se destacava por uma beleza fora do comum, mas, por baixo delas, seu corpo era *perfeito*.

Cooper e ela namoraram, mas o romance não vingou, pois eles tinham mais afinidade como amigos. Certa vez, ele fez um curta metragem em Super-8 com ela, como parte de um trabalho para a escola. Madonna e sua melhor amiga, Carol Belanger, atuavam no filme. Ambas apareciam de biquíni à beira de uma piscina.

— É um filminho bobo, em que tudo girava em torno de ovos de galinha — relembra Cooper. Madonna de pé olha para a câmera, apanha um ovo cru, quebra-o sobre a própria cabeça e o deixa escorrer, entrando em sua boca. A câmera acompanha o conteúdo do ovo pingar do seu queixo e escorrer por entre os seios. Depois Madonna se deita na espreguiçadeira e Carol quebra um ovo na barriga dela. Em um rápido movimento meio surrealista, frita-se, então, o ovo sobre a barriga. — Para fazermos essa seqüência, Carol foi até a cozinha, fritou um ovo, e eu uni um pedaço do filme no outro com fita isolante transparente. O ovo frito aparece de repente. Carol coloca sal e pimenta no ovo e come sobre a barriga de Madonna. Eu pintei os créditos finais na superfície de um urinol e pedi a um amigo que se colocasse ao lado e mijasse devagar até que os nomes desaparecessem. Tenho muito orgulho do filme. Tirei nota dez por esse trabalho no curso de cinema!

Com um toque subliminar de erotismo lésbico, o filme foi a primeira investida de Madonna como atriz de cinema.

— Foi a primeira vez que ela apareceu em um filme. E ele focava bastante seu umbigo, que veio a se tornar uma de suas marcas.

Com Cooper, Madonna começou a desenvolver o interesse pelas artes, que viria a desabrochar mais tarde quando se mudou para Nova York. Embora circulasse com charme e desenvoltura pela turma dos atletas da escola, havia um lado de Madonna que ainda estava para vir à tona.

— Ela não tinha uma personalidade hipercarismática. Era impossível imaginar que se tornaria uma estrela pop famosa internacionalmente. Por isso é que foi uma surpresa tão grande para muitos de nós quando ela ficou tão poderosa. Lembro o dia em que entrei numa loja de discos e vi seu rosto em um álbum. Pensei "Meu Deus, é *ela*. Não acredito!" Todos ficaram estarrecidos. Como conseguiu chegar lá? Parecia uma mudança grande demais — declara Cooper.

O lado cênico de Madonna foi uma invenção, uma projeção poderosa alimentada por uma mistura de filmes hollywoodianos, musicais da Broadway e poesia pouco convencional durante a infância. É como se tudo isso tivesse fermentado dentro dela durante anos até que fosse encontrada a maneira certa de dar vazão a seu talento.

— A única coisa que a destacava era a dança — relembra Cooper. — Todo mundo saía da pista para vê-la dançar. Era uma combinação do estilo dos Temptations com séries fixas de passos sincopados, tudo isso misturado à dança moderna e a coreografias de musicais da Broadway. Seus movimentos eram uma grande mistureba, mas davam certo.

Kim Drayton também se recorda de como a verdadeira natureza de Madonna parecia aflorar na pista de dança.

— Ela dançava incrivelmente bem e de um modo muito diferente dos outros. Era algo de parar a pista e fazer com que todos ficassem ao seu redor. Lembro de pensar: "Uau! Como ela dança!"

O que incentivou Madonna a deixar o estilo de vida de animadora de torcida e mudar para um estilo mais ligado às artes foi o balé. Aos 15 anos, ela já havia superado os joguinhos de poder e as disputas de popularidade da adolescência, e as aulas de jazz e sapateado da região já não eram mais uma novidade para ela. Procurando algo mais rigoroso e que exigisse mais dela, Madonna se matriculou em um curso noturno de balé em um estúdio que ficava no segundo andar de um prédio na Main Street, em Rochester. Foi lá que conheceu Christopher Flynn, trinta anos mais velho do que ela. Christopher foi seu mentor, professor de balé, e o homem mais importante de sua vida, depois de seu pai.

ASSIM QUE CONHECEU Christopher Flynn, sua vida deslanchou. Ele não apenas fez com que ela se dedicasse totalmente à arte, como também ampliou seu repertório, encorajou-a a ler mais e estimulou seu interesse pelas artes plásticas. Ele a levou a shows e a galerias de arte em Detroit, e eles costumavam sair para dançar em boates gays.

— Acredite, Madonna era uma página em branco, e ela queria desesperadamente ser preenchida — afirmou Christopher. — Ela tinha sede de conhecimento... o que não lhe seria negado.

As aventuras de Madonna por Detroit marcaram seu afastamento dos colegas de colégio. Os conflitos causados por preconceitos raciais em 1967 deixaram a região conturbada. A indústria automobilística estava começando a deixar a cidade, e as fronteiras sociais ficavam mais aparentes.

— Detroit era uma região que não se aconselhava freqüentar nos anos 1970 — relembra Kim. — Naquela época, a idéia era de que "os negros vivem em Detroit" e não se devia ir para lá, não devíamos nos misturar com aquele tipo de gente. Meus avós moravam na avenida Woodward, na Nine Mile, e não permitiam que fôssemos até a Eight Mile. É a mesma Eight Mile do filme do Eminem, entende? Essa era a linha divisória entre os brancos e os negros, entre o certo e o errado.

Apesar do preconceito racial que dividia a cidade e os seus subúrbios, havia um entrecruzamento de influências em meio ao qual Madonna cresceu, e que depois viria a influenciar a sua música. Bem antes, durante a sua infância em Pontiac, ela já manifestara grande interesse pela música negra. Ela se lembra de dançar com as amigas negras nos quintais da vizinhança ao som de discos de 45 rpm da Motown.

— Nenhuma das crianças brancas que eu conhecia seria capaz de fazer aquilo — disse Madonna. — Eu queria dançar com elas. Até me aceitarem, apanhei muito dessas garotas. Um dia elas me chicotearam com uma mangueira de borracha até eu ficar assim, jogada no chão, chorando. E aí, de repente, pararam de fazer aquilo e permitiram que eu me tornasse amiga delas, me aceitaram como parte do grupo. — Essas festinhas dançantes de quintal a distinguiram de suas colegas brancas de colégio; e ela passaria a compreender quais eram as novas tendências musicais.

— Como tudo em Detroit, a música também se conecta com os automóveis e, especialmente, com os negros do sul que migraram para cá no início do século XX e trouxeram com eles suas tradições musicais — diz Brian McCollum, crítico musical do *Detroit Free Press*. — Esta é uma das ironias de Detroit. Considerada uma das cidades mais segregacionistas dos Estados Unidos, na esfera cultural, no entanto, sempre houve uma mistura entre brancos e negros. Percebia-se isso na Motown, que era basicamente um grupo de músicos e empresários negros, que agradava não apenas o público negro mas, pela primeira vez em larga escala, também o público branco.

A indústria automobilística criou uma nova classe trabalhadora, mais próspera, que abriu espaço para o florescimento de uma vida noturna mais agitada. Havia um choque entre o rhythm and blues e o rock de artistas brancos das décadas de 1970 e 1960, como Mitch Ryder, Ted Nugent e Bob Seger.

— Eles estavam imitando os cantores negros. Hoje em dia, Eminem e Kid Rock são exemplos óbvios de artistas brancos que se apossaram de formas da música negra — acrescenta McCollum. Na falta de um sistema de transporte público, as pessoas em Detroit eram obrigadas a se locomover dirigindo os próprios carros para todos os lugares, e por volta dos anos 1950, o rádio tornou-se um veículo de extrema importância. Havia inúmeras estações que tocavam uma seleção eclética de músicas. — Simplesmente pelo fato de ser uma adolescente típica da região de Detroit, Madonna era exposta a uma riqueza de ritmos como essa sempre que ligava o rádio, ao chegar do colégio. Provavelmente ouvia o repertório da WGLB, a grande estação de música negra. Detroit era um lugar realmente vibrante. Era só sugar aquilo tudo como uma esponja.

Nas suas saídas ao centro de Detroit, Madonna também ficou conhecendo a cultura gay, que no início da década de 1970 ainda era um grande tabu.

— Sair de Rochester, nosso pequeno porto seguro, e ver o mundo sob a perspectiva de Detroit já era muito diferente — diz Kim. — E naquela época a homossexualidade era um assunto que não era ao menos discutido.

Quando a personalidade adulta de Madonna estava no ápice de sua formação, aos 16 anos de idade, ela conheceu um homem gay que a ajudaria a compreender o mundo em que vivia. Para uma garota criada num subúrbio rude e tradicional, tentando abrir espaço para si mesma em um meio heterossexual marcado por uma visão binária de sexualidade, como era sua escola, o mundo underground gay representou libertação e alívio.

— Na escola, me sentia como um peixe fora d'água. Continuava enxergando a mim mesma através dos olhos do macho heterossexual. E por ser uma mulher de temperamento realmente agressivo, os garotos achavam que eu era muito estranha. Sei que os assustava. Eu sequer dirigia a palavra a eles. Eles não queriam me chamar para sair. Eu me sentia inadequada — disse ela, mais tarde. — E, de repente, quando fui às boates gays, não me senti mais assim. Me senti em casa. Tive uma compreensão totalmente nova de mim mesma.

Em meados da década de 1970, o mundo homossexual era uma subcultura ainda pré-aids, mas já encorajada pela exuberante campanha do movimento pela liberação gay. Na busca por prazer pregada pelo movimento, havia uma teatralidade e uma criatividade que a atraíram e que se tornariam um dos seus principais pontos de referência.

O clube noturno a que Flynn costumava levar com mais freqüência Madonna era o Menjo's. Originalmente um clube superelegante onde

Al Capone costumava levar suas amantes, foi inaugurado como um dos principais lugares gays de Detroit em dezembro de 1974.

— Era a boate mais quente da cidade. Abríamos nos sete dias da semana, de meio-dia até as duas da manhã, e sempre tinha gente esperando na fila — recorda-se um dos fundadores do clube, Randy Frank. — Madonna costumava vir aqui e soltava a franga dançando na pista. Ela era o centro das atenções. Não bebia. Simplesmente dava vida à festa. Era uma garota simpática, super-extrovertida. Lembro-me dos olhos dela, nossa, eram lindos.

Na época uma boate típica dos anos 1970, com espelhos nas paredes, carpete no chão e uma ampla pista de dança com um enorme globo de espelhos pendurado no centro, a Menjo's era o ponto quente da cidade, o lugar onde tudo acontecia, em uma nova era de liberdade para os homens gays. Até o *Stonewall riot* — a revolta de Stonewall, em 1969, quando multidões de gays e transexuais entraram em confronto com a polícia de Nova York, marcando um divisor de águas para os direitos gays em todo mundo — os homossexuais eram freqüentemente incomodados e perseguidos quando iam a um bar.

— Nos anos 1960 havia um bar em Detroit chamado Woodward que era constantemente invadido de surpresa. Meu tio era tirado da cadeia sob fiança pelo menos uma vez por mês. Era preso e apanhava ao entrar e sair dos bares. Os jovens gays não fazem idéia de como as coisas estão melhores para eles hoje em dia — diz Frank. — Quando a Menjo's abriu, nos anos 1970, ainda era tecnicamente ilegal promover "desvio sexual" em Michigan. Por sorte, eu tinha um amigo com boas relações com a polícia, o que fez com que eles nos deixassem em paz.

Frank se recorda de como a era disco "nos tirou do armário". Ele descreve um chá dançante de domingo, às 15h30, com aproximadamente oitocentas pessoas — o lugar estava completamente lotado. O sócio de Frank era um homem carismático chamado Michael Crawford, e administrava o estabelecimento "como se fosse o Studio 54 de Michigan, mas sem a promiscuidade e as drogas. Esse bar colocou o mundo gay no mapa. Fomos uma lenda".

Madonna sugou a energia do lugar e dançou ao som de centenas de clássicos da música disco, de "That's The Way I Like It", do KC and the Sunshine Band, a "Twelfth of Never", do Earth Wind & Fire. Ela continuou freqüentando a boate mesmo depois de se mudar de Detroit. Há visão diferentes sobre a jovem Madonna. Richard Hojna, *barman* da boate desde 1975, diz:

— Ela era apenas uma garotinha de Rochester. Isso foi antes de ela virar a "Madonna". Era festeira, mas nenhum de nós pensou que se tornaria alguém especial. Era só mais uma na multidão.

Na opinião de Crawford (que faleceu em 1988), no entanto, Madonna tinha uma personalidade dinâmica que a distinguia.

— Crawford era totalmente excêntrico, mas de um jeito digno e elegante — lembra-se Frank. — "Não quero nada menos do que o melhor para os meus clientes", ele costumava dizer. Ia às raias da loucura para organizar uma festa e dar alegria às pessoas. Ele tinha toda essa energia. Madonna chamou a atenção dele, e ele a dela.

Madonna já se descreveu como "um homem gay preso num corpo de mulher", motivado pelas mulheres extremamente chiques e sedutoras de Hollywood. Curiosa, ela perguntou um dia a Christopher Flynn por que ele sentia atração por homens:

— Eu queria poder entender isso. — Desde os tempos de estudante, ela era louca para explorar a sensibilidade gay. — Olhe para mulheres como Judy Garland e Marilyn Monroe — disse ela. — Eu queria saber o que é que elas têm. É o *glamour*? É o jeito como elas se comportam?

Quando Flynn deu a entender que o que elas tinham era um ar trágico, algo com o qual os homens gays, por serem um grupo oprimido, poderiam se identificar, Madonna não levou a sério:

— Esquece, eu jamais poderia ser trágica. — O que ela absorveu delas, no entanto, foi o amor pelos artifícios extravagantes e uma forma muito especial de ironia.

Para a adolescente Madonna, Flynn era um objeto de desejo, um homem mais velho que podia guiá-la com segurança pelo universo teatral que ela almejava. Pois ele era gay.

— Christopher foi meu mentor, meu pai, meu amante imaginário, meu tudo — disse ela. Isso a deixou menos vulnerável a explorações, lhe deu um espaço para exercitar a mente. Ele proporcionava a ela uma combinação perfeita: carreira, oportunidades e paixão pela arte. Madonna respondia bem ao seu regime rigoroso de aulas de balé e apreciava o aprendizado autônomo, a educação "de rua" que ele lhe dava sobre artes plásticas. Foi também nos clubes gays que ela descobriu o bissexualismo e o desejo por um espectro mais vasto de experiências sexuais.

APESAR DA PERSONALIDADE SEGURA de estudante exemplar, Madonna sentia-se deslocada. Flynn foi a primeira pessoa que a fez se sentir bonita.

— Eu sabia que era sensual para a minha idade, mas, até ele me dizer, nunca tinha me visto como uma garota bonita — disse ela. Madonna foi capaz de se encontrar através do rigor dele e pelas puras e expressivas linhas do balé. — Me sinto superior. Me sinto uma guerreira — declarou ela.

Como alguns professores de dança muito dedicados, Flynn também era levemente sádico, e fazia os alunos dançarem até os pés sangrarem, ou beliscava-lhes as coxas para fazê-los se alongarem mais, ou então segurava um lápis de ponta bem fina entre o pescoço e a garganta de alguma dançarina para que ela mantivesse a cabeça reta. Esses métodos não desanimavam Madonna — talvez o desejo de atingir uma forma física ideal ecoasse os árduos esforços de sua mãe em busca da perfeição.

À medida que o mundo das artes se abria para ela, Madonna foi se afastando dos colegas nos últimos anos do colégio e foi mudando a própria aparência. Passou a usar macacões de brim e coturnos, e mantinha o rosto lavado, sem nenhuma maquiagem. Parou de modelar a sobrancelha e depilar as axilas. Os amigos ficaram chocados com a transformação. "Os comentários maldosos começaram", lembra-se um deles. "Ela parecia uma espécie de cigana", disse outro. Muitos consideram Madonna um ícone pós-moderno, mas todas as suas referências, no entanto, são nitidamente modernistas — desde Steinbeck e Fitzgerald a Virginia Woolf e Sylvia Plath, a sua predileção pela narrativa, pela psicanálise e pela investigação pessoal. Do mesmo modo com que ela depois criou uma sucessão de imagens, Madonna adotou naquele momento o visual boêmio de um poeta *beat,* com o comportamento distante que costuma acompanhar esse visual.

Em meados de 1976, já estava "solta no mundo". Como diz sua amiga Wyn Cooper:

— Ela, como muitos de nós, deu o fora assim que pôde. Sabíamos que havia um mundo maior e mais interessante lá fora.

Madonna assimilaria a crença típica de Detroit de que o trabalho árduo é uma virtude e constrói o caráter e a aplicaria em sua carreira no *show business*, na indústria do espetáculo.

— Ela era um fruto do seu meio — diz Brian McCollum. — Já ouvi pessoas aqui dizerem "Conheci uma Madonna no colégio. Conheci uma pessoa que tinha aquela personalidade, aquele comportamento e aquela vibração."

Detroit concentrou uma grande quantidade de pessoas que não precisavam de ninguém que as motivasse a ir adiante, porque, como diz o compositor Gardner Cole, nascido na região:

— Não havia nada para fazer. Os invernos eram tão brutalmente longos lá que, a menos que você goste de andar de trenó ou de praticar pesca no gelo, não havia nada para fazer, a não ser permanecer dentro de algum lugar. Chamávamos isso de "passatempo individual". Por exemplo: se você gostasse de música, você se metia num quarto e ficava lá tocando sozinho sem parar. Detroit não é como Los Angeles. Não tínhamos uma praia para nos encontrarmos e nos divertirmos. Então, mais tarde, quando alguns de nós seguiram para outros lados, nos sentíamos superiores a todos os outros porque éramos muito mais determinados.

Combinando essa determinação a uma sábia perseverança, Madonna se formou na Adams High com um semestre de antecedência. Com o apoio de Flynn, ela conseguiu uma bolsa para estudar dança na Universidade de Michigan, em Ann Arbor. Foi lá que seus horizontes se ampliaram de verdade. Quando chegou à universidade, Christopher Flynn assumira um posto de professor no departamento de dança, de modo que pôde continuar educando sua jovem "protegida". Uma cidade universitária calma e adorável, meia hora a oeste de Detroit, com torres imponentes e cafeterias alternativas, o campus era realmente um lugar confortável. Era uma das grandes universidades dos Estados Unidos, tendo sido chamada de "a Harvard de Michigan". O departamento de dança fazia parte da Faculdade de Artes Cênicas e tinha salas de dança espaçosas e arejadas.

— A longa tradição de excelência acadêmica e de treinamento técnico rigoroso de Michigan é responsável pela formação de dançarinos de alto nível — afirma Bill De Young, diretor do departamento. — O objetivo é que os alunos encontrem a própria voz criativa, por meio da disciplina da dança, para que possam, então, seguir em frente e criar uma linguagem própria. Estamos em busca dos rebeldes. A dança moderna é uma arte para eternos rebeldes.

Madonna tinha curiosidade intelectual, sabia organizar bem o tempo e era muito determinada, todas características típicas de uma estudante de dança. Aos 17 anos, seu corpo era ágil e audacioso. Com muita vontade de ser diferente e de seguir a própria cabeça, ela ia para as aulas de balé mascando chicletes e vestindo uma malha toda rasgada e presa por alfinetes de segurança.

— Era um visual punk, mas que no fundo era infantil, de uma garotinha tentando desesperadamente chamar atenção — lembra-se uma de suas colegas, Linda Alaniz. Competitiva que era, Madonna sempre se decepcionava quando não tinha o melhor desempenho.

Ela morava no alojamento do campus, o pomposo Stockbridge Hall. Sua colega de quarto, Whitley Setrakian, lembra-se dela como uma menina "brilhante, articulada e muito, muito magra." Com uma rebeldia leve e despreocupada, Madonna se dedicava com prazer à disciplina da dança. Tinha duas aulas técnicas de noventa minutos por dia e duas horas de ensaios para as apresentações da faculdade. Buscando avidamente a aprovação do professor Flynn, ela se alimentava basicamente de pipoca para atingir o corpo de sílfide que ele desejava. No início de cada aula, ele fazia os alunos se pesarem, e, se estivessem acima de 52 quilos, os aconselhava a perder rapidamente o peso extra.

— Tenho certeza de que, naquela época, Madonna estava a um passo de ficar anoréxica — disse Alaniz.

Flynn era estimulante, mas pontuava as aulas com um humor seco.

— Ele estava sempre com um cigarro nos lábios, mesmo durante as aulas — recorda-se De Young. — Era severo, mas ao mesmo tempo sábio. Tinha um humor ferino, e os alunos mais cosmopolitas se apegavam a ele facilmente e ficavam presos à sua maneira de ver as coisas. Ele, de certo modo, criava um personagem para si, para mexer com o imaginário das pessoas.

Madonna absorveu muita coisa de Flynn, mas também foi influenciada pela carismática Gay Delanghe, que deu aulas na faculdade de 1974 até pouco antes de morrer, vítima de câncer, em agosto de 2006.

— Gay era uma verdadeira ativista — lembra-se De Young. — Era uma feminista que combatia a hierarquia masculina com todo fervor. Realmente levantava a bandeira daquilo em que acreditava. Havia uma química entre ela e Madonna. Ouvi dizer que Madonna apreciava sua honestidade e o fato de ela mostrar quem era. A própria Madonna não parece ter qualquer dificuldade em ser ela mesma. Não se interessava em seguir as normas de bom comportamento. Os bons costumes funcionam como uma espécie de armadilha para a nossa consciência.

Delanghe estudou na Cass Technical High School em Detroit e foi colega de turma de Lily Tomlin e Aretha Franklin. Trabalhou como dançarina em Nova York antes de ir para Ann Arbor.

— O melhor exemplo para definir a palavra indelével — recorda-se outro colega, Peter Sparling — é a marca de ferro impressa em minha memória de uma criatura com um cabelo vermelho intenso, pernas infinitamente longas e pés que mais pareciam punhais, especialmente quando ela cruzava o palco aos saltos e pairava no ar. — Para ele, Delanghe funcionava como um modelo poderoso para as jovens que queriam seguir o exemplo de sua "força, persistência e atitude de desafio diante de situações adversas."

Madonna correspondia bem às exigências dos professores, embora achasse que as aulas eram "exaustivas e duras". Ainda tinha forças para sair à noite com as amigas Whitley, Linda e uma outra aluna, Janice

Galloway. Elas tomavam conta das pistas de dança das casas noturnas de Ann Arbor, como a Ruvia e a Blue Frogge. Foi nesta última que Madonna conheceu Steve Bray, um músico local que tocava bateria na cena noturna de Detroit. Ele viria a se tornar um de seus principais parceiros profissionais alguns anos depois, mas naquela época eles apenas saíam de vez em quando e se divertiam, como ela fazia com alguns outros namorados. Bray desde o início achava difícil definir Madonna e uma vez a descreveu como "uma força da natureza... não propriamente humana". Ela gostava de aparecer nos shows dele e dançar.

— Eu tocava bateria na banda Cost of Living, e Madonna era uma das duas ou três pessoas que dançavam realmente bem nos shows. Eu até me perguntava se as pessoas não iam ao meu show apenas porque sabiam que ela estaria lá dançando — lembra-se Bray.

Se Madonna gostava de flertar com homens, na faculdade deu início ao que viria a se tornar um dos seus padrões característicos de comportamento: a necessidade de uma figura feminina forte ao seu lado.

— Ela se lançou numa empreitada que mais parecia uma campanha bem planejada para se tornar minha amiga — disse Whitley, que hoje é uma cantora e compositora de Ann Arbor, chamada Whit Hill.

Embora gostasse da companhia dela, Whitley achava Madonna uma pessoa muito carente e emocionalmente frágil por trás de toda a encenação. Madonna confiava muito nela, e costumava demonstrar fisicamente suas emoções. Elas tinham longas conversas sobre a mãe de Madonna, e Whitley sentia que a colega de quarto ainda não havia se recuperado por completo da morte da mãe. Madonna não estava simplesmente procurando uma mãe substituta: era como se precisasse se cercar de energia feminina; como se precisasse, de certo modo, de alguma mulher para tomar conta dela.

Não é de surpreender que uma das referências para o estilo de Madonna fosse a artista Martha Graham, cujo trabalho é centrado na figura feminina. Nascida na Pensilvânia em 1893, Graham "foi para a dança o que Picasso foi para a arte moderna". Ela era a heroína de um movimento que teve origem na primeira década do século XX, quando dançarinas como Isadora Duncan e Ruth St. Denis se rebelaram contra as restrições rigorosas do balé clássico e investiram em suas próprias interpretações expressionistas da dança. Peter Sparling, que dançou com Martha Graham no início dos anos 1970, lembra-se de como "ela percebeu o desafio que era me desmontar para que eu não dançasse conforme a música, mas sim que eu assumisse as dimensões místicas dela própria, Martha, e das *personas* que criava em seus trabalhos. Havia força e poesia em sua maneira de falar e na forma como ela usava as imagens. Muito tempo depois, ela ainda se mostraria capaz de gerar essa paixão selvagem e visceral, mesmo sentada na cadeira do diretor, cheia de rugas e com artrite."

Descrevendo a dança como "a linguagem oculta da alma", Graham procurava novas formas de expressar a emoção, e incorporou em seu trabalho atividades humanas naturais como andar, correr, pular. Era como se os passos de suas coreografias fossem irreais e estivessem congelados no tempo. Como diz a ensaísta de dança Deborah Jowitt:

— Não era natural viver na ponta dos pés e girar 180 graus.

Inspirada pela psicanálise, pelas teorias de Freud e Jung sobre o inconsciente, Graham aproveitou-se de metáforas poéticas ricas para compor suas coreografias — os poemas de Emily Dickinson ou os escritos das irmãs Brontë são algumas de suas fontes. Ela mergulhou na história americana e em sua formação puritana, na mitologia grega e na cinematografia do século XX, para expressar algo essencial sobre a condição da mulher americana. Essa nova forma de dançar exerceu de imediato uma atração instintiva em Madonna. Para uma garota católica do subúrbio, aquela maneira de interpretar a dança era revigorante, centrada na questão feminina, e, sobretudo, livre.

Outra forte influência em sua vida foi a de Alvin Ailey, um coreógrafo negro de uma cidadezinha do Texas, que combinava dança moderna, balé e dança tribal africana. De 1950 até sua morte, em 1989, a companhia de Ailey viajou pelo mundo, servindo de referência para a coreografia negra americana. Seu trabalho mais famoso, *Revelations*, combina características do gospel e do rock'n'roll, tudo isso aliado a movimentos atléticos, audaciosos e "tão amplos quanto o estado da Califórnia". Ele via a dança como uma força democratizante:

— Não acredito na filosofia elitista que coloca a dança clássica acima das pessoas. Sempre quis ter uma companhia com a qual minha família no Texas pudesse se identificar; pela qual pessoas criadas em fazendas ou em guetos pudessem se interessar — disse ele. — Ainda estamos formando platéia nos Estados Unidos. Estamos tentando convencer as pessoas de que a dança é para todos. Ela deve ser sempre direcionada às pessoas.

Ailey influenciou toda uma nova geração de coreógrafos negros, das coreografias góticas e expressivas de Pearl Lang a Twyla Tharp, cujo trabalho se espalhou pelos musicais da Broadway, pelo cinema e pela dança moderna. Quando Madonna fez parar as pistas de dança de Nova York, não estava simplesmente se deixando levar pelas últimas tendências da música disco. Ela era um redemoinho de todas as suas influências:

— Nas boates, eu estava em toda parte, misturava tudo. Street dance, dança moderna, um pouco de jazz e balé. Eu era Twyla Tharp, era Alvin Ailey, era Michael Jackson. Não me importava, eu era livre — diz Madonna.

Ela retornaria diversas vezes a essas influências nos shows, usando o estilo de Graham como sua base principal e escolhendo os dançarinos por meio da mesma consciência multicultural de Ailey.

— A pista de dança era um lugar mágico para mim — disse ela mais tarde. — A liberdade que sempre sinto quando estou dançando, este sentimento de habitar o próprio corpo, de se deixar levar, de se expressar através da música...

A década de 1970 foi um período altamente produtivo, uma época de experimentação para a dança moderna, e Madonna queria estar bem no centro desse movimento. Em 1977, ela ganharia uma bolsa de estudos para dançar com a Alvin Ailey American Dance Theater em um curso de verão de seis semanas que era oferecido pela companhia em Nova York. Aos 19 anos, então, pela primeira vez, Madonna se viu rodeada de dançarinos tão bons e ambiciosos quanto ela.

— Todos ali queriam ser estrelas — lembra-se Madonna. Embora levemente desarmada pela nova experiência, ela se mantinha firme no objetivo de tornar-se uma das dançarinas principais.

Madonna teve oportunidade de trabalhar com Pearl Lang durante um ano, na faculdade, quando o coreógrafo esteve em Ann Arbor como artista residente. Lang criou um projeto a partir da música de Vivaldi, e Madonna ganhou destaque por ter sido uma das dançarinas escolhidas para a obra, apresentada no Power Arts Center de Ann Arbor. O reconhecimento, por Lang, do talento em formação de Madonna foi o incentivo de que ela precisava para se mudar para o epicentro da dança: Nova York. Embora ainda faltassem dois anos para se formar, ela decidiu abandonar o curso. Christopher Flynn apoiou sua escolha, e encorajou-a a "levar seu pequeno traseiro" para a outra cidade. A colega Delanghe, no entanto, ficou decepcionada e achou que Madonna "não fora bem aconselhada". Ela achava que a amiga deveria terminar a faculdade e investir em seu potencial.

— Madonna poderia ter contribuído muito para a área, poderia ter revolucionado o campo da dança contemporânea — diz De Young.

Madonna, no entanto, estava com outras idéias na cabeça. Temia perder oportunidades, enfiada no mundo lento e cuidadoso da dança acadêmica; sentia que já tinha sugado tudo o que podia do curso de Michigan. Seu pai se opôs veementemente, vendo no abandono de Ann Arbor o desperdício de uma bolsa de estudos.

— Pare de tentar guiar a minha vida por mim! — gritou Madonna com o pai certa noite, atirando, num ataque de raiva, um prato de espaguete na parede. Apesar de ter corrido para pedir desculpas, essa briga daria início a uma ferida que levaria anos para curar.

Nessa ocasião ela estava determinada a fazer um nome.

— E, para isso, tinha que sair de Detroit. Não havia internet na época, e não havia veículos de mídia que possibilitassem a alguém fazer sucesso naquela cidade. Era necessária a grande indústria de Los Angeles ou Nova York — diz Brian McCollum, do *Detroit Free Press*. Enquanto cursava a faculdade, Madonna trabalhou atrás do bar de um clube de rock sujo e empoeirado na rua Liberty, chamado Second Chance, que recentemente teve o nome trocado para Necto's. À medida que observava as bandas que passavam pelo lugar, Madonna ia tomando um gosto pelo estilo de vida rock'n'roll, bem diferente do mundo às vezes muito refinado da dança contemporânea. Ela não sabia exatamente o que iria fazer, mas de alguma maneira deveria ser algo que pudesse dar vazão a todas as suas várias nuances. Tinha um relógio interno para a "fama" e sentia que precisava ser descoberta *naquele momento*, e, no final dos anos 1970, Nova York era o lugar perfeito para isso acontecer.

3

A arrogância e a coragem!

O ano é 1978 e a trilha do filme Os embalos de sábado à noite *está em primeiro lugar nas paradas de sucesso. Camisetas da banda Van Halen estão por toda parte, assim como imagens de John Travolta e Olivia Newton-John. Billy Joel vende desenfreadamente suas melodias pop ao estilo Broadway, enquanto a teatralidade do rock pesado dá as cartas com a banda Foreigner vendendo sete milhões e meio de discos, com seu álbum de estréia.* Bat Out of Hell, *disco do Meat Loaf, está tocando em todas as rádios. Morre Keith Moon e Bruce Springsteen entra com força total nas paradas com o álbum* Born to Run, *de 1975. O jornal britânico* Sounds, *dedicado à música pop, refere-se a Ronnie Spector, vocalista da banda feminina The Ronetts, como "a pequena jean-creamer", enquanto começam a aparecer guitarras de todas as formas e tamanhos, até com o formato de uma pistola. Um anúncio das guitarras Kasuga mostra duas mulheres nuas com os instrumentos colocados estrategicamente na frente de seus sexos, ao lado da frase: "Êxtase ao alcance da ponta dos dedos." Jenny Darren é descrita como "sexy e pronta para o rock'n'roll... mais um nome da nova safra de roqueiras".*

Tudo em que uma garota de vinte anos pensa é mudar o mundo, mudar a si mesma, mudar tudo. Tudo é novo e pode ser reinventado, especialmente ela mesma. Ela tem raiva, sensualidade, frustração, tudo isso em medidas iguais. Mas, ao mesmo tempo que se lança na vida, inúmeros obstáculos parecem impedi-la de seguir em frente. O mundo parece favorecer os homens; eles não são jul-

gados, têm liberdade, os solos de guitarra são deles. Por ser uma garota, ela teria que baixar o tom, mas uma jovem de vinte anos não quer fazer isso. Ela quer tudo, e procura então alternativas nas quais possa ser ela mesma. O punk é uma delas. O ano é 1978 e Blondie lança Plastic Letters, *o seu álbum de ruptura. Patti Smith entra novamente em turnê, depois de ter quebrado várias vértebras do pescoço no ano anterior. Siouxsie and the Banshees é o último grito no que se refere à música punk alternativa da Inglaterra. Kate Bush aparece com "Wuthering Heights", algo totalmente diferente de tudo o que se havia escutado até aquele momento. Os Sex Pistols se separam, Sid Vicious se suicida, e a Geração X, os X-Men, toma conta dos quadrinhos punks. A primeira onda está acabada, mas a nova onda, a* new wave, *está só começando.*

Ser uma garota em 1978 era experimentar todas essas coisas: a subcultura é a possibilidade para uma nova fusão musical — punk com funk, rock com metal, e tudo isso sendo supervisionado do alto pela música disco, que não tinha o menor problema em se assumir comercial, mas que se regozijava com suas raízes underground. Nova York, no final dos anos 1970, era o lugar onde tudo isso se misturava.

MADONNA COSTUMAVA FREQÜENTAR os shows da The Slits, banda punk anarquista inglesa, composta só por mulheres, que, para criar um novo som feminino, misturava batidas irregulares ao dub reggae (gênero musical que mixava o reggae a uns ritmos mais sincopados). Ela ficava de pé na primeira fila e estudava atentamente a vocalista Ari Up e a guitarrista Viv Albertine.

— Morro de raiva de ela nunca ter usado uma camiseta com THE SLITS escrito em lantejoulas brilhantes e chamativas. Ela nos deve tudo. Roubou da Viv todas as idéias de moda no início da carreira dela — disse Ari em 2005. Viv usava pedaços de pano amarrados nos cabelos e vestia lingerie por cima da roupa.

— Nós nos vestíamos com roupas de fetiche sadomasô e botinas Doc Martens. Usávamos os cabelos bagunçados e fechávamos a cara para todo mundo — contou-me Albertine em 1997. — As pessoas não sabiam se éramos *pin-ups*, se éramos garotas de calendário ou algo do tipo. Aquela mistura de *collants* de borracha com as botas Doc Martens e a atitude agressiva, como quem diz "cai fora babaca, o que você está olhando!?", assustava principalmente os homens de meia-idade. Eles ficavam totalmente confusos.

Se Madonna criava o próprio visual ou apenas reciclava o que via, o fato é que se inspirava claramente na mistura ousada que caracterizava o estilo punk — no seu flerte com a feiúra e com a roupa do dia-a-dia, no jeito como virava as regras do jogo de cabeça para baixo e as imbuía de uma feminilidade afirmativa. Vestir-se como ela, nos Estados Unidos do final dos anos 1970, era uma atitude extremamente radical. A questão não era apenas o padrão de beleza que uma garota deveria seguir — cabelos macios, domados por fixadores, sombra azul suave nos olhos e saias floridas. O comportamento que se esperava das mulheres também estava em jogo. Madonna aproximou-se dessas questões anos mais tarde, na canção "What It Feels Like for a Girl", que fala sobre como as mulheres tinham que baixar o tom para conseguir a aprovação masculina. Se uma mulher era aberta, extrovertida, sexualmente ativa e franca, era marginalizada, tratada como "esquisita" e vista como um alvo legítimo para ataques e agressões físicas.

Ter vinte anos no final da década de 1970 era viver num momento de mudança cultural, no qual um mundo extremamente dualista, dividido entre negros e brancos, machos e fêmeas, bem e mal, virgens e putas, estava começando a ruir. Com seu instinto infalível, Madonna sintonizou-se a essa mudança e a incorporou totalmente, fazendo de si mesma uma força cultural de transformação. Combinou elementos do punk, da dança underground e da música disco europop (estilo pop que se desenvolveu na Europa, nos anos 1970), para assim inventar um conceito próprio, o conceito Madonna. Mas até chegar a esse ponto, precisou tomar diversas decisões erradas e mudar algumas vezes de identidade.

NAQUELE VERÃO DE 1978, Madonna chegou a Nova York louca para tornar-se o centro de tudo. Quatro longos anos ainda se passariam até conseguir o primeiro contrato de gravação, e mais tempo ainda para alcançar a fama que desejava. Como qualquer jovem provinciana, ela precisava entrar com tudo na cidade grande para torná-la sua, e isso levava tempo. A princípio, ficou morando com uma colega de faculdade na Universidade de Columbia. Mudou-se depois para um apartamento em Hell's Kitchen, na parte oeste de Manhattan. Continuou a estudar dança e foi assistir à sua heroína, Pearl Lang. Antes de se instalar definitivamente em Nova York, esteve ainda no Festival Americano de Dança anual de Durham, na Carolina do Norte, e foi nessa época que se apresentou a Lang.

— A arrogância e a coragem! — recorda-se Lang. — Madonna me perguntou na lata: "Você está precisando de uma dançarina na sua companhia?" Nunca passaria pela minha cabeça fazer algo assim quando era jovem. Eu disse a ela: "Sempre estamos precisando de uma substituta." E ela retrucou: "Quero ser substituta." Eu complementei: "Espere aí um minuto, você mora em Michigan. Eu trabalho em Nova York." "Dou um jeito", respondeu. Enfim, fui para casa e esqueci dela.

De volta a Nova York, Lang esteve ocupada com o Centro de Dança Americana, que criara com Alvin Ailey. Ambos dirigiam as próprias companhias no local.

— Em novembro abrimos as portas para as aulas e lá estava Madonna — continua Lang. — Ela trabalhou comigo por cerca de dois anos.

Lang foi uma escolha inteligente, uma figura de extrema importância para a dança moderna, uma das principais dançarinas da companhia de Martha Graham. Quando a entrevistei em Nova York, em 2006, ela estava com 85 anos, e havia se aposentado há apenas dois. Ela viveu e respirou dança desde muito nova.

— Com três ou quatro anos de idade, vim de Chicago com minha mãe para ver a companhia de dança dos alunos de Isadora Duncan, no Symphony Hall. Minha mãe era fã de Isadora, naquela época ela era a heroína dos movimentos femininos. Eu observava atentamente a dança daquelas meninas. Uma delas veio saltando do fundo do palco até mais à frente e abriu os braços num gesto largo, deixando o público sem ar. Prometi a mim mesma que um dia também faria aquilo.

Lang dançou com a companhia de Martha Graham durante quarenta anos, justamente o período em que a coreógrafa estava no auge.

— Martha fazia uma mistura impressionante de música e poesia. Não se tratava apenas de jogar as pernas para o alto e fazer passos difíceis e sem sentido, como o coreógrafo de balé Balanchine. Era uma das grandes artistas do nosso tempo. Fazia seu coração parar. Ela tem sido comparada a Picasso.

Lang montou a própria companhia em 1953, desenvolvendo um estilo poderoso que se baseava na figura feminina. Sua abordagem era flexível, trabalhava movimentos complexos com um dançarino até ele acertar, ou então fazia com que ele os realizasse de uma outra maneira. Madonna, por sorte, era capaz de executar os movimentos que lhe eram solicitados.

— Ela fazia o que eu pedia. A parte técnica do trabalho em si era muito difícil, mas ela conseguia executá-la.

Logo depois de entrar para a companhia, naquele mês de novembro, Madonna foi contemplada com um papel em *I Never Saw Another Butterfly*, uma peça sobre o Holocausto. Jovem e magra, se saiu bem como uma graciosa criança judia que vivia em um gueto. Também fez com que os instintos maternais de Lang viessem à tona.

— Arrumei um emprego para ela no Russian Tea Room, guardando casacos e chapéus, porque achei que estava perdendo peso e precisava de, ao menos, uma refeição decente por dia — lembra-se Lang. — Tenho certeza de que aquela era a única refeição decente que ela estava conseguindo ter.

Madonna também podia ser "meio estilosa" na maneira de se vestir.

— Era uma época em que todos queriam se vestir da maneira mais diferente e desarrumada possível — disse Lang. Apesar do *collant* rasgado e dos alfinetes de segurança, ela se impressionou com a intensidade com que Madonna se dedicava à dança. — Ela tinha uma postura bastante agressiva, mas num bom sentido. Isso é necessário. Se os dançarinos se escondem, não se saem tão bem.

Madonna dançou em seis das produções de Lang, incluindo *Shorebourne*, uma obra passada num dia de sol, na praia, produzida especialmente para as cordas de Vivaldi, e *Piece for Brass*, que tinha uma forte influência do jazz americano. Lang lembra-se de que foram usados para o cenário desta peça tubos de metal, desses que se vêem no alto dos prédios.

— Eu os usei na coreografia, com pessoas caindo de dentro deles e sendo sugadas por eles. Era uma coreografia forte, moderna e muito difícil. — Muito mais tarde, essa influência pôde ser vista nos cenários para a música "Jump", nos shows da turnê *Confessions*, em 2006. Madonna também dançou para Lang uma suíte de canções folclóricas espanholas. — Lembro-me dela no fundo do palco à esquerda. Fazia essa peça muito bem.

Apesar de prestígio, a dança não trazia uma boa recompensa financeira. Lutando para conseguir chegar ao fim do mês sem dívidas, Madonna teve vários empregos de pouca duração em lanchonetes como Dunkin' Donuts e Burger King, antes de se voltar para o trabalho um pouco mais lucrativo de modelo vivo para artistas plásticos. Embora estivesse posando nua, via isso como fotografia artística, como algo "aceitável", portanto. Segundo o escritor Michael Mackenzie:

— Um outro jeito de uma dançarina fazer dinheiro era dançando de *topless*, o que muitas faziam, mesmo algumas com grande visibilidade. Iam para Nova Jersey e dançavam de *topless* como trabalho paralelo. Para Madonna isso era algo distante e fora de questão. Ela nunca fez isso, achava comprometedor demais.

A juventude de Madonna fez com que se portasse de modo destemido e que estivesse pronta para correr riscos. Como qualquer jovem moça que toma conta de sua própria vida, ela se encontrava em posição vulnerável em alguns momentos. Um dia, segundo uma amiga, não muito depois de entrar para a companhia de Lang, quando estava em uma parte mais marginalizada da cidade, foi agarrada na rua por um negro forte e grande que, com uma faca, a fez subir as escadas de um prédio até o telhado. Ele a forçou a fazer sexo oral com ele. Quando terminou, deixou-a lá em cima chorando e tremendo. Ela permaneceu no mesmo lugar por um longo tempo, com medo de sair e encontrá-lo nas escadas. Finalmente conseguiu descer e foi para casa, em estado de choque depois da experiência. Em vez de denunciar o ataque à polícia, Madonna parece ter internalizado o ocorrido, enterrando fundo a sensação de vergonha e solidão. Anos depois, ela conversou sobre isso com um terapeuta, e relatou em uma entrevista:

— Eu fui violentada, e essa é uma experiência que eu jamais trataria com *glamour*.

Lembranças da agressão vieram à tona novamente em 1992, durante as filmagens de *Olhos de serpente*. Na pele da personagem que interpreta no filme, Madonna relata a história de seu abuso sexual exatamente como acontecera.

— Foi uma seqüência muito pesada — disse o diretor Abel Ferrara. — Eu não sabia que ela ia contar aquela história.

Embora Madonna não tenha falado muito sobre o assunto na ocasião, o trauma foi profundo. É possível que sua raiva tenha vindo à tona muito tempo depois, com sua necessidade de manter o controle no sexo. Muitos amigos já deram a entender que ela usava o sexo para chamar atenção, para conseguir um jantar ou uma cama para dormir por uma noite. E um dos seus métodos preferidos era exatamente a felação. Como mulher jovem e frágil, esse era um jeito de mostrar aos homens que era ela quem estava no comando e que não estava nem aí para nada. O sexo tornou-se uma máscara, uma maneira de, psicologicamente, virar a mesa contra o seu agressor.

Ainda que Madonna fizesse de conta que era esperta e que sabia se virar, minimizando a gravidade do abuso que sofrera quando o confidenciava a algumas poucas amigas, isso resultaria no fim de seu sonho. Em pouco tempo, ela começou a perder a concentração nas aulas e a reclamar para Lang que estava ficando com dor nas costas por conta da dança, e que alguns dos movimentos eram difíceis demais. Era como se o incidente tivesse desmoronado sua auto-estima, e ela acabou abandonando sua busca por afirmação por meio da dança contemporânea. Além disso, percebia que ainda passaria anos trabalhando arduamente até vir a ser uma primeira bailarina ou a se estabelecer como coreógrafa de sucesso.

— Dançar é fisicamente árduo. Não há tempo para choros ou reclamações. Trabalha-se muito e há várias pessoas melhores do que você — diz a coreógrafa britânica Jane Turner. — O coreógrafo é o criador na dança moderna. Você dedica sua vida à companhia e tem um retorno financeiro muito pequeno. Precisa ser um discípulo muito dedicado. Não há renda. É algo tão pouco comercial que chega a ser inviável. E não leva à fama.

Talvez Madonna tivesse se sentido desencorajada, só isso. Talvez tenha duvidado da própria habilidade como dançarina de elite. Talvez precisasse de algo divertido depois da terrível experiência que vivera, talvez usar a dança de modo diferente. O que quer que fosse precisava ser rápido. Foi então que brigou com Lang. Embora tivesse se submetido alegremente ao regime de dança de Christopher Flynn, irritou-se com a disciplina da mulher mais velha.

— É preciso fazer aulas de dança todos os dias, a maioria dos dançarinos faz, mas Madonna estava se desinteressando — recorda-se Lang. — Um dia, ela disse: "Eu vou fazer um teste amanhã, então não venho à aula." Ela ainda freqüentou por mais uma semana e depois nunca mais a vi.

Lang admirava a força de Madonna, mas não seu comportamento. Também se mostrou cética quanto à sua capacidade técnica.

— Eu a inseri no palco, quanto a isso não há dúvida. É assim que se trabalha um movimento. Alguns vão se esforçar para executá-lo, outros vão acertar na mosca. Madonna tinha esse tipo de energia. Ela conseguia pegar todos os movimentos. Não ficava para trás. Era boa. Mas não era tão boa quanto meus bons dançarinos, porque tinha outra coisa em mente, o pop. — Lang ri quando sugiro que Madonna foi influenciada por Martha Graham. — De jeito nenhum, nunca. Não há nada meu ou de Martha no que ela faz. Ela agora é cultura pop, simplesmente.

Traumatizada pela violência que sofreu e cansada de sobreviver aos trancos e barrancos como dançarina, Madonna seguiu em direção a um universo que lhe parecia muito mais glamoroso. Embora, no seu íntimo, a violência sexual tivesse sido uma experiência devastadora, funcionou como um gatilho, que a impulsionou a seguir em frente. Por algum tempo, o mundo das boates era o lugar que mais a estimulava, o melhor lugar para esquecer os medos.

Os meses seguintes foram um desafio para Madonna. Ela continuou se dedicando à dança, fazia aulas em Manhattan e sempre praticava em casa, mas sentia-se um pouco perdida sem a segurança que a companhia de Lang lhe oferecia. Conheceu então o grafiteiro Norris Burroughs numa festa e os dois tiveram um breve relacionamento. O tempo que viveu com Burroughs foi uma espécie de hiato, um período de calmaria antes da tempestade. Passariam longas tardes ensolaradas fazendo amor ou vagando pelos parques tranqüilos da cidade. Burroughs adorava a ligação que ela tinha com a natureza. Ele a descreveu como "sensual e sexual", mas disse que algo nela lhe escapava, como se ela fosse "feita de luz".

Em 1979, Madonna passou a se envolver com Dan Gilroy, um aspirante a músico que, junto com o irmão Ed, havia formado uma banda chamada The Breakfast Club, cujo som era baseado num punk pop com pitadas de ska. A descrição feita por Gilroy sobre o primeiro encontro dos dois resume muitos dos futuros relacionamentos de Madonna. Eles se encontraram à noite num bar no Upper West Side, bairro nobre da ilha de Manhattan, em um dia de semana, quando o lugar estava praticamente vazio. "Eu me oriento pela batida da música para dançar. E ela girava com a perna em volta do pescoço, rodopiando e tudo o mais. Dava medo estar no meio de uma pista de dança vazia, com ela ocupando muito bem o espaço e eu lá... quieto no meu canto."

O relacionamento de Madonna com Gilroy ficou em suspenso quando, pouco depois de se conhecerem, ela conseguiu um trabalho para dançar em Paris, no show de música disco de Patrick Hernandez. Segundo Burroughs, Dan e Ed tinham um número que fazia parte de um show de vaudevile alternativo, chamado Voidville. Isso chamou a atenção de Jean Van Lieu e Jean-Claude Pellerin, os produtores belgas de Hernandez. Eles conheceram Madonna através de Dan e a convidaram para fazer um teste para o papel de diva da música disco.

Quando ela chegou à França, foi procurada por Van Lieu (*showgirl*) e Pellerin, dois manipuladores que tentaram remodelá-la, transformando-a em uma dançarina de boate, unindo o funk a um estilo meio Piaf. Havia muita conversa e jantares caros, mas nada de muito concreto. Acostumada a um volume de trabalho feroz, Madonna se irritou com a inatividade. Embora estivesse passando por uma fase de relativo desinteresse, ela fora para lá em um momento criativo, no qual estava deixando de ser "apenas uma dançarina", para se tornar uma dançarina-cantora. Em Paris, em 1979, não pôde deixar de absorver o estilo da dançarina de boate, da atriz de variedades, das dançarinas de lugares como o Moulin Rouge; não podia escapar da influência da música disco européia. Com o seu *hit* "Born to Be Alive", Patrick Hernandez era um profissional de destaque. Não foi coincidência o fato de os primeiros discos de Madonna trazerem um gostinho de europop.

Naquele momento, Paris podia até não ser o terreno mais propício para a indústria musical, mas a cultura das cafeterias era muito presente por lá. Madonna fez questão de ir às festas certas e de fazer contatos, criou um amor pela cidade que viria a ser alimentado mais tarde com colaborações a artistas como Mirwais, Mondino e Jean Paul Gaultier.

— Nos anos 1970, Paris era um ótimo lugar para fazer contatos e conhecer gente nova nos cafés — lembra a socialite californiana Melinda Patton, que morou lá no mesmo período que Madonna. — Todo mundo se encontrava. Ao sentar em um café, era possível observar toda a escala social, do nível mais baixo ao mais alto. Todos saíam o tempo inteiro. Era só encontrar uma pessoa que logo você encontrava outras mil.

Embora Madonna gostasse da vida social, percebia que sua carreira ficara estagnada. Era mimada, mas sentia-se, ao mesmo tempo, mal compreendida. Decepcionada, decidiu voltar para casa. De volta aos Estados Unidos, desesperada para encontrar algo que a levasse ao sucesso, ela respondeu a um anúncio da revista *Back Stage* para um papel num filme. Procuravam uma mulher de temperamento forte que soubesse dançar e que não se importasse de trabalhar de graça. Mandou um currículo de duas páginas para o diretor, Stephen Jon Lewicki, e conseguiu ser contratada. Sua primeira aventura cinematográfica foi o pouco atraente *Um certo sacrifício*, um filme de baixo orçamento no qual ela faz o papel de Bruna, uma dominadora na prática sadomasoquista que fazia um estilo *new wave* e vivia vagando pela cidade, despreocupada, junto com outros adeptos da mesma prática, até encontrar um rapaz certinho, típico dos subúrbios americanos, que parecia estar só à espera de alguém que o corrompesse. Começam então a namorar e ela passa a se queixar com ele, de modo nada convincente, sobre como ela acabara caindo numa armadilha ao se envolver num jogo de dominação e submissão com seus "escravos eróticos".

Bruna acaba sendo estuprada num banheiro. Deve ter sido difícil, para Madonna, fazer esta cena pouco tempo depois de ter passado por uma experiência parecida na vida real, e há um momento em que ela parece verdadeiramente aflita. No filme, o estuprador de Bruna é apanhado pela gangue numa emboscada, seguindo-se uma sangrenta orgia sacrificial que tem como trilha um rock gótico que mais se parece com um canto fúnebre. Madonna exalava uma sensualidade imatura e se esforçava bastante para mostrar emoção, mas nem assim conseguiu salvar o filme. Apesar de as seqüências granuladas de Nova York no início dos anos 1980 terem lá seu valor histórico, o roteiro é tosco e as atuações não convencem. Lewicki tentou fazer uma espécie de *Caminhos perigosos*, de Scorsese, com baixo orçamento, mas o resultado foi um filme de arte malfeito. Ele ficou sem dinheiro no final das gravações e só consegiu terminar o filme quando Madonna já havia ficado famosa. Ele o lançou em 1985, totalmente contra a vontade dela. O interessante na personalidade de Bruna, no entanto, é que ela prenuncia a dicotomia virgem/prostituta que Madonna viria a explorar um tempo depois. Em *Um certo sacrifício*, ela interpreta uma mulher que é castigada por sua sexualidade ativa — tema que apareceria repetidas vezes no trabalho que desenvolveria posteriormente.

No início dos anos 1980, Madonna começava a trilhar seu caminho na área da música, e o fazia a passos largos. Foi morar com Gilroy e o irmão dele no Queens em uma antiga sinagoga, desativada e lacrada com tábuas que vedavam a entrada. Uniu-se, então, à banda deles. A noção de ritmo que havia adquirido como dançarina sugeria que teria jeito para tocar bateria, então, nos primeiros meses, dedicou-se ao instrumento, jogando-se ocasionalmente na frente da banda para cantar. Passavam horas ensaiando, e Madonna trabalhava duro, praticando acordes no violão e aprendendo o suficiente para criar suas próprias canções. Animada com os novos rumos que sua vida começava a tomar, achou que o rock era o estilo ideal para expressar sua individualidade. Uma amiga sua, a dançarina Angie Smit, foi convidada para tocar baixo. O quarteto chegou a fazer alguns shows, mas não parecia haver muita química entre eles, em parte porque Madonna sentia-se pouco à vontade tendo que dividir a atenção do público com outra mulher atraente. Além disso, Smit estava mais comprometida com a dança do que com a música, e logo começou a perder o interesse pela banda.

Smit foi substituída, então, pelo baixista Mike Monahan, e, quando Gary Burke assumiu as baquetas da bateria, Madonna foi promovida a vocalista principal, lugar que desde o início considerou ser o certo para ela. A banda, como era de esperar, não conseguia controlá-la — não com os irmãos Gilroy compondo todas as músicas e coreografando os passos de dança. Durante uma de suas calorosas reuniões, Dan Gilroy gritou, exasperado, "Você só tem ambição pura e simples, mas nenhum talento!", uma acusação que a atingiu fundo. Madonna deixou-os então para formar com Monahan e Burke uma banda que durou pouco tempo, chamada Madonna and the Sky. Esgotado pelo emprego fixo diário e frustrado pelas críticas impacientes de Madonna, Burke acabou caindo fora. Para a sorte de Madonna, um velho amigo de Michigan, Steve Bray, havia acabado de se mudar para Nova York e estava à procura de trabalho.

— Ela já tinha uma série de músicas prontas e estava precisando de um baterista. Naturalmente, começamos a trabalhar juntos — conta ele.

Quando Bray, que era musicalmente mais seguro, se juntou à banda, Madonna rapidamente assumiu uma cara nova para o grupo, que passou a se chamar The Millionaires, e depois Emmy, quando faziam um som que parecia uma mistura de ska com os primeiros álbuns do Pretenders.

Ela e Bray reataram o romance, mas ele logo se deu conta de que namorar Madonna era uma tarefa extremamente difícil.

— Algumas pessoas são bem sinceras e outras são desse jeito: "Você vai acabar descobrindo que não é meu único namorado e que estou saindo com outras 12 pessoas." Esse era mais o jeito dela — conta ele. — Aprendi que não dava para confiar nela nesse sentido.

Embora decepcionado, o modesto e tímido Bray tomou a sensata decisão de se concentrar na parceria musical que havia entre os dois. Ela o provocou, no entanto, ao anunciar, depois de alguns meses, que a banda a partir daquele momento passaria a se chamar Madonna. Bray protestou dizendo que soava católico demais. "E é tudo em torno de você? É. Eu me dei conta tarde demais, é só você que interessa", disse ele.

Apesar da audácia de atribuir o seu nome à banda, Madonna caminhava aos tropeços. Embora desesperada para chegar ao topo, ela ainda não havia conseguido desenvolver um estilo próprio. Ainda não se mostrava capaz de andar com os próprios pés como compositora. E, na verdade, não conhecia nada do mundo da música. Sentia que precisava do olhar competente de um profissional, de alguém que a ajudasse a encontrar um foco, a colocar para fora um som que ainda estava em formação. Essa pessoa era Camille Barbone.

NA PRIMAVERA DE 1981, a banda Emmy estava ensaiando no décimo andar do Music Building, um prédio na West 39th Street, que era um conglomerado decadente de salas de ensaio de música. A dona do único estúdio de gravação do prédio, o Gotham Records, era uma ítalo-americana de trinta anos, Camille Barbone. Uma pessoa cheia de energia e que ia à luta sem depender de ninguém. Qualidades que Madonna reconhecia em si mesma. Mas, ao mesmo tempo, Madonna tinha um pouco de medo daquela mulher mais velha, e queria muito impressioná-la.

No primeiro encontro das duas, no elevador, Madonna virou-se para Camille e perguntou com um sorriso cúmplice: "Você já fez?" Camille achou engraçado.

— Madonna fazia muito isso, dizia frases saídas do nada para chamar a atenção das pessoas. Estava se referindo a sexo? Não sei. Vivia me paquerando — recorda-se Camille. — Sabia que eu era lésbica. Então, jogava com isso.

Madonna convidou Camille para um show do Emmy, numa boate nova-iorquina da época, a Max's Kansas City. Como Camille não apareceu, Madonna invadiu seu escritório, fazendo um discurso bombástico. Camille foi, então, ao show seguinte do Emmy, e ficou "impressionada".

— Madonna brilhava, e de uma maneira extremamente urbana. Não como uma ninfeta delicada. Era sólida, gutural, e direta. Representava bem a cena musical de Nova York.

Camille se ofereceu para ser sua empresária, mas com a condição de que ela abandonasse a banda. Madonna ficou radiante. Embora quisesse ser leal a Mike Monahan e a Steve Bray, sua carreira era mais importante. Eles não se surpreenderam com a notícia, mas, em poucos meses, ela deu um jeito de conquistar a confiança deles de volta. Os três voltaram, então, a ser amigos, e Bray e Monahan até costumavam dar conselhos a ela.

Em seguida, Camille resolveu colocar Madonna em um novo apartamento e dar a ela um salário de cem dólares por semana.

— Madonna se metia em muita encrenca para conseguir o que precisava e prosseguir com o seu trabalho — recorda-se ela. — E teve muita dificuldade para se livrar de toda aquela série de confusões. Tinha uma esperteza de garota de rua. Era capaz de pegar alguém e levar para casa se estivesse com fome e precisasse de uma refeição. Era assim que sobrevivia. E era muito franca em relação a isso. Justificava seu comportamento dizendo que não era uma vítima porque "eu *deixo* que se aproveitem de mim". Isso era em si uma contradição. Ela morava num buraco em uma região perigosa da cidade. Eu quis dar a ela um lugar seguro para viver, porque ela parecia machucada, em diversos sentidos.

Depois que o apartamento de Madonna na West 70th foi invadido, Camille encontrou outro lugar para ela, em uma região que ficava mais acima, perto da Riverside Drive. A partir de então, as duas ficaram inseparáveis, quase como uma dupla de *clowns*. Foi preciso uma mulher para ver o verdadeiro potencial de Madonna.

— Eu era uma das poucas empresárias que havia num meio totalmente masculino. Os homens viam Madonna como alguém que podiam levar para a cama em troca de um contrato. Essa era uma situação difícil de lidar. Toda a minha orientação no agenciamento consistia em conselhos como: "Você não precisa mais fazer isso. Vamos ter conquistas pela sua personalidade única, porque você é uma artista e tem muito a oferecer" — diz Camille. — Eu a levei para a nata da indústria musical sem que ela precisasse trepar para conseguir o que queria. Dei credibilidade a ela. Começou a correr a notícia de que tinha alguém investindo dinheiro em sua carreira, alguém que tinha um estúdio e contatos. O resultado disso foi que, dentro da indústria musical, começaram a levá-la a sério também.

Assim como Madonna, Camille também havia trabalhado duro para se firmar, lutando contra o esquema machista e fechado de um mercado de trabalho que funcionava segundo o velho esquema da rede de contatos. Filha de um policial de Nova York e de uma dona-de-casa italiana, iniciou a carreira trabalhando nas grandes gravadoras multinacionais, e depois, no final da década de 1970, deu início à própria companhia, o estúdio e a empresa Gotham. Camille lembra quando foi a uma das reuniões mensais do grupo East Coast Managers, na antiga região dos teatros de Nova York.

— Entrei e havia sete homens com barrigas de cerveja, fumando charutos. Eram todos macacos velhos. Não era apenas o velho esquema da rede de contatos, eles eram de fato *velhos*. Eu devia ter uns 24 anos e pesava cinqüenta quilos. Não usava sutiã, ninguém olhou para a minha cara, olharam direto para os meus peitos. Aquela foi a primeira e a última reunião a que eu fui.

Juntas, ela e Madonna formaram um ótimo time. No início dos anos 1980, havia poucas artistas que faziam sucesso no meio pop. As mulheres ainda eram vistas como uma novidade e não eram levadas a sério como investimentos a longo prazo. Isso era um obstáculo considerável, mas Madonna era a primeira de uma nova safra: misturava a arrogância punk com uma sensualidade altamente glamorosa, e levava essa combinação um passo à frente, em direção às novas tendências do pop.

— Meus modelos eram pessoas como Debbie Harry e Chrissie Hynde, mulheres fortes, independentes, que compunham as próprias músicas e desenvolviam seus trabalhos por conta própria — disse Madonna. — Não foram profissionalmente comercializadas, produzidas ou inventadas. Não saíram da cabeça de executivos de alguma gravadora. Debbie Harry me deu coragem.

No início, ela tomou Harry como modelo, o que claramente irritou a vocalista do Blondie. "Era para ser eu!", exclamou ela anos mais tarde, quando Madonna estava no auge do estrelato. Mas, de certo modo, Harry abriu o caminho para Madonna. Em meados dos anos 1970, quando o Blondie estava começando, eles foram vítimas de um boicote não-oficial nas rádios norte-americanas.

— Uma banda levada por um vocal feminino cheio de atitude era algo que nunca havia acontecido na música pop — disse ela. — Era muito difícil fazer esse papel naquela época. É duro ser aquele que inova e quebra os padrões.

Com lábios carnudos e cabelos oxigenados, o visual de história em quadrinhos, Harry, era um comentário irônico sobre a tradição de celebração das louras glamorosas, ao mesmo tempo que criticava ferozmente esse modelo. Ela foi a primeira estrela "Blond" da música pop a ser pintada pelo artista da pop art, Andy Warhol. Madonna diria mais tarde:

— Eu fui intensamente influenciada por Debbie Harry quando comecei como cantora e compositora. Eu a achava a garota mais incrível do universo.

A resposta de Harry foi:

— Hummm. Eu já não me via como "garota" há um bom tempo, mas o universo é uma boa base de referência.

Madonna levaria o lixo louro da Hollywood dos anos 1950 ainda mais longe, aliando-o ao marketing global e à autopromoção dos anos 1980. O ex-namorado Dan Gilroy lembra-se dela comentando que ouvira alguém dizer que a câmera amava Debbie Harry.

— Aquilo a impressionou muito. Ela pensou: é isso! A câmera me ama também. Ali ela teve um estalo — diz Gilroy. Quando conheceu Camille, no entanto, a idéia da amizade com a câmera ainda estava a uma certa distância dela.

— Muitos dos obstáculos foram sendo superados graças à singularidade de Madonna. Como não dava para perceber isso em suas fitas demo, era preciso que eu agendasse reuniões com ela — relembra Camille. — Logo me dei conta de que o caminho tinha que ser esse. Ela entendeu e nós fizemos um acordo. Sempre causávamos uma impactante primeira impressão.

Camille sabia que era importante rodear Madonna de bons músicos. Pergunto se ela tinha um dom especial para a música. Camille faz uma pausa.

— Dom? Não. Como profissional de música ela não passava do arroz com feijão. Tinha a habilidade que precisava para escrever uma canção ou tocar violão. Mas tinha bastante talento para as letras. Ela costumava ler livros impressionantes e isso a ajudava na hora de compor. Acima de tudo, o que tinha mesmo era personalidade e presença de palco.

Madonna teve a oportunidade de tocar com músicos de estúdio como Jeff Gottlieb e David Frank, até que a nova banda se formou com o tecladista John Bonamassa, o baixista John Kaye, o baterista Bob Riley e Jon Gordon como guitarrista principal. Madonna se saiu bem trabalhando com músicos profissionais e equipamentos de qualidade.

— Se você dava a ela as ferramentas, Madonna as usava. Um empresário pode gastar uma fortuna com alguém e não acontecer nada. Mas ela aproveitava tudo. Fazia os músicos usarem a cabeça. Ensaiavam quatro vezes por semana e entravam no palco superafinados. Musicalmente, não precisava se preocupar com nada. Tiramos aquela guitarrinha ridícula de seus ombros e agora ela tinha um microfone nas mãos e liberdade para improvisar nos movimentos.

Com a banda formada e pronta para entrar em cena, Camille determinou que não deveria haver casos amorosos entre eles. Riley, no entanto, acabou sendo vítima de Madonna e teve um caso com ela, o que acarretou sua demissão. Um substituto ideal, Steve Bray, foi colocado em seu lugar. Ter o talentoso Bray na banda só podia acrescentar à música de Madonna, não havia dúvida disso, mas sua entrada também trouxe um estado de tensão constante, uma disputa inconciliável entre o rock e a música dance.

Isso se tornaria aparente no verão em que ela gravou sua primeira fita demo pela Gotham, no Media Sound, uma antiga igreja na 57th Street onde o compositor húngaro, Bartók, já vivera. Era também o estúdio favorito de muitos artistas pops, de Sinatra aos Beatles. Agora com 23 anos, Madonna sentia que estava finalmente no caminho certo para realizar seu sonho. Para Jon Gordon, um jovem aspirante a produtor e diretor musical da gravação, foi um desafio condensar a ambição de Madonna numa fita.

— Não foi a gravação mais organizada de que já participei — lembra-se ele. — Havia uma espécie de queda de braço entre Madonna e Camille no que dizia respeito à direção do estilo musical. Camille enxergava um caminho que seguia mais para um modelo Blondie de rock *new wave*, típico de Nova York, enquanto Madonna estava recebendo muita influência do rap e do estilo club naquele momento. Ela e Camille discordavam, iam de um lado para o outro e não chegavam a lugar algum.

Camille contesta isso, dizendo:

— Volta e meia me culpam por causa do lance do rock. Mas era rock o que Madonna estava fazendo quando entrei na jogada. Ela não queria mudar porque queria ser como Chrissie Hynde. A questão da música dance surgiu acidentalmente, e Steve Bray teve muito a ver com isso.

No período em que se preparavam para a gravação, Madonna dava a Gordon fitas de músicas que ela havia escrito, e os dois trabalhavam nos arranjos preliminares. Ela ficava horas no estúdio de ensaios de Camille, onde tinha acesso livre aos instrumentos. Gordon se lembra que Madonna compôs sozinha a maior parte das melodias, das letras e dos acordes.

— Ela tirava um som das guitarras, do teclado e da bateria para chegar a uma estrutura, e depois inseria a letra. Usava todos os recursos de que dispunha. As fitas eram boas. Transmitiam a essência das canções. Madonna tinha um som próprio, e era meu trabalho traduzi-lo fielmente em um arranjo para a banda. Eu não precisava inventar as coisas do nada.

Nos meses seguintes, eles gravaram quatro músicas sob a liderança de Gordon. De um lado, havia David Frank, "um sujeito que dava medo de tão talentoso, que aparecia com sons incríveis" e, do outro, havia o negociador Steve Bray, que tinha um som mais leve, com uma batida meio funk.

— Queria ter sido capaz de usar melhor aquilo — suspira Gordon. — Na época eu era um roqueiro tradicionalista. Estava tentando unir todas aquelas tendências.

As canções reunidas nas fitas da Gotham habitavam cada uma "um domínio próprio", segundo as próprias palavras de Gordon. Tinha o pop de "Love On the Run", influenciado pelo ska, e "High Society", que era mais meditativa e orquestral.

— Nesta eu estava tentando usar como modelo a canção do T Rex "Get It On (Bang a Gong)". Tinha vários sons estranhos. Alugamos uma cítara eletrônica para a gravação. E o vocal arranhado de Madonna foi o que acabou nos conduzindo. Sua voz capturava a energia do momento.

Ao longo dos anos, muitos têm criticado a habilidade vocal de Madonna, dizendo que ela é uma cantora fraca. Gordon discorda:

— Do ponto de vista técnico, é claro que tem gente que canta muito melhor. Mas ela conseguia compreender totalmente a música e apresentá-la em seguida de maneira acessível e cativante. Trabalhava muito bem com suas limitações vocais. É uma intérprete forte e faz questão de não enfeitar demais.

Outra canção que eles gravaram foi "Get Up", uma faixa em estilo mais dance que, em certo momento, incluía um rap de Bray.

— Houve praticamente uma guerra para decidir como essa música deveria soar. Ela indica o rumo musical de Madonna naquele momento — diz Gordon. A faixa final, "I Want You", parecia um Phil Spector sob efeito de ácido. — Eu estava tentando fazer com que ela se tornasse um grande sucesso e errei feio — ri. Apesar das disputas artísticas, Madonna tinha uma idéia clara do que queria, mesmo não sabendo ao certo como conseguir. — Estávamos o tempo todo sendo dirigidos por ela. Ela estava aberta a sugestões, mas reagia muito rápido quando não gostava do rumo que as coisas estavam tomando. Eu era um meio para ela chegar a um fim determinado. "Gordie", ela me chamava assim na época, "essa parte não está legal, quero que fique assim".

A banda de Madonna começou a tocar regularmente, tanto em lugares para dançar, como o Cartoon Alley e o Underground, como no Max's Kansas City e o US Blues, em Long Island, e também no circuito dos diretórios de estudantes universitários. Lentamente, ela foi conquistando seguidores.

— Um grupo de garotas de uns 14 anos de idade começou a nos seguir. Eu diria que o núcleo central do grupo tinha umas quatro ou cinco meninas; elas foram as primeiras *wannabes*, as primeiras que queriam ser iguais a Madonna — observa Gordon.

O encanto de Madonna estava em sua simplicidade, no fato de ela se achar uma garota tão bonita como qualquer outra. Embora tivesse seus fãs nova-iorquinos antenados às novas tendências, na época em que começou ela atraía um grupo de adolescentes entusiasmadas, que se interessavam em moda e em tudo que havia de novo. Os fãs do início dos anos 1980 não estavam admirando uma deusa, mas sim "uma garota real e verdadeira, que tinha sangue, suor e que usava *gloss* nos lábios".

— O cabelo dela era castanho, todo espetado, e ela usava um crucifixo e outros acessórios. Era um pouco rechonchuda, não era magra nem elegante, nem tinha o corpo todo definido como ficou mais tarde — diz Gordon.

Camille lembra-se de que o público feminino foi fundamental para o estouro inicial de Madonna

— O fato de as mulheres não reagirem negativamente a ela foi muito importante para o seu sucesso. Normalmente, quando as meninas vêem os namorados fascinados por alguma garota, se revoltam e se ressentem por isso, mas, nesse caso, as garotas também ficavam fascinadas. Madonna emitia uma espécie de vibração bissexual. Era honesta e direta em suas músicas. Não tinha afetação. As letras não eram cheias de complexidades. Qualquer mulher podia se identificar com elas facilmente. Por isso foi natural as meninas começarem a se vestir como ela. Elas estavam observando cada movimento de Madonna. — As meninas começaram a imitá-la, a usar o lenço do jeito que ela usava, as meias arrastão com escarpim, as bijuterias vagabundas e as roupas de algodão chamuscadas de tinta. — Queriam imitá-la porque ela representava o espírito de liberdade que havia dentro delas. Admiravam o espírito rebelde pelo qual Madonna estava possuída.

Outra coisa que deixava as pessoas boquiabertas era sua capacidade de transformar multidões em *voyeurs*.

— Madonna não tinha absolutamente nenhuma autocrítica — afirma Camille. — Comportava-se como se estivesse sozinha no quarto em frente ao espelho, mas ela não estava no seu quarto, fazia isso na frente de toda a platéia. Conversamos muito sobre isso. Ela fazia de conta que o público era alguém que a espiava pelo buraco da fechadura. Eles não estavam lá de verdade, estavam apenas dando uma espiadinha. Essa é uma maneira muito singular de encarar o comportamento no palco!

Desde cedo, Madonna firmara a idéia de que estava ali para dar prazer a si mesma, para se satisfazer, incrustando na cabeça das pessoas a fantasia de que o que ela estava fazendo era de certo modo ilícito e proibido. Movimentos sensuais relativamente suaves eram reinterpretados como lascivos e ousados, por conta do que se passava na mente dela. Exibia certo narcisismo que envolvia as pessoas, pois tinha a ver com a satisfação do ego e com o auto-erotismo. Essa abordagem transbordava do palco para sua vida cotidiana e para o seu movimento em direção ao estrelato. Seu namorado, na época, Ken Compton, ficou um pouco desconcertado quando ela certa vez lhe perguntou na lata: "Então, do que você mais gosta em mim?" Gordon guardou a lembrança de Madonna como uma pessoa "evidentemente obcecada por si mesma e por sua carreira".

Mas, apesar de sua atitude egocêntrica, Madonna podia ser irresistivelmente encantadora.

— Se é possível alguém ser destemido e ao mesmo tempo vulnerável, então era assim que Madonna era — diz Camille. — Era isso que fazia com que ela se tornasse impossível de deter. E era algo que nos desarmava totalmente.

Havia uma forte atração entre as duas, e Camille acha que Madonna gostaria de ter transformado a amizade delas em um relacionamento amoroso, para que pudesse exercer maior controle.

— Resisti a isso, porque teria sido a minha ruína... e já era a minha ruína de todo jeito, pois se a relação que nós tínhamos não era física, era, em todo resto, inteiramente erótica.

Madonna a paquerava abertamente, e as duas tinham brigas apaixonadas abastecidas pela tensão sexual que estava contida. Isso era o máximo que Camille se permitia, pois precisava se manter concentrada no trabalho.

Ela mandou as fitas da Gotham para várias gravadoras, mas, apesar de alguns poucos caçadores de talentos terem comparecido aos shows, nenhum peixe mordeu a isca. Madonna começou a ficar impaciente.

— O fato de as fitas da Gotham não terem dado resultado arruinou para sempre minha relação com Madonna e com Camille — diz Gordon. Camille guarda uma lembrança diferente.

— Ela e Jon eram ótimos parceiros musicais, mas ele desenvolveu uma paixão infeliz por ela, e isso foi o fim de tudo. Eles tiveram uma grande briga no palco certa noite. Ela o empurrou e ele a empurrou de volta com mais força, fazendo com que ela caísse no chão. Ela veio até a coxia e disse: "Ele está fora." Beleza. Ele está fora.

Madonna nunca foi de permitir que a situação ficasse desfavorável para ela.

— Ela é rápida. Saca logo. Entra numa sala e sabe quem manda no lugar, assim como percebe de cara de quem tem que se manter afastada — diz Camille. Mas sua impiedade era ofuscada por uma intensa carência. Camille sentiu que a jovem estrela "arrancou todo o instinto materno que havia em meu corpo".

Ela não sabia ao certo se Madonna contava com a proteção e o apoio de que precisava da sua família.

— Ela não se importava com a aprovação do pai e não tinha qualquer figura feminina forte para apoiá-la nesse sentido. A madrasta nunca fora uma figura materna para ela. Vivia ocupada com os dois filhos menores.

Quanto ao pai, Camille diz que ele ficou muito tempo de luto.

— Comia na palma da mão de Madonna. Era um típico pai italiano: trabalhador, que amava a filha, não a deixava se soltar no mundo e rezava pela sua salvação — diz Camille.

A banda, então, tornou-se a sua família substituta. Eles brincavam chamando-a de a Criança. "Alguém alimentou a Criança hoje? Ela fica muito irritada quando não come." Embora Madonna goste de insinuar que sempre foi uma mulher com total controle sobre sua carreira, grande parte da sua vida naquela época era caótica. Camille se via marcando consultas dentárias para Madonna, organizando a vida dela, e atendendo a telefonemas durante a noite.

— Ela me ligava às quatro da manhã e dizia: "Não consigo dormir." Aparecia na minha casa e pedia: "Me leva ao cinema." Se estivesse com fome, eu comprava alguma coisa para ela comer. — Às vezes se comportava como uma criança hiperativa: — Eu tinha que dar voltas de carro com ela depois de um show só para deixá-la cansada. Ela ficava mais do que cansada, como um bebê irritado, mas não conseguia dormir. Não queria perder nada que pudesse estar acontecendo. Muitas vezes eu a deixava em casa às três da manhã e ela saía de novo.

Quando ficava entediada, Madonna se deliciava com brincadeiras perversas, como na tarde em que borrifou de tinta os dois queridos poodles de Camille, escrevendo as palavras FODA e SEXO em letras garrafais.

— Na cabeça dela era só lavar com shampoo que saía. Qual era o problema? Não era uma coisa que ia ficar para sempre.

Ela também se especializou em arrotar nas situações e lugares mais impróprios, como em um almoço com caçadores de talentos de uma agência importante.

— Ela arrotava e gargalhava de maneira histérica. Tentava chamar atenção comportando-se mal. Queria que eu tivesse que me controlar para não rir, se divertia com isso. Mas isso não me incomodava — diz Camille. — A exploração sexual é que me irritava. Eu dizia: "Não contribua com a misoginia deste meio." Madonna era a pior inimiga dela mesma. Eu tinha que convencê-la de que estava destinada ao sucesso, que não precisava se denegrir.

Eles percebiam que aquela brincadeira de bancar o bobo prendia sua atenção, mas ninguém na indústria musical estava pronto ainda para arriscar uma grande jogada e assinar um contrato com ela. Madonna começou a ficar impaciente. Sentia que a carreira não andava tão rápido quanto desejava. Quando chegou a hora de renovar o contrato, em setembro de 1981, ela protelou, reclamando com Camille que a promessa dela de conseguir um contrato para a gravação de um disco ainda não havia sido cumprida. Um show importante no Underground Club tinha sido agendado para novembro. Camille ameaçou cancelar o show se Madonna não assinasse. Madonna renovou o contrato e fez um show excelente, ganhando a companhia de David Johansen, ex-integrante da banda de rock New York Dolls, na véspera de Ano-Novo. Ele a levou a uma festa dada pelo canal de TV a cabo MTV, que, na época, estava começando. E apresentou-a a muitas figuras influentes do ramo. Tudo parecia estar prestes a decolar, mas, pelas costas de Camille, os patrocinadores e executivos das gravadoras tentavam seduzir sua jovem protegida com ofertas melhores. Sentindo que seria traída, Camille tentou segurar a situação de modo ainda mais firme, e as duas entraram numa fase de brigas violentas. Isso se intensificou quando Camille começou a beber além da medida.

— Eu não tinha mais condições de erguê-la a um nível profissional superior. Estava falindo. Tinha investido muito dinheiro. Na verdade, tive uma crise emocional, porque a estava perdendo e sabia que ela ia seguir adiante e chegar ao topo. Aquilo tudo mexeu com a minha cabeça. — Analisando o passado, Camille acha que deveria ter procurado um empresário mais forte e fechado um acordo: — Tinha que ter deixado eles levarem o trabalho em frente e entrar junto, mas na retaguarda. Foi meu orgulho que me atrapalhou. Eu era jovem, e tão cabeça-dura quanto ela.

Em fevereiro de 1982, Madonna convocou Camille e seu sócio, Bill Lomuscio, para uma reunião com um advogado superpoderoso da área musical, Jay Kramer, aparentemente com o objetivo de discutir seu futuro. Durante a reunião, Kramer disse a Camille que eles estavam encerrando o contrato com Madonna, e que a cantora dispensava os seus serviços. Camille e Bill saíram da sala perplexos, mas determinados a tomar as medidas legais a que tinham direito. Isso levou a uma rixa de anos que deixou em suspensão a questão dos direitos autorais sobre as fitas gravadas no estúdio Gotham. Somente em 1992 Camille conseguiu um modesto acordo financeiro resultante do conflito.

Camille sentiu-se profundamente traída. Os anos que se seguiram à separação profissional das duas foram especialmente dolorosos, pois, enquanto ela passava por fortes dificuldades financeiras, via a estrela de Madonna subindo cada vez mais. Entrou, então, numa forte crise emocional, e era-lhe quase insuportável ouvir as músicas de Madonna no rádio, ou ver seu rosto estampado em alguma revista. Ela se afastou da indústria musical por um tempo, voltando apenas na década de 1990. Agora dirige com sucesso a própria gravadora, a Winedark, e mora em um sítio em Nova Jersey. Analisar o passado fez com que se tornasse mais sábia e compreensiva.

— Eu não tinha equipamentos para levar adiante um sucesso como o dela. Minha filosofia agora é a seguinte: não era para ser. Bebia muito na época. Precisava amadurecer e ficar mais tranqüila, assim como ela precisava.

Camille até se diverte com a capacidade de Madonna de manter um público cada vez maior ao longo dos anos, com o mesmo jeito irônico de burlar as regras e ridicularizar os padrões.

— Madonna nunca se transformou numa caricatura, como a Cher, por exemplo. Os sutiãs de Gaultier nunca esconderam que aquela era a mesma Madonna que arrotava durante o almoço. De certo modo, o que ela tem feito é reproduzir infinitamente aquele arroto.

4

Jam Hot, um grande improviso

Nova York é um monólito, uma cidade inteira feita de pedra e concreto. Os trens do metrô se arrastam guinchando pelos túneis subterrâneos, movendo-se por curvas e retas, de uma plataforma feia à outra. Não há nenhum enfeite nelas, apenas colunas de aço acima de nós e em todas as direções. A sinalização é simples e, com exceção de algumas poucas em Manhattan, as estações são puramente funcionais. Não se vêem paredes com tijolos pintados, cestas de plantas penduradas ou azulejos bonitos; não há decoração de espécie alguma. Isso mostra como a América é recente, como, apesar dos imigrantes do Velho Mundo, Nova York era uma cidade de fronteira como todas as outras — levantada com rapidez, construída com o pragmatismo de um castor, parte do movimento de corrida ao Oeste. Chegaremos lá porque somos capazes. O metrô é como um espaço em branco. Subsolo profundo, iluminação fraca, como a de um hospital, uma construção quase brutal — o sonho dos modernistas.

Os trens do metrô balançam, guincham e ecoam. Foi justamente nesse espaço em branco do metrô, nos buracos vazios, escuros e expostos a correntes de ar, que os artistas do centro cultural de Nova York dos anos 1980 encontraram sua tela. Keith Haring grafitou um universo inteiro nos vagões de metal; Jean-Michel Basquiat transferiu a vida do grafite para suas pinturas. Gangues de hip hop decoraram as paredes do metrô com provocantes cores vivas, como se dissessem: sim, eu existo. Estou aqui. Madonna impôs seu corpo exatamente nesse espaço em branco, com sua assinatura nos refrões vivos e na sua dança.

Nos anos 1970, Nova York era uma cidade à beira do colapso: falida e abatida pela crise do petróleo, além de dividida pelo efeito sanguinolento do cinismo político da administração de Nixon. Houve duas épocas de recessão: de 1972 a 1975 e de 1980 a 1982. Ambas resultaram em dois dos gêneros musicais mais criativos de todos os tempos: a música disco e o hip hop.

No mundo pré-aids de 1970, a música disco era o ritmo do coração da cultura gay, um fenômeno que se espalhou rapidamente depois do filme *Embalos de sábado à noite*, que fez com que, em pouco tempo, surgissem mais de mil discotecas no centro de Nova York. Paralelo a isso, o universo punk do centro de Manhattan despertou, imprimindo sua crítica em relação a tradições e costumes do "rock branco", tirando sua força vital do mundo do disco ao mesmo tempo que satirizava seu comercialismo. Bandas como New York Dolls, Television, Blondie e Ramones expressavam as tensões da época, enquanto celebravam o anti-heroísmo. Os aluguéis eram muito baratos no centro da cidade, por isso atraíam uma nova geração muito grande de músicos e artistas. Tudo girava em torno de experimentações sexuais, exibicionismo artístico e uso excessivo de drogas.

— A cidade estava caindo aos pedaços, parecia uma zona de guerra — lembra-se Maripol Fauque, a estilista e especialista em moda que muito ajudou a compor o visual de Madonna no início. — Os parques estavam tomados por traficantes de drogas. Veja o filme de Martin Scorsese, *Caminhos perigosos*. Era exatamente daquele jeito. Mas Nova York era também uma espécie de ímã. Depois que você chega aqui, é difícil ir embora. Você não encontra essa abundância de energia criativa em outro lugar. Fugi da França em 1976, vim passar três meses aqui e nunca mais voltei. Manhattan é uma espécie de ímã porque você se sente como que capturada.

Há também uma possibilidade de avaliação mais prosaica daquele momento e de como Madonna se encaixava naquele mundo.

— Tinha um bar na região central onde todo mundo ia, uma espécie de pé-sujo — lembra-se um artista daquela época. — Na cozinha tinha uma *chef* que vendia cocaína. Todo mundo ia lá, inclusive Madonna. Ela era muito irritante e vivia naquela cozinha.

Enquanto os boatos dizem que ela não era tão avessa a experimentações, os amigos afirmam que ela fazia questão de fingir que estava drogada ou bêbada, embora nunca bebesse ou se drogasse.

— Eu a vi se fazendo de bêbada, fora de si, e no entanto ela estava apenas bebendo *ginger ale* com uma cereja dentro — disse o fotógrafo Michael Mackenzie. — Ela sabia que aquelas pessoas a veriam como alguém de fora se parecesse "careta".

Para muitos daquele grupo, no entanto, Madonna parecia mesmo uma pessoa estranha.

— Parecia uma garota vindo de outro estado que ainda não estava por dentro das coisas — disse o artista Futura 500. Outro freqüentador regular dos clubes noturnos reclama:

— Ela era um horror. Ninguém gostava dela. Fazia coisas absurdamente estúpidas. Tinha uma garota que trabalhava na Danceteria que tinha um visual realmente impressionante, usava o cabelo de um jeito único. Um dia Madonna apareceu com o cabelo igual ao dela, mesmo corte, mesma tintura, a cópia exata. "Ela é maluca?", perguntávamos. Ela disse que comia restos de comida tirada do lixo, que se sentia só, mas não tinha porque se sentir só, era um ambiente extremamente acolhedor, era uma comunidade. Mas Madonna era muito competitiva. Não era propriamente bem-vinda nessa galera.

— Madonna não era underground, não ia às galerias de arte alternativas — diz um músico local. — Mas não estava nem aí. Ficava feliz só de poder absorver a atmosfera e a energia do lugar.

Era um meio que não era afetado pelas grandes marcas, onde a ética do faça você mesmo se impunha com força total.

— Havia uma nova geração voltada para as próprias pesquisas — lembra-se Maripol. — De um lado, a banda de rock Pere Ubu, do outro, o Lounge Lizards fazendo o som deles, e Jean-Michel Basquiat tocando com sua própria banda, chamada Gray. Eu me lembro que fui ao Mudd Club e vi a primeiríssima apresentação do B52's. Eu fui a shows ao vivo do Devo, do Blondie, do David Byrne... vi Nico tocando piano em um lugarzinho muito pequeno. Nada era concreto, nada era empresarial, nada estava institucionalizado, do tipo: "Ah, deixa eu ligar para os meus assessores, por favor." Era tudo muito mais natural.

Nova York era o lugar certo para Madonna, porque lá qualquer pessoa podia acabar se tornando alguém.

— Conheci Debbie Harry quando ela era uma garota qualquer, viciada em drogas. Ela sumiu por uns tempos e, quando voltou, era Blondie — lembra-se um ex-freqüentador do meio musical. — Madonna também era só mais uma entre várias. Como muitas das pessoas no Lower East Side, bairro ao leste de Manhattan, ela estava no páreo, correndo atrás de um nome, consciente de que não era a única. Aí também sumiu por uns tempos e, quando voltou, era "Madonna".

Depois de deixar Camille Barbone, Madonna permaneceu em sua busca por "se tornar alguém". As negociações com a agência William Morris não chegaram a lugar algum, e ela voltou para os decrépitos estúdios de ensaio atropelando tudo e todos para ver se conseguia fechar algum contrato. Nessa ocasião, no entanto, ela ganhara uma experiência de vida valiosa e construíra um círculo vibrante de amigos que freqüentavam os clubes noturnos, estabelecendo também alguns contatos na indústria da música. Agora começava a se mudar para o centro da vida noturna alternativa de Nova York, que na época se concentrava primeiro no Mudd Club e depois na Danceteria, uma boate de quatro andares que havia acabado de se mudar da 37th Street para a 21st. Por volta de 1981, a música disco estava sendo substituída pela música dance de "estilo livre", pelo hip hop e pelos sons que vinham do Reino Unido.

— O mundo disco estava morrendo. Todo o brilho, a entrada no Studio 54, toda aquela besteirada de se sentir especial, estava tudo acabado. Todas as pessoas antenadas se cansaram do brilho, e o Mudd Club virou o lugar do momento porque ficava lá embaixo, no centro, no finzinho de Manhattan — lembra-se Mark Kamins, o DJ que "descobriu" Madonna.

Na época, Kamins era o DJ das festas da banda neopunk Talking Heads, e executivo itinerante da Chris Blackwell's Island Records, que se ocupava dos artistas e dos seus repertórios, um A&R. Quando a Danceteria abriu, ele estava lá, com o DJ cult britânico Shaun Cassette, tocando *playlists* que iam do Pop Group a James Brown, Grace Jones e Kraftwerk. A elite migrou para a Danceteria, que tinha apresentações de bandas ao vivo no primeiro andar e uma sala de vídeo no terceiro. Kamins acha que foi um momento essencial na história da cidade, uma reação aos tempos de descrença dos anos 1970.

— Nova York estava tão criativa musicalmente naquele momento... — diz ele. — O final dos anos 1970 foi muito ruim. O Bronx estava fervendo em conflitos. Não havia emprego. Éramos engajados politicamente, mas não havia nada que nos motivasse, a não ser a música. Durante um tempo, não houve regras. Musicalmente, todos estavam experimentando e todos queriam testar algo novo.

Para ele, essa atmosfera de experimentação podia ser resumida por uma apresentação de James Blood Ulmer, que misturava jazz com rock e punk. As bandas que tocavam no primeiro andar eram a nata da cena alternativa, desde Buzzcocks e Magazine a The Cramps, Birthday Party e o B52's.

— A Danceteria ficava aberta das oito da noite às oito da manhã. Era um lugar muito especial, como a Factory de Andy Warhol — lembra-se Kamins. Sade trabalhava no balcão, Keith Haring e os Beastie Boys eram ajudantes de garçom, LL Cool J era o ascensorista. — Era um desses lugares em que a gente passa a morar. Quando a boate fechava, Keith ia para o metrô e pintava suas pequenas figuras até abrirmos o clube ao meio-dia para começar a limpeza. Ele morava na Danceteria, todos nós morávamos lá. Era mais do que uma boate. Todo mundo estava sempre fazendo alguma coisa.

Madonna, ele se recorda, era "só uma das personalidades":

— Ela tinha um estilo único de se vestir. Estava sempre na pista de dança e, quando dançava, todo mundo ficava ao seu redor.

Para Madonna, aquela boate simbolizava a liberdade pela qual estivera esperando de ter passado pelo universo rigoroso da dança contemporânea e do período em que ficou tocando em lugares ruins e apagados, ou fazendo parte de bandas de rock marginais. Era da pista de dança que ela mais gostava.

— Você pode dançar durante seis horas que ninguém vai te incomodar, e você nem precisa beber. Eu tinha uma sensação incrível de libertação, e me sentia mais feliz — conta ela. — Não havia diversão nem *glamour* na minha vida e eu precisava de algum estímulo.

Uma noite ela se aproximou da cabine de DJ de Kamins com uma fita demo da música "Everybody", parceria dela com Steve Bray.

— Ela veio sem perguntar — conta Kamins —, mas sou um DJ muito espontâneo e quando um artista que eu respeitava chegava na cabine para divulgar seu trabalho, eu sabia que estava recebendo um material de qualidade. Não era algo que tivesse que levar para casa para ouvir primeiro. Amo a espontaneidade, acredito que é uma mágica da vida. Madonna tinha uma fita cassete, toquei, e funcionou. — Ele dá de ombros. — Não estou dizendo que o lugar foi à loucura, mas funcionou.

Madonna virou sua namorada, e eles se mudaram para um apartamento pequeno no Upper East Side, a parte alta na região leste da ilha. O apartamento era estilo trem, com os cômodos interligados, sem corredor.

— Não tínhamos dinheiro nenhum e dormíamos sobre caixotes de leite. Ela não era exatamente uma dona-de-casa — lembra ele. Ela só tinha uma coisa na cabeça. — Eu comprei lingerie para ela certa noite e ela não se interessou. Para Madonna, namorar era algo secundário. Ela sabia usar a sexualidade para manipular os homens, todos eles, desde os *promoters* até os programadores de rádio.

Mas Chris Blackwell, o diretor da Island Records, não era um homem fácil de lidar. Eles tinham enviado uma fita demo e agendado uma reunião, mas o poderoso da gravadora ignorou.

— Ele não queria assinar um contrato com a namorada do seu executivo de A&R, e ela tinha passado uma noite difícil, ainda não tinha tomado banho, então Chris disse que ela não estava cheirando bem naquele dia.

Depois que Blackwell a dispensou, Kamins levou Madonna para conhecer Seymour Stein, da gravadora Sire.

— Ele disse "ok, vou fazer um contrato com ela", mas não porque acreditava nela, e sim porque acreditava em mim — alega Kamins. Ofereceram à Madonna 15 mil dólares para fazer dois *singles*. Nada de espetacular, mas isso deu a ela a oportunidade com que tanto sonhara. Estava tão ansiosa para assinar o contrato que foi atrás de Stein no hospital, depois de ele ter feito uma cirurgia no coração.

— Acho que se eu estivesse morto em um caixão, mas estivesse com a mão para fora, pronta para assinar, ela já ficaria satisfeita — lembrou depois Stein, achando graça. — Ela estava ansiosa demais em ver sua carreira deslanchar. Acreditava realmente em si mesma.

As sessões de gravação de "Everybody" e "Ain't No Big Deal" aconteceram no verão de 1982, nos estúdios Blank Tape. O resultado desse contrato foi Bray ser deixado de lado. Kamins assumiu o papel principal como produtor, começando ainda a aprender sobre a nova função. Embora Madonna fosse por vezes impetuosa, nessas sessões se portou de maneira quase humilde.

— Aquela era a primeira vez em que ela entrava em um estúdio com músicos profissionais de verdade. Contratei os melhores instrumentistas de Nova York, com Leslie Mink na bateria e Fred Zarr nos teclados — diz Kamins. — Ela me deixou fazer o meu trabalho na parte musical e, quando chegou a vez dela fazer os vocais, foi lá e fez. Ainda era ingênua. Isso é algo que você perde: depois do seu primeiro sucesso, você perde a ingenuidade. Esse é o único disco dela no qual ainda se pode ouvir uma inocência em sua voz.

Kamins trabalhou duro no estúdio, mas conhecia as próprias limitações como produtor.

— Eu sou DJ. Para mim o lance é a vibração, a música. Não sei reconhecer a diferença entre um lá menor e um dó maior, não sou músico. Mas sei reconhecer se a música é boa ou ruim. Se eu não estou de pé, dançando, a música não está dando certo, esse é o meu critério. Com "Everybody" foi assim: "Ei cara, foda-se a demo, vamos botar a casa para ferver", "Manda um baixo" — Madonna gravou os vocais de primeira. — Ela estava muito segura em relação aos vocais. Já tinha feito turnê com Patrick Hernandez, tinha experiência de palco. Também estava meio deslumbrada com todos aqueles músicos bons à sua volta, quatro caras que tinham tocado em todos os discos que estavam entre os vinte primeiros das paradas de sucesso. Mas ela foi lá e fez os vocais. Não bebia nem usava drogas, então sempre expressava algo verdadeiro.

"Everybody" tinha um frescor de juventude. Combinava os agudos irrepreensíveis de Madonna com baixo e bateria simples, mas bem amarrados. Fab Five Freddy, da Grandmaster Flash, disse que estava na rua quando ouviu a música pela primeira vez, vinda de um rádio gravador carregado por dois adolescentes porto-riquenhos. A música virou moda. A faixa, que falava sobre sentir o ritmo e se deixar levar pela música, serviu de referência para futuras canções de Madonna. Sua voz era sedutora, direta e desafiadora. Era como se ela estivesse na pista de dança, consciente da presença de todos no lugar: quem queria dançar, quem não queria, quem estava prestes a dançar, quem estava tímido, quem não estava. Madonna era a líder, pegando cada um pela mão, levando todos para a pista, onde podiam se deixar levar. Ela *convida* as pessoas para entrar na brincadeira. Dá permissão a elas.

Na mesma época, um outro artista produzido por Mark Kamins, Johnny Dynell and New York 88, fez sucesso com a música experimental de hip hop "Jam Hot". Dynell se recorda:

— Madonna e eu éramos ambos do East Village, freqüentadores do circuito, e de repente estávamos tocando no rádio. Isso era muito para nós. Ela não tinha muitos amigos, era muito ligada na carreira. Não era realmente de ficar saindo com o resto da galera. Eu me lembro de uma conversa sobre o futuro que tive com ela no topo de um prédio. Ela achava que o meu disco *Jam Hot* era muito estranho, não gostava. Era sobre prostitutas, bem urbano, bem artístico. Quando ouvi "Everybody" pela primeira vez, achei que era uma música envolvente, mas que a letra era simplória demais. Então me ofereci para ajudá-la com a letra, mas ela disse: "Eu sei o que estou fazendo." E 25 anos depois, as pessoas ainda dançam ao som dessa música.

Inicialmente, o compacto chegou às paradas de sucesso da música dance pela Warner, com uma espécie de defeito de fabricação: como a capa do disco não tinha uma foto da Madonna, todos pensaram que ela fosse negra. Apesar de a divulgação ter se concentrado em um público restrito, isso fez com que ela se firmasse como uma artista da música dance digna de crédito. Para Wendy Fonarow, autora de *Empire of Dirt*, um estudo antropológico da música indie, Madonna pertence "totalmente à cultura dance". Ela se lembra de ter freqüentado uma boate para menores de idade em Los Angeles chamada Odyssey, cuja clientela era em sua maioria composta de homens gays e adolescentes antenados. Gostávamos de dançar até as quatro da manhã, quando o lugar fechava. O DJ estava ligado nas novas tendências musicais que vinham da Danceteria e então testava as canções com a gente. Quando ouvimos "Everybody", amamos a música. Pensamos que era só mais uma diva descartável da música black dance, mas quando nós a vimos — com a aparência suja dos cabelos, as mechas pintadas de louro, luvas de renda que não cobriam os dedos, cheia de pulseiras e pedaços de pano servindo de roupa —, ficamos totalmente apaixonados por seu visual. Ela se vestia do mesmo jeito que nós. Não queríamos ser a Madonna, ela é que era um reflexo do que estava rolando em nosso universo, nas boates de Los Angeles.

Embora o disco não tenha chegado à *Billboard*, a grande parada de sucesso dos Estados Unidos, chegou, em novembro de 1982, a número um das paradas de sucesso de música dance. Madonna estava, então, compondo uma de suas músicas mais famosas, "Lucky Star", dedicada a Mark Kamins. Ao lado de Steve Bray, Kamins a inserira na estrada e ajudara a criar a identidade musical de que precisava. O rosto de Madonna não estava na capa do primeiro *single*, mas ela fez questão de sair do anonimato na capa do seguinte. Fez o dever de casa, ao lado do *promoter* da Warner, Bobby Shaw. Agendou reuniões com estações de rádio e com *promoters* de clubes noturnos para absorver informação e estabelecer contatos.

— Madonna queria se tornar uma estrela. Faria qualquer coisa para ser uma. Não era difícil estar perto dela, só era difícil mantê-la por perto — diz Kamins. — A música é como uma corrida de cavalos. Madonna tinha o momento a seu favor, a moda a seu favor, e uma energia que a empurrava sempre para frente. Tinha uma missão. Não parava nunca.

Ao mesmo tempo que "Everybody" estava fazendo Nova York pegar fogo, Madonna tornara-se amante de um artista negro, jovem e promissor, Jean-Michel Basquiat. Como ela, ele era ambicioso, e dizia: "Desde que eu tinha 17 anos, já achava que seria um grande astro." A diferença entre eles, no entanto, estava na compulsão pela autodestruição. Um "rato de festa" confesso, tomava doses espantosas de drogas e tinha tendência à depressão. Quando trabalhava, no entanto, era brilhante.

— Não penso em arte quando estou trabalhando. Tento pensar sobre a vida — disse ele certa vez. Seu expressionismo *naïf* foi influenciado pela arte do grafite e por imagens da cultura popular. Seu slogan era SAMO, e ele escrevia aforismos do tipo: "SAMO é uma nova forma de arte" ou "SAMO é um meio de fazer arte". O SAMO de Basquiat começou como uma piada debochada, uma abreviação da expressão "a mesma merda de sempre" (em inglês, "the same old shit"). Depois ele o transformou num conceito que simbolizava um estado de ser livre de culpas.

Basquiat começou a desdenhar do escalão da alta cultura que o cortejava, satirizando a cultura capitalista, mas ao mesmo tempo regozijando-se por ter fama e dinheiro. Madonna o conheceu no início dos anos 1980, quando ele se firmava como artista e ainda não havia sido afetado pela fama que o tragou. Suas representações da cultura negra urbana e marginal, o aproveitamento de objetos e móveis velhos encontrados ao acaso, a inventividade radical que usou para virar a cultura popular de cabeça para baixo, tudo isso a influenciou. E ela o impressionou com seu profissionalismo guerreiro.

— Jean era um cara machista, e Madonna tinha toda aquela energia sexual. A relação era, para os dois, uma espécie de representação de papéis — diz Nick Taylor, artista e amigo próximo de Basquiat. — Foi antes de os dois ficarem tão famosos, mas era como um casamento da aristocracia, conveniente e previamente arranjado.

Ela era o seu próprio slogan. Ela era o BOY TOY, brinquedinho sexual, rabiscado em inúmeras estações de metrô. Seu estilo, uma mistura de roupas de brechó e elementos punk, se baseava no aproveitamento de artigos encontrados — o par de meias-calças velhas, o pesado crucifixo de madeira, os elásticos de datilógrafa usados como pulseiras. Basquiat fez de sua própria identidade — étnica e consciente da vida urbana — um traço fundamental da sua arte. Madonna, do mesmo jeito, começou a construir sua imagem de garota católica boazinha que se desviou na vida. Percebeu bem cedo o que tinha de ser feito para criar impacto. Certa vez, deu uma festa cheia de garotos grafiteiros. Como Taylor disse à escritora Phoebe Hoban:

— Madonna ligou o toca-fitas e todo mundo começou a dançar. Eu me lembro que naquela época ela morava na Fourth Street, entre as avenidas A e B, uma região completamente abandonada, cheia de gângsteres de rua. Havia dois garotinhos hispânicos que a escoltavam como se fossem guarda-costas. Ela os levava a todos os lugares.

Na primavera de 1983, Madonna se cansou da negatividade de Basquiat. Seu estilo de vida disciplinado contrastava com o hábito dele de viver chapado e dormir até tarde. Ela se enturmava facilmente com os amigos dele, mas não participava de seus rituais. Enquanto todos se drogavam, ela mordiscava pedaços de cenoura. Segundo Steve Torton, assistente de Basquiat, Madonna pulou fora porque Basquiat "nunca via a luz do dia".

— Ela disse que não podia agüentar isso. Uma vez a vi na Bond e perguntei: "Como vai Jean?", e ela disse: "Está drogado. Estive lá essa noite e ele estava metendo a cara na heroína. Não quero fazer parte disso." E então saiu assim, como se não houvesse nenhum sentimento.

Quando eles se separaram, ela se concentrou no segundo *single*, "Burning Up", um disco que viria logo após outro *single* que já havia chegado ao primeiro lugar nas paradas de sucesso de música dance. Era crucial fazer com que este causasse tanto impacto quanto o primeiro. Mark Kamins achou que seria o produtor, mas a Warner optou por Reggie Lucas, um nome importante do Rhythm and Blues.

— Quando chegou o momento de trabalhar os vocais, eu não tinha a experiência necessária — diz Kamins. — Se você escutar "Everybody", vai ver que a voz está pouco trabalhada. Se você escutar o que o Reggie fez, vai perceber que ele trabalhou bem mais, elevou a voz dela a um outro nível. Era disso que Madonna precisava.

— Eu queria que Mark Kamins me *dirigisse*, mas "Everybody" foi a primeira gravação que ele produziu — disse ela na ocasião.

Madonna relembra uma versão da música gravada por Steve Bray cuja sonoridade era "cheia e hiper-elaborada", e, nas palavras dela, era assim que deveria ter sido. Embora decepcionado por não poder levar sua protegida adiante, Kamins (que fora esperto e a fizera assinar com sua firma de produção) fez um acordo com a Warner que garantiu a ele um percentual sobre os lucros futuros. Isso amenizou consideravelmente a sua decepção.

— Não me importei porque garanti a minha pequena fatia do bolo. Não tive problema nenhum com isso. Não fiquei com inveja nem chateado — declara Kamins.

Em "Burning Up", Madonna conquista um maior controle vocal, canta com mais domínio e certa autoridade. A canção em si, no entanto, não é tão dinâmica quanto "Everybody". A partir de um estilo que combinava New Order com a batida dançante da música disco gay, surge aos berros um *riff* de guitarra meio fora de moda. Na música ela interpreta uma mulher frustrada pelo desejo não correspondido. Ela faria qualquer coisa, declara-se, humilhando-se alegremente. Fica de joelhos, ofegando como um cachorro, mas seu relutante pretendente não se deixa impressionar — influência clara do som antiquado de sintetizadores do início dos anos 1980.

A Sire financiou um videoclipe para "Burning Up" que foi bastante exibido na recém-inaugurada MTV. O clipe era uma peça rudimentar do início dos anos 1980, com um toque de surrealismo. No início aparecem o olho de Madonna, uma flor, um carro e uma cabeça de escultura grega. Ela interpreta uma garota atraente contorcendo-se em uma estrada, esperando para ser atropelada pelo namorado (Ken Compton), que está em um carro conversível azul-claro. A única cena que nos impede de considerar o videoclipe uma representação pura e simples da exploração feminina é quando a própria Madonna aparece dirigindo o carro no final — uma virada de jogo, que mostra como Madonna estava, desde o início, disposta a subverter o papel de mulher-vítima. Foi a primeira vez que muita gente viu a garota de "Everybody" e, com isso, um público cada vez maior começou a morder a isca.

Madonna saiu então em uma agressiva turnê de divulgação com os dançarinos Erika Belle, Bags Riley e Martin Burgoyne.

— Eu disse a ela que teria que puxar o saco de algumas pessoas e ela fez isso, sem problemas — declara seu *promoter* e agente de A&R, Michael Rosenblatt. — Nas noites de sábado, entrávamos no meu carro e íamos a três boates. Duas músicas por dois mil. — Desde o começo, Madonna sempre teve uma forte harmonia com seus dançarinos, uma energia simbiótica que desenvolveu quando trabalhava com a dança contemporânea. Erika e os outros não eram apenas seus acompanhantes de palco, eram amigos íntimos, companheiros de noitadas. Quando não estavam trabalhando, Madonna e Erika iam ao Mudd Club e curtiam com a cara dos homens bonitos. Madonna dizia:

— Rika, eu sou a branca mais bonita e você é a negra mais bonita deste lugar, então vamos mandar ver.

O alvo delas eram os "garotos fofos"; elas os beijavam na boca ousadamente, pegavam seus números de telefone, e enquanto os garotos ainda estavam olhando, amassavam os papéis com os telefones e os jogavam fora. Essas provocações típicas de meninas mimadas refletiam em suas performances ao vivo, o que despertava a curiosidade dos garotos e fazia com que eles fossem aos shows.

— Não se conseguia tirar os olhos dela — lembra-se Ginger Canzoreni, ex-empresária da banda feminina Go Gos, que viu uma apresentação de Madonna numa boate da cena musical nova-iorquina. — Ela era muito atraente, era urbana. Tinha alguma coisa diferente nela.

Com uma turnê realizada em boates e dois *singles* de sucesso na bagagem, a Sire decidiu apostar em um álbum, ainda que modesto, e Madonna entrou com Reggie Lucas nos estúdios da Sigma Sound. Foi lá que as diferenças entre eles ficaram realmente evidentes. Ex-guitarrista de Miles Davis e produtor de cantoras sofisticadas de música soul, como Stephanie Mills e Phyllis Hyman, Lucas se acostumara a extrair sons sutis dos músicos e a acrescentar textura e complexidade à mixagem. Madonna cantava bem, dentro de uma certa margem de tons, mas ela sabia que sua voz se perderia no meio de arranjos complicados.

— Pensei que Reggie poderia conseguir extrair mais de mim, já que ele tinha trabalhado com Phyllis Hyman e Roberta Flack. O único problema era que ele queria que eu cantasse igual a elas — disse Madonna mais tarde.

Logo que as sessões de gravação começaram, eles começaram a brigar. Madonna reclamava de Lucas querer colocar "muita coisa" nas músicas e ela preferia as demos mais cruas. Ela disse que a faixa "Borderline", por exemplo, era delicada demais, mas ironicamente esta se tornaria uma das favoritas entre seus fãs. Notável por sua linha melódica suave e por uma sensação de nostalgia, "Borderline" fala sobre tentar manter um amor inalcançável. A música reflete os sentimentos da letra, com um acompanhamento que se desenvolve lentamente no teclado, sem refrão definido — de modo que em cada verso há tensão e nenhum relaxamento. Em um estudo sobre o que faz da "canção comercial um objeto global de desejo", o musicólogo Luiz Tatit diz que canções de sucesso têm "marcas de identidade" claras, que estão "concentradas em torno do refrão". Um exemplo típico disso seria "Lucky Star", que tem uma estrutura simples e vocais destacados. Este foi o modelo padrão das primeiras músicas de Madonna — claras, diretas e sem ambigüidades. Ela instintivamente percebeu o que fazia uma música estar entre as 10+ das paradas de sucesso.

O que predomina em "Borderline", entretanto, é a exploração de um tema, "uma busca", como diz Tatit, "pela completude no que diz respeito à melodia", e a melodia ecoa os desentendimentos e as separações dos amantes dos quais fala a letra. Ainda não era aí que Madonna queria chegar, e embora tivesse alcançado um respeitável décimo lugar nas paradas de sucesso da *Billboard*, não era o sucesso esmagador de que ela precisava. Se tivesse seguido os caminhos propostos por Reggie Lucas, ela teria levado mais tempo para imprimir nacionalmente sua marca, mas talvez tivesse conquistado credibilidade artística um pouco mais cedo.

Anthony Jackson, um músico de estúdio que tocava com diversos artistas, de Paul Simon a George Benson e Steely Dan, tocou baixo em "Borderline".

— Era uma música que pegava fácil: aquele tipo de escrita é musicalmente único. Reggie Lucas sempre teve uma noção muito boa de harmonia e melodia; sua abordagem se parece com a de um produtor da Filadélfia, Thom Bell. Exige um conhecimento profundo, sofisticado e cuidadosamente estudado para chegar a um bom resultado — recorda-se ele. Jackson foi colega de Reggie Lucas na escola e acabou tocando em "Borderline" por acaso. — Eu estava numa gravação e Reggie estava em uma sala ao lado. Ele veio falar comigo e disse: "Quando você terminar essa gravação, tem uma coisa aqui que talvez você goste de tocar. É uma artista nova. O nome dela é Madonna."

Jackson entrou e fez a linha do baixo no sintetizador, dando uma base rica, relaxada e *funky* para a faixa.

— Ela era completamente desconhecida naquela época. Eu tenho que dar muito crédito a Madonna. Ela sabe que não é uma grande cantora, mas sabe como levar uma música. Tem *estilo* e um jeito pessoal de escolher as canções e dar a elas um rumo próprio — diz Jackson.

Madonna definiu seu primeiro álbum, que levava o seu nome, como algo que não passava de um "disco de aeróbica". É verdade que algumas das faixas têm uma atmosfera típica de aula de ginástica. "Physical Attraction", por exemplo, é uma canção da qual uma artista pop dos anos 1970 que nunca perdia o fôlego, como Olivia Newton-John, poderia se orgulhar; enquanto "Think of Me" abraça a energia da música disco a todo vapor, combinada ao som irregular de um saxofone, estilo jazz-funk. "Lucky Star", no entanto, se destaca pelo som brilhante do teclado, pelos sintetizadores afiados e pelo *backing vocal* simples da cantora de soul Gwen Guthrie. As cantoras que fazem os *backing vocals* de Madonna sempre forneceram um contraponto forte para o tom meio-soprano de sua voz de menina. Enquanto ela lança direto a mensagem e a melodia da canção, as *backings* ficam com o acabamento, enfeitando os registros mais baixos, preenchendo o som da voz de Madonna. Assim como os dançarinos servem de contraste para a estrela Madonna, suas cantoras, de Guthrie a Siedah Garrett, Niki Haris e Donna De Lory, dão à sua música uma textura mais rica com a interação entre elas e as variações de harmonias.

Os teclados também têm um papel importante em suas canções, apesar de nesse álbum terem passado um pouco da medida. Um exemplo disso é o ritmo barroco, quase rock progressivo, da música "I Know It", manifesto esquisito sobre o fim de um relacionamento. É um disco extremamente irregular, como se espera de um álbum de estréia, no qual já se esboçava alguns dos temas que se tornariam recorrentes na carreira da cantora. Lutando para romper com o pop disco do início dos anos 1980 e em busca de um estilo próprio, ela acertava na mosca algumas vezes, mas em outras soava como um cruzamento entre a roqueira pop Pat Benatar e a artista branca de "alma negra" Teena Marie.

Temas líricos que apareceram pela primeira vez nessa época se tornariam típicos do trabalho de Madonna — canções românticas sobre amor não correspondido, com mulheres impondo agressivamente seus valores, narrando suas buscas amorosas ou à procura de um sentido na vida. Ao lado disso, há o tema ainda rudimentar da busca espiritual. Em "Lucky Star" ela fala pela primeira vez a respeito de um anjo que seria seu protetor e guia espiritual. Mas a Madonna do primeiro disco está mais centrada na força da dança. A melhor expressão disso é "Holiday", canção que consagrou seu estilo. Com uma exuberância latina à flor da pele, baixo e violinos cheios de ritmo, e a finalização elegante do piano de Fred Zarr, "Holiday" é uma de suas canções mais envolventes. Há tensão, relaxamento, estabilidade e comemoração, elementos que se integram sob o comando e o estímulo espirituoso de Madonna. Composta por Curtis Hudson e Lisa Stevens, a música foi gravada de última hora e produzida por um DJ novo, que estava fazendo sucesso na época, John "Jellybean" Benitez. Se Mark Kamins deu a ela o pontapé inicial, Benitez e seus olhos castanhos a ajudaram a alcançar uma nova fase.

Benitez era um jovem do sul do Bronx, totalmente ligado nas novas tendências, que já se aventurava como DJ desde o início dos anos 1970, quando ainda era um garoto.

— A maioria dos meus amigos queria ser traficante de drogas, cafetão ou segurança. Costumávamos nos encontrar no porão de um prédio, a sede do nosso clube. Tínhamos uma vitrola lá e eu sempre levava minha coleção de discos, sentava e ficava colocando os discos para tocar. Nunca saía de perto da vitrola, com medo de que roubassem, arranhassem ou quebrassem meus discos — contou ele em 2006, à revista virtual *Bouncefm.com*. As pessoas começaram a chamá-lo de "o DJ", mas o jovem Benitez achava que, em suas próprias palavras, "um DJ era um cara que a gente ouvia no rádio, que dizia a previsão do tempo e fazia os comerciais, algo assim". Só depois de ver um DJ de boate em ação, trabalhando com duas vitrolas ao mesmo tempo, foi que ele descobriu que era aquilo que queria fazer.

— A música não parava nunca... duas canções tocavam ao mesmo tempo. Quando vi isso acontecendo, minha reação foi de puro êxtase: "Uau, isso é demais!"

O entusiasmo de Benitez virou uma doença. Ele foi se aperfeiçoando em festinhas de debutantes e em clubes de dança locais antes de começar a pegar uns trabalhos em Manhattan. Em 1981 ele era um DJ da Funhouse. Localizada numa área industrial na West 26th Street, a boate atraía adolescentes hispânicos e ítalo-americanos do Brooklyn e do Bronx. Conhecidos como "buggas", os freqüentadores da casa se vestiam com camisetas cortadas com tesoura, calças de moletom e bandanas. Eram fãs apaixonados de Benitez. Como relata o escritor Peter Shapiro:

— O som dele era uma mistura de hip hop com disco. A galera urrava quando gostava de uma música escolhida por Jellybean, mas também vaiava quando não gostava. Os garotos ficavam rondando a pista de dança à procura de alguém para brigar, fossem disputas na dança ou no braço mesmo, enquanto as garotas cantavam as letras de canções catárticas sobre corações partidos.

No meio dessa confusão, Madonna chegou com o *promoter* da Warner, Bobby Shaw.

— Era muito comum as gravadoras trazerem artistas novos para conhecer os DJs naquela época — lembra-se Benitez. — Eu tinha um público sério, fiel e de vanguarda. Madonna veio até a cabine em que eu tocava. A gente logo se deu bem e ela me pediu para remixar algumas músicas de seu disco.

Os dois começaram a namorar e em pouco tempo foram morar juntos. Parceiro ideal para Madonna na ocasião, Benitez se viu remixando grande parte de seu disco de estréia. Quando o disco já estava quase pronto, Madonna cortou a faixa "Ain't No Big Deal", uma parceria dela com Steve Bray e que já havia sido produzido para outro grupo, chamado Barracuda. Isso abria espaço para mais uma música.

— Ela decidiu, então, que queria uma faixa nova no álbum e eu tinha uma demo de "Holiday". Ela adorou a música e nós a levamos à gravadora. Eles disseram: "Legal, mas tragam isso pronto até sexta-feira" — lembra-se Benitez. — Eu nunca tinha produzido um disco naquela época... não entendia muito sobre o processo de produção! Embora soubesse como separar uma faixa e reestruturá-la, nunca havia produzido uma gravação assim do nada antes.

Mas Benitez não era de fugir da raia, então imaginou o som que queria para a canção, reuniu alguns músicos e cantarolou os trechos para eles. Combinando isso com "o talento de Madonna para as canções pop", ele criou o que viria a ser um de seus sucessos mais duradouros. Ele diria certa vez:

— "Holiday" fez com que a minha carreira e a dela decolassem ao mesmo tempo.

Madonna percebeu que os melhores resultados que ela alcançara até aquele momento tinham sido com produtores novatos. Esses DJs e mixadores ávidos para produzir tinham uma vitalidade que mantinha a música dela sempre um passo à frente. No segundo álbum, ela se focou no propósito de criar um som pop que fosse único, uma marca registrada dela.

— Agora eu sei o que eu quero para o próximo disco. A produção não vai ser tão arrumadinha, porque Reggie vem de uma escola totalmente diferente. — disse ela pouco antes do lançamento do álbum *Madonna*. — Vai ter mais mistura desta vez. Nos Estados Unidos, a Warner não sabe como me vender: se me vende como uma artista da música disco ou como uma *new wave*, por causa do meu visual. O melhor é eu mesma inventar uma categoria nova.

Enquanto sua carreira decolava nos Estados Unidos, na Inglaterra as pessoas demoraram mais para ceder aos charmes de Madonna. No início, o público britânico simplesmente não entendeu. Alguma coisa, como se diz, ficou perdida no meio do caminho. Na Inglaterra havia regras rigorosas quanto ao que era a música dance, o punk e o "novo pop" britânico, com bandas como o Culture Club e o Heaven 17, e Madonna não se enquadrava nesses rótulos. Se ela fosse um homem gay, teria certamente obtido grande sucesso (não é de se surpreender que ela tivesse batido de frente com Boy George). Como mulher, no entanto, exalava um aroma eurodisco picante demais, e tinha muito pouco de contracultura. Suas raízes na cultura dos clubes noturnos foram compreendidas pela personificação do universo club. A DJ e roqueira inglesa Princess Julia diz:

— Havia muitas semelhanças entre o mundo dos clubes noturnos de Londres e de Nova York, as duas cidades influenciavam uma a outra. Sabíamos da existência de Madonna, e ela com certeza tinha "o visual" certo. Ela era pra valer. — Na televisão, no entanto, ela não se saiu tão bem, pois era mais difícil captar a sua energia física.

Boy George, amigo de Princess Julia, não se convenceu nem um pouco:

— Ela é desprezível, abominável. Copia tudo — diria ele mais tarde.

A gravadora WEA, na Inglaterra, já tinha planejado tudo para eles:

— Ela ficaria no país por mais ou menos duas semanas — lembra-se a responsável pela divulgação na Inglaterra, Barbara Charone, que, na ocasião, era diretora de publicidade da WEA. — Tínhamos muitos nomes na lista de convidados para seu show no Camden Palace, clube noturno na região de Camden, em Londres, mas muito pouca gente apareceu.

Uma delas foi a crítica do jornal *Observer*, Kathryn Flett, que, enquanto assistia à apresentação, virou-se para o namorado e disse:

— Meu Deus! Essa americana sem graça não sabe dançar nem cantar direito, não é? Acho que não vamos ouvir falar muito dela.

A viagem desestimulante de Madonna a Londres incluía uma ida ao Le Beat Route, clube noturno da moda. Lá, com seus dançarinos vestidos em shortinhos xadrez, botas pretas e inúmeros cintos, ela executaria uma coreografia na qual eles faziam trenzinho, "encaixavam as pernas e roçavam os quadris contra as virilhas uns dos outros". A platéia, posterior aos Novos Românticos, segurava suas bebidas de forma indiferente, apenas olhando. Foi nessa temporada que Sandy Robertson, da revista *Sounds*, fez uma das primeiras entrevistas britânicas com a estrela emergente.

— Eu achava "Everybody" uma boa canção pop. E Madonna fazia um tipo de dança comercial que não era propriamente cafona — recorda ele. — Ela estava hospedada com os dançarinos em um lugar apertado, bem pequeno, em Primrose Hill, no norte de Londres. Apareceu na porta usando um vestido dourado. Eu a achei muito baixa e meio rechonchuda, com os cabelos bem curtos mesmo. Madonna se mostrou feliz por receber uma visita da imprensa. Ficou andando de lá para cá, fazendo chá com mel para mim. Não parecia tão segura quanto seria de esperar, mostrou-se bastante reservada, mas gentil. Disse que queria ser uma versão feminina do Michael Jackson.

Madonna foi embora uma semana depois sem deixar nenhuma marca no público britânico. Mas alguma relação foi sendo criada. Foram forjadas conexões entre a Danceteria e a Gravadora Manchester's Factory, sobretudo porque a lista de músicas tocada por Mark Kamins incluía artistas importantes da Factory, tais como New Order e A Certain Ratio. Naquele verão, Madonna faria uma apresentação na cobertura da Danceteria.

— Não tinha ninguém lá em cima, com exceção de uns poucos ingleses sentados em cadeiras de praia — lembra-se o fotógrafo de rock Kevin Cummins. — A boate estava dando uma festa para receber o New Order, e eles tinham pintado parte das paredes com listras amarelas e pretas, como faixas de trânsito, bem similar à decoração do famoso clube noturno de Manchester, The Hacienda, fundado pelo New Order e pela Factory. Havia menos de vinte pessoas lá, mas Madonna estava realmente exuberante. E ela pareceu aproveitar ao máximo seu breve momento de fama.

Entre os poucos que tinham ido à Danceteria naquela noite estava Dick Witts, da banda pós-punk de Manchester, The Passage.

— Ela queria muito que alguém levasse a geração de "Everybody" para "o pessoal do Hacienda", e ficou em cima de mim, tenho certeza, deve ter ficado em cima de outras pessoas também. A conversa fiada e sedutora dela era a seguinte: que o disco estava em seu apartamento, e que talvez eu quisesse ir até lá para pegá-lo. Bem, não, eu não queria. Nessa fase da sua vida, ela era afetada e meio puta: fogosa em sua busca pela fama. Ignorei toda aquela conversa mole e sugeri que ela entrasse em contato com Chas, o produtor da nossa turnê. Talvez ela tenha mesmo feito isso, pois alguns meses depois, Madonna viajaria para tocar no Hacienda.

Quando voltou à Inglaterra em outubro, Madonna estava numa situação bem diferente. Tinha acabado de assinar um contrato com Freddy DeMann, o ex-empresário de Michael Jackson. Tivera um segundo *single* de sucesso com a canção "Burning Up", e o álbum de estréia já havia sido lançado. Dessa vez ela apareceu no *Top of The Pops* e num programa alternativo de música, *The Tube*, que era transmitido ao vivo do Hacienda. Ela seduziu a platéia e conseguiu causar rebuliço.

— Foi bem animado, pois na ocasião ela já tinha umas músicas de sucesso — diz Cummins, que tirou fotos da apresentação. Mas, quando estava revelando o filme, no dia seguinte, acabou acontecendo um desastre. — O telefone tocou. Minha assistente abriu a porta da sala escura sem pensar, e queimou todo o filme. Só pudemos usar umas três fotos. Tudo bem, dissemos, não tem problema, é só a Madonna. Estávamos mais preocupados com as fotos do New Order! — lembra ele, divertindo-se.

O público britânico podia ser resistente, mas isso não preocupava Madonna. Ela sabia que, no final, acabaria conquistando todos eles. Barney Hoskyns, jornalista da revista inglesa *NME* (New Musical Express), ficou pasmo com a persistência dela:

— Eu curtia mais o Rythm and Blues daquela época. Mas o som dela me parecia ousado, e talvez chegasse a algum lugar. Inclusive discuti uma vez na *NME*, na rua Carnaby, com uma ou duas pessoas que estavam dizendo: "Ah não, ela é só mais uma vagabunda." Mas comprei sua briga — lembra ele.

A entrevista com Madonna aconteceu na Warner, na região londrina do West End, e depois eles foram para o topo do prédio com o fotógrafo Peter Anderson para fazer as fotos.

— Madonna posou com uma boina na cabeça e um crucifixo de couro na boca. Era bonita, pequena, e transbordava uma atitude feminista que se reforçava com o louro intenso dos cabelos. Sonhava alto e sabia exatamente aonde queria chegar. Não era afetuosa, foi, aliás, bem fria comigo... e não era muito divertida. A impressão que tive dela foi a de uma pessoa ultradeterminada, quase uma *yuppie* do tipo "Ganância é bacana", típico dos anos 1980. Essa era a onda da época: ninguém precisava disfarçar a própria ambição; deixar transparecer a vontade de fazer sucesso era algo admirável. Madonna falou sobre os produtores, sobre o mercado, sobre as pessoas com as quais pretendia trabalhar. Fazia planos o tempo todo.

Ela percebeu como a nova onda de música dance conseguiu se encaixar com certo conforto em meio aos artistas de maior repercussão nas paradas de sucesso britânicas.

— Nos Estados Unidos, com o mesmo tipo de canção, você fica só nas paradas do dance e R&B, e não consegue ir além disso, pois isso é considerado música negra — disse ela.

A meta de Madonna era levar a música dance para um público mais vasto e diversificado e, para isso, era crucial convencer os elusivos programadores de rádio a tocá-la durante o dia nas estações americanas.

— Ela era uma garota branca e pequena, mas tinha todo o jeito de uma menina negra — lembra-se Hoskyns. — Já vimos isso acontecer várias outras vezes, desde o hip hop; a garotada branca ambiciosa apropriando-se do comportamento dos negros.

Para Madonna, o que ela estava fazendo era criar uma categoria nova para si mesma. A capa de seu álbum de estréia já dizia tudo. A arte original da capa mostrava uma foto do seu rosto com a luz meio estourada e uma tonalidade levemente dourada. Podia ser qualquer pessoa ali. Na versão final, ela está com o cabelo curto, oxigenado e com a raiz escura, olhando direto para a câmera, e agarrando uma coleira de cachorro em volta do próprio pescoço. Usava um delineador preto bem forte em torno dos olhos, um batom de cor forte e dúzias de braceletes de prata, correntes e pulseiras de couro. Seus olhos brilhavam com um tremendo desejo, a imagem era a de uma rebelde estilizada. A foto em preto-e-branco parecia dizer: "Estou aqui, com correntes e chaves... me destranquem, libertem o meu poder. Estou pronta para ser tirada da coleira."

Era uma imagem totalmente idealizada por Maripol. Ex-estudante de arte de Nantes, cidade no norte da França, Maripol era uma desenhista de jóias que acabou virando diretora de arte da grife de roupas Fiorucci em Nova York. Ela tem um estilo chique e ao mesmo tempo extravagante, que foi sendo construído graças às dúzias de fotos polaróides que tirava nos clubes noturnos.

— Maripol foi para a moda e a arte o que os ocultistas costumam chamar de um "mago oculto". Algumas pessoas fazem as coisas acontecerem — diz o escritor e fã Glenn O'Brien. Desde muito nova Maripol já começou a desenvolver um estilo próprio.

— Quando eu era menina, adorava abrir o armário da minha mãe, vestir tudo o que conseguia e calçar os sapatos de salto. Cresci com três irmãos e um pai muito bruto e machão. Foi difícil para mim descobrir meu lado feminino, e o único caminho que encontrei para fazer isso foi a moda.

Maripol teve uma grande afinidade com Madonna, e a considerava uma espécie de musa inspiradora. As duas se conheceram no Roxy, dançando ao som do hip hop de Afrika Bambaataa e Fab Five Freddy.

— Madonna era uma garotinha de olhos azuis muito engraçada, bonitinha e charmosa, cheia de uma energia simples e profundamente espiritual — diz Maripol. Martin Burgoyne, que estava trabalhando em idéias para a capa do disco, levou Madonna para o *loft* de Maripol para que esta montasse o seu visual.

— Madonna precisava de um rumo. Erica estava fazendo umas roupas para ela e, por ser também dançarina, Erica tinha um estilo próprio. Havia muita camiseta rasgada — lembra-se Maripol, apontando para a região do diafragma —, mas era tudo sempre inspirado na moda das ruas. Minha fonte de inspiração era a rua, eram os materiais que eu encontrava fora do circuito convencional. Daí a idéia de fazer bijuterias com borracha industrial. Os brincos de cruz faziam parte da minha coleção, eram uma forma de rebeldia contra a minha própria educação. Por que usar cruzes penduradas no pescoço? Estávamos no meio da era punk, e as cruzes combinavam muito bem com as correntes e os alfinetes. Para mim, também eram símbolos de paz. Israel e Líbano estavam em guerra, o mundo estava cheio de problemas. As cruzes condiziam perfeitamente com o que Madonna estava fazendo, com o nome dela e com seu comportamento.

Com a direção de Maripol, Madonna aperfeiçoou aquele visual sísmico de "Boy Toy", que, junto com as camisetas rasgadas, os braceletes e as rendas, valorizou a sua barriga arredondada e o seu umbigo. Ela era como uma Afrodite jovem e moderna, exalando sensualidade. Em novembro de 1983, enquanto o álbum de estréia subia lentamente nas paradas de sucesso, as pessoas começaram a prestar atenção nela. Já com três músicas de sucesso, "Holiday", que chegou à décima sexta posição, "Borderline", que alcançou o décimo lugar, e "Lucky Star", que, em 1984, chegou ao quarto lugar, o álbum venderia afinal nove milhões de cópias no mundo inteiro. Madonna, no entanto, já fazia planos para o futuro da carreira e estava ansiosa para iniciar a gravação do segundo álbum — aquele que deixaria seu nome gravado na mente das pessoas para sempre.

Livro II

Confissão

5

Louca e pervertida

Vou dominar o mundo.
Madonna

GABANDO-SE DE UMA AMBIÇÃO nua e crua, como um lutador de boxe antes de entrar no ringue, Madonna anunciou no famoso programa de televisão de Dick Clark, *American Bandstand*: "Vou dominar o mundo." Declarou também, como fizera John Lennon duas décadas antes, que seria "mais famosa que Jesus". Isso foi em janeiro de 1984, e ela sabia que havia uma grande pressão para que gravasse um segundo álbum logo. O de estréia estava indo muito bem, obrigada, mas se ela pretendia voar mais alto do que os outros artistas e chegar rápido ao estrelato, precisava emplacar um som novo.

Nile Rodgers seria o homem capaz de tornar isso possível. Fora ele quem arquitetara a música disco futurista e era ele que estava por trás da banda Chic. Rodgers foi também o responsável por remodelar o som de David Bowie, com o sucesso comercial *Let's Dance*. Fã do visual andrógino e da identidade predominantemente pop de Bowie, Madonna estava atenta a Rodgers. Foi então que ele recebeu um convite de Jellybean Benitez e de um executivo da Warner para vê-la tocar, quando fez um show de abertura para uma artista da Sony, Jenny Burton.

— Nem todos no lugar entenderam, mas cara, eu saquei! Havia ali uma garota cantando e dançando numa época em que ninguém fazia isso. Aquilo era herança evidente da música negra representada ali por aquela garota branca, que trazia tudo de volta — relembra Rodger.

Ele então convidou Madonna para ir até seu apartamento com as fitas demo de seu próximo álbum. Não gostou de todas as canções, mas ela deixou claro que se ele não aprendesse a adorar todas elas, os dois não poderiam trabalhar juntos. A experiência que ela vivera com Lucas deixara-a na defensiva e um pouco receosa. A essa altura, tinha um contrato de apenas dois álbuns com a Warner, e estava determinada a acertar bem no alvo. Rodgers achou que o maior problema estava na execução das demos, muito seqüenciadora e com poucos músicos tocando.

— Eu disse para ela: "Se você seqüenciar todo esse material, no final você só vai ter algumas músicas pop muito bonitinhas, mas se a gente gravar as músicas com interpretações de músicos realmente bons, aí sim vamos conseguir elevar o trabalho a um outro patamar." Expliquei que, se ela se mostrasse capaz de cantar na frente de uma banda, isso lhe daria um status de artista de verdade.

Para Madonna, a canção que puxava o disco era "Like a Virgin", que, na época, Rodgers achava a mais fraca.

— Ela estava convencida de que "Like a Virgin" era sua melhor música. Eu achava que ela estava completamente louca.

O refrão era fácil de pegar, mas a canção tinha um ar cafona que chegava a ser cômico. Madonna sabia instintivamente, no entanto, que era naquela canção que estava a sua marca. "Like a Virgin" funcionava por conta de dois aspectos: como uma transformação pessoal por um olhar apaixonado e renovador ou, ainda, como uma musiquinha pop "chiclete" repleta de ironias. Fora composta em parceria com Tom Kelly e Billy Steinberg. Na época, a dupla ainda era relativamente desconhecida. Steinberg havia composto uma canção que fizera sucesso na interpretação de Linda Ronstadt, "How Do I Make You", e fizera algumas faixas com Pat Benatar, mas ainda precisava de algo que o consagrasse. Em 1983, dirigindo sua *pickup* e refletindo sobre sua vida amorosa, ele teve a inspiração que precisava para emplacar o futuro sucesso.

— Eu havia passado por um divórcio muito traumático. Algum tempo depois, conheci uma pessoa e, de repente, me senti feliz outra vez. Parecia um milagre para mim, a tempestade tinha passado, e me sentia novo em folha — contou-me Steinberg. — Quando as pessoas passam por uma separação difícil como a minha, elas se sentem presas dentro de um casulo, como se nunca mais fossem capazes de abrir seus corações novamente.

Steinberg escreveu uma canção sobre seu novo amor. Havia sinceridade nos versos, na exposição do desejo e no relato da experiência vivida, mas ele decidiu fazer algo "de vanguarda, arriscado e jocoso" para o refrão.

— Acredite, eu não era um esquisito que acharia que "Like a Virgin" era uma declaração sincera e normal. Sabia que seria uma provocação. Não estava fazendo anotações em meu diário, queria escrever uma canção de sucesso.

Inspirado pela música "Virgin Man", de Smokey Robinson, Steinberg deu ao refrão um tom irônico, com um toque de twist dos anos 1950. Quando Tom Kelly fez a melodia, deu um teor de baladinha romântica à canção.

— Mas o refrão ficou ridículo daquela forma. Ele tentou diversas outras maneiras, até que, frustrado, começou a dedilhar o piano e a cantar em falsete. "É isso! Exatamente isso!", disse eu.

Embora empolgados com o resultado, os parceiros acharam que era uma canção complicada de "encaixar", e que seria difícil ela ser aceita por algum artista ou gravadora.

— Eles riam e diziam: "Ninguém nunca vai cantar essa música." De certo modo, havia sido escrita para alguém em particular. A combinação da palavra "virgem" com o nome Madonna não poderia ser mais perfeita!

Michael Ostin, executivo da Warner Brothers, finalmente captou a idéia, e disse que a música era ideal para a sua artista Madonna. Quando ela ouviu a canção pela primeira vez, considerou-a "louca e pervertida", mas isso não era problema para ela.

— Loucura e perversão são duas coisas que sempre me atraem — disse. — Havia tantas insinuações na música que eu achava realmente excelente. Essa vai realmente mexer com as pessoas.

Para uma garota pós-católica saturada de dogmas do Concílio do Vaticano II, ela sabia que a música combinaria bem com a dicotomia virgem-prostituta que já vinha desenvolvendo. E pela primeira vez pôde ver visual, música e filosofia pessoal se unindo em perfeita harmonia. Quando argumentou com Nile Rodgers que queria manter a música no álbum, declarou:

— Perder a virgindade é a coisa mais marcante que pode acontecer a uma garota. Elas falam disso o tempo todo e vão se identificar com a canção.

Na opinião de Steinberg, a música, depois de pronta, era "uma cópia perfeita" da versão original feita por ele:

— Eles não fizeram nada mais do que acrescentar uma bateria. Madonna cantou cada nota exatamente do jeito que Tom Kelly fez, até a palavra "hey"! — Um método que traria problemas a ela um pouco mais tarde.

A GRAVAÇÃO DE *LIKE A VIRGIN* aconteceu naquela primavera, nos estúdios da Power Station, na região central de Manhattan. A gravação teve a participação eletrizante dos músicos da banda Chic, com o baixista Bernard Edwards, o baterista Tony Thompson e Rodgers na guitarra. Quem também participou da gravação foi Jimmy Bralower, um baterista que trabalhara com Kurtis Blow, Chic e Hall & Oates, e que estava ficando conhecido como o garoto inteligente que usava uma nova tecnologia de bateria eletrônica. Responsável pelo tom pop do álbum e pela programação incisiva da bateria, ele juntou a sonoridade dos músicos ao som eletrônico.

— O álbum é bem trabalhado, direto e preciso; um pouco diferente para a época — diz Jimmy Bralower. — Tínhamos as baterias computadorizadas mais recentes: as que passaram a ser usadas pelo hip hop. Aquelas eram as nossas ferramentas. Vinte anos depois, essa música faz parte da história, mas, na época, não tinha nada semelhante em que a gente pudesse se basear. Foi como dirigir sem mapa, guiado unicamente pela intuição.

Para Bralower, esse foi um disco empolgante e divertido de fazer.

— Quando Nile me chamou para participar, pensei: "Vou pegar 'Borderline' e 'Holiday', com certeza vou fazer uma das duas." Mas eles me deram "Like a Virgin" e "Material Girl", e me perguntei o que estava acontecendo. — Ele logo se daria conta de que aquela seria a despedida das raízes disco de Madonna. — Ela e Nile tinham em mente algo bem maior do que qualquer um era capaz de prever para o futuro dela como cantora.

A faixa de abertura do disco era "Material Girl", a canção que viria a ser o hino de Madonna anos nos 1980. É curioso que ela agora raramente cante essa música ao vivo, e que, ironicamente, não se identifique mais com o ponto de vista exposto na letra. Mas, no início dos anos 1980, quando o espírito *yuppie* do jovem empreendedor que valorizava a ganância e a ambição, estava emergindo, a música foi como um toque de trombeta. Ronald Reagan estava no comando da Casa Branca, ombreiras e *tailleurs* eram a última moda, e o universo hippie, alternativo, tinha sido colocado tão à margem que estava prestes a desaparecer. Como sua ex-*backing vocal*, Gwen Guthrie, cantou certa vez para um namorado que não queria nada da vida: "Ain't Nothin' Going On But The Rent" (ou "para ficar comigo tem que pagar o aluguel", em tradução livre). O dinheiro era o grande motivador na cultura dos anos 1980. Embora o videoclipe de "Material Girl" conte uma história claramente anti-materialista, o foco principal da canção é o crédito, o jogo de interesses e o dinheiro vivo e abundante. O cara certo deveria ser alguém com um status financeiro como o dela. Um pavão bem vestido que pudesse se equiparar a ela no poderoso universo pop.

Uma música animada e de sucesso no rádio, "Material Girl" tem sua convencionalidade quebrada quando entra o coro masculino meio cafona e os comentários à parte que Madonna faz: aqueles gritinhos e vocais bem femininos que virariam a sua marca. A música faz par com "Like a Virgin", seu segundo maior sucesso daquela época, em que sua voz soa doce e adolescente, bem no estilo dos grupos musicais femininos. Ela canta a força renovadora do amor com total autoconfiança, parece confortável nos agudos e no fraseado, transmitindo bem a mensagem da letra, como se a canção já fosse mesmo o hino em que se transformou. Com o ritmo sensual, a linha do baixo no estilo do conjunto musical The Four Tops e a letra sugestiva, Madonna parece saber que essa é a "sua" música e insere sua marca definitiva. Jimmy Bralower se lembra de como ele deixou de lado a "paisagem sonora" em prol da valorização do ritmo.

— Se você ouvir atentamente a bateria de "Like a Virgin", vai perceber que é gorda, larga e espaçosa. Ela preenche o som da canção. Se tivesse sido feito diferente, a música teria perdido autoridade. Sabíamos como o som mexeria com o público de maneira subliminar. — E muito do que nos atrai na música está na persistência com que ela se agarra ao subconsciente.

Dando continuidade ao tema da luxúria e do excesso, explorado em "Material Girl", a canção "Dress You Up" usa a moda como metáfora. Cantada por uma mulher claramente viciada em roupas, esta é uma canção de amor cheia de energia. Com a sua levada inebriante e um vocal despreocupado, ela acentua o universo físico e sensual de Madonna. Por ser uma dançarina, Madonna se deixa levar pelo toque e pela textura, e tudo isso está na letra e no jeito cinético de cantar.

— Em "Dress You Up", escolhi um som mais detonado, mais acessível e imediato — explica Bralower. De maneira análoga, na faixa "Angel", ele criou uma levada rítmica que impôs à canção uma sensação de intimidade. — Se tivéssemos dado a "Angel" a mesma sonoridade abundante de "Like a Virgin", a música teria ficado pesada, não teria a vivacidade que tem. Estávamos conscientemente criando sons radicais para todo o disco: batidas altas e constantes, efeitos agudos de caixa de bateria, bumbos cheios, largos e longos. Assumíamos riscos, alcançando características semelhantes à trilha sonora de desenho animado.

Na Warner Brothers, as pessoas estavam ficando preocupadas. O disco certamente não seria uma reprise do álbum de estréia.

— Telefonemas vinham de toda parte. "O que vocês estão fazendo? Que disco é esse que vocês estão gravando?" As pessoas estavam morrendo de medo, medo da mudança. Quando você emplaca três sucessos que seguem um mesmo estilo, você persiste fazendo a mesma coisa. Em time que está ganhando não se mexe. Madonna estava atacando as tendências habituais, estava *lutando* contra essas tendências — lembra-se Bralower.

Nile Rodgers manteve-se decididamente fiel a ela. Conduziu o trabalho de forma muito eficiente. Como diz Bralower:

— Rodgers manteve as raízes do disco fincadas nos ritmos dançantes, e foi além do óbvio. Seu estilo de gravação era organizado, hábil, firme e um pouco agressivo. Fizemos o disco inteiro em seis semanas. O trabalho ia a todo vapor como uma máquina bem lubrificada. — Isso agradava Madonna, que também gostava de trabalhar num ritmo forte. — Isso para nós, cara, era sensual, excitante, criativo — lembra-se Rodgers. No entanto, ele admite que as músicas eram "um exercício rudimentar para as gravações da Chic. Tudo gravado em um *take* só, havia liberdade e espontaneidade nesse jeito simples de fazer as coisas".

Madonna variava o tom do disco com baladas não muito lentas, como "Pretender" e "Stay", mas essas fizeram menos sucesso: a primeira, marcada por um arranjo frouxo, e a última desvalorizada por um som datado de sintetizador típico dos anos 1980. Ironicamente, Madonna está cantando com mais força nestas músicas, falando sobre o amor abstrato pela dança ou sobre a ânsia de viver, e não sobre temas mais mundanos, do dia-a-dia, como as idas e vindas de um relacionamento. "Over and Over", considerada hino da sobrevivência, fazia mais o estilo dela, com uma batida forte que leva a música para frente. A canção é um reflexo da atitude de Madonna na época: o amor era algo bom, mas ela estava concentrada na ambição pessoal e na energia necessária para levá-la adiante, para fazê-la crescer e voar mais alto. As músicas de sucesso de *Like a Virgin* formaram o pano de fundo para a imagem célebre de Madonna.

— Ela dizia: "Quero ser uma estrela de cinema" — diz Bralower. — Madonna sabia o que queria.

Como diz seu amigo do East Village, Johnny Dynell:

— Madonna via a música como um meio para chegar ao cinema. "Quero ser Jessica Lange", disse-me. Acho que não imaginava que, trinta anos depois, ainda estaria fazendo música.

Embora Madonna ainda não fosse propriamente uma estrela ("Ela ainda não tinha um estilo de vida totalmente confortável", diz Bralower diplomaticamente), ela se comportava como se fosse uma.

— Era teimosa e, gentilmente falando, impetuosa. Mas era esperta, aproveitou bem a situação.

Ela era uma incansável garota Boy Toy, com seus braceletes coloridos, concentrada durante cada minuto das sessões de gravação.

— É freqüente os artistas aparecerem para cantar e depois irem fazer compras, mas ela ficava lá o tempo todo. Aquele era um disco muito importante para ela.

Ela foi cuidadosa com o layout da capa, que apresentava sua personalidade virgem/prostituta com orgulhosa transparência. A foto é de Steven Meisel, um nome forte no mundo da moda. Nela, Madonna está confortavelmente recostada em almofadas de seda, olhando direto para a câmera. Um festival de curvas e sedução. Ela usa um brinco enorme em forma de gota, um crucifixo de prata, uma gargantilha de diamantes e um bustiê de renda muito delicado. Sua saia extravagante de tule e suas melindrosas luvas sem dedos contrastam com o cinto estilo hip hop no qual se lê BOY TOY. É o retrato de uma inocência irônica, a noiva virginal com o *blush* exagerado dos anos 1980. Na contracapa, ela aparece com um roupão negro, usando pouca bijuteria e meias finas. Está sentada em uma cama velha, com lençóis simples, e uma xícara de café sobre o colchão, e seu cabelo cheio de musse transmite a imagem de quem passou a noite inteira entregue à devassidão erótica. É uma foto bem ao estilo de Cindy Sherman, parecendo conter uma história por trás, algum tipo de narrativa a ser desvendada. Madonna é a estrela de seu próprio filme B.

A ESSA ALTURA, Madonna seguia em frente sem nenhum obstáculo, e deixava para trás suas raízes, no Michigan. Um ex-namorado dos tempos de escola, Wyn Cooper, entrou em contato com ela certa vez.

— Telefonei para ela. O nome estava na lista telefônica, acredite se quiser. Não reconheci a voz. Perguntei: "É Madonna Ciccone?" pronunciando *Si-ccone*, como costumava fazer. Usando a pronúncia italiana, ela me respondeu: "Não, é *Chi*-ccone." Ai, meu Deus, pensei, a pessoa chega em Nova York e muda a pronúncia do próprio nome. Ela não se interessou muito em falar comigo. "Não tenho tempo para falar com você", disse. "Estou de saída, indo para Fire Island."

Madonna passou a freqüentar círculos sociais diferentes. Não dormia mais sobre caixas de leite, mudara-se com Jellybean para um apartamento espaçoso na rua Broome, no SoHo. Estavam apaixonados.

— Ela era a minha garota — diz ele. — Ambos ascendiam rapidamente em suas carreiras. — Passávamos horas e horas namorando no estúdio, nos intervalos das gravações — recorda-se ele. — Tínhamos uma relação bem aberta. Isso era parte do meu estilo de vida. Acredito que estávamos fadados a nos conhecer e a trabalhar juntos. Muitas coisas boas vieram desse relacionamento.

COM *LIKE A VIRGIN* no forno, Madonna não podia conter a ansiedade para que o disco fosse lançado. Via isso como o seu passaporte para uma carreira no cinema, então não gostou nem um pouco quando a Warner resolveu segurar um pouco o lançamento. O álbum de estréia estava vendendo tão bem que eles preferiram aguardar que ele saturasse para depois lançar *Like a Virgin*. O disco novo finalmente saiu, em novembro de 1984, e conseguiu se destacar mesmo em meio a uma competição acirrada. Apesar da impaciência de Madonna, o disco foi lançado no momento certo.

— A música é o meio mais eficiente de se chegar ao estrelato. Quando é um sucesso, o impacto é tão forte quanto o de uma bala atingindo o alvo — disse Madonna certa vez.

No universo pop, ela competia com Michael Jackson (que estava no auge da carreira com o álbum *Thriller*, com 25 milhões de cópias vendidas), e Prince (que havia acabado de atingir o grande público, com *Purple Rain*). A indústria musical estava mudando. Como disse Gil Friesen, ex-presidente da Gravadora US A&M:

— Não era mais um mercado em expansão, aberto a todos. Conforme entrávamos na década de 1980, a competição ficava cada vez maior, em uma indústria em que se brigava por cada fatia do mercado, e que era mantida pelos mesmos princípios que governavam o mundo dos negócios.

O público adolescente que mantivera os negócios funcionando durante as décadas de 1960 e 1970 diminuiu, levando à crise de 1979. A venda de *singles* desmoronou para 10% das vendas de álbuns, e a grande gravadora CBS perdeu 46% do seu lucro anual, sendo obrigada a vender ações para sobreviver. A década de 1980 estava para trazer à tona uma constelação de artistas. Estrelas como Michael Jackson, Prince, Bruce Springsteen e Lionel Richie iam tirando a indústria da depressão. Segundo Al Teller, da gravadora CBS:

— Ter uma superestrela na gravadora é o mesmo que tirar a sorte grande. O grande negócio é trabalhar a carreira de uma celebridade. Esse é o maior ganho que se pode ter.

Madonna precisava se estabelecer como prioridade para a Warner. Grandes selos não estavam em posição de correr riscos e apoiavam-se fortemente em imagens vendáveis, particularmente no que se referia a artistas mulheres, que há muito tempo eram consideradas mais difíceis de "vender". Madonna teve a sorte de a MTV ter se tornado o segundo veículo de divulgação mais importante da indústria musical. Ela usaria esse veículo com uma autoconfiança devastadora, mas, na ocasião do lançamento de *Like a Virgin*, ainda não havia deixado sua marca como a rainha dos videoclipes. Em 1984, as grandes artistas mulheres, as que mais vendiam, eram cantoras negras como as Pointer Sisters, Tina Turner, Sade e Chaka Khan — mulheres com vozes potentes do soul e experiência de vida que as posicionavam como rivais. Elas exalavam *glamour* e dignidade, mas (com exceção da anárquica Chaka Khan) não tinham uma excentridade que as tirasse dos padrões.

Madonna apresentava uma proposta diferente: branca (e, por isso, mais fácil de vender), profundamente sensual e provocadora. Sua única grande concorrente em termos de conquista do grande público pop era Cyndi Lauper, um talento poderoso do Queens, em Nova York, que, em 1984, fez grande sucesso com o enérgico hino feminista "Girls Just Wanna Have Fun". Como Madonna, ela também vinha de uma família ítalo-americana de classe média e transmitia uma imagem subversiva. Com um visual caricato que também remetia ao de Madonna, ela costumava pintar os cabelos de verde e usar roupas de brechó com cores vivas. Tinha uma voz peculiar e de uma potência impressionante. Cantava desde baladas soul como "Time After Time" a canções de tom deliciosamente irônico como "She Bop" (um sucesso sobre a masturbação feminina que chegou ao terceiro lugar nas paradas). E ainda contava com um público gigante e barulhento de garotas que queriam ser como ela.

Acostumada a ser a menina esquisita que não se enturmava, filha de mãe solteira, Lauper queria ser bem-sucedida por uma questão de honra e auto-aprovação.

— As pessoas detestavam o jeito como eu me vestia, até que o sucesso de Boy George abriu as portas para mim — contou-me ela no início dos anos 1990. — Fiquei chocada com a reação. Entrava no palco e a platéia estava cheia de garotas gritando e rasgando as minhas roupas. Eu nunca tinha visto garotas gritarem por causa de uma mulher antes, e no começo pensei: "Elas acham que sou lésbica." O único problema é que eu não era lésbica!

Tanto Madonna quanto Lauper exploraram o rico universo do desejo adolescente feminino. A ânsia expressa pelos gritos era a de *ser* o objeto desejado, de tê-la como sua melhor amiga imaginária, de vestir suas roupas, estar no lugar dela. Esse caminho levaria à autodeterminação, ao *glamour* e à felicidade. Acrescente a isso certa dose de agitação sexual, e você obtém uma mistura poderosa.

Lauper saiu em primeiro lugar, com quatro músicas na lista das 10+ e com quatro milhões e meio de cópias vendidas de *She's So Unusual*, seu disco de estréia.

— Se você pegar o primeiro álbum de Cyndi e o comparar com o primeiro de Madonna, meu Deus, o da Cyndi é muito melhor. Assim que a largada foi dada, ela tomou a frente bem rápido — diz Billy Steinberg, que escreveu canções de sucesso para Lauper como "True Colors" e "I Drove All Night".

Mas, enquanto Madonna prosperava com a adulação e o gosto pelo sucesso, Lauper considerava a fama algo desconfortável que a fazia estar constantemente sob pressão.

— Não dá para viver nesse clima como um fenômeno meteórico, isso não facilita a criatividade. Sempre foi muito difícil para mim me vender — diz Lauper.

Steinberg acredita que Lauper também errou ao despedir seus produtores:

— Seu primeiro disco fez tanto sucesso que ela ficou teimosa, e resolveu cuidar de tudo sozinha. Ao fazer isso, sabotou a própria carreira. Madonna foi muito mais esperta ao escolher quem trabalharia com ela.

No início dos anos 1990, Lauper se retirara para os bastidores, trabalhando como compositora. A certa altura, ela disse que Madonna "parecia meio só, com todos aqueles guarda-costas", e disse ainda: "ela era uma excelente mulher de negócios e do mundo do entretenimento, mas não sei se emocionar as pessoas é importante para ela." Mais tarde, Lauper mudou de opinião, e me disse:

— Nós duas gostamos de coisas muito parecidas, mas somos bem diferentes. Quando ela trabalha um ritmo, o faz tomando como ponto de partida a dança. É quase como Eartha Kitt. Ela certamente consegue tocar a todos dessa forma. Acho que toda mulher tem uma sexualidade e que não deve ser castrada. Estão constantemente me comparando com ela, mas sempre fazem isso com as mulheres. Não importa o que eu diga ou o que ela diga, sempre vão procurar apresentar os fatos como se tudo fosse uma briga de gatos. É ridículo.

A principal diferença entre Madonna e Cindy Lauper está na busca da primeira pela imortalidade, na vontade se tornar um ícone. E não há melhor lugar para isso do que o cinema.

6

Como parei de me preocupar e aprendi a amar Madonna

Trabalhei pra burro durante anos... trabalhei para ter tudo o que tenho e isso levou tempo, então, quando consegui, achei que não era mais do que merecido. Sempre soube que isso ia acontecer.

Madonna

Em setembro de 1984, Madonna assumiu um risco que poderia facilmente ter sido um tiro no pé. Na primeira cerimônia de premiação do MTV Video Music Awards, transmitida ao vivo do Radio City Music Hall, em Nova York, ela cantou "Like a Virgin" vestida com um bustiê branco, saia de tule e véu, se contorcendo em posições sexuais no topo de um bolo de noiva gigantesco. O público, incluindo a apresentadora da festa, Bette Midler, ficou atordoado.

— Tom e eu ficamos estarrecidos. A câmera filmava, de forma meio amadora, Madonna rolando pelo palco, expondo seu corpo voluptuoso e levemente gorducho — recorda-se Billy Steinberg, co-autor da canção. — Pensei: "Essa não, agora nossa música está arruinada, nunca vai ser um sucesso."

Muitos se sentiram desconfortáveis diante da demonstração de uma sexualidade exaltada e superestilizada, mas os espectadores do programa congestionaram as linhas telefônicas.

— Se aparece uma coisa espontânea, forte e verdadeira como aquela, as pessoas simplesmente adoram — analisa Steinberg em retrospecto.

Maripol recorda-se de que a imprensa e os fotógrafos se debatiam depois do show para conseguir uma foto. — Cyndi Lauper estava lá e os fotógrafos nem queriam saber dela, foi algo do tipo: "Sai da frente, meu bem!" Lembro da garotada colada à janela do carro e de Madonna olhando para eles de dentro da limusine, em estado de choque. Ela sabia que seria famosa, mas não tanto e nem com aquela rapidez.

Em meio à confusão, a comemoração de Madonna pela indicação de "Borderline" para videoclipe revelação ficou em segundo plano. Nesse clipe ela fazia uma grafiteira dividida entre um fotógrafo rico de um bairro elegante de Nova York e um namorado hispânico, dançarino de break. Primeira parceria com a diretora Mary Lambert, o vídeo estava um passo a frente dos clipes rudimentares de "Burning Up" e "Lucky Star". Flertando com a possibilidade de se tornar estrela de cinema, assim que pôde bancá-los, Madonna fez videoclipes caros que continham mininarrativas, elevando o padrão de qualidade de vídeos das artistas na MTV. Volta e meia isso aconteceria, muito embora cada conquista estética fosse logo engolida pela provocação exagerada que circundava a imagem de Madonna.

Antes do show na MTV, ela estava determinada a fazer algo que desafiasse o público de televisão, então consultou Maripol.

— Primeiro, ela queria aparecer dentro de uma jaula, junto com um animal selvagem. Eu lhe disse que não havia nada de inovador nisso, pois Grace Jones havia acabado de fazer algo parecido para Jean-Paul Goude — disse Maripol. — Argumentei que quando você canta uma música que se chama "Like a Virgin" e você não é nem um pouco virginal, o melhor a fazer é virar a coisa toda de cabeça para baixo.

No ano anterior, Maripol fizera um evento para a Fiorucci, no qual Madonna saía de dentro de um enorme bolo de borracha com zíper.

— Foi então que decidi fazer o bolo de casamento gigante para o show.

O SUCESSO LOGO subiu à cabeça de Madonna.

— Lembro que a Warner deu uma grande festa para ela no West Hollywood, pouco antes do MTV Video Music Awards — relembra o compositor Gardner Cole. — Madonna teve que se levantar e fazer um pequeno discurso. Estava um pouco fora de si. Afoita, desagradável e falando alto. Os executivos da Warner ficaram apavorados. Mas, de alguma maneira, ela conseguiu virar a mesa. No final, estavam todos comemorando. Não é fácil ter gente entediada de Hollywood na palma da sua mão. Eu pensei: "Ela definitivamente vai longe."

Quem era aquela nova cantora metida? Será que era uma idiota artificial ou era uma artista de verdade? Para muitas feministas ela era uma brega, que vendia sexo e nada além disso. Tudo começou com o vídeo de "Like a Virgin", onde ela criou a imagem da virgem/puta, deslizando num quarto feminino, inteiramente vestida de noiva e executando uma dança sugestiva com roupas de lurex azul e preto dentro de uma gôndola veneziana. Filmado por Mary Lambert como um conto de fadas do século XX, o vídeo mostra também uma leoa à espreita, circundando pilastras (o *alter ego* de Madonna, a mulher selvagem que havia dentro dela), e um homem misterioso, com uma máscara no rosto. É um conto moderno de metamorfose, com um toque de "A bela e a fera". A energia de Madonna transbordava para além da tela, mas as pessoas ainda não tinham sido inteiramente convencidas por ela. A tribo de garotas que queria ser como ela não parava de crescer, mas as mulheres não estavam certas se Madonna realmente apoiava o público feminino.

Like a Virgin surgiu em um momento de alta ansiedade para o feminismo. A retórica revolucionária que dera início ao movimento em 1960 já havia acontecido, quando Gloria Steinem, a campanha "Wages for Housework" (salário para as donas-de-casa) e o manifesto SCUM, de Valerie Solanas, estimularam uma nova geração a lutar pelos direitos das mulheres. A isso se seguiu a legislação da Igualdade de Oportunidades de 1970 e um reconhecimento gradual dos direitos dos gays. Mas, no início dos anos 1980, com a administração de Reagan nos Estados Unidos e de Margaret Thatcher na Grã-Bretanha, uma forte reação se deflagrara, iniciando-se uma nova era de conservadorismo. Os direitos civis se viram atacados, inclusive o direito ao aborto. No Reino Unido, o estupro no âmbito do casamento ainda não era considerado crime. E havia notícias de *snuff movies*, filmes pornográficos que envolviam a morte de algum personagem, nos quais mulheres estavam realmente sendo torturadas e assassinadas.

Algumas pessoas ligadas às causas femininas achavam que o estuprador de Yorkshire, o *serial killer* britânico Peter Sutcliffe, era apenas um exemplo extremo do ódio que os homens sentiam pelas mulheres, particularmente pelas "mulheres independentes" e donas de si. Em 1983, eu estava na Universidade de Leeds quando Sutcliffe assassinou Jacqueline Hill, uma estudante do departamento de inglês do qual eu também fazia parte. Lembro-me do toque de recolher a que as mulheres eram submetidas — a polícia nos recomendava insistentemente a não sair na rua depois que escurecesse, com medo de que o assassino atacasse novamente. Nossa liberdade se via submetida a uma forte restrição. O único lugar que parecia realmente seguro era dentro de casa. Em meio a essa cultura da paranóia, as feministas sentiram-se como se tivessem sido exiladas, à margem dos acontecimentos.

Muitos viam uma conexão entre a publicidade, os videoclipes e a pornografia leve, com mulheres sendo exibidas constantemente como seres submissos, que existiam apenas para dar prazer aos homens. Foi por isso que a exploração do estereótipo virgem/puta de Madonna se mostrou tão incendiário — não apenas para o conservadorismo cristão e sua política de valores morais, mas também para as feministas que entendiam a imagem transmitida por Madonna como uma puxada de tapete. A posição de Madonna nessa história toda era algo a ser debatido. Seria ela parte do problema ou uma solução para o mesmo? Seria ela uma mulher competitiva, interessada apenas em chamar a atenção dos homens? Ou será que tinha algo de fato relevante a dizer? As mulheres permaneciam com todas essas dúvidas em relação a Madonna, até que houve o abalo sísmico de *Procura-se Susan desesperadamente*. Foi só aí que a sua verdadeira força emergiu completamente. Madonna deixou vir à tona sua figura tridimensional. "Parei de me preocupar e aprendi a amar Madonna", declarava a manchete na capa da revista feminista britânica *Women's Review*, em 1985. Com um papel aclamado no cinema e com sua primeira turnê mundial, Madonna também começou a convencer os céticos, tornando-se uma figura de referência para o feminismo.

Em 1984, Susan Seidelman, uma diretora de cinema promissora, estava em busca de uma atriz coadjuvante para o filme *Procura-se Susan desesperadamente*, uma comédia sobre a dona-de-casa Roberta Glass, que, entediada e cheia de curiosidade, passa a perseguir Susan, uma garota punk, encrenqueira, que coloca um intrigante anúncio nos classificados de um jornal. Depois de se ver envolvida num assassinato e em algumas confusões, Roberta acaba transformando a própria vida, passando a viver mais ao estilo de Susan. Era um filme incomum para a época, que girava em torno de duas mulheres, com um astral positivo. Naquela época, os papéis femininos de Hollywood eram geralmente os de esposas ou namoradas dos heróis masculinos, e havia bem pouca representação da emocionante realidade feminina do dia-a-dia.

— Como eu fiz escola de cinema nos anos 1970, cresci em um ambiente feminista. Sempre escrevi pensando em protagonistas do sexo feminino. Para mim era algo natural — diz Susan Seidelman, com quem conversei em Nova York. — Não havia muitas diretoras de cinema naquela época, e eu não queria trabalhar num território já explorado pelos homens. *Procura-se Susan desesperadamente* não era só um filme para o público feminino, foi um dos primeiros filmes dirigidos por mulheres que conseguiu entrar no circuito comercial do mercado cinematográfico.

Estudante de moda na Filadélfia, Seidelman completou a graduação na escola de cinema da Universidade de Nova York, no final dos anos 1970. Ela estudou cinema em um período bastante conturbado.

— Eu morava bem no meio de tudo, no East Village, embaixo da boate de rock Philimore East. Era um ambiente muito original e subversivo, chegava a dar medo. Nova York estava passando por uma crise econômica extremamente prejudicial à cidade, mas muito benéfica para o universo das artes. Tudo era barato e havia muitos prédios abandonados. O universo do cinema punk independente surgiu daí. O ambiente era muito propício.

Foi assim que ela fez seu primeiro filme de baixo orçamento, *Smithereens*. Estrelando o filme estava Richard Hell, da banda punk The Voidoids, que foi um sucesso da "blank generation", apelido dado à geração punk de Nova York dos anos 1970, por conta de um documentário sobre este grupo cultural. O filme de Seidelman tratava de uma fã e suas aventuras na região Downtown de Manhattan. Selecionado para o festival de Cannes em 1982, o filme colocou a diretora no mapa como uma promessa para o futuro.

O resultado foi que ela recebeu dúzias de roteiros, mas só um de fato a interessou: *Procura-se Susan desesperadamente*, escrito por Leonora Barish.

— O roteiro trabalhava com dois mundos que eu conhecia bem — explica Seidelman. — Cresci nos subúrbios da Filadélfia, sei o que é ser uma garota entediada do subúrbio. Eu poderia ser Roberta Glass. Também me mudei para Nova York e sabia o que era atraente e divertido no centro de Manhattan. O filme era uma fantasia sobre sair de um mundo e passar para outro, sobre quem somos do lado de fora e sobre quem queremos ser por dentro.

O roteiro também apontava para as preocupações das mulheres jovens da década de 1980.

— A personagem Roberta era o estereótipo de uma mulher que assume as rédeas de seu próprio destino, e não se adequa mais ao padrão da dona-de-casa com marido e filhos. O roteiro condizia com as idéias feministas da época. As feministas da década de 1970 estavam passando essas idéias adiante, e no início dos anos 1980, nós, mulheres, estávamos nos redefinindo.

Quando chegou o momento de escalar o elenco, Rosanna Arquette foi escolhida para o papel de Roberta. Ela era uma jovem estrela que fizera seu nome como a namorada do assassino Gary Gilmore no filme para TV *A canção do carrasco*, de 1982.

— Falava-se muito dela na época — lembra-se Seidelman. Encontrar Susan foi mais difícil. Muitas atrizes em início de carreira fizeram teste para o papel, entre elas Ellen Barkin, Melanie Griffith, Kelly McGillis e Jennifer Jason Leigh. Apesar das boas referências, nenhuma delas parecia a atriz ideal para o personagem. Seidelman foi procurar, então, no cenário musical de Nova York, e assim viu Madonna, que estava na ocasão morando na rua logo abaixo da dela. Isso foi antes de *Like a Virgin*, quando a cantora ainda era relativamente desconhecida.

— Embora não fosse uma atriz experiente, havia algo de especial em seu comportamento. Era muito segura e certa para o papel — diz Seidelman. — Pensei: "Se pudermos trazer essa característica dela para a personagem, será maravilhoso." O pessoal do estúdio foi mais cauteloso. Estavam acostumados a trabalhar com atores mais experientes. Mas os intérpretes de *Smithereens* não eram atores comuns. Eu me senti segura de que conseguiria transpor seu comportamento para o filme, não me preocupei muito com o currículo cinematográfico dela.

A primeira opção da Orion Pictures para o papel era a atriz Ellen Barkin, mas Seidelman os convenceu a fazer um teste com Madonna. O estúdio queria manter o filme com o orçamento modesto de seis milhões de dólares, mas o que realmente contou a favor de Madonna foi o fato de o filho do dono do estúdio ter visto o clipe de "Lucky Star" na MTV e dizer que ela era "gostosa".

As filmagens começaram em setembro de 1984, e desde o princípio o clima no estúdio era agradável. O que é memorável no filme é a preocupação com os detalhes. Na cena inicial, Roberta está num belo salão de beleza, no dia de seu aniversário, rodeada por manicures e cabeleireiros, e há as Chiffons, grupo feminino de rock do início dos anos 1960, cantando "One Fine Day". Filmada pelo *cameraman* Ed Lachman, com o uso de uma gelatina cor-de-rosa (técnica revolucionária para a época), a seqüência exibia um mundo feminino retrô. Cortava-se, então, para uma cena de Susan estourando bolas de chiclete e tirando fotos polaróides de si mesma num quarto de hotel. A câmera passeia por suas luvas de meia arrastão, pela jaqueta customizada, por suas pulseiras e por uma caixa de chapéu cheia de bugigangas características de pessoas urbanas e cosmopolitas que andam pela cidade sem rumo. É essa preocupação com o detalhe que dá autenticidade ao filme e que fala de modo preciso e direto com o público feminino. Há também a seqüência na qual Roberta vê Susan pela primeira vez, em que Susan está distraída, riscando um fósforo na sola de sua bota para acender um cigarro. Há a cena de Susan colocando um brinco roubado de Nefertiti, um artefato egípcio de milhões de dólares, como se fosse uma peça de brechó. E há ainda Susan usando calças velhas e grandes e secando as axilas no banheiro feminino de uma estação de trem, com seu sutiã preto aparecendo sob um top cor-de-rosa. Essa é a versão *dela* para as frescuras de mulherzinha.

— Esse é um dos meus momentos favoritos — lembra Seidelman. — Diz tudo o que você precisa saber sobre a personagem sem se apoiar em tomadas e poses estereotipadas. Um diretor provavelmente teria recorrido a clichês visuais de *femme fatale*. — Como o artista Andy Warhol anotou com apreço em seu diário: "Madonna (...) faz coisas boas, ela dorme na banheira, usa fantasias e furta em lojas."

O figurino de Susan foi todo baseado nas roupas que Madonna já usava. Segundo Seidelman, o estilista Santo Loquasto valorizou o que havia de mais vivo na maneira como ela se vestia, sem impor a ela um novo estilo. Maripol tem uma versão diferente:

— Madonna estava sempre reclamando no telefone: "É horrível, eles querem que eu use roupas retrô", e eu dizia: "Não faça isso, aproveite a oportunidade do filme para ser sempre Madonna..." Ela vinha para a minha casa toda noite, e mudávamos o visual que tinham criado para ela. Ela realmente insistiu em manter o próprio estilo, e concordaram com isso.

O filme também dava destaque à música pulsante de Madonna, "Into the Groove", número um nas paradas do mundo inteiro. Composta e produzida em parceria com Steve Bray, a música capturava o entusiasmo irresistível da cantora. É a trilha sonora numa boate underground, filmada na Danceteria com os seus freqüentadores habituais. Lá, na pista de dança, Madonna é a rainha de tudo à sua volta. Aquele era o seu território.

Seidelman conseguiu extrair de Madonna o que tem sido amplamente reconhecido como a sua melhor atuação no cinema até hoje. Ela freqüentemente trabalha bem com diretoras.

— Talvez seja uma relação mais honesta e direta por não entrar em pauta os jogos sexuais e políticos a que homens e mulheres estão acostumados. Não há espaço para essa palhaçada de envolvimento sexual — diz Seidelman. Ela também teve sorte de trabalhar com uma estrela antes de ficar famosa. — Achei Madonna uma pessoa fácil de se trabalhar. Era um *set* de filmagem relativamente tranqüilo. No início há uma cena de Madonna andando pela St. Mark's Place, no East Village, indo vender sua jaqueta em um brechó. Como ela ainda não era famosa, não tínhamos guarda-costas, agentes, produtores, era tudo muito natural. Já no final das filmagens, o álbum *Like a Virgin* tinha acabado de estourar e a gente simplesmente não pôde mais filmar nas ruas sem um esquema para controlar a multidão. Em dois meses, a situação mudou consideravelmente.

Seidelman se aborrece com o fato mais do que banal e incontestável de que Madonna fez sucesso no filme porque estava interpretando a si mesma.

— Já ouvi dizerem que era "só Madonna sendo ela mesma". Com toda a sinceridade, atuar não é fácil. Há falas que você tem que decorar, marcas no chão onde você tem que ficar, a câmera fica a pouco mais de meio metro de distância do seu rosto. Todo mundo sabe que fazer um filme de ficção com uma equipe de mais de cem pessoas não é igual a aparecer em um documentário. Madonna me pareceu uma pessoa muito autodisciplinada, capaz de aprender as técnicas que fazem de você um ator. Por ser dançarina, sua noção de tempo era boa. Já tinha feito videoclipes, então sabia trabalhar com a câmera, sabia como se colocar. Tinha capacidade de interpretar as falas do roteiro com veracidade, e não de forma desajeitada ou artificial.

Seidelman acha que, nos filmes que Madonna fez posteriormente, ela não se saiu tão bem por causa de toda a "papagaiada" que costuma acompanhar uma celebridade.

— Não sei se não havia um número muito maior de agentes, produtores e outros "parasitas" nos outros filmes. Mas quando o ator vira um ícone, fica ainda mais difícil ver algo para além dele.

Embora fosse uma novata no cinema hollywoodiano, Madonna lidou bem com a situação.

— Nunca a vi nervosa — diz Seidelman. Ela mostrava um autocontrole fora do comum, e seguia um vigoroso regime de exercícios. — A primeira chamada para os atores era por volta das seis e meia da manhã. Madonna era apanhada em casa ainda mais cedo do que isso. Antes de aparecer no local da filmagem, já havia acordado por volta das quatro da manhã para nadar na academia YMCA. Ela tinha uma autodisciplina impressionante.

Quando o filme foi lançado, oito meses depois, o circo em volta de Madonna já estava armado. Para Rosanna Arquette isso foi meio irritante. No início do projeto, ela era a estrela de que o filme precisava para dar a partida. Quando as filmagens terminaram, a imprensa só falava no "filme da Madonna". Arquette reclamou depois: "Pensei que estava fazendo um filminho pequeno e charmoso, não um clipe de rock." Seidelman compreende:

— Deve ter sido estranho para ela. As circunstâncias mudaram no dercorrer do percurso. E era a personagem que Madonna fazia que usava as roupas mais moderninhas, que fazias as coisas divertidas, enquanto a personagem de Rosanna era uma dona-de-casa antiquada com laço de fita cor-de-rosa no cabelo. Deve ter sido duro para ela. — Seidelman viu o filme refletir os acontecimentos da vida real: — Ironicamente, o subtexto da personagem Roberta fazia um paralelo estranho com todo o "fenômeno Madonna" que explodiria pouco tempo depois. Apareceriam todas aquelas meninas vestidas igual a ela, querendo de fato ser ela.

A energia livre de Madonna pulsava na tela. O lançamento do filme coincidiu com a turnê mundial de *Like a Virgin*, quando muita gente a veria ao vivo pela primeira vez. Foi nesse momento que muitos "captaram a mensagem". No vídeo da turnê, ela é um exercício da mais pura exuberância. Calorosa, sedutora, divertida, Madonna fala diretamente com o público, predominantemente feminino.

— Eu não conseguia acreditar naquilo — diz Danny Kleinman, diretor do vídeo. — O público era composto quase que totalmente de garotas vestidas igual a ela. — Ele filmou tudo no último show da turnê, em Detroit. — Tínhamos um orçamento muito curto. Então tivemos que ser o mais criativos possível com as poucas câmeras que tínhamos disponíveis. Não foi fácil. Vídeos ao vivo não eram uma prioridade para a indústria musical da época. O filme inteiro do show, com *takes* dos bastidores e ângulos artísticos, só saiu muito tempo depois.

Embora tenha sido uma produção básica, sem luxo, o filme capta em cheio o apelo sexual presente na imagem de Madonna. Vestindo uma minissaia turquesa, meia-calça púrpura e botinhas, ela movimenta sua barriga larga e redonda, gritando livremente:

— Vocês estão prontos? Esta noite vocês são meus!

O show era muito simples. Contava com dois dançarinos, que eram também *backing vocals*, com uma banda e algumas trocas de figurino, mas tudo funcionou. Madonna cantou sem muita firula e sem perder o fôlego, enquanto executava os movimentos de dança rigorosamente coreografados. Trocava de roupa e voltava com *leggings* pretas e um crucifixo, montando seu visual pop, chique e picante, típico de motoqueira. Depois, colocava o vestido de noiva branco para o encerramento com "Material Girl". No final da apresentação, gritou para as garotas na fileira da frente:

— Não sou uma garota materialista, sou? O que vocês acham, garotas? — Tirando a estola de mink falsa e os diamantes falsos, ela passou a vociferar: — Não preciso de dinheiro, preciso é de amor!

Foi uma noite emocionante para ela. Madonna olhava para a multidão, deslumbrada em meio às lágrimas.

— Nunca fui eleita a rainha do baile nem nada disso, mas hoje, com certeza, estou me sentindo como se fosse — diz ela, trêmula. Para muitas mulheres, esse foi o momento em que nos demos conta de que ela era uma de nós. Ela estava louca para conquistar fãs do sexo feminino e, embora a sexualidade que se vê nos videoclipes pareça direcionada aos homens, existem mensagens transmitidas nas entrelinhas que se pode perceber se observarmos com cuidado. A graça era que, no show ao vivo, essas mensagens ficavam totalmente transparentes. É aí que vemos a Madonna que ama a vida e as outras garotas, pois é aí que está realmente confortável na própria pele. Ela era uma celebração e uma espécie de canalizadora da energia feminina. Esse era um recado explosivo para as mulheres jovens dos anos 1980, que achavam difícil expressar seu desejo sexual ao mesmo tempo que lutavam por igualdade. Gloriosamente indiferente à opinião masculina, Madonna expressava os desejos que muitas de nós sentíamos compelidas a esconder: sua libido e falta de inibição evidentes eram instrumentos verdadeiramente poderosos.

— Gosto de misturar as coisas, desde que com bom humor, como uma saia de uniforme escolar e uma meia arrastão, por exemplo — disse ela na época. — Sou louca por vestidos como os de Marilyn Monroe, aqueles da década de 1950, que eram desenhados para abrigar corpos voluptuosos. Muitas das peças que se fazem agora são para corpos andróginos, e não ficam bem em mim. — Ela respondia aos críticos dizendo que tinha fãs de faixas etárias diferentes e com todo tipo de história de vida: — Se eles estão felizes, eu estou feliz. Chega de todos estes babacas que querem decidir se meu show é para maiores de 16 ou para maiores de 17 anos.

Maripol desenvolveu com Madonna uma linha de mercadorias para a turnê, e vendeu caminhões de braceletes e crucifixos. Sua loja em Nova York, a Maripolitan, teve um bom lucro.

— Foi maravilhoso, eu não parava de repor o estoque, sabe? As pessoas enlouqueceram com meus braceletes de borracha.

A turnê *Like a Virgin* foi diferente dos espetáculos de estádio que Madonna passou a produzir depois. Tratava-se essencialmente de shows de rock pequenos que correram os Estados Unidos de abril a junho, e que foram crescendo de acordo com a resposta do público, que ia aumentando cada vez mais à medida que o "fenômeno Madonna" começava a tomar forma. 1985 foi o *seu* ano.

— Começamos em Seattle tocando para duas mil pessoas, e então o show foi tomando proporções gigantescas. Acabamos tocando no Madison Square Garden, em Nova York, que tem capacidade para 22 mil pessoas — lembra-se Bill Meyers, o tecladista da banda.

Ele se lembra de quando Pat Leonard, que fora contratado como diretor musical depois do seu trabalho na turnê *Victory*, de Michael Jackson, entrou em contato com ele:

— Houve uma espécie de escalação para escolher os músicos que acompanhariam a turnê, e todos os membros, menos um, foram aceitos. Depois que fui escolhido, Madonna chegou pra mim e disse: "Você é o que é mais homem. É o mais maduro." Achei aquilo bastante ousado, mas bem bacana. — A banda, que tinha Jonathan Moffet na bateria e James Harrah na guitarra, foi obrigada a usar ternos brilhantes de colarinho apertado com botas de salto, no estilo usado pelos Beatles. — Eram horríveis — ri Meyers. Como os gângsteres de *Cães de aluguel*, de Tarantino, cada músico teve que escolher uma cor para o seu terno. — Pat Leonard estava trabalhando no sintetizador quando o alfaiate chegou, então a única cor que sobrou para ele foi prata. Como ele estava enfrentando problemas de excesso de peso na época, ficou com o corpo todo apertado, parecendo o homem de lata de *O mágico de Oz*. Rimos às gargalhadas, e ele desapareceu. Cinco minutos depois, Madonna entrou como um furacão, gritando comigo: "Seu babaca! Ele está pedindo outro terno, e é tudo culpa sua!" Eu havia cutucado a onça com vara curta — acrescenta Meyers, maliciosamente. Leonard teve que usar o terno prateado durante toda a turnê, enquanto Madonna o incentivava a começar a malhar assim que a temporada terminasse.

A relação de Leonard com Madonna foi conturbada desde o começo. Diretor musical e tecladista respeitado, ele já havia tocado com o Pink Floyd e tinha um gosto musical mais chegado ao rock. Quando o convidaram pela primeira vez para fazer a direção musical da turnê de Madonna, ele foi irredutível ao negar o convite, dizendo que ela era "popzinha demais". Madonna então telefonou pessoalmente para ele e o convenceu a mudar de idéia.

— Nunca conheci uma pessoa tão direta em toda a minha vida — disse Leonard. — Ela sabia exatamente o que queria e o que esperava de cada um. Isso era uma característica própria da Madonna.

Uma vez dentro do barco, ele se dedicaria ao projeto de corpo e alma, e foi traduzindo suavemente o som do álbum gravado em estúdio para o formato de show ao vivo.

Havia um sentimento de camaradagem nessa turnê, uma espécie de dinâmica democrática.

— Madonna era jovem, novata e inexperiente. Contou com o apoio dos músicos muito mais do que em outras turnês. Estávamos em pé de igualdade com ela — diz Meyers. Como sempre, ela trabalhava muito. — O que sempre me impressionou nela é o fato de ser uma pessoa capaz de tirar absolutamente o melhor que podia daquilo que realmente tinha.

A certa altura, ela pediu para fazer umas marcações para os vocais comigo e com o preparador vocal. Alguns cantores sentem que não precisam trabalhar tanto, mas ela não. — Um *personal trainer* a acompanhou na turnê e ela chegava a correr oito quilômetros por dia. — Ela e os dançarinos me convidaram para jogar basquete uma vez; eu fui e, depois de cinco minutos de exercício pesado, estava morto!

O moral estava alto. Madonna emplacara sete músicas entre as 5+ das paradas de sucesso dos Estados Unidos no ano de 1985, sendo que quatro delas chegaram ao primeiro lugar. À medida que os sucessos iam subindo nas paradas, a Madonna-mania se espalhava de cidade em cidade. Embora adorasse a fama, a pressão constante e a falta de privacidade se tornaram um desafio.

— Pude acompanhar a maneira gradativa com que ela foi amadurecendo ao longo da turnê — observa Meyers. — Ela tinha seus medos e inseguranças, mas também tinha coragem para se erguer e enfrentar essas coisas. Não fugia dos desafios.

Meyers conheceu o pai dela, Tony Ciccone, quando tocaram em Detroit.

— Madonna falara sobre o pai, sobre a briga que tiveram. Então quando o conheci, fiquei extremamente surpreso com o quanto era gentil e carinhoso. Ele estava numa situação em que não tinha como sair ganhando. Ela não gostava de se mostrar insegura... nem de pessoas que se mostravam inseguras. Madonna passou por poucas e boas por conta disso. Se levantava a voz para mim, eu respondia no mesmo tom e ela gostava. Gostava que as pessoas fossem fortes.

Enquanto estavam em turnê, aconteceu algo que deixou mais do que evidente quanto a popularidade dela estava se tornando algo fora de controle.

— Tocamos num lugarzinho bizarro em São Francisco, com o público todo em pé. Os produtores não se deram conta de que ela estava ficando realmente muito famosa. O lugar estava absolutamente entupido de gente. Até Prince estava lá, em pé com seus guarda-costas, uma figura coberta com uma capa no meio da multidão. Madonna comandava a galera, chegando pertinho da beira do palco. De repente, vi as pessoas esticando os braços para agarrá-la e puxá-la para baixo, então gritei o mais alto que pude: "Fica longe da beira do palco!" — lembra-se Meyers. — Depois ela veio me agradecer. Viu então que a situação estava saindo do controle. Nunca mais fez shows como aquele. Ela estava ficando famosa demais para isso.

Meyers e os outros músicos contavam com o acesso direto que tinham a ela. Em outras turnês, os músicos passariam a ter menos importância. Eram vistos mais como uma "banda de fosso", que estava ali só para acompanhar o espetáculo que rolava no palco.

— Ouvi dizer que ela ficava zangada quando os músicos não se dirigiam a ela apropriadamente. Depois do lançamento do filme *Na cama com Madonna*, as pessoas vinham me perguntar: "Ela sempre foi assim?" Não, não foi sempre assim. O poder corrompe as pessoas — diz ele.

Se o disco e a turnê *Like a Virgin* transformaram a sua carreira, sua vida pessoal também estava em processo de mutação. Ela foi incorporando isso cada vez mais ao seu trabalho, criando uma história tão perturbadora quanto convincente. Quando Sean Penn entra em cena, Madonna muda completamente de direção, e é aí que a Afrodite livre, leve e solta é capturada.

7

Maquiando-se à maneira espetacular de Hollywood

Estávamos no final do ano de 1984. Sean tinha terminado com a namorada, Elizabeth McGovern, e estava dormindo no sofá da minha sala. Estávamos assistindo à MTV e passou o videoclipe de "Like a Virgin". Sean comentou que a irmã de uma amiga dele estava trabalhando como assistente de direção de um novo videoclipe chamado "Material Girl". Eu morava em Hollywood, bem perto da filmagem, então decidimos ir até lá e ver qual era a daquela garota.

James Foley, diretor de cinema, na primeira vez que ele e seu melhor amigo, Sean Penn, conversaram sobre Madonna.

Naquela época, Sean Penn já fazia parte da elite de novos atores de Hollywood surgida nos anos 1980, grupo que incluía Emilio Estevez, Charlie Sheen, Demi Moore, Rob Lowe e Molly Ringwald. Sean era de fato dedicado ao trabalho de ator. Fizera teatro de repertório quando adolescente. Ainda no colégio, fez um filme em Super-8 de sessenta minutos, chamado *Looking for Someone*. O projeto foi feito em parceria com o irmão Christopher (que também tornou-se ator em Hollywood).

— Ficávamos a noite inteira fora de casa em Westwood filmando em estacionamentos e fazendo cenas arriscadas que não se pediria nem a um dublê para fazer — disse ele. Esse destemor tornou-se uma das características do seu trabalho como ator. Ele sabia assumir riscos e improvisar. Como observou a importante crítica de cinema Pauline Kael, ele era como uma espécie de Marlon Brando ou James Dean. Quando conheceu Madonna, já havia sido aclamado por papéis como o do cadete rebelde do filme *Toque de recolher* e do surfista maluco de *Picardias estudantis*.

Embora talentoso, Sean estava criando também uma reputação de sujeito esquentado, tanto nas telas quanto fora delas — o que fez com que fosse ainda mais cobiçado pelas mulheres. Já fora noivo da irmã de Bruce Springsteen, Pamela. E contracenara com Elizabeth McGovern em *Adeus à inocência*. Entretanto, o rapaz de 24 anos gostava de fazer pose e, apesar de ter sido ele quem sugeriu que fossem até a filmagem do clipe "Material Girl", não parecia muito interessado por Madonna no início.

— Quando a gente sentava para bater papo e conversava sobre quem era gostosa e quem não era, ele nunca demonstrou ter prestado atenção em Madonna — revela Foley.

Parece que ela também não tinha prestado atenção nele, embora tenha dito depois que quando viu Penn no *set* de filmagem pela primeira vez, pensou: "Esse cara vai ser meu marido." Mas, quando se aproximaram dela, ela pareceu indiferente.

— Madonna estava sendo maquiada, num intervalo entre as filmagens. Ela foi educada e nada mais. Nessa ocasião, Sean era famoso. Tinha sido capa da revista *Rolling Stone*. Ela sabia quem ele era, mas não demonstrou reconhecê-lo. Comportou-se como alguém que pensa ser a rainha da Inglaterra. Não chegaram a se destratar no encontro, e nem foi uma situação constrangedora. Foi apenas convencional — recorda-se Foley.

Naquele momento, Madonna estava com outros assuntos na cabeça. Sua carreira deslanchava, mas a vida pessoal estava confusa. Nos dois anos anteriores, seu namorado Jellybean fora seu protetor e aliado. Ele a ajudara a construir um caminho próprio no meio musical, mas, como também era ambicioso, acabaram competindo entre si. Quando o relacionamento já estava desmoronando, ela engravidou e decidiu não dar prosseguimento à gravidez. Foi uma decisão muito angustiante para ela. Ao mesmo tempo que saltitava no estúdio, vestida de cetim cor-de-rosa ao estilo Marilyn Monroe, por dentro Madonna sofria. Foley percebia essa discrepância entre sua vida pública e sua vida privada.

— A pessoa que dançava alegremente vestida de Marilyn Monroe era totalmente diferente da pessoa que estava sentada na cadeira sendo maquiada. À medida que pude conhecê-la melhor, senti várias vezes essa diferença entre a personalidade dela dentro e fora do palco.

Enquanto ainda se desprendia do relacionamento com Jellybean, Madonna começou a se encontrar com Sean.

— No início, ele não tinha muito interesse por ela. Eles tiveram alguns encontros à moda antiga durante algum tempo. Não foi um grande amor à primeira vista, mas aos poucos o sentimento entre eles foi se tornando algo parecido com isso. Foi meio inesperado. Casamento era algo que não estava nos planos de nenhum deles — diz Foley. Mas em alguns meses, tiveram um estalo. — De repente estavam perdidamente apaixonados, inseparáveis e loucos para se casar. Ela virou o centro da vida de Sean.

Madonna mudou radicalmente depois de conhecer Sean. Ele passou a ser seu guardião, exercendo uma força dominante e ciumenta em sua vida. Ele era o oposto dela artisticamente — temperamental, encrenqueiro, propenso à violência —, mas, como ela, também era apaixonadamente dedicado ao trabalho. Ele fazia o gênero de personagens popularizados por escritores como Raymond Carver e Charles Bukowski, o do individualista americano grosseiro e rebelde. Sua visão focada em um único objetivo era o que o diferenciava dela. Por ter sido criado em meio a toda bajulação existente em Hollywood, ele tinha uma visão cínica das celebridades, não se impressionava com nomes conhecidos nem com a fama. Seu jeito de garoto mimado e privilegiado era temperado por fortes convicções políticas e por uma rejeição ao sistema em que orbitavam as estrelas de cinema, o mesmo sistema que o gerou.

Madonna deixou para trás sua vida em Nova York e foi morar na Costa Oeste com Sean. A decisão causou certo abatimento entre seus velhos companheiros de boate, dos quais muitos tinham reservas em relação a Sean. O músico e DJ da Danceteria, Johnny Dynell, recorda-se:

— Sean dizia coisas do tipo "esses seus amigos bichas". Ele era meio idiota na época.

Com Sean, no entanto, Madonna poderia concretizar o sonho de ser uma estrela de cinema. Encontrara alguém tão rebelde e ambicioso quanto ela e com uma convicção artística que ela nem sempre tinha. Ele, nesse meio tempo, pensou ter encontrado a alma gêmea capaz de entender suas necessidades.

— A única coisa de que tenho certeza são as escolhas profissionais que fiz — contou ele na ocasião. — Todo o resto faz parte de um processo de aprendizado. Encontrei uma pessoa com quem vou querer estar sempre. Madonna toma conta de mim. Ela sabe o que estou pensando sem que eu precise dizer nada. — Quando decidiram se casar, ele não se sentiu à vontade ao ver toda a imprensa, que ele tanto odiava, com as atenções voltadas para ele. — Ela estava a caminho de se tornar a maior estrela do mundo. Enquanto eu só queria fazer os meus filmes e me esconder — disse ele depois. — Eu era um cara jovem e raivoso. Tinha muitos demônios e realmente não sei quem conseguiria ter vivido comigo naquela época.

Seus demônios foram realmente provocados quando, pouco depois de marcarem a data do casamento, fotos de Madonna nua, tiradas na época em que ela posava para artistas em Nova York, a fim de conseguir dinheiro, foram publicadas tanto na revista *Playboy* quanto na *Penthouse*. Embora por dentro Madonna tenha gostado da publicidade que o escândalo havia gerado, ela zombaria do ocorrido, aparecendo no Live Aid vestida com várias camadas de roupas cafonas e antiquadas sobre o corpo em um dia calorento de julho. O Live Aid foi um grande momento para ela.

Com o objetivo de arrecadar fundos em benefício das milhões de pessoas que morriam de fome na Etiópia, o evento aconteceu ao mesmo tempo em Londres e na Filadélfia, no dia 13 de julho de 1985. Todos os artistas de sucesso da época participaram da iniciativa. De Phil Collins e Tina Turner ao Queen. Bill Meyers integrou a banda de Madonna.

— Foi uma experiência extraordinária. Ninguém sabia exatamente o que era aquilo tudo até que, num único dia, o mundo inteiro de repente estava hospedado no mesmo hotel! Muito dinheiro foi gasto em carros, quartos, flores e tudo o mais. O clima era muito bom. Parecia que estávamos realmente participando de algo especial — conta ele.

Embora o Live Aid fosse supostamente um evento igualitário em prol de uma causa importante, nos bastidores, a hierarquia do mundo pop era evidente. Meyers percebeu a gentileza dos astros já consagrados do cinema de Hollywood, como Jack Nicholson e Timothy Hutton, e se impressionou com a enorme simpatia de Phil Collins. Por outro lado, em relação a Simon Le Bon, do Duran Duran, ele comenta:

— Ele estava lá com umas duas amigas modelos e nem olhava para nós. Éramos nada mais do que a poeira do palco para ele. Os integrantes do Thompson Twins (banda alternativa do circuito inglês) esbanjavam elogios ao Le Bon e olhavam para mim com cara de quem pergunta: "Quem é você?" — Encorajada por seu relacionamento com Penn, Madonna também estava louca para consolidar seu status de celebridade de primeira linha.

Ela sentiu-se menosprezada quando um diretor de palco lhe disse que ela teria que liberar o *trailer* que estava ocupando dentro de duas horas.

— Ele era um cara da Filadélfia, com um sotaque muito carregado, típico dali, que disse assim: "Só para informar que você só pode ocupar o *trailer* entre uma e meia e três da tarde, porque depois ele é da Tina Turner. Não há muitos *trailers*." — explica Meyers, rindo. Quando Madonna protestou, o sujeito se voltou para outra pessoa e disse, sobre ela: — Olha só, eu nem gosto dessa perua. Se Madonna não quer dividir, não tô nem aí. — Afinal, deram a Madonna e Penn um outro *trailer* que eles puderam ocupar durante o resto do dia.

Apesar da atitude arrogante nos bastidores, no palco ela conquistou o público — o que estava no show e o que assistia pela TV — com uma apresentação animada e divertida.

— Lembro que o sol queimava o meu rosto. Eu estava realmente com muito calor e foi bem na época em que minhas fotos tinham acabado de sair na *Playboy*, então as pessoas gritavam "tira tudo, tira tudo!", e eu dizia "eu não vou tirar *merda* nenhuma!" — relatou Madonna um tempo depois. — Antes de entrar no palco, realmente pensei: "Não vou conseguir fazer esse show. Não vou conseguir." Eu não tinha idéia do que ia acontecer. Então, independentemente do que me esperava, decidi entrar com o espírito de uma guerreira, e deu certo. Essa foi a primeira vez que compreendi a extensão do meu poder. — Depois do show, ela foi a única mulher fotografada ao lado de todos os "grandes e poderosos", de Mick Jagger e Keith Richards a Bob Dylan. A foto publicitária mostrou a força com que derrubara as barreiras do "velho esquema da rede de contatos". Finalmente ela estava formando um público internacional.

O grande evento que se seguiu na agenda de Madonna foi seu casamento com Sean Penn, nos jardins de uma casa à beira de um penhasco em Point Durne, perto da praia de Malibu, que aconteceu no dia em que completava 27 anos. A lista VIP era composta de uma multidão de estrelas, entre elas Cher, Diane Keaton, Carrie Fisher, Andy Warhol, Martin Sheen e Christopher Walken. Johnny Dynell lembra que Andy Warhol ficou surpreso quando soube que Dynell não tinha sido convidado:

— "Mas você é amigo dela!", me disse Andy. "Isso não significa nada. Não estou fazendo nenhum filme", respondi a ele.

No dia do casamento, Madonna usou um vestido branco de tafetá e um chapéu-coco que quase voou com o vento. Apesar das rigorosas precauções, o local do evento foi descoberto pela imprensa e a determinação em conseguir uma filmagem ou uma foto levou os fotógrafos a perturbarem a cerimônia sobrevoando a casa de helicóptero.

— Foi algo muito louco — lembra-se James Foley, padrinho de casamento por parte de Penn. — De repente o céu estava cheio de helicópteros e não se conseguia ouvir uma palavra do que o padre dizia. Hoje em dia é comum ver *paparazzi* tirando fotos aéreas, mas, na época, helicópteros só eram usados daquele jeito por policiais perseguindo criminosos. Madonna e eu achamos divertido, mas Sean não viu a menor graça naquilo.

Bill Meyers também se lembra da loucura que foi o casamento.

— Eu estava de pé ao lado de Martin Sheen quando os helicópteros apareceram. Ele se retraía e contraía todo o corpo involuntariamente por causa da experiência que vivera no filme *Apocalipse Now*. Madonna ficou extremamente irritada, fazendo sinais obscenos para os fotógrafos, enquanto Sean corria para buscar a espingarda dentro da casa.

O curioso disso tudo é que era algo para valer. Não foi nada ensaiado. — Apesar da seriedade com que fez os votos, Madonna acabou rindo de tudo aquilo. — O casamento acabou virando um circo — contou ela. — Uma cena daquelas era inimaginável até mesmo em um filme. Ninguém acreditaria, não pareceria verossímil. — Uma hora depois da cerimônia, num ataque que seria o primeiro de muitos, Penn, bêbado, se atracou com Kip Rano, um fotógrafo inglês que conseguira entrar na festa com uma câmera escondida.

Andy Warhol considerou aquele o final de semana mais emocionante da sua vida. Ele afirmou haver uma mistura perfeita de pessoas anônimas e celebridades no lugar. Quanto aos helicópteros pairando no ar, disse: "Foi a coisa mais incrível do mundo." Warhol chega a descrever um retrato vívido em seu diário: "Vi Madonna bem de perto e a achei linda. Ela e Sean estão completamente apaixonados." Nas palavras dele, Steve Rubell, dono de uma boate, estava "totalmente fora de si, diria que teria tomado algo como Mandrix, ou outra droga do tipo. E acho que vi Madonna se afastando dele. Mais tarde ele vomitou no carro. Ela estava dançando com o único garotinho que tinha lá... e aqueles jovem atores, como Emilio Estevez e Tom Cruise, pareciam estar usando os ternos de seus pais. Todos aqueles garotos tinham virado estrelas de cinema, com pernas fortes e um metro e oitenta de altura mais ou menos. Acho que esse é o novo visual hollywoodiano".

No dia seguinte, Sean comemorou seu aniversário de 25 anos embarcando com Madonna para Antigua, onde o casal passaria a lua-de-mel. Quando voltaram, instalaram-se em Beverly Hills e se lançaram no óbvio projeto de estrelar um filme juntos. Quando receberam o roteiro de *Surpresa de Shanghai*, uma comédia romântica que se passa na China da década de 1930, eles imaginaram que o filme poderia ser um clássico moderno ao estilo de *Uma aventura na África*, filme dirigido por John Huston, em 1951, e estrelado por Humphrey Bogart e Katharine Hepburn. *Surpresa de Shanghai*, no entanto, era algo bem mais prosaico. Produzido pela Handmade Films, do ex-Beatle George Harrison, o filme era uma mistura confusa de clássicos de aventura com romance brejeiro. Madonna protagonizava o filme no papel de Gloria Tatlock, uma missionária afetada, que contrata um aventureiro (interpretado por Penn) para encontrar um carregamento de ópio desaparecido, que seria importante no tratamento de soldados feridos. O resgate da mercadoria deveria ser feito logo, antes que caísse nas mãos de criminosos. Para Madonna, interpretar Tatlock foi um desafio. Ela mesma afirmou que Gloria Tatlock era uma personagem muito distante dela, e que precisava de um papel que lhe desse a oportunidade de provar às pessoas que era realmente uma atriz.

Fazer o filme foi uma decisão arriscada para ela. *Procura-se Susan desesperadamente* tinha dado certo porque a história se desenrolava dentro de um mundo que ela conhecia bem. E também porque Susan Seidelman era uma diretora compreensiva, acostumada a trabalhar com atores inexperientes. Em *Surpresa de Shanghai*, Madonna estava atuando num filme de época, totalmente distante de seu cotidiano. Isso seria um desafio mesmo para uma atriz experiente. Não é de admirar que sua atuação pareça artificial, inibida e inconsistente. Numa cena ela está formal e enrijecida, na outra, aparece segurando notas de dinheiro com uma atitude enérgica, dinâmica e, para uma missionária de sólidos valores morais, seduz o personagem de Penn com muita facilidade. Madonna reclamou do diretor Jim Goddard posteriormente, dizendo que "ele não sabia o que estava fazendo... não tinha talento para o cinema e parecia não ter competência para fazer o filme". Embora fosse um renomado diretor de televisão, esse foi o seu primeiro longa-metragem para o cinema. Como Seidelman bem observa, Madonna gostava de ser cuidadosamente dirigida e talvez esse não fosse o estilo de Jim.

Além disso, o filme foi gravado em circunstâncias difíceis, numa região pobre e perigosa de Hong Kong, onde, diariamente, gangues exigiam dinheiro em troca de proteção, só para que a equipe pudesse prosseguir com a filmagem. Eles chegaram a ficar presos em uma região durante 18 horas porque um homem havia bloqueado a saída e exigido cinqüenta mil dólares para deixá-los sair. Era um inverno rigoroso, ratos corriam por baixo dos *trailers*, e algumas pessoas do elenco e da equipe adoeceram, com intoxicação alimentar. Para piorar, eles ainda eram caçados pela imprensa internacional, desesperada para conseguir uma foto íntima do casal de estrelas. Penn atacou um fotógrafo que fora encontrado no quarto de hotel deles. A declaração aberta de guerra dele contra a imprensa e a irritação dela com todo o processo de filmagem levou-os a serem chamados de "os venenosos Penn", um apelido que pegou.

— Eu não parava de dizer para mim mesma, "mal posso esperar para ver isso tudo como parte do passado, mal posso esperar" — contou Madonna. — Foi um teste de sobrevivência. Sei que agora posso enfrentar qualquer coisa.

George Harrison foi até Hong Kong para acompanhar as filmagens de perto e encontrou a equipe e o elenco em situação de profunda angústia. Quando retornaram à Inglaterra, para filmar as cenas de interior nos Estúdios Shepperton, ele chamou a imprensa para uma entrevista coletiva, num esforço de tentar melhorar a situação. Naquele momento, porém, já não havia muito o que fazer, principalmente depois que a limusine do casal passou acidentalmente por cima do pé de um fotógrafo. Madonna atacou Harrison, dizendo: "Ele me deu mais conselhos sobre como lidar com a imprensa do que sobre como trabalhar num filme."

O ex-Beatle comentou um tempo depois que Sean parecia um sujeito "muito zangado" na tela, e não um ator profissional, e que Madonna tinha caído na armadilha de ser "uma estrela pop famosa":

— Eles são rodeados por pessoas que ficam dizendo como eles são maravilhosos, vivem cercados desses puxa-sacos. Precisamos enxergar as coisas por um outro ângulo também. Há momentos enlouquecedores, quando não se pode fazer nada por causa das câmeras, e te importunam por todos os lados. Então sou compreensivo nesse aspecto. Mas o que Madonna está precisando mesmo é de quinhentos miligramas de um bom LSD.

Quando foi lançado, em agosto de 1986, o filme recebeu péssimas críticas no mundo inteiro. A revista *Variety* disse que o filme "era bobo e sem nenhum valor, e que não estava à altura das exigências nem de um programador de televisão dos anos 1930". O respeitado crítico Leslie Halliwell disse que era um filme "surpreendentemente ruim".

Andy Warhol ficou um pouco mais impressionado: "Eu era a única pessoa acordada no cinema, mas o filme não é ruim. Madonna estava linda e o figurino era ótimo", escreveu no seu diário. Para Madonna, a experiência foi cruelmente decepcionante. E para Sean, que vinha lentamente construindo uma reputação de ator sério, foi mortificante.

— Eu peço a você, como amigo, que, por favor, não assista ao filme — disse ele certa vez para Chrissie Hynde. Ele e Madonna, evidentemente, nunca mais trabalharam juntos em uma produção cinematográfica.

Madonna pisava em terreno mais seguro ao se dedicar à carreira musical. No outono do ano anterior, ela entrara em estúdio para gravar o seu terceiro álbum, *True Blue*. Foi a primeira vez que Pat Leonard produziu um disco seu. Ele a ajudou a criar o seu mais puro som comercial. O álbum de estréia havia sido um conjunto de canções desiguais à procura de uma artista; já no excêntrico *Like a Virgin* ouvia-se um som ainda em desenvolvimento. Em certas faixas de *True Blue*, ela acerta no alvo e consegue firmar um estilo próprio — rítmico, teatral, dançante e perceptivelmente melódico. Leonard arrancou melodias de dentro dela como se estivesse cavando uma mina. Tentou enxergar além da diva da música dance e da imagem de princesa-pop irônica para encontrar algo mais íntimo.

Demorou um pouco para que ela confiasse nele. Quando trabalhou como diretor musical da turnê *Like a Virgin*, Leonard queria muito que ela o reconhecesse como compositor.

— Eles tinham uma relação conturbada — lembra-se Bill Meyers. — Pat era tão inflexível quanto ela. Era um ótimo músico, um cara que trabalhava duro. Ele sabia que com Madonna a melhor maneira de agir era fazer com que ela escrevesse junto com ele. Ele deixava fitas na porta do quarto de hotel em que ela estava e se desanimava quando via que ela as ignorava. Eu teria desistido, mas ele continuava oferecendo as fitas para ela. Então, durante a turnê, ele ficou amigo de Sean, e Sean convidou Pat para criar alguma coisa para a trilha sonora de *Caminhos violentos*. Se você não consegue a atenção de Madonna, procure ficar amigo, então, das pessoas que são próximas a ela!

O resultado foi "Live To Tell", uma canção guiada pela emoção baseada na dramaticidade de Madonna. Com o instinto infalível para escolher os colaboradores certos, ela decidiu convidar Leonard para ser o produtor geral do novo disco.

— Madonna precisava de alguém com opiniões firmes. Eles brigavam constantemente. Pat é uma pessoa orgulhosa e incrivelmente criativa, e ela também. Eles trabalhavam incansavelmente quando estavam juntos — diz o guitarrista Bruce Gaitsch, que tocou em muitas das faixas de *True Blue*.

Embora este tenha sido o álbum de Madonna que mais vendeu, as primeiras gravações aconteceram em um estúdio minúsculo, no porão da casa de Leonard.

— O estúdio era tão pequeno que só havia espaço para o equipamento de gravação e mais duas pessoas — lembra-se Gaitsch. — Você não precisa de grandes espaços para fazer grandes discos. — Madonna estava de bom humor: — Ela tinha acabado de aprender a dirigir. Alugara um carro e passou por cima da cerca da casa de Pat. Ele não achou a menor graça naquilo! — Nem o acidente, no entanto, abalou o otimismo dela. — Estava felicíssima. Entrava no estúdio, grudava seu chiclete no microfone e cantava. Ela estava totalmente apaixonada por um cara sexy, divertido e legal. Sean às vezes aparecia no estúdio, entrava fazendo barulho com as chaves do carro. Queria tirá-la de lá o mais rápido que pudesse. Eles se gostavam muito na época.

Madonna também estava eufórica por aquele ser o primeiro disco que ela co-produzia.

— Ela não precisava mais contratar profissionais caros. Embora *True Blue* seja o seu álbum de maior sucesso, o anterior (*Like a Virgin*) foi quatro vezes mais caro, pois foi feito por um produtor famoso — diz Gaitsch.

A primeira canção em que ela e Leonard trabalharam foi a declaração de amor "Open Your Heart", de Gardner Cole, um letrista que compôs para muitos artistas de sucesso da década de 1980, como Cher, Michael MacDonald e Tina Turner.

— Compus a música com Peter Rafelson, filho do famoso diretor Bob Rafelson. Demoramos um tempo para finalizá-la; trabalhamos nela sem muita freqüência, levamos um ano, mais ou menos, para terminar — diz Cole.

Era uma música que exigia bastante do cantor, pois pedia uma voz com um alcance extenso e capaz de produzir notas longas. Madonna simplificou-a antes de gravá-la.

— Ela baixou o tom de alguns trechos e cortou a segunda parte — relembra Cole. Ele gostou de sua interpretação. — É uma canção forte, em um tom alto para a voz dela. Ela não estava acostumada a forçar a voz para alcançar tons mais agudos como aqueles, e isso ampliou sua extensão vocal. É uma das primeiras músicas em que Madonna põe mais volume em sua voz; na maior parte das outras, sua voz soa bem leve, mas em "Open Your Heart" ela teve que trabalhar bastante esse aspecto. Não é uma música fácil de cantar. Ela demorou para encontrar o tom certo. Mas valeu a pena, pois a canção, assim que foi lançada, foi direto para o primeiro lugar nas paradas de sucesso dos Estados Unidos. — Fiquei tão entusiasmado — conta Cole. — Meus editores fizeram um pôster da *Billboard* para mim.

As canções de Madonna sempre foram agradáveis aos ouvidos, o que levou muitos críticos a supor que sua música consistia em um pop de rotina, que seguia uma fórmula específica — o que o filósofo Theodor Adorno teria chamado de "padronização", ou que o rapper Vanilla Ice chamaria de "uma bosta conveniente cafona de merda". Em 1941, Adorno selou uma divisão entre a "alta arte e a baixa arte" na música popular quando escreveu: "Na música popular, posição é algo absoluto. Cada detalhe é substituível; ele serve à sua função apenas como uma peça da engrenagem." Durante anos, a música de Madonna foi subestimada por conta da simplicidade enganosa de suas canções. Algumas faixas dos seus discos são meras "peças da engrenagem", mas os *singles*, seus grandes sucessos, sempre tiveram linhas melódicas ricas e guinadas repentinas nas letras. "Open Your Heart" marcou a nova fase em que ela seguiria em direção a um som comercial e bom para tocar nas rádios, mas que, ainda assim, era ambicioso. E, conforme ia ficando mais confiante de sua própria voz, as músicas foram ganhando profundidade.

Com o seu verniz de sofisticação, *True Blue* tirou Madonna da categoria de diva da música dance e a levou para o mercado da música pop universal. Esse disco fez com que os encantos adolescentes da musicalidade característica de conjuntos femininos dos anos 1960 mergulhassem em texturas dançantes mais sólidas, acrescentando um humor elevado e incontestável ao som. Madonna estava recém-casada e cheia de otimismo. Em nenhum outro momento soaria tão pura e direta. Assim como "Open Your Heart", com sua percussão viva e levada alegre, a faixa radiante que dava nome ao disco permitia a ela revisitar o som das bandas femininas de Detroit, a Motor City, que ela crescera ouvindo. "True Blue" ecoa a simplicidade dos jogos de interação de "Chapel of Love", sucesso de 1964 da banda The Dixie Cups. As *backing vocals* Siedah Garrett e Edie Lehman participaram da gravação conferindo à música uma sonoridade típica de coros religiosos. A canção seria uma baladinha fora de moda à beira da nostalgia, não fosse o destaque da voz de Madonna.

Uma sensação de frisson romântico reverbera em "Where's The Party", canção rápida e com um ritmo dançante envolvente. A mesma sensação flui em "La isla bonita", canção originalmente escrita por Gaitsch e Leonard para Michael Jackson.

— Ele não quis a música, graças a Deus. Eu não gostava dele, sempre o achei um sujeito esquisito, de provocar arrepios. Ele me dava medo, era como estar junto do fantasma de alguém — diz Gaitsch. Leonard sugeriu, então, que eles dessem a música para Madonna, que, na ocasião, estava fora do país, filmando *Surpresa de Shanghai*. — Fiquei tão feliz por ela ter ficado com a música. Ela é a pessoa com a presença mais forte que existe, uma força cuja intensidade não se pode deixar de levar em conta.

Infeliz e pirracenta em Hong Kong, Madonna escreveu uma letra sobre o lugar de seus sonhos, uma distante e ensolarada ilha tropical. Quando contou a eles qual seria o título, Gaitsch ficou chocado.

— Pensei: "Ah... que ótimo! Isso nunca vai ser um sucesso." Era simples demais. Mas eu estava errado. A música é hiperpopular, e virou o hino nacional da ilha de San Pedro. — A latinidade saborosa da guitarra de

Gaitsch traz um diferencial à canção. — Essa música rolou naturalmente. Tentei dar o meu melhor e gosto mesmo de melodias fortes. Muitas notas não me agradam muito, procuro manter apenas as que têm importância.

Por conta de sua clara influência latina, a música, mais tarde, foi vista como uma tentativa de atingir o vasto público hispânico dos Estados Unidos. Foi um grande sucesso, chegou ao primeiro lugar nas paradas da Inglaterra e ao terceiro nas paradas norte-americanas. E ainda contou com um videoclipe impactante, no qual Madonna aparecia com um belo vestido vermelho, dançando flamenco. Madonna dedicou a música "à beleza e ao mistério do povo latino-americano". Nem todos cederam aos encantos da canção, no entanto. A estrela cubana sediada em Miami, Gloria Estefan, me disse, sarcasticamente, na ocasião:

— Só quem não é latino a vê como alguém que popularizou a cultura hispânica. Madonna está um pouco confusa com relação ao que é hispânico. Ela fala de uma ilha tropical ensolarada, isso é Porto Rico; depois fala de samba, isso é Brasil; e aí entra uma guitarra flamenca, isso é Espanha. Tem uma miscelânea de tudo na música. Mas, um pedacinho daqui, um pedacinho dali, toda ajuda é bem-vinda.

Nesse álbum, a experiência amorosa de Madonna com Sean Penn está presente em cada uma das músicas. "White Heat", uma das faixas de menor sucesso, que ela escreveu com Leonard, é um tributo meio pesado ao ator James Cagney, cujo personagem de gângster perturbado no filme *Fúria sanguinária*, de 1949, é arrastado à infâmia pela morte de sua mãe. Há certos paralelos com a vida de Madonna nesse ponto, não apenas no que se refere à morte de sua mãe, mas há também a idealização de Sean Penn como um sujeito violento, um *bad boy*. Ele aparece novamente na figura de um desconhecido apaixonante na canção "Jimmy Jimmy". Ela simplesmente não conseguia tirá-lo da cabeça.

— Ela estava muito apaixonada. E é evidente que, se estava apaixonada, faria canções de amor — disse o sábio Steve Bray, produtor de quatro das músicas que entraram no álbum (incluindo a co-produção de "Where's The Party", com Leonard).

Leonard deu o tom para boa parte do álbum, mas Bray também deixou sua contribuição, fazendo com que o disco fosse altamente pop. A faixa de abertura, "Papa Don't Preach", é um dos seus grandes feitos. Composta por Brian Elliot e com contribuição de Madonna, é uma retomada ao estilo anos 1980 do tipo de música cantada pelos grupos vocais femininos. Madonna descreveu a canção, que tem uma dramática introdução de cordas, como uma "música cuja mensagem é a de que todos escolherão o caminho errado".

— Essa foi a primeira vez que ela trabalhou numa gravação com muitos instrumentistas de corda — diz Bill Meyers, que fez os arranjos da música. — Essa introdução me possibilitou uma próspera carreira como arranjador — conta. Marcada pela bateria segura e cortante de Bray, a canção é o apelo de uma garota adolescente para ser levada a sério. Ela está grávida, sofrendo, e diz ao rígido pai que quer ter o bebê. A voz de Madonna está mais áspera do que em outras gravações. Aqui ela canta num registro mais baixo e granulado, como se estivesse constantemente à beira das lágrimas. É uma canção irresistível com uma mensagem problemática. Grupos contrários ao aborto aprovaram fortemente a canção, enquanto outros a criticaram por fechar os olhos ao problema da gravidez na adolescência.

Como é freqüente com Madonna, a canção ficou inextricavelmente associada ao videoclipe. Contra o horizonte decadente da cidade de Nova York, Madonna interpreta uma adolescente moleca de cabelo louro bem curto e desfiado, que tem um namorado que é mecânico de automóveis, e que faz parar o coração de tão lindo. Seu pai, de aparência italiana, corpulento e distante (interpretado pelo ator Danny Aiello), faz o melhor que pode para criar a filha sozinho, sentindo-se pouco capaz para a tarefa. Essas cenas de extremo realismo são entrecortadas por outras, nas quais vemos Madonna vestida com um *collant* preto de corpo inteiro, grudado à pele, os cabelos de um louro platinado e os lábios glamorosamente pintados de batom vermelho. Nessas aparições, ela executa uma coreografia bem ao estilo do filme *Flashdance*.

James Foley dirigiu o videoclipe dando atenção aos mínimos detalhes, como lhe é habitual.

— Madonna disse que queria fazer um personagem. Vídeos que contam uma historinha eram uma novidade na época. Filmamos em Staten

Island, região da cidade de Nova York onde cresci. Queria que meus antigos amigos do colégio lessem sobre o vídeo e ficassem com inveja! — diz ele.

Embora Madonna algumas vezes tivesse atuado de modo artificial no cinema, ela se sentia confortável nos vídeos. Passa uma boa imagem e usa o corpo como uma dançarina, consciente dos contornos refinados que pode criar usando certas atitudes ou expressões corporais.

— A garota católica original, glamorosa e de classe média, Madonna sabe fazer bem esse tipo — diz Foley. — Os cortes para as cenas em que ela dança num palco contra um fundo negro foram idéias dela; isso deu tão certo quanto a mistura de calda quente com o sorvete num *sundae*, um contraste perfeito entre o calor da dança e a frieza das outras cenas. Algo em particular me incomodou, que mostra o quanto sou católico. Perguntei a ela: "Uma mulher grávida pode dançar assim, com essa roupa preta colada no corpo?" Ela apenas riu como se esta tivesse sido a pergunta mais ridícula que já ouvira na vida.

Um dos aspectos mais memoráveis do videoclipe é a camiseta usada por Madonna, com a frase: "Os italianos fazem melhor."

— Isso foi um golpe de mestre — recorda-se Foley. — Ela mandou levarem a camiseta ao *set* de filmagem para que eu visse, perguntando se achava que ela deveria usá-la. "Claro! É ótimo!", respondi. Não me surpreenderia se descobrisse que ela vira alguém vestindo a camiseta na rua e a tivesse comprado da pessoa. Achei graça quando disseram que fora tudo planejado. Não foi nada planejado. Ela era bastante espontânea às vezes. — O videoclipe marcou um novo rumo para Madonna, e um visual mais moderno. Era menos estilizado e exagerado, refletia seu crescimento gradual como artista. — Tenho orgulho desse clipe. Ele capta os elementos essenciais dela da maneira certa e os coloca lado a lado. Mostra dois indivíduos totalmente diferentes num único corpo. Isso é que é atuar de verdade — afirma Foley.

Madonna também transmite paixão e uma intensa noção de teatralidade em "Live To Tell", uma faixa de *True Blue* que a distancia inteiramente da imagem de garota mascando chicletes; é um presságio para o tom mais sombrio de *Like a Prayer*. Com uma letra evasiva e violinos densos, "Live To Tell" é uma balada carregada de moralidade intensa. Fala sobre o poder ardente dos segredos e desonras do passado. Segredos, iniciações e a aquisição de conhecimento viriam a se tornar temas fundamentais em seu trabalho — é nessa canção que ela os traz à tona pela primeira vez. "Live To Tell" faz parte da trilha sonora do filme *Caminhos violentos*. Dirigido por James Foley, o filme é um drama brutal sobre a relação entre pai e filho, sobre um criminoso que volta ao lar para matar aqueles que acha que sabem demais sobre o seu passado. Com Sean Penn e Christopher Walken como protagonistas, o filme recebeu críticas divergentes quando foi lançado em 1986, mas com o tempo ganhou o prestígio de filme *cult*.

Embora "Live To Tell" fosse um grande sucesso, a Warner foi contra a inclusão da canção na trilha sonora do filme.

— Lembro-me de ter ido a um almoço com Madonna e um alto executivo da gravadora. Ela se levantou para ir ao toalete, e ele agarrou meu pulso, olhou bem nos meus olhos e disse: "Se você é amigo dela, diga que não quer a música no filme. Isso vai arruinar a carreira dela" — conta Foley.

True Blue ainda não estava pronto, e lançar uma música antes do álbum desorganizaria os cuidadosos planos de marketing da gravadora. Com dois álbuns de sucesso na bagagem, a Warner não queria perder o controle. Quando Madonna voltou para a mesa, Foley estava confuso.

— Por egoísmo, a convenci de colocar a música no filme, mas perguntei a ela se tinha certeza de que estava de acordo. Contei o que o cara da Warner me dissera: "Seu álbum ainda não está pronto", e sua resposta foi: "Não estou nem aí."

"Live To Tell" viria a ser um de seus sucessos mais duradouros, e uma de suas canções favoritas. Vinte anos depois, ela seria retomada na turnê *Confessions*, de 2006, como um dos momentos de maior vibração do show, no qual Madonna aparece com uma coroa de espinhos na cabeça, pregada a uma enorme cruz espelhada. Longe de arruinar o lançamento do novo álbum, a canção foi uma propaganda perfeita para o disco.

True Blue foi lançado em junho de 1986. A capa exibia Madonna de perfil, com a cabeça jogada para trás e os olhos fechados. Sua pele embranquecida e os cabelos curtos sobressaem contra um fundo azul celeste. A foto, tirada por Herb Ritts, imitava o estilo pop art de Warhol. Uma mistura de inocência, idealismo e a finalização ao modo das serigrafias feitas por Andy Warhol nos anos 1960, com uma coloração sobreposta à foto manualmente. Esse é o nosso primeiro vislumbre de Madonna como um ícone clássico.

— Ela já estava plenamente consciente do valor de sua imagem e tinha o controle total da situação — disse Jeri Heiden, responsável pela arte do disco.

Os tempos do "Boy Toy", dos cabelos cheios de musse e do umbigo à mostra, ficaram no passado. Este álbum anunciava uma nova Madonna, mais suave, mais próxima do apelo permanente dos ícones do cinema, como Marilyn Monroe.

— Era como se Madonna estivesse flutuando — as roupas não eram visíveis. Ela tomou a aparência de uma estátua de mármore, como uma deusa — lembra-se Heiden.

Com essa foto, Madonna explicitou a ligação que existia entre ela e Warhol; o vínculo evidente entre a arte pop e a mercadoria. O final dos anos 1980 marcou o início de uma nova era. Uma era em que os artistas pop eram uma marca, e Madonna foi uma das primeiras a explorar isso.

Madonna e Warhol sempre admiraram um ao outro de forma reservada. "Perguntei a Madonna se estaria interessada em fazer um filme e ela foi esperta, disse que queria algumas garantias, que simplesmente não queria falar suas idéias para depois vê-las serem roubadas", escreveu Warhol em 1984. "Ela é muito astuta. Está muito em evidência neste momento." Depois, em 1985, quando a turnê *Like a Virgin* estava a todo vapor, ele suspirou: "Caramba, Madonna era apenas uma garçonete da Lucky Strike, um ano atrás." Warhol foi ao casamento dela, vestido de preto, um contraste com o vestido branco da noiva. Ele reage ao *glamour* superficial dela, enxergando-a com os olhos detalhistas de um pintor: "Madonna sabe mesmo se maquiar à maneira espetacular de

Hollywood", escreveu. "Alguém deve ter ensinado a ela como fazer, ou alguém a maquia sempre — está tudo sempre perfeitamente pintado."

Madonna e Warhol têm diversos pontos em comum: tinham amigos gays em Nova York. Ambos eram atraídos pelo poder das celebridades, ao mesmo tempo que cortavam esta atração com um senso de humor kitsch completamente irônico. Ambos realizaram seus sonhos depois de sair da região central dos Estados Unidos, onde viviam com suas famílias católicas de imigrantes trabalhadores. E ambos tinham paixão por dinheiro. Refletindo a natureza desarraigada dos Estados Unidos do século XX, eles foram acusados de oportunistas em suas respectivas artes, valendo-se implacavelmente da cultura popular. Não tinham medo de desfocar as fronteiras entre as belas artes e a "arte comercial". O escritor Wayne Koestenbaum descreveu Warhol como um artista que "queria facilitar, lubrificar as máquinas de produção, fazer da fabricação um campo de transmissão mais acessível, democrático e franco". O mesmo poderia ser dito de Madonna. Os dois amavam doces e pipoca. Mas é aí que acabam as semelhanças.

Se Madonna era incansável e estava constantemente reconfigurando o próprio estilo, Warhol amava a repetição. Era paciente, gostava de monotonia, encontrava inspiração no tédio, e era resolutamente passivo. Vítima da síndrome da Dança de São Vito, Warhol teve de lidar com a dor durante a maior parte de sua vida. Pintava corpos dilacerados quando seu próprio corpo estava se rompendo. Como Madonna, ele vestiu corpetes, mas os dele faziam parte do tratamento médico. Em 1968 ele sobreviveu a uma tentativa de assassinato, quando a enlouquecida feminista radical Valerie Solanas atirou nele. Depois do tiro, ele mal pôde acreditar que ainda estava vivo. Segundo Koestenbaum:

— Com a estrutura física já profundamente desmantelada, depois da tentativa de assassinato, ele se viu ainda mais castigado pelo próprio corpo, que se tornou uma tela de feridas e cicatrizes; o aparato da sua carne rasgada e despelada mantida unida e no lugar, para o resto da vida, por apertadas cintas abdominais, corpetes que Brigid Berlin tingia com alegres cores pastéis para ele, como as cores de suas serigrafias.

Madonna, ao contrário, se apóia profundamente na integridade de seu corpo, que é apresentado por ela como algo coeso, saudável e belo. Não havia lugar para a doença e a morte em seu trabalho. A capa do disco *True Blue* reproduzia as luzes diurnas de toda uma cultura de saúde e boa forma que estava em voga anos 1950, um mundo que estava vivo e alerta. Warhol filmava seus "atores" dormindo, enquanto Madonna se mantinha em constante movimento. Ficar parada era para ela uma maldição, e, portanto, algo que deveria ser evitado a qualquer preço. Warhol era fascinado pela cativante banalidade da vida que um lento estudo do "vazio" revelava, ao passo que Madonna se sentia compelida a encher seu mundo de "coisas". Ele sempre vestia-se inteiramente de preto, em contraste com a peruca grisalha que já era marca sua; enquanto a figura dela era sempre colorida e em constante mutação.

A essa altura, Madonna já havia alcançado o nível de fama que Warhol previra certa vez. Seu amigo de Nova York, Johnny Dynell, lembra-se de se deparar, um dia, com a foto dela na capa da revista *Life*, enquanto estava no supermercado.

— Aquilo bateu em mim como uma tonelada de tijolos. Quase me levou a nocaute — diz ele. — Oh, meu Deus, pensei, aquela vaca conseguiu. Não é o *Village Voice*, é a capa da *Life*. Durante muito tempo eu ainda pensava que ela era uma de nós, mas de repente me dei conta de que "Meu Deus, ela é milionária. Ela é rica. Ela conseguiu". — E, para Madonna, não havia mais volta.

8

Eu na cena

Janeiro de 1987. Tenho vinte e poucos anos e sou uma jovem e raivosa compositora. Convidam-me para ir ao anárquico programa de televisão britânico The Tube, *falar sobre as mulheres que estão nas paradas de sucesso. Mostram-me o videoclipe de "Open Your Heart". — Madonna, como de costume, abre nosso coração, trepando em cadeiras e fazendo impressionantes movimentos atléticos e insinuações sexuais para uma fileira de espectadores como se fosse um show de voyeurismo — declarei. — Ela brinca exibindo uma sensualidade supostamente livre, mas será que é ela a dona da brincadeira, ou os homens é que são? Há um sinal de desesperança... será que ela está debochando do voyeurismo masculino, da exploração das mulheres, ou está apenas reforçando tudo isso? Até que as mulheres deixem de ser tratadas como brinquedos ou de se verem como enfeites, seremos obrigadas a aturar (bocejo) lingeries exóticas durante mais algum tempo.*

EM 1987, AS PESSOAS ainda precisavam "ler" a Madonna. Uma análise posterior dos eventos passados e a construção de uma obra que se desenvolveu por décadas colocaram seus primeiros trabalhos sob uma perspectiva mais sofisticada de observação. Mas isso não invalida as reações contemporâneas a esses trabalhos. Houve o choque prazeroso causado pelo filme *Procura-se Susan desesperadamente* e pela turnê *Like a Virgin*, mas, naquela época, suas canções comerciais e o fato de dançar com roupas íntimas significavam apenas isso: a conquista das grandes massas. Respeito intelectual e grande sucesso comercial: ela parecia querer agarrar as duas coisas ao mesmo tempo. Mas para conseguir, era preciso encontrar um equilíbrio perigoso, principalmente se as imagens com que se está jogando são vulgares e convencionais. Com o videoclipe "Open Your Heart", ela cautelosamente assumia uma postura mais interrogativa.

O clipe é um bom exemplo do que Madonna estava pensando artisticamente naquele momento. Há uma demonstração, em igual medida, tanto de ironia quanto de vaidade. Dirigido por Jean-Baptiste Mondino, o videoclipe trabalha com as mesmas cores primárias da capa do álbum *True Blue*. Tão extrovertida quanto Warhol era introvertido, Madonna exibe publicamente seu novo corpo, vestido num *collant* preto e num sutiã com franjas. Ela estivera malhando, trabalhando para eliminar a barriga rechonchuda com o famoso umbigo; seu cabelo cheio estava agora bem curto. No clipe, ela interpreta uma dançarina de *peep-show*, provocando os homens, que estavam ali para se deleitarem. Ela deixa claro seu interesse pela arte moderna ao colocar um nu, ao estilo de Tamara de Lempicka, enfeitando a entrada do estabelecimento onde trabalha sua "personagem". Cada um de seus clientes pouco sedutores exibe uma emoção diferente: alguns parecem abobados, alguns têm uma expressão cínica, outros estão entediados. Há até uma lésbica encantada por ela. Madonna dança uma coreografia precisa, indo de uma janela a outra, executando movimentos alternados de oferta e recusa. Ela mantém sempre uma pequena distância. O ponto final da brincadeira é quando ela foge com um garotinho, reafirmando uma inocência de menina.

Em uma tentativa de ser pop art, o videoclipe tem um tom escrachado demais, mas ajudou a construir o caminho para uma abordagem mais conceitual.

— Madonna foi a primeira mulher a assumir o lugar de David Bowie — disse, para mim, o escritor Peter York. — Com sua constante reformulação e reinvenção de si, ela fez nos anos 1980 o que ele fizera uma década antes.

O visual mais suave de Madonna deixou sua ex-estilista Maripol totalmente para trás, em Nova York, com caixas cheias de braceletes e crucifixos dos tempos de "Boy Toy", que ela não conseguia mais vender.

— Fiquei claramente em desvantagem. Mas entendi que Madonna não podia manter aquele visual para sempre — diz ela. A empresa de Maripol foi à falência, e ela parou de fazer bijuterias durante os dez anos que se seguiram. Sentindo-se perdida, foi aprender ioga em um retiro religioso hindu, onde conheceu uma guru indiana que a ensinou a não se apegar a valores materiais. — Quando a canção "Material Girl" foi lançada, eu de fato me desmaterializei — comenta ela, rindo.

Enquanto isso, Madonna tentava mais uma vez o estrelato nas telonas. Alguns meses depois do lançamento de *True Blue*, ela decidiu tentar um outro papel no cinema. Desta vez era uma personagem mais próxima de sua vida cotidiana. Em *Quem é essa garota?*, fez o papel de Nikki Finn, uma garota festeira que está em liberdade condicional por ter sido acusada de assassinato, e que anda pelas ruas de Nova York, determinada a provar sua inocência. O advogado Loudon Trott (interpretado por Griffin Dunne) recebe, de seu chefe, a difícil tarefa de embarcá-la em um ônibus para a Filadélfia. Os dois vivem uma série de aventuras num filme que conta com a participação de uma onça-parda e inclui lutas, perseguições de carro e um desenlace inevitável: um casamento.

— Eu estava realmente animada para fazer uma comédia de erros, um pastelão — disse Madonna, na ocasião. Ela se identificava com a personagem Nikki. — Eu tinha muito em comum com ela. Ela é corajosa, doce, engraçada e julgada incorretamente. Mas prova sua inocência no final, e isso é sempre bom. Faço isso constantemente com o público. — Nikki tem uma simplicidade de garota malandra. — A valentia é apenas uma máscara sobre a vulnerabilidade que ela sente.

Com batom vermelho-sangue, jaqueta de couro e uma voz ao estilo Betty Boop, Madonna criou um personagem caricato que era uma versão exagerada da sua personalidade no palco. Ela assumiu um papel no qual se sentia confortável — Madonna contra o mundo careta —, mas o resultado não convenceu inteiramente. Assim como em *Procura-se Susan desesperadamente*, suas melhores cenas eram aquelas em que não parecia estar trabalhando e agia de modo natural: quando se despede das amigas na prisão, por exemplo, ou no jeito desengonçado com que segura um revólver, ou ainda na maneira segura com que lida com a onça (reprisando o tema da domadora de leões que surge no videoclipe de "Like a Virgin"). O resto do filme é um veículo de exibição para a Madonna de meados dos anos 1980. Ela está em quase todas as cenas, com muitas falas, a maior parte delas sentimentais e engraçadas.

O diretor James Foley achou que fazer esse filme funcionou como um aprendizado. Como ele havia filmado *Caminhos violentos*, de baixo orçamento, ficou animado com a oportunidade de fazer uma grande produção.

— Eu era jovem, tinha 28 anos. Então, a oportunidade de trabalhar num filme da Warner Brothers, protagonizado por uma grande estrela, me pareceu muito atraente por motivos totalmente equivocados — lembra-se ele. — Todo mundo se sente um pouco seduzido pelo *glamour* de Hollywood. — A Warner entrara em contato com ele porque sabia que ele conhecia a Madonna e que conseguiria convencê-la a participar do filme. — *Caminhos violentos* era um filme sombrio, e me voltar para a comédia podia ser um grande erro, mas não me importei com isso — comenta. No verão de 1987, a pré-produção já estava adiantada. Havia apenas um problema.

— Madonna estava com pressa. Ela tinha uma turnê agendada. Na noite anterior ao início das filmagens, me peguei no quarto, em Nova Jersey, pensando: "esse roteiro é uma porcaria." Mas não tinha saída. O trem já havia partido, não dava mais para pular fora. Tentei melhorar o roteiro, mas estava realmente muito ruim. Assumo a responsabilidade, culpo a mim mesmo e ao roteiro, não a ela — diz Foley. Madonna saiu corajosamente em defesa do projeto, dizendo:

— Todos os executivos da Warner estavam realmente otimistas em relação ao filme. Passamos por um processo de lapidação do roteiro para melhorá-lo junto com os escritores.

Quando começaram as filmagens, ela estava pronta para ser dirigida, confiante de que Foley lhe daria todas as dicas. Ele estivera ansioso para trabalhar com ela, mas, ao longo do processo, teve a sensação de estar sendo estranhamente enganado.

— Pessoalmente, Madonna de fato parece se metamorfosear em diferentes corpos e personalidades. Do ponto de vista dramático, isso funciona muito bem nos videoclipes. Você imaginaria que esse é um atributo perfeito para um ator de cinema, mas embora ela às vezes "atue" muito bem, nem sempre, durante o processo de filmagem, consegue dar o efeito certo no momento certo. — O fracasso de *Surpresa de Shanghai* havia deixado suas marcas.

— Ela estava muito ansiosa e atenta a todos os detalhes, determinada a acertar daquela vez. Madonna é extremamente exigente consigo mesma — diz Foley. — Foi isso que, provavelmente, a atrapalhou nesse filme. Em *Procura-se Susan desesperadamente*, não sabia muito bem o que estava fazendo, simplesmente agia com naturalidade, e foi o que fez de melhor. — Quando chegou o momento de editar o filme, Foley sentiu-se satisfeito com o material que tinha em mãos. — Agora, vendo o filme novamente, sou capaz de identificar os trechos estúpidos e acho que saberia como consertá-los. Mas a gente nunca sabe se um filme é bom ou ruim antes de seu lançamento porque cria um mecanismo de sobrevivência, você se mantém em constante estado de paixão por ele.

Quando o filme foi lançado, no verão de 1987, recebeu críticas contraditórias. Algumas eram condescendentes: "A única coisa que está faltando é simplesmente um humor de boa qualidade", disse a *Variety*; enquanto outras, como a do *New York Times*, foram bem mais cruéis.

— Meu pai me telefonou e disse: "O *New York Times* elegeu seu filme o pior do ano." Tomei isso como uma agressão pessoal — lembra-se Foley. — Cara, quando o filme fracassou, levei uns dois anos para superar a dor física que sentia cada vez que pensava nele. Foi a primeira vez que experimentei o gosto do fracasso, e foi um grande fracasso em público. Eu me senti muito mal de não ter dado certo, pois Madonna confiava muito no meu trabalho. Ela depositou sua confiança em mim e eu a desperdicei completamente.

A reação de Madonna foi cordial. Com sua frieza clássica, aceitou o fracasso, tirou o melhor da experiência e seguiu em frente.

— Lembro-me da primeira vez que a vi depois do fiasco. Eu estava no saguão de um hotel em Paris, com seu agente de cinema. Ela estava entrando no elevador quando se virou para mim e disse: "Então? É um fiasco, não é?... Hum." Essa foi a única vez em que mencionou o fracasso do filme. Nunca mais tocou no assunto. Foi como se nós dois, inconscientemente, concordássemos que o filme nunca havia existido. Sean reagiu da mesma maneira. Nunca falou comigo sobre o ocorrido, e eu nunca falei sobre *Surpresa de Shanghai*. É isso que a gente faz diante de um fracasso se quisermos continuar a ser amigos.

Mais tarde Sean comentou:

— Quando ela e James Foley fizeram o filme, imaginei uma outra versão, que talvez teria sido mais encorajadora para ela como atriz, na ocasião. Mas Madonna vinha sendo fortemente desencorajada, devido à pressão externa que vinha recebendo... Há muito o que dizer a uma pessoa que é incentivada e recebe recompensas por correr certos riscos. Acho que não há ninguém que não queira isso.

Madonna era recompensada em outra área, fato registrado por Foley quando ele assistiu ao show *Who's That Girl?*

— Ela ia tocar num lugar que ficava a meia hora de Paris, num terreno atrás de um castelo. O show estava incrivelmente abarrotado de gente, era espetacular. Eu estava de pé, atrás do palco, assistindo ao espetáculo e vendo cem mil pessoas cantarem e aplaudirem. Senti mais do que ela o fracasso do filme, pois ela tinha essa outra carreira, tinha um lugar onde as pessoas realmente a amavam. O ego dela viveu muitas experiências diferentes naquele dia. — A avaliação de Madonna a respeito da situação foi bem mais simples: — Tem gente que não quer que eu me saia bem em nenhuma das duas carreiras — declarou.

Hoje em dia, Foley brinca dizendo que gostaria de fazer uma versão do diretor de *Quem é essa garota?*, só que o filme teria trinta minutos em vez de noventa. — Em trinta minutos de filme, eu poderia dar uma virada radical e mostrá-la como uma excelente atriz, uma versão caricata dela mesma. Apesar das críticas, no entanto, é um filme que ainda vende. Recebo mais direitos autorais por esse filme do que por qualquer outro que eu já tenha feito.

O sucesso da turnê mundial *Who's That Girl?* compensou o fracasso do filme para Madonna. O show era uma mistura de revista da Broadway e espetáculo pós-disco. Era similar ao formato dos shows que Prince e Michael Jackson estavam fazendo na mesma ocasião. Muito diferente da turnê *Like a Virgin*, neste espetáculo ela deixou de lado a atmosfera do show de rock e produziu uma apresentação multimídia.

— Na primeira turnê havia apenas coreografias e iluminação. Já *Who's That Girl?* era mais teatral, tinha imagens bem delineadas pela luz, e Madonna chegou a usar projeções — diz Peter Morse, o iluminador do show. Ele continuaria a trabalhar com ela em todos os seus shows, até a turnê *Confessions*, de 2006. Embora a relação entre eles tenha sido produtiva, o começo não foi muito promissor.

Morse conheceu Madonna em 1985, quando ela estava preparando a turnê *Like a Virgin* e o contratara para cuidar da iluminação. Morse já havia trabalhado para grandes artistas como Dolly Parton, Lionel Richie e Tina Turner, mas ainda assim estava nervoso.

— Madonna era mais jovem e mais explosiva naquela época — relembra. Ele foi ao estúdio onde ela estava trabalhando. — Fiquei sentado na sala de controle esperando pacientemente o meu momento, e então vi um pratinho de nozes sobre a mesa. Comi uma mão cheia. Eram as piores nozes que eu já tinha comido na vida, tinham gosto de terra. Aí ela entrou e começou a falar. Tinha um cachorrinho que foi logo comer as nozes do pratinho. Vi afinal que aquilo era comida de cachorro. Esse não foi um começo lá muito bom.

Madonna queria conhecer as idéias de Morse, mas como ele não era bom desenhista, pediu a outra pessoa que fizesse o desenho de luz.

— Ela era uma artista do início da era MTV, ligada no impacto visual e acostumada a ver *storyboards*. Mostrei o desenho a Madonna e ela franziu o cenho. Disse: "Onde *eu* estou aí na cena?" Eu disse que ia pedir a alguém para desenhá-la. "Faz agora", disse ela estalando os dedos. "Eu não tenho tempo." Morse, então, desenhou um bonequinho de pauzinhos meio infantil no meio da cena. — Madonna não achou a menor graça. Ela não gosta quando você se faz de engraçado às custas dela! — lembra-se Morse, que foi despedido sem a menor cerimônia.

Para a turnê seguinte, no entanto, ela telefonou para ele novamente.

— Era a última semana de ensaios da turnê *Who's That Girl?*, e as coisas não tinham dado certo com o iluminador, então me chamaram. Tive uma semana para ganhar a guerra. — Sua aptidão para a dramaticidade e a utilização segura da cor funcionaram perfeitamente para o show. O resultado foi tão bom que quando estrearam no Japão, em junho, Morse havia saído da lista negra de Madonna.

Neste show, ela contava com uma equipe maior, incluindo duas novas *backing vocals* — Niki Haris e Donna De Lory — que viriam a se tornar amigas íntimas suas. Juntas, formariam um trio infalível, uma força que não poderia ser ignorada nem no estúdio nem no palco. Donna era filha de um famoso músico e arranjador de Los Angeles, Al De Lory, que tocara com os Beach Boys e com Glen Campbell. Ela começou a carreira muito jovem, dançando e cantando, fazendo *backing vocals* para diversos artistas, entre eles, Carly Simon e Santana. Em 1986, namorava Gardner Cole, e foi ela quem gravou a fita demo original de "Open Your Heart". Cole recorda que Madonna telefonou para ele logo depois de receber a música, perguntando: "Quem é a cantora da demo?" Donna conheceu Pat Leonard e foi imediatamente recrutada para a turnê.

— Ela e Madonna possuem qualidades vocais semelhantes. Têm timbres parecidos — diz Cole. — E Donna é muito doce também.

Niki Haris é de Michigan, como Madonna. Embora seu pai, Gene Haris, fosse um músico de jazz, vencedor do Grammy e ex-pianista de Count Basie, Niki não tinha planos de seguir carreira artística. Queria, em vez disso, ser professora de história. Começou a cantar por acaso, na época em que era estudante em Los Angeles.

— Eu saía muito com músicos, e, quando me dei conta, um pequeno show se transformou em quatro. Eu encarava a música como um trabalho, um meio de ganhar a vida — diz Niki. Ela já tinha trabalhado com Anita Baker e Whitney Houston, e estava cantando com o Righteous Brothers em Las Vegas quando Freddy DeMann se aproximou, dizendo: "Você consegue aprender 17 canções com 17 coreografias diferentes em cinco dias?" Niki foi fazer um teste, mas não estava lá muito interessada.

— A minha praia era mais o jazz e o R&B, não o pop. E eu nem sabia quem era Madonna — lembra-se Niki. — Havia umas duzentas garotas fazendo teste, e eu pensava: nunca vou conseguir esse trabalho, por favor, me coloquem no primeiro avião de volta para Las Vegas. Então, de repente, antes que pudesse me dar conta, estava sentada no banco de trás da limusine de Madonna, procurando um telefone para ligar para o pessoal do

Righteous Brothers. “Você não pode voltar atrás, você não me conhece!”, gritava ela comigo. Eu respondi: “Estou muito agradecida pelo trabalho, a grana é boa, mas me deixa ser, no mínimo, educada e dar um telefonema para os caras!” — Niki se juntou à equipe da turnê, e pegou rapidamente as músicas e as coreografias. — Por sorte, os figurinos couberam em mim, e a música não era tão difícil. Eu aprendo rápido. Não era exatamente como realizar uma cirurgia cerebral, não era como aprender um espetáculo de ópera como *Porgy and Bess* ou *Carmen*. — No início, era apenas mais um trabalho, para Niki. — Mas aí, nós começamos a ficar amigas e a sair mais juntas fora da rotina de shows. Era divertido.

Havia muitos elementos atraentes na turnê *Who's That Girl?*: as jaquetas de lamê dourado, os chapéus de gângster e os revólveres; a passarela rolante, as escadas ao estilo de Busby Berkeley (coreógrafo de vários musicais de sucesso dos anos 1930). Mas, fora isso tudo, havia momentos cômicos, como no *medley* de “Dress You Up”, em que Madonna surgia como um trickster clownesco, vestida como uma espécie de *Pantomime Dame* (personagem tradicional inglês geralmente interpretado por um homem travestido de mulher), misturada com Carmem Miranda, com a palavra BEIJO escrita no traseiro da calcinha. Havia músicas apresentadas com muita emoção. Quando cantava “La isla bonita” para um público de milhares de pessoas, por exemplo, a canção transcendia sua timidez e ganhava a dimensão de um grande canto popular. A imagem dela com o vestido vermelho de flamenco se tornou tão marcante quanto o cinto Boy Toy ou o corpete preto de couro.

Esse foi o primeiro vislumbre do circo de Madonna. No palco, ela era mestre de cerimônias e apresentadora de circo, e exibia um corpo tão ágil e definido quanto o de uma trapezista. Era o garotinho, a acrobata, o palhaço — era todos eles. Os dançarinos musculosos atrás dela, eram seu *animus* (seu lado masculino), e as cantoras — Niki, Donna e Debrah Parson — sua *anima* (seu lado feminino). Elas dançavam em volta dela e junto com ela, eram sua tribo. O palco parecia ser grande o suficiente para abarcar seus múltiplos talentos. Era lá que todos os interesses dela se concentravam. Por isso tantos fãs consideram que a “verdadeira” Madonna é a que se vê nas apresentações ao vivo.

O show era a alma de Madonna escrita em letras garrafais. Para a música "Open Your Heart", ela ampliou o que já havia feito no videoclipe, dançando num corpete com borlas, e com um pôster gigante de Tamara de Lempicka projetado atrás dela. A artista polonesa foi uma escolha sábia — seu estilo, conhecido como "cubismo suave", era um exemplo perfeito do modernismo leve da *art déco*. Nascida em 1898, de Lempicka foi para os Estados Unidos no início da Segunda Guerra Mundial. Ativista e escandalosamente bissexual, ela explorou temas como o desejo e a sedução em seu trabalho. Um de seu quadros mais famosos é "O músico" (1928), no qual se vê uma mulher num vestido azul esvoaçante tocando uma lira. Ela está muito maquiada, tem um cabelo vermelho-cobre e unhas longas, e atrás dela vêem-se os desordenados e nítidos edifícios que recortam o céu de Nova York. Exposto no show *Who's That Girl?*, a obra contribuía de forma importante à apresentação de Madonna, que misturava alta arte, *glamour*, vulgaridade e universo urbano. Expondo a figura da mulher como musa, criadora e ser sexual. Não é de admirar que o quadro tivesse tanto poder sobre Madonna.

Como se fosse um presságio de idéias que ela exploraria mais tarde, o pano de fundo da música "Papa Don't Preach" recebia a projeção de uma nave de igreja e de uma sucessão de imagens, como, por exemplo, a da chegada do homem à Lua, a do movimento da década de 1960 pelos direitos civis, Kennedy, Nixon, Black Power e Ronald Reagan. No show, ela se mostra bem como uma filha dos anos 1960, e transforma "Papa Don't Preach" numa mensagem contra o racismo e a censura. Como diretor musical, Pat Leonard tinha uma compreensão aguçada da teatralidade presente na música. Um mestre na arte de criar tensão dramática, ele também trouxe à tona o lado sombrio da canção "Live To Tell", deixando-a mais longa, com um ritmo mais lento e trazendo uma densidade maior ao som. A interpretação de Madonna enfatizava a sensação de isolamento, e a encenação realmente a distanciava do público. Numa parte da música, ela se ajoelha bem baixo no palco e abaixa a cabeça. No show de Londres, alguém na platéia decidiu romper a intensidade daquele momento e jogou uma embalagem de bebida vazia no palco. Eles conseguiram irritá-la.

— Não joguem lixo em mim — rosnou ela, ao final da música. Foi como se tivesse sido arrancada de uma profunda meditação, um momento pessoal.

Grande parte do show era em clima de comemoração, era sobre a energia que move a vida. Mas, no meio de tudo isso, expressavam-se algumas dúvidas corrosivas. Ao final de "Who's That Girl", uma canção radiante sobre a evocação do espírito feminino, Madonna repetia a letra da música diversas vezes até que ela ecoasse de modo fantasmagórico por todo o auditório. "*Who's That Girl?*", repetia, como se tentasse ela própria achar uma resposta.

Esse show e o álbum *True Blue* foram um golpe certeiro em direção à imortalidade. O disco vendeu 19 milhões de cópias no mundo todo. Nenhum álbum de estúdio de Madonna vendeu mais. E a turnê *Who's That Girl?* a consolidou como um fenômeno global. Como disse o escritor Danny Eccleston: "Curiosamente, a partir desse momento, a desgraça começou a se abater sobre ela." No inverno anterior, seu querido amigo Martin Burgoyne faleceu vítima de uma doença relacionada à aids. Quatro meses antes do início da turnê, Andy Warhol morreu de parada cardíaca depois de uma cirurgia rotineira de vesícula, e em 1988 seu ex-amante Jean-Michel Basquiat morreu de overdose de heroína. Sean, nesse meio tempo, começou a se mostrar cada vez mais violento. O céu ensolarado de *True Blue* começava a ganhar nuvens negras. Passando por tudo isso, Madonna começou a experimentar um estilo diferente como compositora e embarcou numa reflexão mais profunda sobre sua própria psique.

Em 1987, era evidente que o homem com quem Madonna se casara estava se tornando um fardo para ela. Desde o momento em que ficaram noivos, transformaram-se num alvo ideal para os tablóides. Para Madonna, que se empenhara a vida toda para chegar à fama, aquela atenção era chata, mas suportável. Para Penn, no entanto, aquilo era uma tortura. Os *paparazzi* o irritavam permanentemente, a ponto de o período em que viveu com Madonna ter sido marcado por sucessivos incidentes de agressão seguidos de acusações criminais.

Em 1986, por exemplo, enquanto filmavam *Surpresa de Shanghai*, ele foi preso depois de segurar um fotógrafo intruso pelos tornozelos no balcão do nono andar do quarto de hotel em que estavam. Escapou da prisão e teve que fugir do país num hidroavião. Em 1987, enquanto Madonna estava em turnê com *Who's That Girl?*, ele pagou 33 dias dos 60 que teria de cumprir na prisão de Los Angeles por violação da suspensão condicional da pena. A sentença fora em virtude de um ataque ao compositor David Wolinski, que havia beijado Madonna na bochecha. Sean tinha um gosto especial por socar fotógrafos e um forte apego às armas. Aparentemente desconfortável na presença dos amigos gays de Madonna, ciumento de seus ex-namorados e amante de umas boas doses de whisky, ele não era uma pessoa fácil de conviver.

— Eu estava em combustão interna — disse Sean depois. — Não havia nada de pacífico em meu espírito.

Sean foi uma criança tímida e perturbada, e até os cinco anos não falava quando estava fora de casa. Seu pai, Leo Penn, era ator e simpatizante do comunismo, o que o levou a entrar para a lista negra do Comitê de Atividades Anti-americanas, nos anos 1950. Enfrentando problemas para conseguir emprego, Leo passou a trabalhar como diretor de televisão, e chegou a dirigir programas de sucesso, como o seriado *Columbo*, com Peter Falk. Quando o filho perguntava como iam as coisas no trabalho, Leo respondia com ironia: "Tentando transformar uma merda muito ruim numa merda um pouco melhor." O resultado disso tudo foi o que um amigo músico do casal certa vez descreveu como uma vida "bem reduzida". Tanto Leo quando a mãe de Sean, a atriz Eileen Ryan, acabariam desenvolvendo problemas de alcoolismo.

— Eles bebiam muito todas as noites. Só começavam a beber quando já estávamos dormindo — relembra Sean. — Os dois acordavam cedo e sóbrios no dia seguinte, e sem ressaca.

Havia uma tensão à flor da pele no cerne da sua infância, e, de algum modo, Sean tomou para si a responsabilidade de livrar a família do ônus do fracasso paterno, procurando compensar a decepção familiar coletiva com a sua afirmação como ator de primeiro escalão e ao lutar contra injustiças, assumindo, mais tarde em sua carreira, a função de ativista político. Ele queria ser um herói, mas quando jovem achou que heróico era assumir uma postura machista e um comportamento anti-social, ao estilo de Ernest Hemingway. É essa natureza explosiva, no entanto, que conduz o seu trabalho como ator e que o leva a fazer personagens inesquecíveis.

— É difícil compreendê-lo, e você tem a sensação de que a qualquer momento ele pode ficar com muita raiva de você — disse Woody Allen. — Isso é o que torna tudo muito interessante.

É curioso o fato de Madonna, tão controlada e perspicaz na maneira de conduzir sua vida pública, ter visto uma força no temperamento rebelde de Sean. Ela disse certa vez que ele a fazia lembrar seus irmãos.

— Eles eram furiosos e rebeldes. Tacavam fogo no porão, atiravam pedras nas janelas dos outros... Pessoas rebeldes, irresponsáveis e que se opõem às normas sempre me atraíram. Eu me deixo seduzir pelos vagabundos! — Sean deixava os amigos dela confusos. Niki Haris gostava dele:

— Ele era inteligente e durão, mas ao mesmo tempo gentil. Meio tímido, meio esquisito. — Outros não se convenciam: — Ele era um tanto inadequado. Madonna era o centro das atenções nos jantares enquanto Sean ficava sentado, quieto num canto, sem falar nada — lembra-se o músico Billy Meyers. — Certa vez eu estava batendo um papo com o guarda-costas sobre os Dodgers quando Sean entrou na conversa de repente: "Os Dodgers. Eu odeio os Dodgers. Eles são o pior time!" "Você é torcedor de beisebol?", perguntei. "Não, não muito." Todos ficaram olhando para ele. Mas aí ele abaixou a cabeça novamente. Uau, pensamos, essa foi uma maneira bem estranha de entrar numa conversa.

À sua maneira, Madonna também tinha um pouco da inadequação social de Sean, com a sua necessidade de ser tão franca a ponto de se tornar grosseira.

— Ela conseguia ser irritante quando cismava com alguma coisa. Quando se obstinava em bater insistentemente na mesma tecla durante uma discussão, a outra pessoa acabava desistindo, achando melhor deixar para lá — diz Meyers. — Bem, Sean ia até o final da disputa. Ela adorava isso. *Procurava* isso. Se você desistia logo, ela não ficava nada satisfeita.

Em um ano de casamento, a energia explosiva que havia entre eles começou a sair do controle. Preocupada, talvez, com o gosto dele por armas, ela disse ao policial de Los Angeles Dennis Fanning, com quem Sean estava estudando para fazer o personagem do filme *Colors — As cores da violência*:

— Sean se impressiona muito facilmente, então eu queria pedir a você para *por favor* tomar muito cuidado com o que está ensinando ao meu marido. — Houve rumores de brigas barulhentas entre eles, de que Sean a empurrara em público. Em dezembro de 1987, Madonna finalmente pediu o divórcio e, enquanto esteve afastada dele, teve um caso amoroso de três meses com John F. Kennedy Junior. Filho do presidente John F. Kennedy, assassinado em 1963, "John-John" era extremamente rico e cheio de contatos. "Ao conseguir agarrá-lo, Madonna tirou a sorte grande", disse Wendy Leigh, biógrafa dele. Madonna gostava da idéia de Marilyn Monroe, seu grande ídolo do cinema hollywoodiano, ter tido um caso com o pai. Mas, assim como Monroe, ela também era *persona non grata* no círculo da família Kennedy. Apesar dos esforços de Madonna para conhecer a mãe de "John-John", a glacial e elegante Jackie Onassis, ela foi rejeitada. "A mãe me odeia", revelou a Niki Haris. O caso amoroso logo esfriou, e não só por conta da hostilidade de Jackie O. Madonna não ficou nada impressionada com o desempenho sexual de John-John.

— É como ir para cama com um garotinho de nove anos — disse mais tarde.

Ela voltou para Sean, mas, no verão de 1988, quando estava atuando na Broadway, na peça *Speed-the-Plow*, de David Mamet, o casamento entrou em crise mais uma vez. E, para piorar, Sean ficou furioso quando a mulher foi se consolar com a amiga comediante e lésbica, Sandra Bernhard. Vigorosa, abrasiva e em franca ascensão profissional, Bernhard era uma séria rival na conquista dos sentimentos da esposa. Como Madonna, ela era de Michigan e tinha um gosto particular por desafiar as convenções sociais. Orgulhosa de seus traços físicos judaicos, Bernhard disse certa vez: "Sou a única atriz de Hollywood que não pagou para ter estes lábios." A atriz, que fora comediante na Los Angeles Comedy Store, apareceu pela primeira vez na televisão no programa *Richard Pryor Show*, no final da década de 1970. Na época em que conheceu Madonna, seu trabalho começava a se aproximar de uma arte mais performática, culminando com o grande sucesso iconoclasta da Broadway, *Without You I Am Nothing*.

Sean ficou irritadíssimo com a transformação de Bernhard (que ele próprio apresentara à esposa) em melhor amiga de Madonna, e com a presença constante da comediante ao lado do casal. Surgiram boatos de que Bernhard e Madonna estavam tendo um caso. Os boatos se intensificaram quando as duas foram ao programa *The Late Show With David Letterman* usando o então uniforme das mulheres gays, bermuda jeans, camiseta branca e sapato preto, e também quando mencionaram que freqüentavam bares gays como o Canal Bar e o Cubby Hole.

— Ela é a única garota que pode sair comigo. É uma garota realmente corajosa — disse Madonna, triunfante. Embora Bernhard e Madonna tenham passado um bom tempo se divertindo e aprontando todas, esse não era apenas um flerte superficial. Bernhard foi um forte apoio para ela quando o casamento estava desmoronando, e a ligação entre elas tornou-se mais profunda.

Sean, enquanto isso, tentava esquecer dos problemas com a bebida. No fim do ano, chegou ao ponto de ter um surto psíquico. No dia 29 de dezembro, ele supostamente teria trancado Madonna na casa deles em Malibu. Alguns dizem ainda que ele a teria derrubado no chão e que ficara sentado em cima dela durante horas.

— Madonna não fica parada nem um minuto, para ela isso foi como estar morta — comentou uma amiga. Sean mais tarde falou sobre o incidente, dizendo:

— Ela desenvolveu uma paranóia de que, se voltasse para casa, ganharia um corte de cabelo terrível. — Madonna chegou a chamar a SWAT, mas não deu queixa, e jamais falou publicamente sobre o incidente. Aquela briga simbolizou a grande disputa de poder que havia entre os dois. Ele queria que ela sossegasse, tivesse filhos e levasse uma vida calma com ele (o que aconteceu no segundo e mais duradouro casamento dele, com Robin Wright Penn, nos anos 1990), mas Madonna não tinha a menor intenção de se afastar dos holofotes. Sem conseguir lidar com a independência desafiadora da mulher, Sean parece ter percebido que só lhe restava tentar cortar o barato dela.

Depois do desastroso Natal que os dois passaram, Madonna pediu divórcio novamente, só que, dessa vez, a decisão era definitiva. O fracasso do casamento teve um efeito devastador. Ela estava agora com trinta anos e tinha uma brilhante carreira internacional, mas a vida afetiva estava em frangalhos. Ela dizia aos amigos que ainda amava Sean, e a dor fez com que chegasse ao fundo do poço na tentativa de compreender o que estava acontecendo. Durante aquele ano turbulento de 1988, Madonna começou a refletir sobre seu histórico familiar e sobre o que a tinha feito chegar àquele ponto. Foi então que, calmamente, passou a incorporar essas reflexões ao seu trabalho e gravou o disco que levaria sua carreira a um novo patamar artístico — *Like a Prayer*.

9

O pecado está dentro de você

Março de 1989. Sou editora de música da revista londrina City Limits. *Uma avalanche de discos, metidos em envelopes pardos de cartolina, aterrissa na minha mesa. Lentamente, examino a pilha esmagadora. Abro um ao acaso e tiro um disco. O cheiro de patchuli invade a sala. O aroma fora prensado nos sulcos do vinil. No disco há uma foto de Madonna usando uma calça jeans, com a barriga exposta, enfeitada com grinaldas de contas. Ela também está na capa da revista* Rolling Stone, *com longos cabelos negros, fazendo um visual meio hippie. Mandou bem, garota! O disco traz ainda mais tesouros; está sombrio, com canções mais complexas e mais autobiográficas do que nunca. A mulher se tornara uma artista. A chegada do álbum alegra a minha manhã.*

— NÃO TENTEI ADOCICAR nada nem tornar o som mais palatável para o consumo da massa... escrevi o que estava sentindo — disse Madonna sobre *Like a Prayer*. Neste álbum, estava mais próxima do rock, com alguns vocais bem rasgados e crus, arranjos simples e afastando-se do polimento pop de discos anteriores como *True Blue*. Ela estava em sintonia com o seu tempo, percebendo que a corrente principal da música pop estava sendo infiltrada pelo rock de bandas alternativas como Faith No More, Jane's Addiction, Throwing Muses e Pixies, precursores da explosão de bandas na década de 1990. O surgimento dessas bandas e mais o sucesso de grupos de rap como o Run DMC e Public Enemy sinalizavam que o interesse do público estava mudando. O brilho ostensivo do lema "Ganância é bacana", dos anos 1980, começava a se apagar à medida que o impacto da política econômica de Reagan se fazia sentir a longo prazo. Sob o comando desse presidente, o governo dos Estados Unidos reduziu amplamente os impostos sobre a renda e aumentou os gastos militares, levando o país ao déficit e às dívidas nacionais. Em outubro de 1987, durante o colapso do mercado de ações da Segunda-Feira Negra, o país assistiu aos índices da Dow Jones caírem 25%. Essa crise foi pior do que a de 1929, que desencadeou a Grande Depressão.

No final dos anos 1980, o mundo escorregava para a recessão, e teria sido, no mínimo, imprudente da parte de Madonna cantar sobre *glamour* e festas em suas músicas. O brilho comercial que adornara *True Blue* agora parecia ultrapassado. Ela estava amadurecendo, os fãs estavam mais velhos, e era o momento de se afastar do charme adolescente para se aproximar de um novo público e conquistar a longevidade no mercado fonográfico. Era o começo de uma era em que tudo passava a ser mais simples e menos exagerado, quando o brilho das cores primárias foi substituído por matizes de preto e azul; quando a moda ganhou espaço e os filmes perderam seu aspecto brilhante, dando lugar a uma imagem arenosa e granulada. O som de Madonna era instintivo, não era calculado. Ela precisava mudar. Estava com trinta anos, presa a um casamento infeliz. Queria cantar sobre sua experiência emocional. Foi buscar inspiração dentro de si e acabou fazendo uma viagem de volta às influências que marcaram sua formação: a fé católica, Deus, o pai e a perda da mãe.

— Madonna andava triste e chorava toda hora. Normalmente trabalha muito rápido, mas esse disco demorou o dobro ou o triplo do tempo para ficar pronto, porque ela volta e meia caía em depressão — lembra-se Pat Leonard. — Nós o apelidamos de "o álbum do divórcio".

Madonna andava tensa:

— Ela e Pat brigaram ainda mais nessa gravação do que em *True Blue*. Brigas feias. Aquele era o segundo álbum que ela produzia e queria provar a todos que o sucesso do primeiro não fora sorte de iniciante — diz Bruce Gaitsch, guitarrista do álbum. — Madonna estava determinada. O casamento com Sean desabava e ela estava prestes a ficar solteira de novo, então resolveu se concentrar na música. Prestava atenção em cada detalhe da maneira como estávamos tocando. Na maior parte do tempo eu suava frio.

O baixista Guy Pratt, músico londrino que vinha do universo da música punk mod e que depois tocou com Bryan Ferry e com o Pink Floyd dos anos 1980, recorda-se de ela ter se irritado quando o baterista que ele escolhera para a gravação resolveu pular fora no último minuto.

— Isso, a princípio, me fez perder o trabalho — contou-me Pratt. — Antes de eu chegar em Los Angeles ela já estava gritando com Pat: "Se essa porra desse cara não consegue me arrumar uma porra de um baterista que apareça para gravar, então ele não vai tocar no meu disco porra nenhuma!" Era justo. Pat já tinha falado bem de mim para ela antes, então liguei para ele: "Pat, por favor, preciso desse trabalho." Dois dias antes de partir, fui acordado por um telefonema às quatro da manhã. Eu atendi: "Ouvi dizer que você é engraçado. Me faça rir", gritou a voz do outro lado. Contei uma piada, e ela realmente achou graça, e resolveu me contratar novamente.

O teste dele ainda não terminara, no entanto. No instante em que pisou no aeroporto de Los Angeles, Pratt telefonou para Leonard, que disse:

— Você pode vir até o estúdio? Ela quer você agora. — Pratt, exausto por conta da viagem de Londres até Los Angeles, entrou no seu carro alugado e seguiu para o estúdio.

— Entrei no estúdio e Madonna estava jantando. "Obrigada por vir", disse ela, bem seca, de uma maneira horrível. Como se na verdade dissesse: "Não tenho que agradecer nada." E foi isso. Era só isso que ela queria. "Você pode ir para casa agora."

No dia seguinte, no estúdio, Pratt estava completamente assustado.

— Ela é uma mulher apavorante — lembra-se ele. — A situação ficou assim por um tempo. Daí me dei conta de que é preciso manter a cabeça no lugar e confiar em si mesmo. Havia todos aqueles músicos de estúdio de primeira linha de Los Angeles, todos muito calados e respeitosos, e tinha o guitarrista Chester Kamen e eu, que éramos os roqueiros punk. Pensei: "Você tem que ser meio atrevido, senão não vai meter som nenhum nesse disco." Acabei entrando em incríveis discussões sobre catolicismo com ela. Ela reagia muito bem. Gosta de quem mostra algum temperamento.

A escolha de alguns músicos ingleses por Leonard era proposital. Fã do rock britânico, ele queria um pouco daquela arrogância e estranheza no álbum. — Como *True Blue* tinha feito muito sucesso, ele ganhou bastante liberdade — diz Pratt. — Gravávamos no Johnny Yuma, um estúdio fantástico que ele tinha construído com o dinheiro que *True Blue* lhe rendera.

Madonna não estava apenas procurando elaborações mais densas. Em busca de letras com significados mais profundos, também havia mudado sua atitude no estúdio. A garota das sessões de gravação de *Like a Virgin*, que trabalhava seguindo a intuição e o instinto, já não existia mais. Em *Like a Prayer*, ela sabia exatamente não apenas o que cada instrumento era capaz de fazer, mas como articulá-los e chegar aos sons que tinha na cabeça. Guy Pratt recorda-se:

— Lembro o meu primeiro dia de gravação com toda a banda. Tocamos a canção "Oh Father" uma vez, com Madonna cantando. Assim que terminamos, ela disse: "Ok, Jon (baterista Jonathan Moffet), eu quero menos contra-tempo na ponte e um som mais cheio no final. Guy, quero semibreves no final, e Chester, faça a guitarra aparecer no segundo verso..." Enquanto cantava a música pela primeira vez com a gente, ela percebeu o que cada um de nós tinha feito, e conseguiu dizer o que queria de modo claro e direto. Tocamos a música mais uma vez, fizemos uma gravação com os vocais, uma outra com as cordas, e estava pronto. Fiquei surpreso.

Bruce Gaitsch se deixou impressionar pela capacidade de decisão que Madonna tinha.

— Ela dizia para Pat: "Melhor do que isso não vai ficar." Ele levantava a sobrancelha. Ela dizia: "Estou falando sério. Está pronta." — Talvez a segurança musical e a experiência que Madonna ganhara com o tempo a tenham levado a fazer um disco mais pessoal. Ela precisava estar mais *dentro* da música dessa vez, porque o álbum era mais sobre ela.

— O disco como um todo tem um conceito — diz Gaitsch. — Ela estava entrando em contato com a sua formação católica. — A santíssima trindade das músicas "Like a Prayer", "Oh Father" e "Promise to Try", por exemplo, é uma profunda evocação dos efeitos que a religião teve em sua vida.

QUANDO EU ERA MENINA, meus irmãos e irmãs tinham um jogo de cartas que, na falta de uma expressão melhor, se chamava "Memória Católica". Tínhamos que juntar os pares de imagens de objetos da Igreja, como galhetas (taças usadas na comunhão), sobrepelizes (vestimentas brancas usadas pelos padres por cima da batina) e hóstias. Esse era o nosso catecismo, uma maneira de aprender a liturgia. Estes objetos ligados ao catolicismo ficaram permanentemente impressos em nossa memória. Os católicos acreditam em transubstanciação: que o vinho e a hóstia não apenas simbolizam o corpo de Cristo, eles *são* o corpo de Cristo. Durante a missa, eles *se transformam*. Não é apenas um ritual. Esses objetos estão carregados de um poder transformador. E cada palavra na oração tem um significado específico, que está acima e além do seu uso diário.

É essa a cultura na qual Madonna cresceu. Ela colecionava crucifixos e pedrinhas de rosário: para ela, eles não eram apenas adereços, eram talismãs. O crucifixo é um tema central em sua vida.

— Não acho que o uso do crucifixo seja uma tentativa de criar polêmica — diz Mary Lambert, diretora dos videoclipes de "Like a Virgin" e "Like a Prayer". — Acho que eles tinham um significado especial para ela, um significado místico e religioso. Madonna, à sua maneira, é uma pessoa muito religiosa. — Ela impregnou suas canções de lembranças concretas da fé que tinha quando criança.

— Às vezes, me sinto culpada pelas coisas sem um motivo aparente. Acredito que isso seja um resquício da minha criação católica — contou ela a Bill Zehme, repórter da revista *Rolling Stone*. — Porque, segundo o catolicismo, você nasce um pecador e permanece pecador por toda a vida. Não importa o quanto você tente se livrar disso, o pecado está dentro de você o tempo inteiro. O catolicismo não é uma religião reconfortante. É uma religião dolorosa.

O uso que ela faz de expressões litúrgicas é notável em *Like a Prayer*. Na faixa que dá nome ao álbum, por exemplo, há uma camada superficial de significado, mesclando sexualidade e religião numa letra pop fluente, fácil de ouvir. Mas sob essa camada, há uma rigorosa meditação sobre a própria natureza da prece.

— É uma canção que explora o significado da palavra "oração" — diz Andrae Crouch, líder do coro da Igreja de Deus de Los Angeles, que cantou na gravação. Ele me contou que os cantores primeiro estudaram a letra "para descobrir qual seria a intenção da canção". Somos bastante criteriosos ao escolher com o que vamos trabalhar, e gostamos do que ouvimos naquela ocasião. — Era um coro consagrado pela comunidade de Los Angeles, que já cantara em trabalhos com artistas como Quincy Jones e Chaka Khan, e em trilhas sonoras de filmes de Hollywood, como *A cor púrpura*. O carisma deles combinou com as convicções de Madonna.

Nessa música, Madonna é, sem maiores pudores, a filha perfeita de sua mãe — ajoelhando-se sozinha em devoção particular, contemplando os mistérios de Deus. Canta sobre ter sido escolhida, sobre ter ouvido um chamado. Tradicionalmente, a vocação é uma convocação de Deus. Para sua mãe, uma vida em santidade significava cuidar dos filhos, ser uma boa esposa e suportar o sofrimento com graciosidade. Para Madonna, a vocação, que ela levava muito a sério, era a fusão do poder feminino com a espiritualidade e a sexualidade em sua música. Alguns cristãos consideram isso uma blasfêmia, e a rejeitam como se fosse o anjo corrompido. Pensando estar perdida, em "Like a Prayer", Madonna implora ajuda a Deus. Ela tem que se entregar a ele antes de ser salva, como uma criança.

Feliz por ter sido escolhida, ela se enche de um sentimento de alegria ao sentir a presença do Espírito Santo. Isso é enfatizado pelo coro gospel e pelo forte órgão de igreja. Ao longo de toda a música, Madonna oscila entre a dúvida e a certeza, e a música reflete isso oscilando entre a inocência de sua voz e dos corais harmônicos e os segmentos nos quais a bateria entra com tudo e a batida da música se impõe.

— Madonna queria algo que tivesse um som de igreja, um som bastante denso, então eu decidi ir fundo na direção do que ela estava fazendo e tentar enriquecer o som o máximo que eu podia — lembra-se Crouch. O que torna a faixa tão dinâmica é a sensação de estar ouvindo pessoas verdadeiramente possuídas.

— Esse é o melhor baixo que já fiz em uma gravação. O fato de eu ter conseguido fazer aquilo em "Like a Prayer" ainda me surpreende. Foi uma coisa doida — diz Guy Pratt. — Quando foi chegando no final, Madonna dizia: "Guy, manda mais! Mais!" No final do *fade*, quando a música vai perdendo o volume aos poucos, eu já não tinha mais o que inventar e tive que voltar para o início novamente. — Quando tocou, ele estava tão tomado pelo momento, que ao ser convidado para ouvir uma mixagem da gravação, não acreditou que o baixo fosse dele. — Tinha um baixo insano. Não parava de pensar que não deixam nenhum músico tocar daquele jeito numa gravação, o disco é para ser um veículo no qual é a estrela que se sobressai. Então perguntei a Madonna: "O baixo é incrível. Quem fez?" "Você, seu pateta!", respondeu ela.

A canção é um triunfo e é a favorita dos fãs. Como diz Pratt:

— Todos, de Johnny Marr a Dave Gilmour, concordaram: "É, sem discussão, uma gravação brilhante." — Para Madonna, a canção foi algo que surgiu espontaneamente entre ela e Pat Leonard:

— Eu realmente queria fazer algo estilo gospel e à capela, quase sem nenhum instrumento, só a minha voz e um órgão — disse ela. — Então começamos a brincar com a música, íamos tirar todos os instrumentos e deixar só a minha voz, nua. Foi então que, juntos, criamos uma ponte, uma espécie de transição entre os dois temas principais, e tivemos a idéia de colocar um coro.

Madonna estava tão imersa no processo de criação que não teve nem tempo de pensar em roupas e maquiagem.

— Eu imaginava que ela apareceria glamorosa, mas não foi para o estúdio usando anéis de diamantes e brilhos. Eu esperava tanto que ela viesse toda emperiquitada que nem a reconheci assim que a vi — diz Andrae Crouch. — Parecia tão simples, não estava com o nariz em pé nem nada disso. Ela nos abraçou e fez com que nos sentíssemos à vontade.

Crouch ficou impressionado com a maneira como ela se dedicava à música. A irmã dele, Sandra, tocava pandeiro na faixa, e eles tentaram ritmos diferentes para a gravação. Depois de um tempo, Madonna parou e disse: "Sandra, você pode voltar para o compasso 32 e fazer isso", aí ela mesma batucou o ritmo que queria. Anos de treinamento de dança deram à Madonna uma excelente noção de ritmo. Crouch ficou impressionado:

— Tínhamos tocado só uma vez e ela já sabia qual era o compasso. Jamais imaginaria que ela pudesse se lembrar. Eu não conseguiria me lembrar! Ela conhece mesmo a música que faz.

A concentração de Madonna era um sinal de que ela nunca havia mergulhado tão fundo em sentimentos tão difíceis, e queria que o resultado final fosse claro e direto. Sua decisão de trabalhar uma voz "nua", sem acompanhamentos, funcionou especialmente bem na faixa "Promise to Try". Nesta balada curta, levada pelo piano, Madonna tem uma conversa imaginária com a mãe, com a voz rouca e cheia de emoção. Há uma tristeza profunda na tentativa de manter viva uma lembrança da mãe que já está quase se apagando. Madonna sabia que precisava deixá-la ir, mas isso cria nela um sentimento de completo abandono. Não é de surpreender que, desde a morte da mãe, ela tenha se esforçado para fazer com que o mundo inteiro a amasse, mas o vazio que ficou jamais poderá ser preenchido. Como uma expressão do luto sentido por Madonna, a canção é notável pelo seu comedimento.

— Nós a fizemos com um quarteto duplo e piano — recorda-se Bill Meyers, o arranjador das cordas. — Enxugamos a música. Poderíamos ter usado toda uma orquestra de 35 músicos, mas resistimos à tentação.

A orquestra entrou, afinal, em "Oh Father", terceira música da "Trindade". Essa balada dramática, um tanto solene, não fala apenas do pai rigoroso que ela pensava não se importar com ela.

— Sou eu lidando com todas as figuras de autoridade que existem na vida de uma pessoa — disse ela. Enfatizando cada palavra, Madonna canta o seu desnorteamento frente à desaprovação ou à raiva de seu pai. O jeito como canta, em alguns trechos, lembra o estilo estridente de Courtney Love. Ela simplesmente ataca a música com um sentimento íntimo e pessoal. Diz que gravou a canção "num estado emocional bastante sombrio" enquanto fazia uma rápida incursão na Broadway, na peça fria e cínica de David Mamet, *Speed-the-Plow*. Madonna fazia o papel de Karen, secretária de um produtor de cinema que a leva para cama por conta de uma aposta. Karen depois dá o troco, mas a personagem é exposta como uma mulher tão ordinária e conivente quanto os homens que a exploram. Numa tentativa de exorcizar os demônios que a interpretação da personagem trouxe à tona, Madonna deixou-se levar na gravação de "Oh Father".

Ela trabalhava a música com Pat Leonard num "pequeno estúdio", no distrito de Garment em Nova York. Segundo Madonna, "era grotescamente sujo e minúsculo, e acabei me inspirando no lugar para cantar". Bill Meyers recorda:

— Foi um trabalho brilhante. Ela parecia muito emocionada. A canção sugeria incesto e outros temas controversos como surras secretas e medo do pai. Eu não saberia afirmar se é autobiográfica. A imaginação dos artistas é uma coisa poderosa. Ela pode ter se colocado no lugar de outra pessoa.

De fato, Madonna nunca declarou que seu pai tenha abusado dela fisicamente de qualquer forma, embora contasse que ele era rigoroso e que a madrasta era dura com ela. Tratava-se mais provavelmente de um caso de falta de apoio emocional: com o pai fechado em luto, apenas as necessidades básicas das crianças eram supridas, mas elas não tinham acesso a qualquer tipo de luxo nem sequer demonstrações de carinho e afeto. Quando ele se casou outra vez, a nova esposa ficou inteiramente ocupada com os seus dois novos bebês, de modo que as crianças mais velhas freqüentemente tinham que cuidar de si mesmas. A infância de Madonna foi, em diversos momentos, complicada e sem muitas alegrias.

— Talvez eu não tenha sido o melhor pai do mundo, mas a vida não era fácil para nenhum de nós — disse Tony Ciccone mais tarde. Madonna usava a imaginação para escapar daquela realidade. "Oh Father" é um forte exemplo das imagens que podia criar para expressar o vazio que havia dentro dela.

Por conta de sua infância difícil, Madonna tinha muitas inseguranças, e isso se manifestava em sua ansiedade com relação à performance vocal.

— Ela tem muita facilidade em se manter constante — diz Meyers. — Se modula uma nota ou canta em bemol em um certo momento, ela irá manter o mesmo padrão em todas as repetições. Algumas pessoas precisam aquecer a voz para cantar com toda a potência vocal, outras sentem a garganta queimar depois de um tempo, e outros cantam de maneira completamente diferente a cada vez que repetem a canção. No caso de Madonna, o que cantava já era tudo o que se conseguiria extrair dela. Ela não faz muitas variações. Depois que gravamos "Oh Father", eu disse a ela: "Na minha opinião, esta foi a sua melhor performance vocal." Ela começou a me agradecer, mas depois pareceu ficar intrigada. É muito inteligente. Percebe logo o que você está querendo dizer. Eu me dei conta de que devia ser cuidadoso, pois ela era muito sensível às próprias limitações.

Além da religião, outro grande tema explorado por Madonna em *Like a Prayer* foi a família. Há o drama cheio de percussão de "Till Death Do Us Apart", uma canção sobre a violência doméstica.

— Essa tem muito a ver com a minha vida, com fatos verdadeiros da minha vida... é sobre um relacionamento muito forte e doloroso — disse Madonna. — É sobre um relacionamento perturbado, um relacionamento sadomasoquista que não pode acabar. — Ela, no entanto, colocaria um limite em sua capacidade de sacrificar, dizendo que jamais permaneceria até a morte numa relação violenta. Rápida como uma metralhadora e comovente, com uma melodia sublime, essa é uma das faixas mais intensas do álbum.

Também dedicada à família, e influenciada pela banda Sly and the Family Stone, a faixa "Keep It Together" é uma reflexão otimista sobre a força que une os irmãos. Produzida por Steve Bray, o som é robusto e cheio de harmonias. Há a sensação de que Madonna, isolada pela fama e desestabilizada pelo fracasso de seu casamento, volta-se para a estabilidade das raízes familiares nessa música. Mostrando um retrato caseiro de irmãos e irmãs se divertindo juntos, ela sentiu necessidade de restaurar laços que se tornaram tensos ou distantes. Do mesmo modo que em "Dear Jessie", uma balada levemente açucarada dedicada à filhinha de Pat Leonard, Madonna volta ao tema da inocência infantil, evocando um cenário psicodélico de contos de fadas, no qual elefantes cor-de-rosa passeiam com luas dançantes e sereias. Ela voltaria ao estilo canção de ninar com mais sucesso em álbuns posteriores, como *Bedtime Stories* e *American Life* — nessa primeira tentativa ela exagerou um pouco na elaboração de um mundo imaginário.

Seguindo a mesma linha dos contos de fadas, em "Cherish", ela faz uma prece ao Cupido, o deus do amor, para trazer um bom namorado para a sua vida. A música é alegre e animada, feita ao estilo doo-wop (gênero musical americano, variante do Rhythm & Blues). O videoclipe fantasioso, filmado por Herb Ritts à beira-mar, traz Madonna meio delirante, divertindo-se com vários homens-sereia. A música, próxima ao estilo que a cantora costumava fazer no início da carreira, poderia ter se encaixado perfeitamente em *True Blue*, um álbum mais adocicado, ao mesmo tempo que outras faixas, meio deslocadas no álbum, como "Love Song" e "Express Yourself", já apontavam para os caminhos que ela pretendia seguir.

Co-produzida com Prince, "Love Song" é experimental e cheia de falhas e incoerências. Antigos admiradores do trabalho um do outro (e estando ambos no mesmo patamar de fama e estrelato), Prince e Madonna se uniram no estúdio dele, o Paisley Park, no final dos anos 1980, para compor um musical. O processo foi desordenado, pois ambos têm personalidades muito distintas. Ela gosta das coisas organizadas, rápidas e simples, já o método dele é volátil e improvisado.

— Não finalizamos nada — diz Madonna. — Iniciávamos várias coisas, depois passávamos para outro projeto. — Embora eles tenham finalizado "Love Song" para entrar no álbum, a canção parece uma obra inacabada, provavelmente um reflexo de como foi escrita. — Ficávamos mandando fitas um para o outro, entre Los Angeles e Minnesota. Depois passamos a conversar pelo telefone, e ele tocava coisas para eu ouvir do outro lado da linha. — Essa era para ela uma maneira nova de trabalhar: leve e íntima, cheia de compressão, batidas de bateria desiguais e tambores de caixa. A voz dela ficou meio presa, seca e, na mixagem final, virou uma mera textura adicionada à música. Cada verso da canção parece uma longa frase e a abordagem é bem ao estilo de Prince. Um exercício curioso para Madonna, a experiência funcionou como um estiramento de músculos musicais que abriu caminho para álbuns posteriores, como *Erotica*.

Ao lado de "Like a Prayer", adornando o álbum como um colosso, está "Express Yourself". Produzida por Steve Bray, a canção é uma convocação feminista para a guerra, com instrumentos de sopro e uma voz cheia de emoção. Aqui Madonna é a garota anti-materialista, encorajando o público feminino a se respeitar. E isso significa ter um namorado que ama a sua cabeça *e* o seu coração. Se ele não a trata bem (e essa é a idéia revolucionária da canção), é melhor ficar sozinha. Como uma espécie de líder religiosa, Madonna enfatiza cada palavra do refrão, invocando Deus e o poder do orgasmo. Uma mistura de mulher-*cosmopolita* com conversa de garota, aliada a uma levada dançante, a música anuncia o ponto de vista deliciosamente assertivo de "Vogue", e mostra Madonna deixando de lado a introspecção e se focando mais na defesa do seu gênero.

Baseado no expressionismo alemão e no filme *Metropolis*, de Fritz Lang, o videoclipe da canção tornou-se um dos mais famosos e mais comentados de sua carreira. Dirigido por David Fincher, o clipe mostra Madonna travestida, comandando uma fábrica de trabalhadores musculosos, com corpos acorrentados e cobertos de óleo, numa situação em que é ela quem manda. Ela intima um deles a comparecer ao seu budoar, e o envolve em lençóis de cetim. Não é de surpreender que esse tenha se tornado um dos videoclipes mais populares entre seu público feminino.

PARA FINALIZAR O ÁLBUM, Madonna voltaria ao tema da religião em "Act of Contrition". Começando com uma invocação feita aos sussurros, a música tem uma guitarra distorcida e o som de um coro gospel ao fundo. Radiante e anárquica, é tudo, menos uma canção de arrependimento. Quando Madonna nasceu, um dos princípios fundamentais da Igreja Católica era a confissão. Como escreveu o historiador James M. O'Toole, até meados dos anos 1960, "a confissão era primordial para a prática do catolicismo americano. (...) Era algo que os católicos faziam, mas que os protestantes e outros, não. Com freqüência, os católicos não gostavam de se confessar, mas o faziam mesmo assim. (...) A confissão era para eles como expressar algo fundamental sobre suas naturezas humanas e sobre sua própria relação individual com Deus".

O sacramento tem três estágios: arrependimento — um exame da consciência; depois a confissão dos pecados para o padre; em seguida há a penitência e, finalmente, a "satisfação". As penitências eram dadas de acordo com a natureza do pecado. Os professores dos seminários aconselhavam os novos ordenados da seguinte maneira: "Para pecados da carne, por exemplo, algumas flagelações; para mesquinhez, doações de acordo com as posses; para orgulho, orações." O penitente seria absolvido depois de uma pequena prece conhecida como Ato de Contrição.

Madonna ridiculariza esse processo, ciente de que seu comportamento livre com relação ao sexo lhe custaria mais do que alguns "Pai-Nossos" e "Ave-Marias" fora do confessionário. Para ela, era importante que a liberdade pessoal não tivesse restrições. Mas, numa escala mais profunda, queria compreender a sexualidade como uma força positiva. Segundo santo Agostinho, "o impulso sexual é um pecado e uma vergonha (...) os órgãos genitais são indecentes e desonrosos (...) eles são os instrumentos físicos da transmissão do Pecado Original". Esse ponto de vista permaneceu praticamente intacto até a infância de Madonna. Embora muitas dessas atitudes já estivessem enfraquecidas no final dos anos 1980, ela ainda sentia que havia uma separação fundamental entre "virginal e sagrada" e entre "ignóbil e suja". Ela diria ao escritor Paul Zollo: "É preciso unir os dois lados dentro das pessoas. É preciso que ambos venham à tona. E isso tem muito a ver com ser honesto consigo mesmo e com as pessoas com as quais você convive."

Madonna fundiu as duas idéias da maneira mais provocadora possível no videoclipe de "Like a Prayer". Ela havia assinado um contrato de um milhão de dólares para estrelar um comercial da Pepsi. O anúncio inofensivo foi filmado e colocado no ar pouco antes do lançamento do *single Like a Prayer*, em março de 1989. Mas, antes que a propaganda tivesse sido inteiramente explorada comercialmente, o videoclipe da canção estrearia. Ele mostra um assassinato por motivos raciais, Madonna beijando um Cristo negro, Madonna com as chagas de Cristo e derramando lágrimas de sangue, e dançando em frente a um campo de cruzes em chamas. Esse videoclipe funcionou como um manifesto ousado e gritante sobre sexo, raça e religião. O coro gospel que aparece no videoclipe não é o mesmo que gravou com ela no estúdio.

— Não quisemos fazer parte daquilo — lembra-se Andrae Crouch. — É como um arquiteto construindo os quartos de um hotel. Ele constrói o saguão e a sala de jantar, mas se recusa a participar da construção do quarto escondido onde ocorrem as jogatinas. A exposição da intimidade entre um rapaz e uma moça no altar, que aparece no videoclipe, estava muito distante do que nós acreditamos. O altar de Deus é um lugar sagrado. A Casa de Deus existe para que entremos em contato com Ele, e não para satisfazermos nossos desejos da carne. Não queríamos que as pessoas pensassem que estávamos apoiando aquilo.

O clipe só pôde ser exibido tarde da noite na MTV, e houve uma chuva de protestos de grupos religiosos condenando a "blasfêmia" de Madonna. Quando líderes religiosos passaram a incentivar seus seguidores a boicotar a Pepsi, o comercial foi imediatamente retirado do ar. O contrato de Madonna foi encerrado, mas ela ficou com o um milhão de dólares.

Muitos louvaram a habilidade de Madonna em se autopromover, vendo o videoclipe como um golpe publicitário. Mas, para ela, era mais do que uma questão comercial — seu interesse era levar uma mensagem progressista para milhares de lares, e o vínculo entre arte e comércio era algo que a atraía:

— O clipe de "Like a Prayer" era sobre a superação do racismo e do medo de falar a verdade. Eu tinha minhas próprias opiniões sobre Deus e também precisava lidar com as opiniões que eu achava que os outros me impunham — disse Madonna. Talvez, por trás de sua conduta empresarial, Madonna tivesse sentimentos ambivalentes quanto à associação do seu nome com a Pepsi, e o videoclipe tenha sido uma maneira de se desfazer de um vínculo tão evidente com uma corporação.

Like a Prayer foi, artisticamente, um ponto de mudança para Madonna, e ela conquistou um público diferente com o videoclipe. Pessoalmente, no entanto, estava muito só. Guy Pratt lembra-se, na época da gravação, do dia em que ela chegou a perguntar aos músicos se alguém gostaria de acompanhá-la num show do George Michael.

— Era o George Michael tocando no Los Angeles Sports Arena, na turnê *Faith*. Ele estava no auge do sucesso e todos ficaram meio assim: "Humm..." Então levantei o braço e disse: "Eu gostaria de ir." Não tinha mais ninguém, só eu e ela. Foi como se estivéssemos saindo juntos num encontro.

Ela passou na casa dele às oito da noite, com a limusine.

— Foi fantástico passar um tempo sozinho com ela. Madonna era uma pessoa completamente diferente na intimidade. Era extremamente ferina. Perguntei: "O que está achando de morar em Los Angeles? Pergunto porque você me parece ser uma pessoa totalmente de Nova York." Ela disse: "Tenho que ficar aqui agora. Não posso morar em Nova York porque todos os meus amigos estão mortos." Era o auge da aids; todos os amigos dela eram dançarinos. A gente se esquece de como toda essa comunidade foi devastada nos anos 1980. — Depois do show ela foi para casa e disse a Guy que ele podia ficar com a limusine naquela noite: — Fiz aquela coisa clássica de pessoa idiota, telefonei para todas as pessoas que eu conhecia dizendo: "Estou com uma limusine esta noite." Fiquei rodando, fui a todos os bares de Los Angeles, mas era uma noite de segunda-feira, todo mundo estava em casa. O motorista provavelmente ficou pensando: "Madonna sempre vai para casa lá pelas 22h30 e hoje tenho que ficar com esse babaca aqui no banco de trás." — A experiência dessa ida ao show de George Michael parece deflagrar o vazio que havia na vida de Madonna. Ir fundo na introspecção foi difícil para ela e, meio sem saber ao certo que caminho tomar, Madonna acabou dando meia-volta.

O mês de fevereiro em Los Angeles não é como nos outros lugares. O ar fica úmido e com cheiro de magnólia. O sol é quente e uma leve brisa sopra nas palmeiras. É agradável estar num lugar cheio de luz e claridade, enquanto na Costa Leste e na Europa o inverno gela e deixa tudo escuro. À noite uma lua cheia dá um brilho fantástico e cheio de vida para as casas de Hollywood Hills. As construções são todas baixas ali, não tem arranha-céus. Há espaço de sobra para respirar e relaxar. Há casas grandes e bacanas nas quais se pode esticar o corpo. Para uma garota acostumada à paisagem severa e à histeria de Nova York, isso deve ter parecido um paraíso.

EM FEVEREIRO DE 1989, Madonna atuou em mais um filme, dessa vez, no papel de Breathless Mahoney em *Dick Tracy*. Esse foi um filme importante para ela, que, depois dos fracassos de *Surpresa de Shanghai* e *Quem é essa garota?*, levou sua carreira de atriz a um nível mais estável. Ela, no entanto, precisou ser convencida a fazer o papel. Quando o diretor Warren Beatty a abordou para discutir sua participação, Madonna deixou-o algumas semanas esperando pela resposta. Talvez tenha ficado insegura de assumir outro papel num filme, ou talvez tenha querido apenas deixá-lo esperando um pouco. De um jeito ou de outro, a idéia de trabalhar com um homem importante em Hollywood era tentadora demais, e ela acabou concordando em encontrá-lo para uma reunião.

Aos 52 anos de idade, Beatty era muito respeitado no meio cinematográfico. Com fama de mulherengo, seu nome esteve vinculado ao de todas as grandes estrelas desde os anos 1960, de Catherine Deneuve e Faye Dunaway a Julie Christie e Carly Simon. Simon escreveu para ele seu *hit* "You're So Vain". Mas ele era mais conhecido por trabalhos inovadores no cinema, particularmente como produtor e ator principal de *Uma rajada de balas* (Bonnie and Clyde), de 1967.

Na época em que conheceu Madonna, Beatty já havia feito inúmeros filmes de grande sucesso comercial, como a sátira de humor afiado dos anos 1970 *Shampoo*, e o épico vencedor do Oscar, *Reds*, de 1981. Ciente do status de celebridade que ele tinha, e vendo um desafio em sua notoriedade como *playboy*, Madonna passou imediatamente a olhar para ele com outros olhos. Beatty ofereceu-lhe o papel, e embora estivesse encantado pela jovem estrela, deu a ela um salário que seguia as tabelas de remuneração do Screen Actors Guild, o Sindicato dos Atores dos EUA. Suas coadjuvantes preferidas para o papel eram Kathleen Turner ou Kim Basinger, mas nenhuma das duas estava disponível naquele momento. Madonna era uma escolha econômica, e traria uma publicidade perfeita para o filme. A reputação de ambos provocava neles um sentimento de curiosidade, e desse primeiro encontro surgiu uma atração de soltar faíscas. Pouco antes de começar a produção do filme, eles já tinham iniciado um caso amoroso.

Com os papéis do divórcio encaminhados, Madonna sentia-se pronta para "legitimar" a relação com Beatty. Completamente o oposto de Sean Penn, Beatty era equilibrado, sutil e seguro. Era um ator de cinema dos velhos tempos, tão suave e perfumado quanto o ar de Hollywood Hills. Ele a convenceu a se livrar do visual angustiado de *Like a Prayer* e voltar a usar o cabelo louro vibrante que todos conheciam e amavam.

— Tive que pintar meu cabelo de louro. Implorei a Warren Beatty que não insistisse, pois demorava muito para o meu cabelo crescer e eu realmente queria mantê-lo num tom mais escuro — disse Madonna. — Justamente em um álbum que era bastante pessoal, adorei usar a cor natural do meu cabelo pela primeira vez depois de anos... e aí tive que mudar, o que me levou a uma certa crise de identidade. Mulheres louras são vistas como muito mais sensuais, muito mais impulsivas, e não são levadas tão a sério.

O papel de Madonna era cheio de *glamour*: uma prostituta de luxo, sustentada por um gângster e transformada em cantora de bar que tinha cabelos louros, usava brilhantes e vestido prateado.

— Breathless Mahoney se apaixona por Dick Tracy contra a própria vontade. Não acho que ela seja inerentemente vil, mas é bem experiente como vilã — contou ela, com certa satisfação. Madonna sabia que estava no caminho certo com Dick Tracy. Com estrelas como Beatty, Al Pacino, Dustin Hoffman e Paul Sorvino, o filme fora feito para ser um sucesso de bilheteria. Filmado com as cores vivas das histórias em quadrinhos, todos os gângsteres eram recriações estilizadas dos desenhos originais, com ternos largos e esquisitos e rostos cheios de próteses. Apesar do roteiro fraco, os efeitos eram sedutores, fazendo dele um filme divertido de assistir. Depois de sua cansativa e rápida incursão na peça *Speed-the-Plow* na Broadway, Madonna aprendera a se projetar. Sua atuação é segura, e ela parece gostar de interpretar a personagem da mulher fatal. Embora suas falas tenham sido enunciadas em tom de leve hesitação e com a voz um pouco ofegante, as aparições em que não fala são simplesmente iluminadas. Ela exala um charme semelhante ao das atrizes de Hollywood das décadas de 1930 e 1940. Ela poderia ter sido uma atriz de cinema mudo extremamente dinâmica.

John Kobal, o famoso estudioso de cinema, previu no início da carreira de Madonna que "ela tem a vibração necessária para o estrelato (...) Como Bette Davis, tem um tipo de beleza peculiar que ainda precisa firmar". Ele a comparou favoravelmente aos ícones cinematográficos que ela tanto admirava, mulheres cheias de insolência e com feições clássicas, como Rita Hayworth, Ava Gardner e Joan Crawford. Para Kobal, o que fazia um ícone era a personalidade e não apenas a beleza:

— Todas as grandes estrelas, mesmo paradas, em pé, possuem uma força atrativa que faz com que você se pergunte: "O que está se passando dentro dessa pessoa?" O talento de grandes estrelas que se mantêm em suas posições célebres durante toda a vida está no fato de elas estarem constantemente se transformando e continuarem ainda assim a nos interessar. É por isso que elas são colossais.

Madonna lamenta o fim da organização dos grandes estúdios que mimava excessivamente as suas estrelas no início do século XX.

— Devia ser maravilhoso nos velhos tempos de Hollywood. Os estúdios realmente cultivavam e cuidavam de você. Hoje em dia não é mais assim — dizia ela. — Por outro lado, a sua vida não era só sua. Hoje há mais liberdade individual, mas não tem ninguém cuidando da sua carreira como faziam antigamente. — Como os outros diretores que trabalharam com ela já haviam percebido, Madonna gostava de ser bem dirigida, e Beatty se mostrava bastante sensível às suas necessidades. Ele tomou conta dela; providenciou uma massagista para ficar no *set* de filmagem, levava-a para jantar em lugares caros, e mandava flores todos os dias para o seu *trailer*.

— Acho que, na ocasião em que nós conhecemos Warren, ele não precisava mais provar nada. Já tinha feito todos aqueles grandes filmes. Era uma pessoa amável que tocava piano muito bem, estava sempre disposto a receber as pessoas em sua casa com um sorriso no rosto — recorda-se Niki Haris. Beatty estava encantado por Madonna ter se interessado por ele. Os críticos tinham levantado a hipótese de o namoro ser apenas uma jogada publicitária para o filme, mas, ao mesmo tempo que chamava muito a atenção da imprensa, havia um afeto verdadeiro entre eles. Quando Madonna decidiu gravar o álbum *I'm Breathless* como um trabalho independente da trilha sonora do filme, Beatty a apoiou. Bob Magnusson, baixista da gravação do disco, lembra que Madonna estava muito feliz:

Madonna em show da turnê *Like a Virgin*, em 1985, no Madison Square Garden, em Nova York.

Madonna, ainda menina, no dia de sua Primeira Comunhão.

Madonna (em cima, à direita) como animadora de torcida em 1974.

No sentido horário, começando do canto superior esquerdo: a meia-irmã de Madonna, Jennifer; seu meio-irmão, Mario; o pai, Tony, e a madrasta, Joan, em 1987.

Fotos de Madonna nos Livros de Ano do colégio, em 1975 e em 1976.

Madonna dançando o *hokey cokey* no colégio, com o grupo de teatro amador, em 1975.

Acima: Madonna no topo do Gramercy Park Hotel, em Nova York, e (abaixo) outra foto do início da carreira, de um dos ensaios fotográficos patrocinados por Camille Barbone.

Madonna com Erika Belle e Christopher Ciccone, os dois dançarinos do clipe "Lucky Star".

No programa de televisão inglês *The Tube*, gravado em Manchester, na boate Hacienda, em 1984.

A jovem estrela aos 24 anos, inspirada pelo universo *club* de Nova York.

Madonna e seu namorado Jellybean Benitez
em 1983, fotografados por Andy Warhol.

Um retrato de Madonna do início dos anos 1980, coleção particular de Camille Barbone.

Capa da revista *Time* de 1985, que pôs Madonna no mapa como uma estrela internacional.

Madonna no pa
de Susan, no film
Procura-se Susan
desesperadament
e o ator Robert
Joy, que fez o
personagem Jim

Em Hollywood, chegando à estréia do filme *Procura-se Susan desesperadamente*, em 1985.

Durante o show no Live Aid,
na Filadélfia, em 1985.

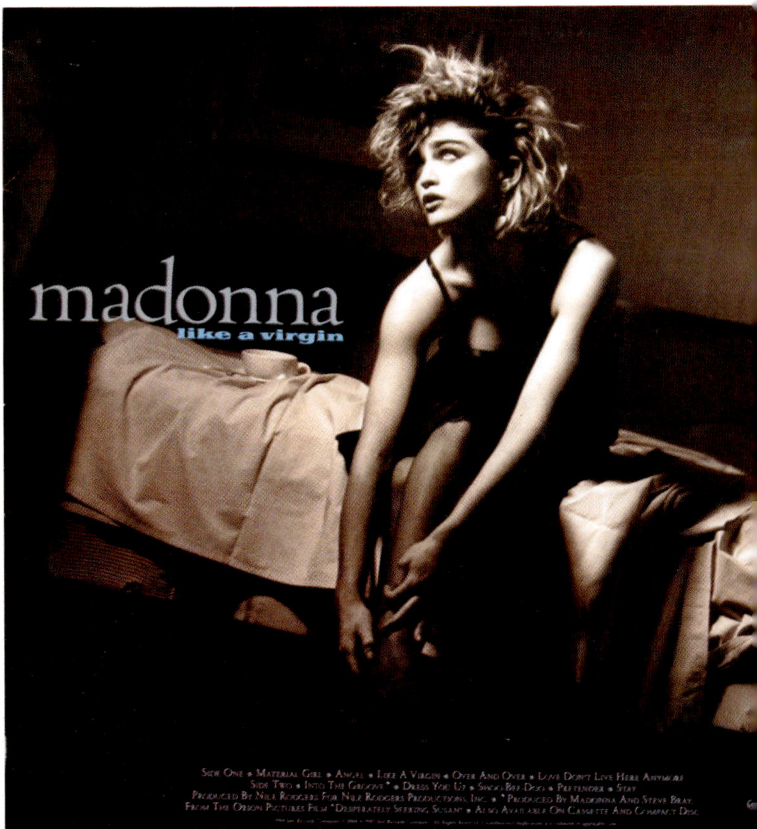

Contracapa do álbum
Like a Virgin, que faria
sua carreira deslanchar.

Madonna com sua companheira de cena do filme *Procura-se Susan desesperadamente*, Rosanna Arquette.

Na turnê *Like a Virgin.*

À direita, Madonna na primeira festa de premiação do MTV Video Music Awards, em 1984, logo depois de ter chocado o país ao simular uma cena de sexo no palco.

BOY TOY

Madonna vestindo o corpete criado por Jean Paul Gaultier para a turnê *Blond Ambition*, em 1990.

O casamento de Madonna e Sean Penn em Malibu, no dia 16 de agosto de 1985.

Sean enfrentando os *paparazzi* em Tennessee, enquanto Madonna, constrangida, esconde o rosto.

Madonna e Sean no *set* de filmagem de *Surpresa de Shanghai*, em Hong Kong, em 1986.

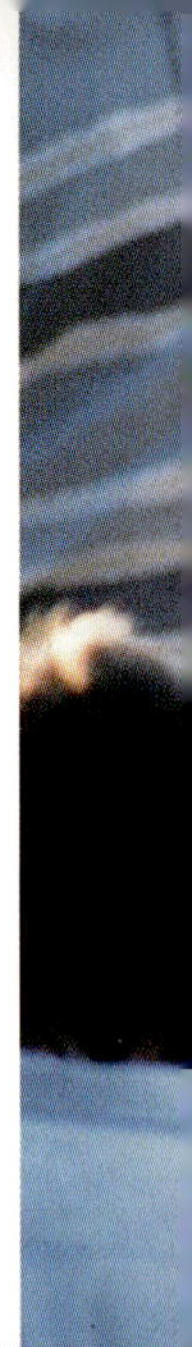

Sean e Madonna nos bastidores da festa de comemoração do Third Annual Commitment to Life, no teatro Wiltern em Los Angeles, 1987.

A irmã de Madonna,
Paula Ciccone,
cantando em 1986.

Madonna como a garota esperta Nikki Finn no filme *Quem é essa garota?*, de 1987.

Dançando com o menino de 13 anos Chris Finch, na estréia britânica da turnê *Who's That Girl?*, no Roundhay Park, em Leeds.

Iadonna com um evólver no filme *Quem é essa garota?*

Cantando o *medley* "Dress You Up" na turnê *Who's That Girl?*

Madonna e sua amiga, a comediante Bernhard, fofocando nos bastidores.

Uma cena do espetáculo da Broadway de David Mamet, *Speed-the-Plow*: (da esquerda para a direita) Ron Silver, Madonna e Joe Mantegna.

O glorioso trio: Madonna e as *backing vocals*
Niki Haris (à esquerda) e Donna De Lory.

Aos 31 anos, com o visual mais sério e
os cabelos castanhos de *Like a Prayer*.

Warren Beatty e Madonna no *set* de filmagem de *Dick Tracy*, em 1990.

Al Pacino e Madonna em *Dick Tracy*.

Conversando com Warren numa festa de Réveillon em Nova York, em 1989.

Na cena de masturbação na turnê *Blond Ambition*, no Japão.

Saindo de carro com Warren Beatty para o jantar em comemoração dos seus 31 anos.

Cantando a música “Vogue” no MTV Video Music Awards, em Los Angeles, em1990.

— Ela foi gentil com todos e fez questão de se apresentar aos músicos. Um dia Warren Beatty foi ao estúdio vindo direto da filmagem e estava usando aquela capa e aquele terno amarelos. Eles pareciam muito felizes um com o outro! — diz Bob, rindo.

Depois do fim angustiante de seu casamento, Madonna teve alguns meses dourados. Estava num conto de fadas. Parecia que tinha tudo. Hollywood na palma das mãos, um amante mais velho que fazia todas as suas vontades, o respeito da comunidade artística e um estúdio que a tratava à moda antiga. O álbum *I'm Breathless* reflete a leveza e o estado de espírito daquele momento, além de explorar uma fantasia romântica. Como o próprio título sugere, ela vestiu uma personagem que se assemelhava a uma sábia cantora de boate da era do jazz. A capa do disco parece o pôster de um filme, com Beatty usando um chapéu de feltro e uma capa amarelo limão, ao lado de Madonna, toda cheia de decotes e curvas. Descrito como "Música de e inspirada no filme *Dick Tracy*", esse disco foi essencialmente uma propaganda para o filme, e foi visto como algo diferente de seus outros álbuns de alcance de massa. Produzido por Pat Leonard e gravado com músicos de jazz, tem o suingue das grandes bandas dos anos 1930.

— Foi feito com uma banda de dez músicos, todos muito bons, os melhores instrumentistas que havia. Eles captaram perfeitamente o estilo de música da era do suingue — recorda-se Magnusson, que trabalhou com todos, de Art Pepper e Buddy Rich a Sarah Vaughan. Ele admirava a determinação de Madonna em experimentar um gênero diferente. — Fico bastante impressionado quando músicos pop se aventuram em outra área. É preciso ter coragem para fazer isso.

A maioria das músicas do álbum reflete sua personalidade de dançarina de boate e exibicionista, como acontece em "Hanky Panky", um corajoso e atrevido hino de louvor à arte de "dar uns tapinhas". Embora o assunto da música seja um pouco forçado, a faixa tem uma levada rústica e um suingue bem típico do jazz. Havia também "Something to Remember", uma balada discreta, ao estilo música ambiente, carregada de um sentimento de perda característico da cantora inglesa Dusty Springfield. Essa canção é mais tranqüila e tem um som mais próximo ao soul do que as outras faixas, cujo apelo é mais teatral. Todo o estudo musical feito por Madonna é mais evidente nas canções de Stephen Sondheim que ela interpreta,"Sooner or Later", "More" e "What Can You Lose". Nelas, se esforça, levando a voz a um tom mais grave e a segurando e modulando cuidadosamente quando a música pede. Ela chega lá, mas como atriz, como se estivesse interpretando um papel e fazendo um exercício vocal técnico. Madonna ainda viria a fazer um treinamento vocal mais complexo, que modificaria bastante a sua voz depois do filme *Evita*.

— Ela estava encarnando um personagem. Começou até a fumar. Chegou até a pegar um cigarro meu — conta Guy Pratt, que também tocou nesse álbum. — Como a personagem fumava, ela também passou a fumar.

Este disco tinha algo de novo e contrastante, uma espécie de lado B da personalidade criada por Madonna em *Like a Prayer* — coquete e mimada. Em alguns momentos, o álbum soa como um musical declamatório, mas o entusiasmo natural de Madonna o salva de parecer uma mera paródia. Em "Now I'm Following You (Part I)", ela faz um dueto com Beatty ao ritmo de um boogie-woogie (blues popular entre os músicos negros norte-americanos no final dos anos 1930 e início da década de 1940). Pode-se perceber a harmonia que havia entre eles pela voz suave e sedutora de Beatty. Para essa faixa, eles naturalmente não precisaram se esforçar muito.

— Warren entrou no estúdio e fizemos de primeira — lembra-se Bill Meyers, que tocou piano na gravação. — Todos se entreolharam. Pat disse: "Tem certeza de que não quer fazer mais uma vez?" "Tenho", respondeu ele, "é isso". Eles pagaram por três horas de trabalho e levamos 15 minutos para fazer tudo. Admiro isso. Se você conseguiu acertar na mosca de primeira, para que ficar repetindo?

A faixa final não combinava nem um pouco com o resto do disco, e, no entanto, seria um dos maiores sucessos de Madonna. "Vogue" é uma homenagem às atrizes sedutoras dos anos 1940, mas com um som atualizado a um clima de música disco gay e dançante. Foi a canção-tema do verão de 1990 — cativante, provocadora, com uma levada deliciosa, e acompanhada de um videoclipe que se tornaria clássico, foi uma música que cristalizou seu status de ícone. Quando chegou a nova década, Madonna estava no topo de sua carreira.

10

Só no carão

No verão de 1990, parecia que nada podia dar errado para Madonna. O videoclipe de "Vogue" é luxuosamente filmado em preto e branco por David Fincher. Seu cabelo está sedoso e brilhante, e sua maquiagem, perfeita. Ela parece ter saído de uma gravura publicitária da década de 1940. As mãos se movimentam em uma coreografia expressiva, formando uma moldura em torno do rosto e acompanhando os gestos de seus dançarinos, enquanto estes adotam as poses e o andar afetado de passarela típicos do mundo underground gay. Ela habita esse mundo, ela o controla. Ela mostra a beleza que há no estilo e na aparência, fazendo desse clipe uma celebração gloriosa da imagem, como se desse vida a uma antiga revista sobre cinema hollywoodiano. Está em seu mais absoluto apogeu. É a versão em película para o século XX da imagem medieval da Ave Maria talhada em madeira.

Madonna canta a música no MTV Video Music Awards e se volta para a etimologia da palavra "vogue", vestida como Maria Antonieta, com maquiagem branca no rosto, perucas e seios levantados, como na corte francesa do século XVIII, e seus dançarinos movendo-se à sua volta. É um momento de inspiração e brilhantismo.

— Nunca tinha sido feito um show na MTV com aquele nível de produção. Os figurinos, os leques, a teatralidade — comentou Carlton Wilborn, um dos principais dançarinos. — A MTV não sabia de nada. Surgimos no palco e arrasamos.

"VOGUE" FOI O INÍCIO de uma nova fase para Madonna. Foi como se ela tivesse ficado consciente de sua fama e de seu verdadeiro poder. Sentindo-se segura na condição de artista de primeiro time, começou a jogar com essa carta e a provocar seu público.

— Com a desculpa de estar participando de um jogo, você pode descobrir muitas coisas — disse ela, certa vez, ao explicar o jogo Verdade ou Conseqüência. — Às vezes há aquelas sessões de jogo superpesadas em que as pessoas só querem saber as verdades e deixam as conseqüências um pouco de lado. A verdade aproxima as pessoas. É como criar intimidade com um amante: quanto mais intimidade você tem com alguém, mais momentos de silêncio e proximidade ocorrem.

Numa das cenas principais do documentário *Na cama com Madonna*, a estrela aceita um desafio, e faz sexo oral em uma garrafa de água mineral. Num único gesto radical, solidifica sua reputação de provocadora sexual e figura polêmica, ao mesmo tempo que exorciza o trauma da violência sexual que sofreu quando era uma garota, vivendo sozinha em Nova York. Madonna, com freqüência, refere-se aos demônios que a atormentam, e este é um deles. Desde o início da década de 1990, ela vem jogando um elaborado jogo de Verdade ou Conseqüência com o mundo e consigo mesma. A cada projeto — de "Justify My Love" a *Blond Ambition*, de *Na cama com Madonna* ao livro *Sex* —, ela dá início a uma nova jornada de revelações, valorizando a transparência e o psicodrama. "Ela está sempre procurando fazer com que as pessoas sejam verdadeiras com ela", disse certa vez uma amiga, pensativamente, "mas só algumas poucas pessoas realmente conseguem". Uma camada vai sendo retirada atrás da outra na busca apaixonada de Madonna pela intimidade. O período do lançamento do livro *Sex* foi um belo, ousado e angustiante exercício de frustração e, apesar das tentativas de Madonna de parecer invencível, a campanha funcionou como um curioso gesto de autodestruição.

O ELENCO DO VIDEOCLIPE "Vogue" foi reunido depois de um gigantesco processo de seleção em Los Angeles.

— Havia uns quinhentos rapazes lá. Foi uma confusão total, havia dançarinos de *todo* tipo — contou-me Wilborn. Formado em artes cênicas em Chicago, ele era o mais experiente da trupe que gravou o videoclipe. — Na época, o meio da dança estava passando por uma fase de transição, Los Angeles era a cidade dos shows, e em Nova York se dava mais valor à técnica. Para o teste apareceram tanto dançarinos realmente ligados à dança quanto dançarinos com uma pegada mais comercial. O lugar fervia de empolgação.

Madonna identificou rapidamente os melhores.

— Naquele primeiro dia, ela via e dispensava, via e dispensava e acabou com uma seleção de trinta rapazes. Quando cheguei em casa havia uma mensagem de Madonna na secretária eletrônica perguntando se eu não queria me encontrar com ela numa boate naquela noite.

Wilborn apareceu com mais dois outros rapazes que tinham feito o teste, e eles se divertiram a noite toda. Para completar a avaliação, Madonna os convidou para uma aula particular de dança na manhã seguinte.

Em poucos dias, o elenco para o videoclipe "Vogue" estava montado. Dele participavam Wilborn, o dançarino de rua Oliver Crumes; Salim Gauwloos (mais conhecido como Slam), um bailarino clássico belga muito bonito e com um visual de Valentino; José Gutierez e Luis Camacho, dois autênticos dançarinos de vogue (estilo de dança originário da década de 1930 e popular no mundo underground gay, no qual se incorpora a estilização dos gestos e poses dos modelos de moda), saídos diretamente desse mundo. Claramente inspirado em Willi Ninja, dançarino de vogue e estrela do documentário *Paris Is Burning*, de 1990, Madonna quis incorporar as referências fundamentais de Ninja — Fred Astaire, ginástica olímpica e dança asiática — ao seu trabalho.

Quando chegou o momento de filmar o clipe, Gutierez e Camacho foram os responsáveis pela maior parte dos passos originais de "Vogue", e o coreógrafo Vincent Paterson procurou melhorá-los. No começo, nem todos se convenceram.

— Eu tinha acabado de me formar na escola de balé, e esse foi o meu segundo videoclipe — recorda-se Salim. — Lembro-me de David Fincher dizendo: "Veste um paletó de *smoking*." Então eu vesti, e eles me fizeram executar alguns passos e fazer umas poses. O trabalho todo durou uns 15 minutos, e fiquei espantado. Era só isso? Achei que não era um bom começo. Depois, quando o videoclipe foi lançado, pensei: "Ah, sim! *Agora* entendi!"

Tocada em boates do mundo inteiro, de Londres e Nova York a Bali, "Vogue" foi o sucesso daquele verão. A música chegou ao auge quando surgiu a nova *dance-mania* e a cultura club, época em que as músicas house e techno passaram a ser a nova tendência. "Vogue" representava o novo hedonismo: positivo, alto-astral e totalmente inclusivo.

— Madonna estava realmente inspirada pela música dance. Gostou das remixagens que fizemos para o álbum *The Immaculate Collection*, e queria explorar a música de boate sob um ponto de vista mais original — lembra-se Tony Shimkin, que trabalhou a canção junto com o produtor Shep Pettibone. Antes de a música ser gravada, eles mandaram o resultado para ela, e, no avião, indo de Nova York para Los Angeles, Madonna compôs um rap para ser inserido na canção. Essa música foi feita muito rápido. Fiquei impressionado com o conteúdo da letra. Já ouvira muito rap antes, mas eles nunca contavam uma história daquela maneira elegante, fornecendo o panorama visual de uma era. E o videoclipe foi importantíssimo para o sucesso da canção.

Os sete bailarinos do clipe deram tão certo juntos que Madonna trabalharia novamente com eles na turnê *Blond Ambition*. A exuberância deles saltava da tela. Salim recorda que, desde o início, eles conviveram muito bem.

— Usávamos todas as gírias do universo alternativo gay, e Madonna aprendeu a usá-las também. Dizíamos muito "*give face*" (expressão que pode ser traduzida por "só no carão"), por exemplo. É algo como "fazer uma cara radiante", que sugere que sua pele está perfeita e você está com tudo, brilhando sob as luzes da ribalta. — A expressão "*give face*" foi usada por Madonna no rap de "Vogue". — Outra expressão que gostávamos era "*ovah*" (que seria uma abreviação de "*over the top*", uma atuação de palco extravagante ao extremo), empregada quando alguém fazia algo excêntrico demais, mas que mesmo assim ficava muito bom, algo "*ovah!*".

Encorajada pelo sucesso de "Vogue", Madonna em seguida optou por oferecer a seu público algo que explorasse territórios mais "adultos". O videoclipe de "Justify My Love", em preto e branco, dirigido por Jean-Baptiste Mondino, passava-se num hotel desconhecido e voltava no tempo em direção às inebriantes possibilidades do cinema de arte europeu e à notável decadência do filme *A doce vida*. Madonna surge, aí, como uma mulher cheia de fantasias sexuais, explorando o erotismo das roupas de couro, do travestismo e das insinuações sensuais dos cabarés da Berlim da década de 1930. Soprando as palavras com a intensidade de um sussurro, ao som de uma batida seca, ela dá voz à natureza profunda e íntima do desejo feminino. Oscilando entre tensão e sensualidade, "Justify My Love" era uma balada dançante com um formato artístico. Ao longo de todo o clipe, há imagens recorrentes de homens e mulheres travestidos e alusões à cultura kitsch, dois temas muito presentes em trabalhos de ídolos de Madonna, como Marlene Dietrich e Mae West.

Muitos criticaram Madonna por ter tomado uma direção tão nova e ousada. Só que ela não era a única responsável por essa transformação. No final dos anos 1980, uma mexicana muito bonita, naturalizada norte-americana, Ingrid Chavez, trabalhou com o seu então ex-namorado, Prince, num álbum constituído apenas por poesia falada. Eles participavam das filmagens de *Graffiti Bridge* em Minneapolis quando Ingrid conheceu o ídolo do rock *funky* Lenny Kravitz, e os dois iniciaram um relacionamento intenso. Kravitz convidou Ingrid para ir um dia ao estúdio, quando ele estava preparando as faixas de um disco em parceria com o compositor de hip hop Andre Betts.

— Eles me perguntaram se eu não queria escrever algo para gravar, e eu só tinha uma carta para Lenny. Gosto de cartas mais do que de qualquer outra forma de escrita. Belos livros foram criados a partir de correspondências entre duas pessoas. É assim que me expresso, através desse meio íntimo de comunicação — contou-me Ingrid. — Gravei a música toda de primeira e voltei para Minneapolis.

A faixa que eles fizeram naquele dia era a versão original de "Justify My Love". Ansioso para atrair o interesse de uma gravadora, Kravitz levou uma cópia da gravação para a Virgin. Nesse meio-tempo, o relacionamento entre ele e Ingrid esfriara, e ela mudou o número de seu telefone. Não soube mais de Kravitz até o dia da estréia de *Graffiti Bridge*.

— Ele veio até o meu quarto de hotel e disse: "Madonna está gravando 'Justify My Love'." E me pediu para assinar um documento que dizia que eu receberia 12,5% do lucro arrecadado com a música, mas nenhum crédito pela autoria. — Sentindo-se intimidada, Ingrid assinou o papel.

Ela foi, então, convidada para ir ao estúdio e conhecer Madonna enquanto eles faziam as mixagens finais da faixa. Ingrid ficou chocada com o que ouviu ao chegar lá.

— Ela copiou perfeitamente os meus vocais. Eu nem conseguia notar a diferença entre a minha voz e a dela. A gravação oficial estava igual à fita demo. Ela captou perfeitamente o clima da música, a emoção intensa e o desejo realmente forte que estavam ali presentes. Foi uma jogada esperta dela. Madonna sempre foi esperta. Está sempre alerta àquele detalhe exato, único, capaz de levá-la a um outro patamar musical.

Ingrid, no entanto, sentiu-se desconfortável no papel de "*ghostwriter*", e percebeu um comportamento estranho da parte de Madonna.

— Ela disse "oi", e depois não falou mais comigo. Ela me observava de um jeito estranho. Era aniversário dela e havia umas cinco pessoas numa sala anexa ao estúdio. Ela entrou e chamou Lenny e mais uma pessoa. Convidou duas pessoas para comer o bolo, e nos deixou lá sentados pensando: "Bem, parece que nós não temos direito a um pedaço desse bolo." Achei tão estranho. Talvez ela simplesmente não gostasse da idéia de outra mulher levar o crédito pelo estilo criativo dos vocais. A voz de Madonna, quando está falando, não se parece em nada com a voz que está na canção. Ela copiou o ritmo, o meu jeito de falar e o timbre da minha voz, que é provavelmente o que tenho de melhor.

Há algo realmente cativante na voz de Ingrid. Ela fala de uma maneira suave e quase hipnótica. É o tom exato que usou em *19th May 1992*, o disco que gravou com Prince, e que ainda não tinha sido lançado na época. Isso seria um outro problema.

— Depois que "Justify My Love" começou a tocar no rádio, Prince me telefonou e disse: "Ingrid, qual é a dessa música nova da Madonna, 'Justify My Love'?" E fiquei meio sem saber o que dizer: "Por quê?" Então ele disse: "É você, sei que é você, Ingrid. Explica essa história para mim." Contei a ele, então, o que aconteceu e ele disse: "Você por acaso é idiota? Um disco será lançado em breve e todo mundo vai pensar que é você que está imitando a Madonna, e ninguém nem vai saber que foi você que escreveu essa música." Foi então que caiu a ficha: "Ai, meu Deus!"

Um jornalista de Minneapolis perguntaria sem rodeios a Ingrid se "Justify My Love" era dela. Sentindo-se magoada e traída, Ingrid reconheceu ter escrito a letra, e a história acabaria sendo divulgada à toda imprensa. Embora Madonna tivesse sido criticada (o jornalista musical do *Chicago Sun-Times*, Jim DeRogatis, escreveu que "Justify My Love" representava a coisa mais baixa já feita em termos de plágio), ela alegou não estar a par de nenhuma imitação proposital. Madonna já foi diversas vezes acusada de plágio. Algumas pessoas ficaram com a pulga atrás da orelha quando ela lançou "Vogue" um ano depois de Malcolm McLaren ter posto no mercado um *single* intitulado "Elements of Vogue". E, em "Justify My Love", há uma batida sampleada da faixa "Security of the First World", do Public Enemy. Em resposta, o produtor do Public Enemy, Hank Shocklee, gravou com o Young Black Teenagers uma faixa revoltada, chamada "To My Donna". Assim como, certa vez, copiara com perfeição o corte de cabelo de uma freqüentadora da Danceteria, Madonna costuma absorver suas influências com uma segurança tamanha que algumas pessoas chegam a achar preocupante. A atitude de Ingrid com relação a "Justify My Love" foi abrir um processo e, com isso, conseguiu um acordo no qual ficava com os 12,5% dos *royalties* sobre o disco e o seu nome passaria a ser incluído nos créditos da música nas próximas vezes em que o álbum fosse relançado. Até hoje, porém, seu nome às vezes não aparece em compilações nas quais a música é incluída.

— Basicamente o que acho é que Lenny quis dizer que ele escrevera a música e que ela apenas a interpretava — especula Ingrid. — Não me arrependo de Madonna a ter gravado. Só me senti de fato traída, porque era uma canção muito íntima. Os sonhos não eram *dela*. Os desejos não eram *dela*. — O álbum que Ingrid gravara com Prince foi lançado em seguida, e depois ela se refugiaria em New Hampshire. Casou-se com o músico David Sylvian, teve filhos, e só dez anos mais tarde começou a escrever e a fazer música novamente. Precisou de um bom tempo para retomar a carreira artística do seu jeito. — Eu me vejo como uma musa — diz ela. Uma musa bem generosa.

"Justify My Love" foi a canção que puxou o álbum *The Immaculate Collection*, o primeiro de Madonna que reunia os seus maiores sucessos. Era um conjunto de remixagens sabiamente selecionadas, e foi seu segundo álbum mais vendido nos Estados Unidos, superado apenas por *Like a Virgin*. Um casamento perfeito entre o pop dinâmico e a música dance, o álbum se destacou como um disco de festa insuperável. Também deu início à tradição de fazer remixagens dançantes de todos os seus futuros sucessos. *The Immaculate Collection* seguiu vendendo bem ao longo de toda a década, e, no final dos anos 1990, entrou para o *Guinness* como o disco "Greatest Hits" feito por uma artista que mais vendeu em todos os tempos.

"Justify My Love" também inaugurou uma nova linha de criação para Madonna, pois ela passaria a se aventurar por territórios mais "adultos". Foi fotografada por Steven Meisel, para a revista *Rolling Stone*, vestindo um terno, com o cabelo louro curto, puxado para trás com gel ao estilo anos 1920, dançando e passando a mão na bunda de uma garota petulante. As fotos eram explicitamente inspiradas no trabalho do fotógrafo Brassaï, que documentou as boates gays, os bordéis e as casas de ópio de Paris das décadas de 1920 e 1930. Depois, por conta do conteúdo picante, o videoclipe de "Justify My Love" seria banido da MTV. Indignada com a censura norte-americana, Madonna se defendeu ao dar uma entrevista ao apresentador Forrest Sawyer no programa *Nightline*, da ABC. Mas quando o videoclipe foi disponibilizado para compra em lojas, tornou-se rapidamente um sucesso de vendas, e há relatos de que na Arábia Saudita foi vendido a preços altíssimos no mercado negro da pornografia. Numa época em que se esperava que as artistas pop fossem sorridentes e francas, Madonna provocava o gosto popular com seu estilo erótico de cabaré.

Tanto "Vogue" quanto "Justify My Love" chegaram ao primeiro lugar das paradas de sucesso, enquanto "Hanky Panky", uma ode às "palmadinhas", saía-se muito bem na Inglaterra. Para seu deleite, Madonna tocava em assuntos tabus e recebia respostas positivas. Encorajada com essas reações, decidiu fazer da turnê seguinte a mais memorável de todas. Em *Who's That Girl?*, ela já começara a explorar as formas do teatro musical, mas foi em *Blond Ambition* que a arte, o espetáculo e a dança realmente se uniram pela primeira vez. Segundo o coreógrafo da turnê, Vincent Paterson (que trabalhara anteriormente com Michael Jackson), o que Madonna queria era "quebrar todo tipo de regra possível".

— Ela queria fazer declarações sobre sexualidade, sobre transexualismo, sobre a Igreja. Mas o mais ousado que tentamos fazer foi mudar o formato dos grandes shows. Em vez de apenas apresentar as canções, quisemos unir, no palco, a moda, a Broadway, o rock e a performance.

A imagem mais marcante do show é o sutiã cor-de-rosa brilhante, em forma de cone, usado por Madonna. Como um totem, esta admirável peça da engenharia da moda foi a pedra fundamental em torno da qual o restante do show foi construído. Uma obra de arte muito bem-humorada, o sutiã foi desenhado por Jean Paul Gaultier, ao mesmo tempo como uma homenagem e uma paródia aos seios voluptuosos de Madonna. Descrito certa vez por Anna Piaggi como um "jardineiro de paisagens, um arquiteto e um perito, três em um", o estilista francês usou todas as suas habilidades para criar essa peça de roupa. Os figurinos foram feitos com amor: Gaultier recorda-se da ocasião como um período de grande estresse, e diz que tomou 350 comprimidos de aspirina e desenhou 1.500 esboços até conseguir a aprovação de Madonna para os figurinos.

— Minhas roupas sempre tiveram o espírito de Madonna: uma forte estrutura exterior protegendo uma vulnerabilidade interna que permanece oculta — disse ele.

Ou como a *backing vocal* Niki Haris descreveu de maneira sucinta:

— Sutiãs em forma de cone, bustiês, plataformas... Ela topava tudo que a fizesse parecer rebelde.

O sutiã fazia parte de um corpete que enfatizava o novo corpo atleticamente esculpido de Madonna. Embora esta forma física já tivesse sido exposta na turnê *Who's That Girl?*, desta vez ela parecia renovada, com músculos fortes e mais definidos, que eram acentuados, na primeira fase da turnê, pelos cabelos puxados para trás num rabo de cavalo. O visual era sensual, grave e de impacto imediato. Historicamente, o corpete foi inventado no final do Renascimento para proporcionar à mulher um porte enrijecido e ereto. Como dificultava a execução de trabalhos manuais, ele era um símbolo de boas raízes e de riqueza. Na era vitoriana, tomaria o insustentável formato de ampulheta, que resultou em inúmeros desmaios. As sufragistas do início do século XX rejeitaram o corpete em prol da liberdade dos movimentos, mas ele foi gradualmente voltando à moda, dessa vez como uma forma de ostentar a sexualidade da mulher. Segundo a historiadora de moda Sarah Cheang, "o corpete moderno que voltou à moda é uma estratégia para fazer com que a mulher se sinta feminina, pois ele trabalha com um conceito de corpo e mente submissos".

Para Madonna, a relação entre as culturas do sadomasoquismo e do fetiche era irresistível, e já que ela sempre trabalhou com duplos sentidos, o corpete de *Blond Ambition* sinalizava tanto a submissão quanto a força.

— Quando ela entrava naquele corpete de Jean Paul Gaultier e mostrava ao mundo seus músculos recém-esculpidos, a combinação que era feita entre corpo tonificado e corpo domesticado reunia todos os sentidos do próprio conceito de disciplina — diz Cheang. — Madonna estava apresentando um corpo que fora submetido a uma rigorosa autodisciplina, um corpo ativo, fruto de exercícios, e, ao mesmo tempo, um corpo passivo, contido, controlado e disciplinado pelo corpete cor-de-rosa.

Vejam que 15 anos antes do "novo burlesco" de Dita Von Teese, Madonna propagou os conceitos da ultrafeminilidade e do controle.

Ironicamente, Von Teese veio da mesma cidadezinha que Madonna (Rochester, Michigan) e tomou o nome artístico emprestado de Dita Parlo, a mesma atriz do cinema mudo alemão que Madonna mais tarde adotaria como seu *alter ego*.

O visual para a turnê *Blond Ambition* não dava descanso a Madonna. Segundo seu preparador físico na Inglaterra, Jamie Addicoat, para que atingisse uma forma física improvável como aquela, a rotina de exercícios tivera que se tornar insana.

— Madonna estava a ponto de queimar completamente todas as gorduras do corpo — disse ele. — Ela fazia cinco horas de treinamento físico por dia (duas horas de corrida, uma na academia e duas no palco), o que é mais do que a maioria dos atletas profissionais faz. A situação chegou ao ponto de o percentual de gordura de seu corpo cair a um nível muito abaixo do considerado saudável para uma mulher.

Para Madonna, esse era um preço pequeno a pagar por um espetáculo que ela controlava do início ao fim. A concepção de *Blond Ambition* era inteiramente dela.

— Muitos meses antes da turnê, ela me mostrou um bloco cheio de anotações e desenhos que ela mesma fizera. Madonna concebera tudo sozinha — lembra o diretor de iluminação Peter Morse. — O show era uma versão ao vivo do que estava no bloco de anotações. — Ele admite que foi um desafio: — As cenas mudavam de maneira inacreditável de um cenário para outro. De uma cidade que gira em torno de uma fábrica para uma escadaria bela e enorme; depois surgiam pilastras de verdade, como as de uma catedral. Nada no show era usado duas vezes. Foi um desafio criar um sistema de iluminação que desse conta de tudo aquilo.

Extravagância como essa é algo habitual hoje em dia, mas em 1990, nada parecido tinha sido feito num show de música pop.

— Essa foi uma grande mudança para o público de shows em geral. Ela criou um caminho e uma direção que nunca haviam sido percorridos antes — diz Morse. A jornada das trevas em direção à luz trilhada por Madonna estreou no estádio de Makuhari, no Japão, em abril daquele ano. Desde o início, as pessoas se mostravam curiosas.

O show era dividido em quatro segmentos principais, nos quais Madonna incorporava uma seqüência de diversas personagens — de mulher sedutora à pecadora, de *showgirl* à diva da música dance. Para a música de abertura, "Express Yourself", havia um cenário ao estilo do filme *Metropolis* que era similar ao clipe da música, com bombas industriais, rodas de engrenagem, explosões, fumaça e dançarinos seminus acorrentados.

— "Express Yourself" era insana — lembra o dançarino Carlton Wilborn. — Uma loucura, eu nunca tinha vivido uma experiência como aquela, o barulho estrondoso que vinha da multidão era tão alto que não dava nem para ouvir as marcações dos compassos. Então éramos obrigados a contar e rezar para não errarmos o tempo. Dava para sentir a energia que vinha de todos à nossa volta.

Nessa cena, Madonna encarna uma dominadora andrógina sadomasoquista vestida com um corpete de cetim e calças largas, executando uma versão atualizada do número da cadeira, imortalizado por Liza Minnelli no filme *Cabaré*. Ela é também a líder de uma gangue feminina, fazendo palhaçadas e parodiando atitudes masculinas ao lado de suas amigas Donna De Lory e Niki Haris.

A conclusão lógica dessa intimidação feminina é a reinvenção da música "Like a Virgin". Dois dançarinos usando sutiãs pontudos em forma de cone executam, como se fossem eunucos, uma espécie de dança clássica indiana misturada a passos da dança vogue, enquanto Madonna se esfrega num sofá vermelho em um frenesi masturbatório. A cena é lindamente obscena. O vestido de noiva branco e as tímidas alusões ao sexo haviam sido deixados para trás. Ela era agora uma mulher no início de seus trinta anos celebrando a arte da auto-satisfação e o desejo feminino.

— Eu me inspirei totalmente nela — conta Peter Morse. — Quando o número estava perto do final, o jogo de luzes ficava alucinante. Ela estava fazendo uma simulação de clímax, então decidi dar uma ajudinha (não que ela precisasse!). A cena poderia ter sido iluminada por um único refletor, mas achei que usar luz estroboscópica poderia ficar divertido. Nos ensaios, Madonna pedia a uma dançarina que ficasse em seu lugar enquanto ela observava e fazia anotações. Nunca fazia muitos elogios. Ela dizia: "Ok, vamos passar para a próxima." E esse era o seu carimbo de aprovação. Mas quando ensaiamos essa música e eu fiz a iluminação, ela sorriu para mim. Com ela dá para experimentar tudo.

Depois da versão mais ousada de "Like a Virgin", as luzes caem dramaticamente, e a iluminação se concentra em um único foco de luz sobre Madonna, como uma pecadora penitente, de joelhos, numa igreja, com a cabeça coberta por um véu negro, enquanto uma lufada do aroma de incenso começa a subir à sua volta. Ela canta pedindo redenção e salvação, rezando para um padre vestido com um hábito preto (Carlton Wilborn) num ciclo de canções sóbrias que começa com "Like a Prayer", passa por "Live To Tell" e "Oh Father" e termina em "Papa Don't Preach". Wilborn lembra o que essa parte do show exigiu:

— Muito tempo de ensaios particulares. — Ele diz que a mensagem tinha um equilíbrio delicado. — Era sobre a sua tentativa de se encontrar por meio da religião. Um lado dela sabia que precisava da religião, outro era resistente a isso, e a nossa dança representava essa batalha interna. No final, empurro a cabeça dela para baixo e a puxo para cima novamente. Sendo o padre, eu tentava acordá-la para a importância da religião. Eu a observo se abrir para isso e depois decidir seguir seu próprio caminho.

Essa dança é uma luta de desejos — ele oferecendo a ela sua força, e ela resistindo ao dogma dele. Ele tenta discipliná-la, mas ela vai embora olhando para trás. Do hábito negro e estilo puritano aos gestos duros, essa parte do show tem toda a economia e o simbolismo de Martha Graham, seu ícone da dança moderna. Graham explorava temas místicos ou religiosos com freqüência, como em *El penitente* (1940), espetáculo no qual interpretava uma Virgem camponesa, uma Madalena tentadora e uma Verônica pura. Com a mesma energia transformadora de Graham, Madonna dança como uma fada de cabelos louros, em meio a homens com roupas sombrias. Ela é a trapaceira, a "devoradora de pecados". Neste confronto com o patriarcado religioso, Madonna deixa claro que há um preço a ser pago pela exibição da sexualidade feminina.

O cenário ousado intensificava a dramaticidade da cena.

— Para a nave de igreja, Madonna fez questão de que as pilastras gregas fossem de verdade. Isso dava um efeito 3D, e, assim, o cenário não ficava chapado — recorda-se Morse. — Eram 12 metros de alumínio fundido que se elevavam do chão graças a um mecanismo hidráulico. Nada era de mentira ou falso, as dimensões eram reais.

As cenas de sexo e de religião eram tão fortes que quando a turnê chegou a Toronto, a polícia local ameaçou prender Madonna por obscenidade se ela mantivesse aquelas cenas no show. Em resposta, ela apimentou ainda mais a seqüência da masturbação. Depois de tanto tumulto, a Polícia Montada canadense manteve certa distância e o show aconteceu sem qualquer transtorno. Na Itália, Madonna também enfrentou resistência. Grupos católicos incentivaram um boicote ao show. Eles foram bem eficientes, pois a Itália foi o único país em que os ingressos para *Blond Ambition* não se esgotaram. Segundo o músico Guy Pratt, Madonna e Pat Leonard agendaram uma coletiva de imprensa no aeroporto Leonardo da Vinci, em Roma, como um artifício para aumentar a venda de ingressos.

Atacando indiretamente o Vaticano, ela disse aos jornalistas que tinha orgulho de ser ítalo-americana e mais ainda de ter crescido num país que "acredita em liberdade artística e de expressão". E que o show era um espetáculo teatral que levava o público a "uma jornada emocional".

— Não defendo um estilo de vida. Descrevo um, e deixo a critério do público fazer seu próprio julgamento.

Apesar da chuva de publicidade após a coletiva, o segundo espetáculo no estádio Flamimo, em Roma, foi cancelado.

Junto à sua preocupação com o lado artístico, Madonna sempre manteve um olho no dinheiro. O terceiro segmento do show era uma propaganda descarada do filme *Dick Tracy*, que estreou na época em que a turnê avançava pela Europa. Embora o filme fosse um sucesso de bilheteria, o momento *Dick Tracy* do show era o menos dinâmico. Interpretando uma cantora de boate, vestida com um corpete listrado estilo vaudevile, Madonna deitava-se sobre um piano de cauda inteira, e dublava um dueto que fazia com Warren Beatty no filme, junto com o bailarino Salim, vestido como Dick Tracy. Para Salim, no entanto, essa foi a experiência mais memorável da turnê:

— Eu havia deixado a Bélgica apenas dois anos antes, tinha me formado numa escola de balé rigorosa e todos debocharam de mim por eu estar indo para os Estados Unidos em busca da realização dos meus sonhos. De repente, estava ali, no palco, com Madonna me apresentando para vinte mil pessoas e dublando a voz de Warren Beatty. Era eletrizante.

Da seção *Dick Tracy*, há uma transição para uma seqüência cômica, na qual Madonna canta "Material Girl", vestindo um roupão bordado e com bobes no cabelo, como uma típica dona-de-casa dos subúrbios americanos. Depois canta "Cherish", dirigindo-se a homens com rabos kitsch de sereias. Wilborn não gostava muito dos elementos kitsch do show.

— Nunca achei muito atraente o estilo gay kitsch. Caras vestidos de sereias, caras com peitos em forma de cone — conta ele. — Sou gay, mas o estilo kitsch não me atrai em nada. Madonna percebia que eu não me sentia nada confortável naquela situação.

No último segmento do show, ela voltava a um território mais familiar e seguro no papel da garota festeira, fazendo poses em "Vogue" e finalizando a canção "Holiday" vestida num figurino de arlequim. Na música de encerramento, "Family Affair", o elenco surgia vestido em roupas similares às usadas no violento filme de ficção científica dos anos 1970, *Laranja mecânica*. Trazendo uma nova versão da cadeira e do chapéu-coco do filme *Cabaré*, Madonna cantava as palavras "*people together*" com os braços esticados. Esta era a mensagem que perpassava o show inteiro: a celebração do "amor, da vida e da humanidade."

Essa turnê de quatro meses bateu recordes. Embora a Pepsi tenha cancelado o contrato de patrocínio de três milhões de dólares por conta do clipe de "Like a Prayer", a empresa de produtos eletrônicos Pioneer ficou satisfeita em patrociná-la. Só para fazer os shows no Japão, Madonna recebeu 28 milhões de dólares. Dezoito caminhões e um avião 747 transportavam o equipamento da turnê, e era preciso contar com uma equipe de cem pessoas para montar o palco antes de cada show. Foi um empreendimento de grande porte, e a tensão resultante disso é exposta claramente no documentário sobre a turnê, *Na cama com Madonna*.

As cenas de bastidores foram filmadas por Alex Keshishian, na época um rapaz de 26 anos formado em Harvard, que fizera uns poucos vídeos despretensiosos sobre rock. Madonna o conheceu pela agência de artistas Creative Artists Agency (CAA). Ela assistiu e gostou do filme que ele fizera como trabalho de conclusão de graduação, uma ópera pop baseada na história de *O morro dos ventos uivantes*, com músicas de Kate Bush e Madonna. Então, quando o diretor David Fincher, pouco antes do início da turnê, desistiu de fazer o trabalho, Madonna chamou Keshishian para substituí-lo.

— Vou filmar você quando estiver sem maquiagem, vou filmar você quando estiver sendo uma filha-da-puta, vou filmar você de manhã em meio a travesseiros amassados antes que suas pílulas para dormir percam o efeito.

Essas palavras de Keshishian poderiam ter sido usadas como propaganda no pôster do filme. Parte do fascínio de *Na cama com Madonna* está na luta implícita travada entre a estrela e o diretor em busca da autenticidade. Embora Madonna fosse a produtora executiva, ela foi suficientemente perspicaz para confiar na visão de Keshishian.

— Eu desobedecia Madonna constantemente, para deixar claro que ela não estava me dirigindo — declara Keshishian. — Estava totalmente preparado para ser despedido a qualquer momento. É assim que você se sai melhor no trabalho, quando não tem medo de ser demitido. A idéia de trabalhar com Madonna não me deixou cego a ponto de aceitar fazer tudo o que ela me pedia. No começo, ela resistiu, era muito mandona. A certa altura, meus câmeras não sabiam mais a quem obedecer. Ela gritava: "Corta." Eu gritava: "Continua." Corta, roda. Teria sido mais fácil desistir. Mas lutei pelo que queria, e ganhei. E depois que ela passou a confiar em mim, tudo correu bem.

Keshishian fez as tomadas de bastidores em preto e branco, estilo cinema-verdade. Tinha um toque arenoso e granulado, que lembrava o documentário *Don't Look Back*, de Pennebaker, sobre a turnê de Bob Dylan pela Inglaterra em 1965. As cenas monocromáticas de Keshishian não combinavam nada com o estilo sofisticado dos registros cinematográficos de shows que predominava na época, e, de fato, as cenas do show foram filmadas num colorido vivo, por outra equipe de câmeras. O enorme contraste que há entre o público e o privado é o ponto central do filme, e serviu de base para inúmeros debates.

— Estou revelando o que quero revelar — declarou Madonna posteriormente. — Você pode argumentar que escolhi mostrar o que quis mostrar, e eu também posso dizer que *o que* escolhi mostrar é bastante revelador.

O que parece ensaiado é a *persona* régia caricatural de Madonna: as orações que antecedem cada show, os versos repetitivos que ela dita para a equipe e o jeito como se mostra como uma espécie de mãe protetora que está constantemente dando apoio aos que são "emocionalmente frágeis" e estão sob o seu comando. Ou, ao contrário, o modo como consegue liquidar com as pessoas que trabalham para ela. O diretor de produção Chris Lamb contou ter se tornado um perito na capacidade de desaparecer sempre que a câmera estava ligada.

— Eu simplesmente me virava para outro lado, sempre. Não queria ser filmado levando bronca, então passei a sumir de vista. Você sabe que quando ela tem algo para dizer, não mede as palavras. Às vezes, consegue atingir a pessoa direto em seu ponto mais fraco.

A atriz e escritora Carrie Fisher acha essa característica em particular estranhamente atraente.

— Ela muitas vezes parece se comportar como alguém que esteve submetida a um severo controle e que agora pode dizer e fazer o que bem entender sem medo de ser repreendida.

Ao se satisfazer com a própria maldade, Madonna também revela seu humor escrachado:

— Por que eu tive que ficar olhando para três fileiras de babacas, todos executivos, na frente do palco? — grita ela para o diretor Freddy DeMann, depois de um dos shows nos Estados Unidos. — Todos pareciam agentes da William Morris!

Depois de Kevin Costner aparecer no camarim para lhe dar os parabéns e dizer que achou o show "legal", ela faz gestos de quem vai vomitar.

— Sempre achei esquisito as pessoas famosas acharem que são suas amigas só porque você é famosa também — diz Madonna. — Isso pode ser até constrangedor às vezes.

A mão forte de Madonna para conduzir as coisas faz os momentos mais pessoais que ela passa com os dançarinos parecerem uma espécie de intimidade forçada. Isso faz com que paremos para pensar na questão principal do filme: quem é a verdadeira Madonna? E isso, afinal, tem alguma importância? O que se vê na tela não é nem a figura bidimensional retratada pelos tablóides, uma mulher destruidora de homens, nem a arquimanipuladora baudrillardiana de signos pós-modernos. Grande parte da crítica encara Madonna como um símbolo ou um estereótipo e não apreende o ser humano que ela é. O que se vê de mais importante nesse filme é uma mulher em estado de tensão. Ela carrega o show inteiro nas costas. É o ponto central e o núcleo organizador, é quem mantém o rigor, a precisão e o padrão de qualidade que almeja. Madonna conduz seu trabalho todos os dias em meio ao ar rarefeito dos claustrofóbicos camarins e dos quartos de hotel, sem poder relaxar um minuto sequer. "Estou desesperada para me divertir!", reclama ela com sua amiga Sara Bernhard.

Madonna revela quase sem querer momentos de vulnerabilidade. A deterioração do relacionamento com Warren Beatty é um exemplo disso.

— Venha cá, seu maricas! — rosna ela, mas é possível ver a insegurança na expressão de seu rosto. Claramente aborrecido com a filmagem, ele a repreende por viver num "ambiente insano", e diz a famosa frase:

— Madonna não quer nem viver longe das câmeras, quanto mais conversar em particular.

Num outro momento, ela espera um telefonema dele, mas ele não liga, e ela tenta disfarçar a decepção com um sorriso.

— Ele estava meio ausente na época. Apenas se sentava num canto e dizia coisas com seu humor seco habitual — conta Salim.

A essa altura, Beatty começava a se cansar da namorada mais jovem. Ele não apreciava o humor bronco de Madonna nem o jeito com que ela mandava nele o tempo todo. A câmera constante e intrusiva também era um pouco demais para ele.

Apesar de suas bravatas, era evidente que Madonna às vezes tinha medo e se sentia exposta. Quando a Polícia Montada canadense ameaçou prendê-la em Toronto por obscenidade, ela a enfrentou corajosamente. Mas quando estava atravessando o túnel que leva ao estádio, precisou do apoio das amigas, apertando a mão de Niki como se não conseguisse mais soltá-la. E há a sua conversa telefônica com o pai, em que se mostra ora exasperada, ora mais parecendo uma garotinha.

— O show fica um pouco picante em alguns momentos — explica ela.

— Você não pode suavizar um pouco? — pergunta ele, nervoso.

— Não. Isso seria comprometer a minha integridade artística — alega ela habilmente.

Depois do show, no entanto, admite:

— Eu idolatro o chão em que meu pai pisa. Foi mais difícil fazer esse show de Detroit do que enfrentar a polícia em Toronto.

A parte mais sombria e comovente do filme é quando a turnê chega a Detroit.

— É o lugar mais difícil de fazer um show — diz ela. — Ir para casa nunca é fácil para mim.

Nessa parte do filme, vemos a relação dela com o irmão mais velho Martin, que era alcoólatra na época. Ela está fazendo uma refeição no camarim, enquanto espera por ele. Ele está atrasado, e ela supõe que ele não virá mais. Quando finalmente aparece, de banho tomado e todo arrumado, ela já tinha ido dormir. Vemos também o constrangimento dela diante de uma antiga amiga, Moira McFarland.

— Ela costumava me foder com o dedo — diz Madonna, de modo pouco elegante. E depois pergunta, ao sair do quarto de hotel: — Onde está meu ídolo?

No entanto, a empolgação transforma-se em constrangimento quando elas se encontram, e Moira, que passara por maus momentos, convida Madonna para ser madrinha do filho que está esperando.

— Foi uma coisa realmente estranha rever a garota que eu idolatrava desde a infância. Eu realmente achava que ela era a tal, sabe? E, de repente, foi algo assim: "Olha o que aconteceu com as nossas vidas!" — disse Madonna depois. — Fiquei emocionada de ela querer que eu fosse madrinha de seu filho, mas não tenho tempo para ir à Carolina do Norte e participar de todo aquele ritual. Você consegue me imaginar rodeada de todos os familiares e vizinhos dela? Teria sido como uma criatura chegando de Marte.

Depois do encontro, Moira chamaria Madonna de "merdinha", mas, no instante seguinte, a perdoa ao lembrar-se da mãe da amiga.

— Eu me lembro que rezava pela mãe dela, porque ela era o mais próximo de Deus que havia em nossas vidas — conta, aos prantos. — Quando sua mãe morreu foi realmente muito triste.

A visita de Madonna ao túmulo da mãe foi uma cena muito criticada por parecer excessiva e ensaiada. Mas, como afirmou depois, ela já não o visitava há anos e, naquela tarde quente de verão, ela e o irmão Christopher demoraram quase uma hora para encontrá-lo. É compreensível que ela tenha se deitado no chão com a cabeça sobre o túmulo em busca de alguma conexão emocional ou algum sentimento de conforto. Christopher, por outro lado, sentiu-se desconfortável.

— Aquilo me deixou maluco — disse ele depois. — Eles filmaram Madonna deitada sobre o túmulo de nossa mãe e depois se viraram para mim e disseram: "Ok, Chris, agora é a sua vez no túmulo." E eu disse: "Fodam-se todos vocês, vocês não têm nada a ver com isso." É por isso que não apareço muito no filme. Prefiro resguardar a privacidade que tenho.

Esta parte da turnê não foi fácil. À medida que eles vão se aproximando de Nova York, o relacionamento entre os dançarinos vai se desgastando, e Madonna se vê obrigada a repreender os rapazes gays por perturbarem Oliver, o único dançarino heterossexual do grupo.

— Vocês são muito cruéis quando estão juntos — diz ela, com uma franqueza destemida. — Ele não tem a experiência de vida nem as técnicas de sobrevivência que vocês têm.

Salim recorda-se das provocações como uma maneira divertida de passar o tempo.

— Debochávamos de Oliver porque ele não tinha freqüentado escola de balé e porque era o único bailarino que não era gay. Sabe como é, quando você é um gay e um sujeito hetero pensa que você está dando em cima dele mas não é nada disso? Ele não podia acreditar que Luis e José usassem saia, ficava muito impressionado com isso, então a gente tinha que zombar dele.

Salim admite que muito dessa desavença tinha a ver com as noitadas desmedidas que saíam do controle.

— Eu tinha vinte anos, estava saindo do armário, crescendo e tendo de lidar com todo tipo de situação. Gostaria de saber na época o que sei hoje, pois teria aproveitado muito mais daquilo. Festejávamos sem parar em todas as cidades, era tudo exagerado demais.

— Havia muita picuinha entre os dançarinos. José e Luis chegaram com a expectativa de que estavam hierarquicamente acima dos outros e que tinham de manter essa posição. Para mim, era um comportamento ridículo de assistir. Os outros rapazes eram muito mais novos. Eu já havia experimentado o sucesso em minha carreira e não fui apanhado por aquele rodamoinho. Alguns dos rapazes tiveram problemas, pois deixaram todo aquele frenesi subir à cabeça — recorda-se Wilborn.

Para Madonna, depois de toda "tensão e dificuldade" vividas nos Estados Unidos, ir para a Europa foi "um alívio enorme". Nessa fase da turnê, podíamos vê-la brincar com os dançarinos, mandando um deles "colocar o pau para fora" só por diversão, e apreciando o beijo trocado por Salim e Gabriel. Beijo que se tornaria lendário.

— A gente se beijou, esqueceu aquilo e depois o beijo foi parar no filme. Eu fiquei assim: "Ah, meu Deus!" — contou-me Salim. — Eu tinha um namorado, e Gabriel também. E os pais dele não sabiam que ele era gay. Foi aí que a minha relação com Madonna ficou um pouco estranha, pois ele ficou simplesmente petrificado diante daquela situação. Lembro que Gabriel pediu a ela que não incluísse a cena no filme. Foi extremamente irritante ver que ela a incluíra. Não tinha me dado conta de que a repercussão das imagens seria tão grande. O que as pessoas mais temem é que rapazes possam ter pequenos momentos homossexuais, sabe? Um pequeno sentimento homossexual. Nos Estados Unidos, essa é a pior coisa que pode acontecer.

Ele também compreendeu os sentimentos de Sharon, a maquiadora que foi estuprada depois de ter sido vítima de um "boa noite, Cinderela" numa boate. A reação de Madonna foi de chocar qualquer um. Ela caiu imediatamente na gargalhada ao saber do ocorrido. Quando se deu conta da crueldade da história, parou de rir e pareceu preocupada, mas isso não abranda a falta de consideração demonstrada antes.

— Colocaram alguma coisa na bebida dela. Para mim aquilo foi realmente triste — diz Salim. — Não entendi por que todos estavam rindo, talvez seja algo americano. Há muita coisa nesse país que eu não entendo.

Niki Haris, no entanto, também achou a cena estranha.

— Às vezes havia uma energia maldosa no ar, uma espécie de sordidez. Tudo era como: "Isso é engraçado, ha ha ha!"

O que a cena mostrava na verdade era o desconforto de Madonna diante de pessoas que estavam na posição de vítima. Talvez o incidente tenha reavivado em sua memória a própria experiência de ser violentada em Nova York, quando era jovem e estava completamente desamparada na cidade. Estar no controle era tão importante para Madonna durante a turnê que ela pareceu achar difícil ter de lidar com a fraqueza e a insegurança alheia.

Isso fica evidente no final do filme, quando Madonna apela para conseguir a aprovação do público, convidando cada um dos dançarinos para uma conversa "íntima" em sua cama, embora fizesse de um jeito que mais parecia um exercício de poder puro e simples. O que há de mais fascinante no documentário é o quanto ele revela do mundo selvagem das celebridades, sobre como o universo pop cultiva uma aristocracia própria e desenvolve uma atitude quase feudal no que diz respeito às relações humanas. Embora Madonna queira que as pessoas sejam "verdadeiras" com ela, a maioria das que trabalham com ela sente-se pressionada a fazer-lhe as vontades ou a rir demais de suas piadas ensaiadas (como a do sexo oral na garrafa). Como até mesmo Jean Paul Gaultier chegou a admitir:

— Eu não entraria em confronto com ela. Ela conhece o próprio corpo tão bem que sabe exatamente o que vestir para mostrar o que tem de melhor. A única pessoa que conheço que não tinha medo dela era Sean. Ele não aturava as babaquices dela.

Ironicamente, nesse momento, Madonna se aproximava cada vez mais de um retrato picante de um daqueles ícones perseguidos e obcecados pela própria imagem dos anos 1940 e 1950 — Crawford, Monroe, Hayworth — que ela sempre admirou tanto.

A estudiosa de cultura negra Bell Hooks não se impressionou nem um pouco com o filme, e afirmou:

— Em *Na cama com Madonna*, ela revela claramente que só consegue conceber o exercício do poder dentro de linhas bastante tradicionais, capitalistas, patriarcais e de supremacia branca.

Hooks tem uma visão bastante crítica de Madonna. O que vê é uma artista famosa e branca se apropriando da cultura negra. Ela cita várias mulheres negras que rosnam para Madonna: "Aquela vaca não sabe nem cantar." E continua:

— Então por que tanta gente achou engraçadinho quando Madonna declarou que dominava o elenco inter-racial no filme? Por que eles eram emocionalmente inseguros e ela "gostava de bancar a mãe"? Não, aquilo não foi uma demonstração de poder feminino, mas o bom e velho discurso fálico branco absurdo, só que dessa vez com uma xoxota branca no poder. — E então coloca a questão: — Ela é a senhora do engenho ou a *soul sister*?

Enquanto cantora negra, Niki conhece bem essa discussão, mas diz:

— Não é a senhora do engenho, não do meu ponto de vista. Parece mais uma imperadora. Não é uma rainha, vejo-a mais como uma ditadora.

QUANDO O FILME JÁ ESTAVA EDITADO e finalizado, Madonna sabia que dispunha de um grande sucesso nas mãos. Ela o explorou ao invadir o festival de Cannes, em 1991, com a eficiência de um navio de guerra alemão. Na noite de estréia do filme, ela desfilou pelas escadarias cobertas pelo tapete vermelho do saguão principal vestida num quimono de seda cor-de-rosa. Ao virar-se para os *paparazzi*, que vinham de todo o mundo, deixou escorregar o quimono para revelar o sutiã prateado de Gaultier e as calcinhas estilo cinta que usava. A multidão perdeu o fôlego. Missão cumprida.

A partir daquele momento, Madonna impôs sua presença em Cannes. Ficou hospedada no Hotel du Cap, num quarto cuja diária custava 1.400 libras esterlinas, e mandava seus guarda-costas expulsarem todos da piscina quando ia nadar. Apareceu na festa do filme *Febre na selva*, de Spike Lee, vestindo botas enormes e uma jaqueta masculina de exército austríaco feita por Gaultier. Ela estendeu sua temporada em Cannes só para ofuscar a chegada de Sean Penn à cidade acompanhado de sua namorada Robin Wright e da filha deles ainda bebê. Em meio a essa luta por repercussão travada corpo a corpo, atores como Schwarzenegger, a ex-mulher de Mike Tyson, Robin Givens, e o astro Malcolm McDowell foram ignorados.

— Preferíamos que ela tivesse ido para casa — disse um dos amigos de McDowell. — Ela é realmente uma chata. Fica difícil trabalhar quando todos estão distraídos imaginando o que está acontecendo dentro de seu banheiro.

A tentativa premeditada de fazer com que seu filme virasse o assunto do momento obteve o resultado desejado. Depois do lançamento em maio daquele ano, o longa-metragem rapidamente virou um grande sucesso. "Um auto-retrato inteligente, atrevido e bem-humorado", entusiasmou-se o *New York Times*, enquanto a revista *Time* o elogiou dizendo: "É entretenimento cru, obsceno e épico." O filme tornou-se o quinto documentário mais lucrativo da história do cinema.

Mas as desavenças foram constantes no grupo. Em janeiro do ano seguinte, três dançarinos da turnê, Gabriel Trupin, Kevin Stea e Oliver Crumes, processaram Madonna, dizendo que a privacidade deles teria sido invadida nas tomadas de bastidores, e que eles não tinham sido pagos para aparecer no filme. Segundo o bailarino Salim: "Eles processaram porque o filme foi exibido no mundo inteiro e rendeu muito dinheiro, e eles ficaram se perguntando por que também não lucraram com isso. Foi uma punhalada nas costas." Dois anos depois,

Madonna ofereceu a eles um acordo que, apesar de modesto, foi aceito.

— Eu ainda me ressinto um pouco — diz Salim —, pois o filme está sempre sendo exibido e, quando a temporada de shows acabou, nós estávamos precisando muito de dinheiro.

Depois que a turnê chegou ao fim, alguns dos dançarinos passaram por momentos extremamente difíceis, como Gabriel Trupin, que morreu de aids.

— Ele já era portador do vírus HIV quando estávamos em turnê, mas ainda não sabia — conta Salim. Muitos encontraram dificuldades para se reajustar depois que a euforia da turnê acabou e eles tiveram que voltar às suas vidas "normais". — Costumávamos viver bem como dançarinos de videoclipes, mas as gravadoras não queriam mais gastar dinheiro com dançarinos, então passamos a fazer o mesmo tipo de trabalho por apenas cinqüenta dólares. Apelidamos esses trabalhos de "danças de cinqüenta dólares".

Depois de ficar meio perdido por alguns anos, Salim voltou-se para suas raízes na dança contemporânea e encontrou o rumo novamente. Hoje, dirige sua própria companhia de dança em Nova York e já se resolveu com os conflitos da turnê *Blond Ambition*.

— Está tudo bem — diz ele, sorrindo. — Eu a perdôo, não guardo mais rancor.

Madonna também entrou em crise.

— Pensei que ia ter um ataque de nervos, que não seria capaz de enfrentar a multidão à minha frente, que não conseguiria fazer os shows. Foi intenso demais — disse ela. Comparando o final de uma turnê com a morte de alguém, ela acrescentou: — Já me resolvi com as turnês e, quando tenho uma para fazer, não sinto nada, mas sei que, quando acabar, vou sentir. E sei que vai doer.

Madonna seguiu adiante com o jogo de Verdade ou Conseqüência que fazia consigo mesma. Já que ela havia começado, precisava ver até onde podia chegar. A grande aventura que se seguiria, a próxima máscara a cair, seria com o livro *Sex*.

11

Anjo caído

As pessoas esperam que você continue popular e faça coisas populares, é isso o que a palavra "popular" significa. Se você desobedece a essa regra, vai ter que lidar com muita fúria. Acho que, devido ao fato de todo mundo ter comprado o livro Sex, apesar da revolta que ele despertou, as pessoas resolveram que não queriam mais ser enganadas, e culparam a mim por isso... Tenho orgulho de ter feito o livro porque ele estabeleceu um precedente e deu às mulheres liberdade de expressão. Tenho orgulho de ter sido uma pioneira.

Madonna

EM 1991, O SUCESSO e a influência de Madonna atingiram um nível ainda mais alto devido a um empreendimento em que ela se envolveu na indústria musical.

— Começou como um desejo de ter mais controle sobre o meu trabalho, e acabou virando um catalisador artístico de idéias — disse ela sobre a Maverick, a empresa multimídia que criou em parceria com a Time-Warner, com um capital de sessenta milhões de dólares em caixa. — Quero uma gravadora pra valer, com artistas de verdade. Não quero ser como o Prince e transformar todos os artistas em clones meus. Isso não é ter um selo musical, é ter um harém.

Madonna, então, renegociou seu contrato de gravação, recebendo cinco milhões de dólares de adiantamento para cada um de seus próximos sete álbuns, e mais 20% dos lucros. Concorrendo com Michael

Jackson na categoria de artista mais empreendedor, ela rendeu 1,2 bilhão de dólares em vendas para a Warner na primeira década de sua carreira, colocando setenta milhões de álbuns em circulação. Para algumas pessoas, no entanto, ela se tornara poderosa demais, e elas estavam apenas esperando vê-la despencar.

Naquele inverno, Madonna concebeu o livro que viria a se tornar sua Nêmesis. Ela fora abordada pela editora Judith Regan, ligada à Simon & Schuster, para criar um livro erótico, e acabou decidindo desenvolver a idéia por conta própria. Uniu-se, então, ao antigo colaborador Steven Meisel e ao diretor de arte Fabien Baron para dar vida ao projeto. Formado na Parson School of Design, de Nova York, o foto-ensaísta Meisel gostava de apimentar suas fotos de moda abordando temas perigosamente ousados, como ao utilizar uma visão hiper-realista para mostrar a mulher de alta sociedade, ou a forma glamorosa com que tratara o tema do consumo de heroína. Em 1995, uma campanha dos jeans Calvin Klein com fotos suas seria cancelada sob a acusação de parecer pornografia infantil. Em 1991, o empreendimento de Madonna de fazer um livro erótico foi algo que ofereceu a Meisel uma oportunidade perfeita para aprontar uma bela travessura. Ele deve ter se sentido como uma criança livre dentro de uma loja de doces.

Fabien Baron era um estudante de arte francês que se mudara para Nova York em 1982 e que, depois de um breve período trabalhando para a *Vogue* italiana, coordenou o relançamento da revista de Andy Warhol, *Interview*, em 1990. Seu trabalho como diretor de arte se caracterizava pela mistura de um gosto pela perfeição formal, um humor brincalhão e uma tipografia anárquica. O livro abarcava uma variedade de influências que iam do universo punk aos iconoclastas dos primórdios da moda, como o surrealismo preciso e coreografado de Guy Bourdin, ou o visual estilizado e sadomasoquista de Helmut Newton. A equipe dos sonhos que trabalhou no livro contava ainda com o escritor Glenn O'Brien, um empenhado estudioso do universo pop nova-iorquino e veterano colaborador da *Interview*. Contando com o esforço conjunto de todos esses profissionais, *Sex* só poderia mesmo irradiar estilo e ditar tendências. Segundo a crítica de arte inglesa Sarah Kent, *Sex* não poderia ter chegado em melhor hora.

— "O Corpo" está em voga: é o assunto do momento — escreveu, referindo-se às "elegantes fotos de orgasmos" do artista Andres Serrano e a *The Jeff Koons Handbook*, série de fotografias inspiradas em ilustrações de contos de fadas, nas quais o artista aparece fazendo sexo com sua mulher, a estrela pornô La Cicciolina.

Madonna comandava a produção do livro e apresentava-se, logo nas primeiras páginas, como Dita Parlo, uma dominatrix e missionária do sexo.

— Na realidade, isso é algo que saiu da minha cabeça. Como você sabe, minha mente funciona como um catalisador dessa coisa toda — comentou ela. — São contos e fantasias eróticas visuais e escritas, e eu encarnei a personagem de forma pictórica. — Sua missão, como ela mesma declarou, era dar poder às mulheres e estimular o debate. — A *repressão* sexual é muitas vezes a grande responsável pelo mau comportamento — disse ela, assumindo o ponto de vista de que sexo é um tabu porque o mundo ocidental conserva uma longa tradição de manter silêncio sobre o assunto.

O filósofo Michel Foucault, no entanto, discordaria desse ponto de vista. Em seu estudo bastante inovador da década de 1970, *História da sexualidade*, ele argumentaria que, longe de ser ignorado, o comportamento sexual no ocidente é constantemente monitorado e tema recorrente de pregação. É parte de uma sociedade que "fala verborragicamente sobre o próprio silêncio". Madonna seria, então, um desses casos.

Sua insistência incisiva na questão do sexo como tabu se encaixa numa forte tradição liberal, que prospera, sobretudo, em contraste com a recatada corrente dominante da cultura norte-americana, cujas raízes estão fincadas no fundamentalismo puritano. Madonna, ao mesmo tempo que se iguala a essas forças religiosas, representa o oposto delas; daí o tom de zelo missionário que há em tudo o que faz.

— Em todo o meu trabalho, o objetivo é nunca ter vergonha, de quem você é, do próprio corpo, do próprio físico, dos seus desejos, das suas fantasias sexuais. O medo é a razão pela qual existem intolerância, sexismo, racismo, homofobia... As pessoas têm medo de seus próprios sentimentos, medo do desconhecido. O que estou dizendo é: não tenha medo — argumentava ela.

Madonna também procurava explorar a idéia de poder ligada ao sexo.

— Ela falava sobre gentileza e rudeza, sobre suavidade e violência. Jogava com todos esses elementos no livro — diz Charles Melcher, co-editor de *Sex*, juntamente com Nicholas Callaway. — E isso se refletia nos materiais utilizados: papel cru e macio na parte de dentro revestido por uma capa dura de metal. — Era como se Madonna quisesse expôr seus conhecimentos sobre sexo, e não apenas o próprio corpo. Como escreveu Foucault: "A sexualidade está presa a ferramentas de poder. Ela tem sido relacionada desde o princípio a uma intensificação do corpo, à exploração do corpo como um objeto de conhecimento e como um elemento nas relações de poder."

VENDIDO COMO UMA OBRA DE ARTE em edição limitada, com cópias numeradas, o livro tinha uma apresentação ousada: vinha dentro de uma bolsa Mylar lacrada feita de fino poliéster, e era encadernado em espiral, com uma capa de metal. O papel fosco tinha uma textura que lembrava um jornal ou um fanzine. Como esse era o primeiro projeto da Maverick, a nova empresa de Madonna, a apresentação era crucial. O processo não estava correndo muito bem na Warner Books, uma editora de livros voltada para o mercado de massa, e acabou havendo um "grande problema de comunicação". Seguindo a sugestão de Fabien Baron, toda a questão da apresentação e da embalagem foi transferida para a Callaway Editions, editora de Nicholas Callaway que executava serviços sob encomenda.

— Nós fizemos lindos livros de arte, livros caros, sofisticados e da melhor qualidade, belos objetos. Nós parecíamos ser a opção mais adequada, mais criativa — contou-me Melcher. — Foi, para nós, um desafio chegar a uma conclusão final sobre o melhor formato. Madonna queria que o livro fosse selado, algo que você precisasse violar para conseguir entrar e desfrutar. — Eles consideraram diversos tipos de fecho até chegarem à idéia da bolsa vedada, "uma referência às embalagens de camisinha".

A capa de metal foi idéia de Madonna.

— Estávamos falando sobre materiais para a capa, e fomos até a cozinha da casa dela. Ela mostrou o fundo de metal de seu fogão e disse: "Eu quero uma coisa parecida com isso." Fiquei muito impressionado com o modo como ela interagia com o seu ambiente, tomando-o como fonte de inspiração — diz Melcher.

Talvez ela tenha se lembrado do álbum de 1979 da inesquecível banda pós-punk PiL, chamado *Metal Box*, que originalmente era embalado numa caixa metálica. Fazer uma capa de metal, no entanto, foi um pesadelo.

— Nós compramos aproximadamente setecentas toneladas de alumínio, meio quilo para cada livro. Tínhamos que fazer a frente e o verso das capas e cada lado precisava ser furado, prensado e ionizado. Não recomendo a utilização de metal em livros. Foi um processo extremamente trabalhoso — diz Melcher.

Depois que o leitor consegue romper todas as barreiras e finalmente chegar ao livro, Madonna aparece em várias poses, explorando temas sexuais explosivos. Logo de início, mergulhamos diretamente numa pantomima gay. Numa das fotos, Madonna está amarrada a uma cadeira, e é rodeada por duas lésbicas bem masculinas de *topless*, cheias de tatuagens e piercings. Uma delas encosta um canivete em sua garganta enquanto a outra chupa o bico de um de seus seios. Numa outra foto, Madonna está de pé, encostada em uma parede, com um bidê entre as pernas, usando um biquíni-fetiche de couro, botas de PVC que iam até o meio das coxas e uma maquiagem impecável. Fazendo referência à prática da cunilíngua, ela segura a cabeça de uma lésbica de cabelos curtos que bebe água do bidê. O que chama a atenção nessas fotos é o fato de as mulheres estarem usando calças jeans desbotadas e nenhuma maquiagem, enquanto Madonna veste roupas caras de estilistas famosos. Assim, vê-se de imediato uma evidente relação de poder no projeto, por meio da qual Madonna controla cuidadosamente a própria imagem.

A temática do sexo lésbico reaparece mais adiante no livro, mas numa versão mais leve, uma espécie de "lesbianismo de batom", isto é: glamoroso, belo e com celebridades. Mas, ao longo das páginas, Madonna mostraria um lado vulnerável seu raramente visto em público. Há fotos em que está beijando sua amiga Ingrid Casares e olhando profundamente dentro de seus olhos, numa pose que lembra o pioneiro romance lésbico *Patience and Sarah*. Madonna adota um olhar mais suave, como se dissesse: "Esta aqui é quem eu sou de verdade." Ingrid é o seu porto seguro, é quem cuida dela. Numa outra foto antológica, Madonna aparece envolvida nos braços da atriz Isabella Rossellini. Com uma beleza madura e luminosa, Rossellini poderia facilmente figurar uma espécie de substituta da falecida mãe de Madonna.

Já houve muita especulação quanto às preferências sexuais de Madonna, mas o que o seu trabalho expõe é uma bissexualidade direta e sensual.

— Ela aprecia gente bonita, independente do sexo — diz um amigo.

— Ela transava com meninas e meninos, e ninguém se importava. Todo mundo fazia isso — diz outro, dos tempos em que Madonna freqüentava as boates de Nova York.

— Quando eu era jovem, todas as minhas experiências sexuais foram com garotas. Eu acho que isso é muito comum, experimentações com pessoas do mesmo sexo — declarou ela numa entrevista à revista gay americana *The Advocate*. E continuava: — Eu me excito com a idéia de fazer amor com uma mulher enquanto um homem ou outra mulher fica espiando.

Todas as mulheres de personalidade forte que costumam servir de referência para ela, de Marlene Dietrich e Mae West a Martha Graham e Frida Kahlo, eram bissexuais. Os fragmentos textuais do livro *Sex* demonstram um conhecimento íntimo, quase uma celebração do sexo lésbico. "Quando ela goza, grita como as gaivotas que voam ao nosso redor. Seu corpo estremece consecutivamente e eu bebo cada gota do seu doce néctar", escreve Madonna/Dita, num trecho excitante e cheio de vida. Depois de um intervalo das fantasias sexuais, até as gaivotas viram *voyeuses*. Num outro trecho, Madonna refere-se à bunda de sua amante como "perfeitamente gostosa!" Nada parecido com *As rosas inglesas*, sua futura incursão na literatura infantil. Nada mesmo.

Sua personagem lésbica vinha sendo construída há alguns anos. A primeira vez que ela apareceu foi no videoclipe de "Justify My Love", no qual Madonna beija a modelo Amanda Cazalet.

— O beijo não foi nada premeditado, foi verdadeiro. Não dá para ensaiar algo como aquilo — disse Cazalet. — E, sim, eu diria que ela beija bem.

Depois Madonna apareceria vestindo um terno masculino e agarrando a bunda de uma garota assanhada numa foto de Meisel que aludia ao trabalho do fotógrafo Brassaï. A foto consolidou ainda mais a já pública amizade com a comediante Sandra Bernhard. As duas iam juntas a boates lésbicas como a Cubby Hole, e apareceram lado a lado no programa de David Letterman, vestindo roupas idênticas, que eram uma espécie de uniforme lésbico. Quando indagada se havia mesmo um caso amoroso entre as duas, Madonna fez questão de deixar a dúvida na cabeça das pessoas.

— Não vou dizer nem que sim nem que não. É irrelevante — disse ela na ocasião. — Não faz a menor diferença com quem estou dormindo, se é com uma mulher ou com um homem.

Muitas lésbicas acharam que isso era relevante, sim.

— Algumas disseram que ela estava blasfemando contra nós com aquela palhaçada pseudo-homossexual — insinua Louise Carolin, da revista lésbica inglesa *Diva*.

A escritora e fotógrafa Della Grace viu "paralelos" entre *Sex* e o seu livro, *Love Bites*, uma coleção de fotos de estilo documental que, nas palavras da autora, "são sobre o kitsch lésbico e sobre lésbicas que usam acessórios que imitam a genitália masculina; abordando também o grupo, em geral excluído, ligado ao exibicionismo sadomasoquista". O livro de Grace foi publicado no mesmo ano em que Madonna começou a trabalhar em *Sex*. Criticando-a por ser uma "turista do sexo", Grace declarou que Madonna era "uma ingênua brincando com o perverso, uma *voyeuse* nem um pouco perigosa, nem um pouco verdadeira". A intelectual Jackie Goldsby a chamou de "pirata cultural", enquanto outro escritor, Russell Baker, diria:

— Madonna não é a elite da cultura. Ela é apenas uma Mae West dos *yuppies*.

Para Carolin, no entanto, havia motivos para comemorar.

— Madonna foi importante no início dos anos 1990 com esta história da "lesbian chic" — explica ela. — Naquele momento, a cultura lésbica estava passando por mudanças bruscas. Estávamos saindo da década de 1980, que tinha sido veementemente política e anticomercial. Víamos como os homens gays estavam se divertindo e percebíamos que nós também queríamos nos divertir. As lésbicas passaram a ser vistas como glamorosas e divertidas. Madonna captou essa onda de modo muito eficiente. Havia uma enorme vontade de nos ver refletidas na cultura pop, e ela nos deu essa visibilidade.

Madonna fez isso acompanhando a "saída do armário" de algumas mulheres importantes no mundo do entretenimento, como a cantora de música country alternativa, kd lang, a cantora de rock Melissa Etheridge e a atriz Ellen DeGeneres. Quando lang saiu do armário, numa entrevista dada à revista *The Advocate*, Torie Osborne, diretora executiva da National Gay and Lesbian Task Force (organização norte-americana que defende e luta pelos direitos dos gays, lésbicas, bissexuais e transgêneros), disse:

— Ela foi a primeira grande estrela pop mulher a se assumir, a ter orgulho e a se sentir bem com a própria homossexualidade. Esse gesto sinaliza a abertura de novas possibilidades e a chegada de uma nova era para as celebridades lésbicas.

O chamado "lesbianismo de batom" atingiu seu auge quando lang apareceu na capa da revista *Vanity Fair* "vestida de sapatão", sendo barbeada pela supermodelo Cindy Crawford. Antes desse marco, ser uma mulher abertamente gay no mundo pop era o equivalente a cometer suicídio profissional. No início dos anos 1990, algumas mulheres já começaram a quebrar as barreiras, inclusive Madonna.

— Lá estava ela beijando garotas no videoclipe de "Justify My Love". Aquilo foi ousado e transgressor — recorda-se Carolin. — Madonna deu uma entrevista para a *Advocate* na qual falava muito sobre o seu longo caso amoroso com a cultura gay masculina. Era inevitável que em algum momento ela voltasse sua atenção para as garotas.

Nessa entrevista, Madonna apostou alto, principalmente no que diz respeito à sua relação com Sandra Bernhard. Cansada da idéia preconcebida de que as lésbicas são sempre masculinizadas ou feias, ela disse:

— Se pudesse ser algum tipo de detonador dessa bomba, eu certamente servia. Se as pessoas vão se sentir melhor achando que eu dormia com ela, podem pensar assim, então. Eu quase prefiro que pensem que nós dormíamos juntas, só para que saibam que aquela garota de quem todos estão comprando discos andou chupando a xoxota de outra mulher.

Durante esse período, o nome de Madonna esteve ligado ao de diversas mulheres. Houve o boato de que ela e Bernhard teriam cortado relações quando Madonna transferiu seu afeto para a namorada de Bernhard, Ingrid Casares, a elegante dona de boates em Miami. Furiosa, Bernhard teria dito:

— Vejo a nossa amizade como uma pedra no rim. É uma coisa com a qual você tem que lidar, sente a dor e espera passar.

Embora tivesse jurado jamais voltar a falar com "Schmadonna", alguns anos depois as duas se reconciliaram. Tinham muito em comum, e o mundo das celebridades é bem pequeno. Ingrid, nesse meio-tempo, a moça que confessou ser uma "menina rica e mimada", filha de exilados cubanos, ficou se lamentando: "Mesmo se eu tivesse descoberto a cura para o câncer, ainda assim continuaria sendo conhecida apenas como a melhor amiga de Madonna." Madonna também passou um tempo atrás da modelo que participou do videoclipe de "Justify My Love", Amanda Cazalet.

— Nós nos falamos bastante durante o ano seguinte ao clipe e sei que se eu tivesse dado espaço, alguma coisa teria rolado — disse Cazalet.

Uma das amigas lésbicas favoritas de Madonna era a modelo nipo-americana Jenny Shimizu.

— Eu acho que ela é um ganho para a cultura gay — disse Shimizu à revista *Diva*. — Madonna é exatamente o que representa: uma pessoa de cabeça aberta que explora diferentes estilos de vida para descobrir quem realmente é. Eu não consigo imaginar uma simpatizante melhor do que ela para a nossa comunidade.

Assim como Bernhard, Shimizu era uma lésbica *high-profile* com um *glamour* alternativo. Ela apareceu posando para a Calvin Klein com uma camiseta, jeans e tatuagens. Desde então, seu visual moleca e andrógino tem servido de inspiração para uma sucessão de estilistas, de Versace a Gaultier. Embora seja uma modelo de sucesso, Shimizu ainda trabalha como mecânica de automóveis e pilota uma moto Harley.

— Acho que mulheres poderosas, agressivas, seguras e sensuais me atraem. Muitas das mulheres com quem namorei possuem essas qualidades — disse Shimizu. Uma de suas ex-namoradas é a estrela de cinema Angelina Jolie, e ela disse que, sempre que Jolie a chamava, ela largava tudo e saía "correndo para onde quer que ela estivesse ao redor do mundo". Madonna também se tornou uma amiga importante para a modelo.

— Conheci Madonna quando trabalhei no videoclipe de "Rain", por volta de 1994-95, bem na época em que estava começando a posar para a Calvin Klein, e nós acabamos nos divertindo juntas em Los Angeles, Paris e Nova York. Acabei me sentindo como uma dessas prostitutas lésbicas que entram e saem de aviões o tempo todo para ir ao encontro de mulheres — disse Shimizu. — Numa das minhas tatuagens está escrito *hauling ass 1* (ralando a bunda nº1), mas isso não quer dizer que eu saia ralando minha bunda por aí, a frase tem a ver com o lance da moto, com o jeito de pilotá-la em alta velocidade. Madonna me mostrou muitas coisas, me levou a diversos teatros e museus, e era muito divertido sair com ela. Ela é uma moça encantadora; uma mulher extremamente inteligente e segura.

No início dos anos 1990, o "lado homossexual" de Madonna estava em seu ápice. Muitos viram isso como algo positivo, e não como falsidade.

— Nós não somos donas das referências subculturais lésbicas, dessas que Madonna pega emprestado para realçar sua visão de sexualidade feminina mais livre — argumenta Louise Carolin, da revista *Diva*. — Elas são o nosso legado, nossa contribuição para o show.

O lesbianismo não foi o único tabu abordado por Madonna em *Sex*. Um outro tema que se manifesta com intensidade é o do sadomasoquismo. Além de aparecer amarrada pelas lésbicas de Los Angeles, ela brinca com chicotes, cordas e velas num clube noturno gay de Nova York chamado The Vault. Usando um quepe preto, estilo nazista, e botas, ela chicoteia uma mulher gorda que veste um vestido de PVC. Em outras fotos, um motoqueiro ameaçador se aninha entre suas pernas e bebe um líquido duvidoso de seu sapato de salto alto. Produzindo uma conexão gestual entre o sadomasoquismo e a autopunição imposta pela religião, ela deita-se horizontalmente, com as mãos e os pés amarrados, sobre uma cruz alta e sem detalhes. Essa imagem seria suavizada e retomada mais tarde, na turnê *Confessions*, de 2006, na qual ela surgiria amarrada a uma gigantesca cruz de espelhos. Em *Sex*, Madonna se assemelha à vítima de um sacrifício. Ao seu lado, há um homem deitado de bruços, com velas nas costas de cada uma das mãos, colocadas em lugares idênticos aos dos pregos que furaram as mãos de Cristo na cruz. Com um tom dramático de auto-humilhação, a imagem mostra mais um aspecto da ligação de Madonna com o crucifixo.

"Há algo reconfortante em ser amarrado", escreve ela. "Como quando você é um bebê e sua mãe aperta o seu cinto de segurança no carro. Ela quer que você fique seguro. É um gesto de amor." Nessa parte do livro, Madonna mostra como internalizou os castigos autoflagelatórios de sua mãe católica. O crucifixo, no entanto, não era apenas um sinal de dor e martírio. Era uma espécie de talismã para Madonna, pois simbolizava tanto a espiritualidade quanto o sexo. Segundo o historiador de arte J.E. Cirlot, "localizada no centro místico do cosmos, a cruz torna-se a ponte ou escada por meio da qual as almas chegarão a Deus. (...) A cruz, conseqüentemente, afirma o relacionamento primordial que há entre os dois mundos, o celestial e o terreno; ela significa a conjunção de opostos. Daí o seu significado como um símbolo de agonia, luta e martírio."

As situações encenadas por Madonna, no entanto, são estáticas e ritualísticas.

— A definição de sadomasoquismo é permitir que alguém que você sabe que nunca o machucaria o machuque — disse ela na ocasião.

Isso incluía a cena de estupro numa quadra esportiva de escola, na qual Madonna aparece rindo de forma intencional. Quando o jornalista Andrew Neil perguntou-lhe se suas fotos não poderiam liberar "um lado mau e sombrio das pessoas", ela respondeu:

— Estou trabalhando com a libertação sexual da mente. Este livro é baseado em fantasias que acontecem em um mundo ideal, um mundo sem pessoas violentas, um mundo sem aids... É um mundo de sonhos.

Seus pontos de vista são estranhamente ingênuos às vezes. "De uma maneira geral, não acho que a pornografia degrade a figura da mulher. As mulheres que fazem pornografia o fazem porque querem", escreve ela. E acrescenta: "Em tese, acho que se mulheres que estão envolvidas conscientemente num relacionamento abusivo insistem nele é porque devem estar procurando por isso."

Há um lado sombrio no livro, com fotos tiradas em porões, armazéns, cavernas, na escuridão subterrânea de uma América marginal e oculta. Esse ambiente contrasta com os corpos bonitos do sadomasoquismo, são fotos ao estilo de Helmut Newton, com iluminação perfeita, nas quais se vê Madonna mordendo a argola no bico do peito de um homem negro escultural, ou então um homem de cabeça raspada lambendo-lhe o pé, que está apertado dentro de um sapato absurdo, espécie de casco de couro deformado.

Madonna explora todos os tabus: garotinhos, homens velhos, homens gays beijando-se no famoso teatro Gaiety, em Nova York. Há até um sanduíche sexual de celebridades com o *rapper* Big Daddy Kane e a modelo Naomi Campbell, além de fotos dela própria, com seu então namorado, o *rapper* Vanilla Ice, que depois reclamou dizendo que não fazia a menor idéia de que as fotos tiradas com ela iriam parar no livro.

— Eu não queria fazer parte da piranhice dela. De jeito nenhum — disse ele depois.

Os dois começaram a namorar depois de ela ter assistido a um show dele no início dos anos 1990.

— Era divertido, nós nos sentíamos à vontade um com o outro. Ela era um doce. De repente, ela minou tudo com o lançamento do livro que expôs a história toda.

Depois do lançamento do livro, ele passou a se recusar a falar com Madonna. Quanto mais ele batia o telefone na cara dela, mais ela ligava.

— Isso a deixou excitada — disse ele, descrente. — Não estou querendo te excitar, estou querendo te *esfriar*! — Madonna não gostava de ser rejeitada, interpretava a rejeição como um desafio.

Seu comportamento exagerado, no entanto, parece um convite à rejeição. E, com isso em mente, ela se deliciaria com um dos tabus mais problemáticos para as mulheres. Distribuídas de uma forma inteligente e gloriosa, diversas imagens de masturbação estão presentes ao longo de todo o livro. Há uma foto de Madonna em cima de um espelho no chão, com as mãos dentro da calcinha, mirando o próprio reflexo; há outra em que se acha jogada num sofá felpudo, soprando argolas de fumaça, com a calça jeans desabotoada. E lá está ela, em outra foto, abaixando um short jeans e se tocando por trás. Essas fotos foram feitas em quartos sujos e simples, que estavam vazios a não ser pela presença de um tapete velho e alguns poucos ornamentos. São as fotografias mais eróticas do livro, aquelas em que Madonna captura o mundo íntimo e caloroso do desejo feminino. Não é pornografia estilizada, feita para o olhar masculino, em que as modelos encenam uma expressão que sugere alguém prestes a gozar. Em vez disso, na série de imagens de masturbação, ela direciona seu olhar para longe da câmera, perdida no próprio prazer.

Em algum ponto, no entanto, algo escapa e ela não é mais a deusa Brigitte Bardot saltitando na areia, demonstrando as alegrias da liberdade sexual. No final do livro, um tom de alienação parece tomar conta de tudo. As últimas sessões de fotos foram feitas em Miami, no início de 1992. Ali, Madonna parece embrutecida, o cabelo louro está quebradiço e a maquiagem, borrada. Há a famosa foto colorida em que ela está andando pelada numa estrada, pedindo carona, e outra em que banca a exibicionista, comendo nua no balcão de uma pizzaria, enquanto freqüentadores do lugar, inteiramente vestidos, a observam. Quando essa foto foi tirada, o dono do lugar ficou tão aborrecido que enxotou Madonna e toda a equipe para fora do restaurante. Entre as últimas fotos, há uma em que Madonna banca a prostituta de rua, com os seios nus, andando em ruas iluminadas por neon. Há um tom de desespero no ar, como nas fotos da cantora de rock Courtney Love pelada num táxi londrino, tiradas anos depois para a *Q Magazine*. No final do livro, Madonna, de algum modo, abandona a linha erótica que fora cuidadosamente administrada por ela, e transita em direção a um estilo de pornografia leve, típico do subsolo de lojas baratas.

Sex foi problemático. Um milhão de cópias foram lançadas em sete países no mesmo dia, 22 de outubro de 1992, e todas se esgotaram.

— Passamos muitas noites em claro antes de o livro ser publicado — lembra-se Charles Melcher. — Tivemos de assinar inúmeros contratos cedendo praticamente as nossas vidas antes de vermos as fotos. Era tudo extremamente confidencial e secreto. Convivíamos com seguranças armados o dia inteiro na gráfica. E ainda havia a capa de metal, a embalagem de plástico e o CD. Era como construir um carro. A linha de montagem era esmagadora e tinha que ser super-rápida porque Madonna tinha milhares de outros compromissos. E, no dia em que o livro foi lançado, as pessoas se alvoraçaram. Faziam filas para comprar o livro, que custava 25 libras, e saíam das lojas carregando pilhas de exemplares.

Houve uma avalanche de discussões na mídia. Para algumas pessoas, Madonna fora longe demais, para outras, não fora longe o suficiente. “Este é o resultado desesperado de uma mulher viciada em escândalos que está envelhecendo”, escreveu Martin Amis no jornal *The Observer*. Já Calvin Tomkins, da *New Yorker*, alegou que Madonna se preocupara mais com a aparência do que com fazer um livro erótico propriamente dito. Para a crítica de arte londrina Sarah Kent, as fotos eram como “fotos de moda que anunciam produtos de borracha ou roupas de praia, sem ousar ou apresentar sérios perigos”. Marina Warner disse que “o sorriso de Madonna parecia tão suntuosamente rígido quanto o de Nancy Reagan, e seu olhar para os acontecimentos, tão sem propósito e ausente quanto o olhar da Rainha da Inglaterra ao observar uma dança de guerra dos homens de lama de Papua Nova Guiné”. Para Melcher e outros que trabalhavam na Callaway Editions, as fotos eram menos sensuais do que eles imaginavam.

— Um dos elementos mais incríveis daquele projeto foi mostrar como a fantasia é mais poderosa do que a realidade. A preparação nos fez imaginar Deus sabe o quê — diz ele. — Estávamos empolgados só de saber que se tratava de um grande livro de arte erótica. Eu havia estudado este tipo de livro e nunca tinha visto um projeto como este, com uma celebridade pop de primeira linha fazendo algo tão sensual. Mas achei as fotos um pouco decepcionantes. No final das contas, a embalagem foi o grande diferencial, porque as fotos na realidade não eram tão transgressoras quanto eu esperava que fossem.

Sex evocava uma filosofia confusa. A maioria das críticas feitas por mulheres destacava a futilidade dos comentários de Madonna sobre pornografia e abuso. "Talvez ela possa procurar um relacionamento abusivo e depois pular fora dele", escreveu Warner, "mas uma breve visita aos guetos de quase todas as cidades, aos antros de prostituição que ficam atrás de estações ferroviárias, onde as mulheres entram em carros para fazer sexo oral por uma ninharia... Isso já daria a ela uma outra visão das coisas".

Na verdade, não se tratava do grau de nudez ou, como Norman Mailer tão elegantemente disse, do número de "fotos da genitália feminina". O livro acabou sendo considerado pornografia pois, apesar de conter um forte apelo pela liberação humana e pelo sexo seguro, o resultado pareceu mais um exercício vazio voltado para o mercado de massa. A premissa era corajosa, com uma abordagem genuína do sexo gay, mas se desviou para o leviano e o comercial. Madonna finalmente teve uma hiperexposição. A pornografia é uma espécie de cinismo em relação aos sentimentos humanos, marcado, de modo alármante, por algo que é convencional e contrário a vida. Não causa surpresa saber que poucos anos depois da publicação do livro, um dos homens que aparecem em suas páginas, o artista pornô Joey Stefano, foi encontrado morto num quarto de motel, vítima de uma overdose de drogas.

Stefano ficara bastante animado com a participação no livro. "Finalmente tinha aparecido um trabalho 'autêntico', envolvendo talvez a maior estrela pop do momento. Mas o cachê era 'autêntico' também", escreveu o biógrafo Charles Isherwood. Stefano reclamou de ter recebido apenas 150 dólares pela sessão de fotos.

— Quando Madonna e companhia arrumaram as coisas e saíram do teatro Gaiety, levaram com eles o tom chique e espalhafatoso que as páginas de *Sex* exalam. Deixaram para trás a realidade mundana com a qual aqueles rapazes tinham que conviver nos sete dias da semana. Como os clientes célebres para os quais Stefano costumava servir de acompanhante, Madonna o contratara para um serviço bem específico. Depois que o serviço prestado foi devidamente pago, ele e a estrela pop seguiram cada um o seu caminho.

Apesar do desejo de chamar atenção para o espírito humano, Madonna havia se comprometido com a vida mundana e barata do universo da pornografia.

Um rapaz que me concedeu uma entrevista para este livro tinha apenas onze anos quando *Sex* foi lançado. Sem ter qualquer conhecimento dos trabalhos anteriores de Madonna, aquele foi o seu primeiro contato com a cantora pop.

— Na escola, pensávamos que ela era alguma estrela pornô. Não conhecíamos seus outros trabalhos — disse ele. — Tínhamos a sensação de que o que ela fazia era meio errado.

A cantora e compositora Tori Amos, que, como Madonna, sempre explorara temas sexuais em seu trabalho, reconhece que muitas artistas sentem a necessidade de roubar "as próprias identidades reprimidas". E *Sex* foi a forma que Madonna encontrou de fazer isso.

— Quem sou eu para criticar? Se você não está machucando ninguém na sua empreitada de autoconhecimento e na tentativa de mudar uma ideologia dominante, talvez você precise aceitar que caguem em cima de você. Você pode optar por explorar isso, é um prejuízo com o qual se tem de arcar. Muitas mulheres embarcam em aventuras semelhantes, mas protegidas por quatro paredes. Ela escolheu fazer isso em público, na frente de *voyeurs*.

A repercussão de *Sex* foi, de modo geral, desconfortável. Havia a sensação de que, por trás daquela indiferença aparente, existia uma psique complexa. Madonna se aborreceu quando um de seus produtores favoritos, Patrick Leonard, afirmou: "Se ela não se casar logo, desenvolverá danos psicológicos irreversíveis." Seu tom era moralista, mas ele anteviu a crise pela qual Madonna passaria. Pouco depois de *Sex* sair, o álbum de estúdio *Erotica* foi lançado. A foto do encarte mostrava Madonna desfocada, segurando um chicote preto e usando braceletes de couro, com os olhos fechados e a boca aberta, com a língua para fora, numa pose de sadomasoquismo pornô. Se compararmos essa foto com a capa de *True Blue*, a diferença é gritante.

A deusa icônica perfeita de *True Blue* havia desaparecido. Da mesma forma que as beldades dos anos 1960, como Nico, Marianne Faithfull e Brigitte Bardot, tentaram destruir a própria beleza depois de ficarem famosas, como se fosse algo que as prejudicasse, Madonna estava anulando a sua imagem de mulher bela e perfeita. Em pouquíssimos anos, passou do flerte provocador para um exibicionismo desesperado e erótico. É irônico o fato de que, depois do triunfo artístico de *Like a Prayer*, ela tenha caído neste anticlímax. Lembre-se, porém, de que ela admitira sentir-se desconfortável ao ter que tingir os cabelos de louro para o filme *Dick Tracy*. O louro fez com que ela tomasse uma direção um pouco enviesada. Foi como se com o livro *Sex* ela mostrasse o outro lado do sonho hollywoodiano. Muitos aspirantes a atores chegam a Los Angeles sonhando com o estrelato e acabam no elenco de filmes pornôs marginalizados. É possível argumentar que, tomando por base a ênfase nos atrativos sexuais de ícones femininos, a corrente dominante de Hollywood seja, sobretudo, uma forma elaborada de prostituição. Muitos atores desiludidos têm lamentado a maneira com que a capital do cinema americano foi capaz de virar-lhes a cabeça.

Nas fotos de *Erotica*, Madonna aparece amarrada e amordaçada, montada sobre uma mesa, com um rabisco azul cortando a imagem. Ela vale milhões, mas aqui é retratada como algo sem o menor valor. Outra foto traz sua imagem esfumaçada à la Andy Warhol, sobrepondo-se ao rastro de um visual de filme B pornô vagabundo, que se completa com o cabelo louro de prostituta e as unhas pintadas de esmalte vermelho intenso. Ela parece uma mulher à beira de um ataque de nervos. Algo realmente tinha dado errado.

O *single* "Erotica", faixa de abertura do álbum de mesmo nome, fazia parte do pacote do livro *Sex*. Uma evidente despedida dos álbuns anteriores, o *single* mostrava Madonna desviando para caminhos mais experimentais, mais sombrios. Embora *Like a Prayer* fosse um manifesto artístico cuidadosamente pensado, o disco ainda tinha um som pop rock, com chances de entrar nas paradas de sucesso. Em *Erotica*, ela ficara bem mais inescrupulosa. Quando o produtor Shep Pettibone trabalhou na primeira série de canções que gravariam, ele optou por um som estilo house nova-iorquino e uma "vibração ao estilo de Los Angeles". Madonna odiou. Disse que se quisesse que o álbum tivesse um som assim teria trabalhado em Los Angeles com Patrick Leonard. Ela não precisava de luz nem de brilho. Queria que *Erotica* tivesse um som cru, como se tivesse sido gravado "num beco do Harlem".

O primeiro impulso de Pettibone foi recriar "Vogue", mas Madonna disse-lhe que ela nunca se repetia. Eles trabalharam no álbum no apartamento dele em Nova York, de outubro de 1991 a março do ano seguinte, em meio a saídas para as sessões de fotos de *Sex* com Steven Meisel. A personagem Dita Parlo — dominante, galhofeira, sádica — acabou influenciando o álbum. Pettibone observou que Dita parecia trazer à tona a "fera bestial" que havia em Madonna.

MADONNA TINHA PASSADO por várias decepções na vida pessoal. O casamento acabara e os relacionamentos com homens famosos, como Warren Beatty e Vanilla Ice não chegaram a lugar algum. Depois de Beatty, ela teve um caso com o modelo e dançarino Tony Ward. O rapaz bonito tinha uma preferência por sexo submisso, e fora uma das estrelas do clipe de "Justify My Love". Ele se mudaria para a mansão dela em Hollywood, onde se divertiriam juntos em jogos sexuais. Havia, no entanto, uma desproporção fundamental no relacionamento deles: enquanto ele se declarava abertamente o maior fã dela, ela permaneceria sendo a chefe. Madonna se cansou dessa dinâmica e o romance esfriou. Ela mantinha uma série de amantes que estava sempre à disposição, entre os quais se incluía seu guarda-costas Jim Allbright e o dono de boate John Enos, mas isso não a ajudava a se livrar do sentimento de solidão e de insegurança.

— Eu tenho uma força de vontade brutal — disse ela à escritora Lynn Hirschberg —, e toda essa força tem se concentrado sempre em vencer um sentimento horrível de inadequação. Estou sempre lutando contra esse medo. Até consigo superar uma parte disso e começo a me ver como um ser humano especial. Mas em seguida entro numa outra fase e passo a me achar medíocre. Aí então encontro uma maneira de me livrar desse sentimento. É um processo que se repete continuamente. Isso está sempre me importunando.

Os amigos mais próximos dela se preocupam com sua incapacidade de se estabelecer, não apenas com um parceiro, mas consigo mesma.

— Warren me dizia que eu fazia exercícios físicos para evitar a depressão. E ele achava que eu deveria parar de fazer exercícios e me permitir ficar deprimida — disse ela. — E eu dizia para ele: "Warren, o que vai acontecer é que eu vou ficar deprimida justamente por não estar me exercitando!"

Beatty disse a Niki Haris, *backing vocal* e amiga de Madonna, que "ela não conseguia aceitar a verdade, isso era doloroso demais para ela".

A música era a única saída para os sentimentos de Madonna. A depressão que vinha tentando expulsar se infiltrou, porém, nas canções de *Erotica*: toda a raiva, o desânimo, o sentimento de desorientação e a paixão foram parar no disco. Com exceção da balada pop "Rain", não havia nenhuma canção adocicada para as paradas de sucesso. Madonna quis contar suas histórias. Ela era uma mulher de 33 anos, experiente, com emoções complexas, e estava determinada a refletir isso em seu trabalho. Desde a faixa de abertura, "Erotica", o álbum é tão conflitante quanto o livro *Sex*. Encarnando a personagem da dominatrix, Madonna entra na intimidade aveludada do universo sadomasoquista, persuadindo um amante a se submeter à combinação especial de prazer e dor proposta por Dita. O arranjo é disperso — fragmentos que lembram o som do álbum *Jungle Boogie*, da banda Kool and the Gang, com um contratempo arranhado, sons sensuais do Oriente Médio, e a voz seca e sussurrante de Madonna; a letra é parte falada, parte cantada. É como se carregasse traços da intensidade de um transe já presente em "Justify My Love", mas sem a força vital que a canção anterior tinha. Sua voz está como que por um fio e surpreendentemente pouco enérgica.

Sua versão para a canção "Fever", de Peggy Lee, transmite a sensação de que Madonna perdera aquela consistência fibrosa tão característica de sua música, que geralmente refletia a agilidade e o alto-astral de um dançarino no ápice de sua elasticidade. Mas nessa faixa, o som é frágil. Aproximando-se mais de um exercício mental, sua versão de "Fever" não possui o conflito interno entre restrição e obsessão que marca a gravação original de 1956. Na faixa seguinte, "Bye Bye Baby", Madonna está controlada e minimalista, quase inexpressiva. Sua batida dançante costuma soar como as batidas fortes de um coração, mas nessa música mal se pode sentir a pulsação. Ela despacha um pretendente insensível com uma letra indiferente que soa como total desconcentração ou ausência de experiência pessoal de onde extrair os sentimentos adequados. Algo que curandeiros alternativos chamariam de "chi dispersa", uma força vital sem conteúdo.

Mas dessa insipidez e frieza surgiria algo novo. "Deeper and Deeper" é uma canção mais próxima de sua marca pop ousada e ambiciosa. Ela cria sua própria *wall of sound* feminina com chamadas e respostas feitas pelas *backing vocals* Donna e Niki.

— Para esta faixa, ela precisava de um tipo de som forte — conta Niki. — Havia uma boa vibração no estúdio. Madonna sempre acerta o tom na mosca. Isso tinha virado uma coisa quase que telepática entre nós três. Eu sabia como moldar a minha voz para combinar com a dela, e ela sabia como moldar a dela para combinar com a minha. Nessa época, éramos capazes de fazer isso tanto no estúdio quanto nos shows.

A canção vai num crescendo até chegar a uma batida house emocionante, interrompida por uma forte guitarra flamenca, enquanto Madonna lamenta ter se apaixonado pela pessoa errada mais uma vez.

— Essa era uma faixa dançante, estilo disco. Pude me divertir um pouco e criei uma ponte com a influência latina. Madonna aprovou e acabou entrando no clima — lembra-se Tony Shimkin, programador musical e co-autor da canção. Nessa faixa ela devia estar pensando no conselho de sua mãe de que ela deveria ser capaz de confiar no poder de cura do amor.

Mas tudo isso talvez remonte à região púbica, à fonte da vida. "Where Life Begins" é a sua ode à prática da cunilíngua, ou, como foi apelidada no estúdio, "boquete". Remetendo às rainhas do blues de vaudevile como Bessie Smith, que cantava sobre a "jelly" (geléia) nas diversas canções em que mencionava a expressão "jelly roll" (metáfora própria do universo do blues para a genitália feminina), Madonna também se delicia com o poder da metáfora e da insinuação. Co-produzida por Andre Betts, que também trabalhara com ela em "Justify My Love", essa faixa é uma fantasia íntima com arranjos ainda mais sensuais que se devem aos discretos improvisos influenciados pelo jazz.

Boa parte da sensação de obscenidade existente no álbum se deve à contribuição de Betts, um *rapper* e produtor do Bronx. Impressionada com o trabalho que ele fizera em "Justify My Love", Madonna lhe telefonou e disse que queria fazer algumas faixas do disco em algum estúdio onde ela não pudesse ser reconhecida. Ele encontrou um estudiozinho vagabundo de gravação de *jingles* na West 21st Street, em Nova York.

— Madonna chegou com um enorme casaco de pele que ia até o tornozelo — contou-me Betts. — Ela se sentou e nós começamos a trabalhar juntos. Eu estava no piano quando, de repente, um rato atravessou a sala correndo enquanto ela escrevia uma letra. Ela olhou para mim e disse: "Dre, você viu isso?" Eu tinha visto, mas disse: "Vi o quê?" E ela: "Você não viu isso?" Eu: "Não vi nada!" E ela: "Você está mentindo, claro que você viu." Aí eu disse: "É, eu vi. Você quer ir embora?" Ela respondeu: "Fala sério, cara, eu não tenho medo de um rato de merda!" E então simplesmente continuou a escrever. Eu disse: "Uau." E ela: "Tô me lixando."

Assim falou a garota que já dormira sobre caixas de leite no chão de um estúdio, e que já havia tirado comida do lixo para almoçar. Apesar da condição de superestrela, havia uma parte de Madonna que nunca esquecera os velhos tempos em que ralava para sobreviver em Nova York. E, nesse álbum, ela estava determinada a invocar uma atmosfera urbana realista e pé-no-chão. No dia em que eles viram o rato, ela estava escrevendo a letra de "Where Life Begins".

— Eu estava lá sentado olhando para ela. Daí ela ficou vermelha, deu um sorriso e disse: "Putz!" E eu, ainda olhando para ela: "O que diabos você está escrevendo aí?" — ri Betts. Embora constrangida de estar escrevendo sobre um assunto tão íntimo diante de seu novo produtor, Madonna evidentemente gostou do processo.

Betts gravou várias canções com Madonna, inclusive "Dear Father", que estava prevista para ser a quarta faixa do álbum.

— Era uma música sobre sua relação com Deus. Ela estava adorando — diz Betts. Mas quando chegou a hora de organizar o disco, Madonna ficou decepcionada quando soube que a linha do baixo fora criada por um músico com quem certa vez brigara no início dos anos 1980, e ela, então, vetou a canção. Há certas coisas que Madonna não esquece.

Apesar do tropeço em "Dear Father", Betts levou Madonna para caminhos mais experimentais em *Erotica*, especialmente no que diz respeito à linha do baixo com o ritmo apimentado de hip hop e na levada densa e pesada de "Waiting". Esta reflexão ácida e melancólica sobre amar o homem errado é carregada de ressentimento e raiva acumulada. O que será que tinha acontecido? Ela parecia um milhão de anos mais velha. Esse é o som da desilusão, ela quase cospe as palavras. Há um poderoso adendo a esse estilo na faixa "Did You Do It?", que se assemelha à linha melódica de "Waiting", e tem uma fala de um garoto gabando-se por ter transado com uma menina no carro. Madonna sussurra apenas uma ou duas palavras ("I'm waiting" — "Estou esperando") durante a música, mas ao longo de toda a faixa é possível sentir a presença de seu olhar furioso. Dá para sentir a forte presença de sua escuta silenciosa.

Essa faixa começou como uma brincadeira. Reflete a harmonia existente entre Madonna e Betts no estúdio.

— Já estávamos perto perto do final e, naquele dia, bebíamos gim e champanhe, fazendo uma pequena comemoração. Daí ela mostrou o sinal que tem no quadril. A gente tinha criado apelidos um para o outro. Ela me chamava de Pothead (cabeça de maconha), e, por conta da sonoridade de seu sobrenome, Ciccone, eu a chamava de minha Chick Homie. E como todos a chamavam de Mo, eu a chamava de Mo Gizmo, todas essas bobagens.

Madonna teve que sair para jantar, e deixou Betts finalizando algumas faixas. Enquanto ela estava fora, ele começou a compor um rap. Como uma retomada àquela pergunta provocadora que Madonna fizera a Camille Barbone anos antes, Betts gravou alguns rapazes do estúdio dizendo "Did you do it?" (Você fez?), enquanto o arranjo de "Waiting" tocava ao fundo. Ele improvisou um rap sobreposto à canção.

— No rap eu falo sobre ter transado com ela. Faço isso em cima da batida de "Waiting". No segundo verso eu a chamo de "ho" (abreviação para prostituta, "whore"), e ainda faço várias outras doideiras.

Aproveitando os acontecimentos daquele dia, ele inventou uma história na qual eles bebem gim e fazem sexo na limusine dela, ele beija o sinal de seu quadril e depois se separam rapidamente. Quando Madonna voltou do jantar com Ingrid Casares e "alguns caras do livro", Betts não pôde resistir à tentação de fazer uma brincadeira.

— Eu sei que ela é a Madonna, mas para mim ela era que nem a gente, é desse jeito que brinco com os meus amigos. Eu não pretendia desrespeitá-la, mas seria o fim da picada se não pudesse dar uma sacaneada.

Madonna pediu a ele para colocar "Waiting" para que todos ouvissem.

— Todos aqueles caras de terno estavam lá, todos muito sérios, então toquei "Did You Do It?" em vez de "Waiting". Apertei o *play* e fiquei olhando para os alto-falantes. Ela estava em pé, atrás de mim, e eu a via pelo espelho. Eu estava sentado ali e então, de repente, senti ela se inclinando por trás do meu pescoço, olhei para o espelho e vi que os olhos dela estavam cheios de lágrimas. A música acabou e ela me disse: "Você enlouqueceu de vez?" E eu: "Desculpa!" Ela disse: "Você é louco. Agora eu posso ouvir a minha música?" Olhei para trás e os caras estavam com uma cara de quem diz: "Que porra é essa?"

Depois que os homens de terno foram embora, Madonna pediu para ouvir "Did You Do It?". Nada mais foi dito sobre o assunto até que, duas semanas após o final das gravações, ela telefonou para Betts e disse que queria a canção no disco.

— Eu disse: "Impossível! Você está maluca?" — relembra ele.

— Talvez — disse ela —, mas eu quero colocar a música no álbum.

Foi necessário usar algumas táticas de persuasão para convencer Betts, mas ela acabou conseguindo.

— Vou contar essa história para que fiquem sabendo o quanto Madonna é justa. Em todas as outras músicas que fiz com ela, fiquei com 50% da renda, mas em "Did You Do It?" fiquei com 75% e ela com 25%. Ela me deu 75% da música, e com isso acabou me convencendo. E graças à minha indecente boca suja ela acabou sendo premiada com a obrigatoriedade da utilização de uma etiqueta na capa do álbum, com os dizeres "Aviso aos pais: conteúdo explícito."

"Did You Do It?" se encaixava no padrão de letras ousadas e eróticas do rap do início dos anos 1990. Ao chamar sua chefe de "ho", Betts se colocara numa corda bamba, mas fizera isso com charme e com uma admiração oculta por sua própria ousadia.

— A canção era crua. Podia ter sido apenas uma brincadeira pessoal da qual ela teria achado graça e nada mais. Mas resolveu mostrá-la para o mundo todo.

Ao optar por uma produção mais simples e minimalista, Madonna pôde expressar frustração e indiferença, bem como emoções mais fáceis de representar, como tristeza e alegria. Deixara para trás o dinamismo do som pop, pesado e cheio de influências de Pat Leonard e passaria a falar das coisas como elas de fato são. A realidade para ela está em "Bad Girl", uma letra suja sobre fumar cigarros demais e se consolar com amantes pelos quais não se nutre qualquer sentimento. Ou em "Thief of Hearts", uma canção sarcástica no estilo disco house interpretada por uma mulher invejosa. Ou então na reclamação prolixa contida em "Why It's So Hard". Esse foi um álbum difícil de ser apreciado pelo grande público e foi só depois do seu trabalho seguinte, esclarecedor e iluminado, que os fãs olharam para trás e puderam ver o quanto o álbum anterior refletia o que se passava em sua cabeça na época. Para Madonna, esse foi um álbum conceitual, que explorava a destruição interna dos medos e dos desejos mais sombrios que a tomavam.

Com a música "In This Life", temos acesso a outro sofrimento que a impulsionava — a morte de seu amigo Martin Burgoyne, e a sombra que a aids deixou sobre o mundo dela em Nova York.

— Essa foi uma canção comovente para ela — lembra-se Shimkin. — Ela estava muito emocionada, a gente percebe isso pela maneira como a canta. Era algo muito pessoal para ela, e dava para ver que tinha sido tomada pela emoção do momento.

Entretanto, ao expôr este luto, ela chegaria a outro lugar, "Secret Garden". Co-produzida por Betts, esta canção carrega o clima do clube noturno nova-iorquino Knitting Factory, criada pelos improvisos e batidas em contratempo, típicos do jazz da região Downtown de Nova York. E, em meio às curvas sensuais e lânguidas, esta faixa final mostra o movimento de Madonna em direção a um processo de transformação. Ela canta com um ar de poesia *beat* e de autodescoberta. Apesar do estrago, apesar do coração endurecido, ainda conseguia encontrar esperança e beleza para criar uma visão de si mesma capaz de voar livremente.

EMBORA PUDESSE BANCAR a diva quando queria, dentro do estúdio Madonna se mantinha com uma postura lúcida e realista. Ali, a atitude direta e franca, típica da garota de Detroit, vinha à tona. Tony Shimkin recorda-se de uma ocasião em que estava compondo com ela e Pettibone num apartamento que ficava um andar acima do estúdio.

— Shep ficava apaziguando-a e concordando com tudo o que ela dizia. Eu era mais jovem e tinha mais senso de humor. Estava no piano e ela, sentada na sala, perguntava: "Você já acabou?" Passados alguns minutos, perguntava novamente: "Você já acabou?" Na terceira ou quarta vez, joguei o lápis nela e disse: "Não, eu não acabei porra nenhuma ainda. Vá lá para baixo, coma um balde de pipoca, dê alguns telefonemas e depois volte aqui. Se eu não puder fazer do meu jeito, não consigo sentir prazer com o que estou fazendo." Ela compreendeu e respeitou o meu pedido.

Madonna se preocupava com a tensão que existia entre Pettibone e Shimkin. O jovem assistente sentia que não estavam dando crédito suficiente a ele, e um dia saiu zangado do estúdio, passando por ela como uma bala. Algum tempo depois, quando ele estava malhando, o telefone da academia tocou.

— Alguém atendeu e disse: "Tony, é para você. É a Madonna" — conta Shimkin. — Eu fiquei muito surpreso. Ela disse: "Estou me sentindo mal com o que está acontecendo, gostaria que você fosse conversar com uma pessoa do meu selo musical." É fácil para as pessoas dizerem que ela é uma filha-da-puta, mas ela não é esse tipo de pessoa. É muito leal.

Totalmente absorvida pelo projeto, Madonna queria manter uma atmosfera calma e equilibrada dentro do estúdio. Também mostrava-se aberta a arriscar-se musicalmente. Ansiosa por buscar influências em lugares inesperados, convidou Doug Wimbish para tocar em várias faixas. Baixista pioneiro do hip hop nos anos 1970 e início dos 1980, junto com Skip McDonald e Keith LeBlanc, ele fazia parte da banda da Sugarhill Records, e tocava clássicos do hip hop como "The Message" e "White Lines", de Grandmaster Flash. Por volta de 1984, ele e seus companheiros de banda se mudaram para Londres e, ao lado do produtor de dub Adrian Sherwood, criou o *tackhead*, uma mistura de funk com rock que agitou a nova cena "industrial". Wimbish também participou de gravações com Mick Jagger e com a banda Living Color, antes de dar sua contribuição às faixas "Where Life Begins" e "Secret Garden", em *Erotica*. Embora a parceria entre ele e Madonna, a princípio, parecesse pouco provável, ele sentiu uma afinidade de imediato.

— O lance de Mo é que ela sempre foi ligada à cena underground — comenta. — Eu me lembro de vê-la na Danceteria vestindo uma enorme jaqueta multicolorida. Era impossível não notar a sua presença. Ela estava lá com Bambatta, com Gandmaster Flash. Você a via no Roxy. Estava realmente em todos os lugares da moda. Sabia quem eu era e tinha bastante curiosidade de me incluir em seu álbum. Quando tem uma intuição, ela vai fundo. O grupo que trabalhou nesse disco era bem interessante.

Embora alguns dos assuntos explorados por ela fossem, às vezes, sombrios e difíceis, Madonna ainda assim se divertia.

— Ela chegou ao estúdio certa vez com uma caixa cheia de revistas *Playboy* antigas, as porcarias de Hugh Hefner dos anos 1970 — lembra Wimbish. — Acho que estava fazendo uma espécie de pesquisa para o livro *Sex*. Eu já a conhecia, e conhecia também a sua energia. Sabia como se comportava quando tinha homens à sua volta, como conseguia se manter no controle e tudo o mais. Ela faz isso no bom sentido. Você só não pode é se deixar intimidar pelo jeito dela. Dre folheou uma das revistas, deu uma olhada e disse: "Credo! Essas piranhas eram assim naquela época?" Eu falei: "Deixa eu dar uma olhada?" Aí Madonna disse: "Não, não, não. Você tem que tocar." "Eu não vou tocar porcaria nenhuma antes de ver alguns peitos e bundas!" Foi assim que começamos nossa conversa. Ela começou a rir. Ela era legal.

Madonna gostou do estilo simples e realista que Betts trouxe para o estúdio.

— Dre é um cara que tem vivência de rua, e acho que ela gosta disso nele — diz Wimbish. — Ele é aquele tipo de pessoa que vai direto ao ponto, sem meias palavras. Não é desses que se enfeitam e iniciam uma conversa que parece não ter fim; isso já está incorporado na sua personalidade. Não, o cara é realmente franco e honesto, mas de um jeito agradável.

A natureza despreocupada de Betts permitiu a Madonna ser ela mesma no estúdio. Apesar da imagem pública de destruidora de homens, ela tem um lado doce que só se percebe quando se sente à vontade e relaxada. Betts lembra que um amigo dele, um aspirante a estilista chamado Stephen Miller, costumava ir até lá visitá-lo. Um dia, Madonna, como quem não quer nada, perguntou para ele:

— O que você vai desenhar para mim?

Algumas semanas depois ele apareceu com uma jaqueta para ela, com um chapéu para combinar.

— Fiz uma coisa para você — disse ele.

— Meu Deus! Obrigada! — respondeu ela.

Betts se recorda:

— Depois disso, ela saiu. Não sabíamos para onde estava indo. E então voltou. Tinha tirado a camiseta e colocado a jaqueta e o chapéu. Ela entrou, sentou e passou o resto do dia com a roupa que ele tinha acabado de fazer para ela!

Betts também se lembra de uma festa na casa de Madonna. Ela estava brincando o tempo todo com um chicote e ele não resistiu à tentação de usá-lo. Arrancou-o da mão dela e abriu, com o chicote, a blusa que ela estava usando.

— Ela estava usando sutiã, mas o chicote arrancou tudo, de modo que metade de seus seios ficou de fora, e não tinha mais nada ali para cobri-la. Então ela acabou ficando sem blusa por um tempo e circulou pela festa do jeito que estava. — Era uma festa acústica, com pessoas tocando piano e cantando, mas ela não quis cantar. — Perguntei: "Qual é o problema, afinal? Por que você não quer cantar?" E ela disse: "Prefiro cantar na frente de milhares de pessoas do que na frente de algumas." Madonna pode até ficar zangada comigo por eu dizer isso, mas no fundo ela é tímida.

O que Betts descobriu foi que, quando Madonna se sente segura, sua doçura se revela por inteiro.

— Eu era honesto com ela e ela se abria comigo e me contava tudo, assim fui me dando conta de que ela era tímida *mesmo*. Parece toda cheia de si, mas, por baixo daquilo tudo, é doce como um gatinho, um gatinho filhote.

No dia 12 de setembro, Shep Pettibone saiu do estúdio com uma cópia completa de *Erotica* nas mãos. Um mês depois, esteve com Madonna na festa de lançamento do livro *Sex*. Enquanto todos entravam no clima dionisíaco da festa, que contava com exibições de simulação de sexo e pessoas sendo tatuadas, os dois ficaram falando de música.

— Afinal de contas, a música ainda era o foco principal, e o álbum era o que nos deixava entusiasmados — contou ele.

Betts tem uma outra visão da festa.

— Havia uma banheira cheia de pipoca com uma mulher nua dentro. E uma moça que circulava servindo sushi, com os seios nus sobre a bandeja. E também uma pessoa pendurada no teto por uma corrente e toda aquela parafernália de couro. — Ele ri. — Mas a coisa mais louca é que tinham umas portas com uns buracos para a gente espiar o que acontecia dentro dos cômodos, onde pessoas faziam sexo. — O que mais divertiu Betts, no entanto, foi ver um cara supermacho que ele conhecia do Bronx, de quatro, com uma coleira de cachorro no pescoço. — Eu disse o nome dele e ele olhou para mim. Ele não sabia que eu estava trabalhando no disco e exclamou: "Ah, meu Deus!" Eu era a última pessoa que ele esperava encontrar lá. Tinha muito pouca gente da vizinhança e do Bronx naquela festa. Na verdade, acho que éramos só três! Foi engraçado — diz Betts. Ele também se lembra de que Madonna quis ir para a sua sala particular e pediu a Betts e a Stephen Miller para segurarem sua mão para os três formarem uma corrente e passar pela multidão. Até na própria festa ela precisava se sentir protegida e segura.

EMBORA TENHA SIDO um dos discos mais pessoais e corajosos da carreira de Madonna, *Erotica* foi, de todos, o que fez menos sucesso. Vendeu cinco milhões de cópias em todo mundo (em comparação a 21 milhões de cópias de *True Blue* e a 19 milhões de *Like a Virgin*). As vendas foram baixas nos Estados Unidos. Lá, Madonna sempre passava da marca dos quatro milhões de discos vendidos, mas as vendas de *Erotica* estacionaram na metade disso. Ela acabou se dando conta de que o livro *Sex* tornara-se uma distração fortíssima.

— O problema foi ter lançado *Erotica* ao mesmo tempo. Eu amo esse álbum e ele ficou ofuscado. Tudo o que fiz nos anos que se seguiram ao lançamento do livro foi diminuído pelo impacto causado por ele — lamentou ela. O que o público queria eram as canções pop suaves e a velha Madonna atrevida e inocente que conheciam e amavam. Mas esta Madonna nunca mais voltaria; pelo menos não com essa máscara.

Doug Wimbish acha que *Erotica* estava à frente de seu tempo. No início dos anos 1990, o rock grunge de Seattle tinha entrado com tudo, a *jungle beat* e sua ênfase no baixo estavam surgindo nas pistas de dança, e o hip hop atingia um novo patamar com o rap *funky* e consciente de bandas como De La Soul.

— Madonna é artística demais para apenas captar as nuances e os reflexos do que está rolando e criar um conceito a partir disso. Ela não sai lançando um álbum atrás do outro assim, de qualquer jeito — diz ele. — Ela tinha a Maverick, tinha feito um livro, o filme *Dick Tracy*, tinha namorado um supergalã de Hollywood. Esse foi o primeiro disco em que expôs um conceito *próprio*. Simplesmente deixou todo mundo em pânico. Virou tudo de cabeça para baixo de repente, e as pessoas tiveram de lidar com o susto e o choque que isso causou.

Ele não considera as cinco milhões de cópias vendidas de *Erotica* como um fracasso.

— De certo modo, *Erotica* foi o maior sucesso da carreira dela. Foi o álbum que deu forma a seu trabalho, que lhe possibilitou chegar à posição onde está hoje. *True Blue* e os outros, foi bom ter tirado isso do caminho primeiro. É fantástico. Ela está muito mais inteligente agora, vejo isso quando olho para trás. Totalmente genial. É preciso tirar essas coisas do caminho quando se é jovem. Preparar o terreno para o que você vai querer fazer quando estiver mais velho. Se você tem mais de cinqüenta milhões de discos vendidos na manga, é porque você é bom. Se o selo musical não pode sustentar isso, eles que se danem. Ela, de certo modo, estava perguntando: "E aí? Quanto vocês acreditam em mim *agora*?"

Wimbish acha que Madonna abriu caminho para a geração de cantoras pop que surgiu depois:

— Ela estava mandando ver e seguindo sua visão de mundo como mulher, trazendo a coisa para a vanguarda *mesmo*. O que ela fez abriu espaço para as Aguileras, Britneys e Beyoncés que vocês conhecem. Ela preparou o caminho para tudo isso aí. Você pode começar sendo bonzinho e educado e, de repente, se tornar um porra-louca. Certamente haverá muito dinheiro para você no final desse processo!

MADONNA EXPERIMENTAVA formatos diferentes, não só na sua carreira de cantora, mas também nos papéis que interpretava no cinema. Um padrão estava começando a se formar. Com as diretoras, ela sempre expressou seu lado mais forte, enérgico, principalmente em *Procura-se Susan desesperadamente*. Depois, em *Uma equipe muito especial*, de 1992, dirigido por Penny Marshall, que contava a história de um time feminino de beisebol de 1940, Madonna apelou para o espírito determinado e moleca de seus tempos de animadora de torcida no colégio. Muitos diretores do sexo masculino, no entanto, não puderam resistir à tentação de, de certa forma, anular o poder que ela tem, distorcendo as personagens fortes que ela interpretava. Em 1988, na peça da Broadway de David Mamet, *Speed-the-Plow*, por exemplo, a visão que Madonna tinha de sua personagem Karen, a secretária, era a de uma mulher vingadora, uma força em nome do bem, que convence seu pretendente cínico a escolher uma história inspiradora em vez de se preocupar apenas com o valor comercial, como de costume.

No final, Mamet e o diretor Gregory Mosher mudaram completamente a personagem, de modo que ela ficou parecendo conivente e manipuladora, e não inocente.

— Era terrível fazer aquilo noite após noite — disse Madonna, sem rodeios. — Eu a via como um anjo, como uma mulher inocente. Eles queriam que ela fosse uma puta.

Ela freqüentemente pega papéis de mulheres arruinadas, da figura tentadora dividida entre dois homens. Em *Speed-the-Plow*, Karen era o brinquedinho de Gould (personagem de Joe Mantegna) e de seu entusiasmado produtor Charlie Fox (Ron Silver). Antes, em *Goose and Tomtom*, quando, já em Nova York, teve seu primeiro papel no teatro, ela interpretou uma mulher oferecida chamada Lorraine que provocava e atormentava os dois protagonistas masculinos. Concebida como um "mito gnóstico" pelo dramaturgo David Rabe, a peça misturava o sobrenatural com o submundo da criminalidade. A arte imitava a vida, com a Lorraine de Madonna provocando ciúmes nesses dois gângsteres malandros e violentos, um dos quais (Tomtom) interpretado por Sean Penn. Fã da dramaturgia de David Rabe, Penn estava louco para que Madonna fizesse o papel de Lorraine. Foi a segunda vez que os dois trabalharam juntos, depois de *Surpresa de Shanghai*, e a participação de Madonna durou apenas quatro dias (ela precisou sair para filmar *Quem é essa garota?*). Embora nem mil pessoas tenham chegado a vê-la no palco, essa foi uma das melhores atuações de Madonna.

— Madonna foi a melhor Lorraine que eu já vi. Havia com certeza algo na personagem que parecia ter sido feito sob encomenda para a personalidade dela. A *material girl*, que era tudo o que eu conhecia dela antes de começarmos a trabalhar juntos: sexy, materialista, com aquela espécie de cinismo, aquela coisa provocadora que ela tem — lembra-se Rabe. — Ela tinha falas do tipo: "Eu, um dia, ainda vou dominar o mundo." Ela provavelmente deve ter dito isso durante toda a sua vida, mesmo quando ainda era uma criança.

No filme *Neblina e sombras*, de Woody Allen, Madonna faz uma trapezista, dividida entre o marido, o Homem Forte, e o Engolidor de Facas, interpretado por John Malkovich. "Eu conheço todos os truques de sedução", diz sua personagem, de modo quase ingênuo. No suspense *Corpo em evidência*, de 1993, ela interpretaria Rebecca Carlson, uma *femme fatale* que matava milionários fazendo sexo selvagem com eles. "Ela não é apenas a ré, ela é a arma do crime", declara o promotor durante o julgamento. "Ela é uma bela mulher, mas quando este julgamento terminar, vocês a verão apenas como um revólver, uma faca ou qualquer outra arma mortal." Nesse filme, feito depois do lançamento do livro *Sex*, Madonna faz nu frontal e contracena com Willem Dafoe numa jornada erótica que envolve velas, práticas sadomasoquistas e sexo oral num estacionamento.

O filme foi dirigido por Ulrich Edel, que havia feito filmes independentes, provocadores e cheios de clima, como *Eu, Christiane F. 13 anos, drogada e prostituída*, um drama sobre uma adolescente de Berlim viciada em heroína, e *Noites violentas no Brooklyn*, uma adaptação do romance de Hubert Selby Jr. sobre a vida marginal no Brooklyn na década de 1950. Concebido como uma combinação de filme *noir* inteligente e *Instinto selvagem*, *Corpo em evidência* é um filme plausível, de bela fotografia, mas, em última instância, pouco convincente. Embora a atuação de Madonna tenha sido elogiada, o filme foi visto como parte da catástrofe de *Sex* e, ao ser lançado, recebeu críticas muito negativas (o crítico Leslie Halliwell achou-o "bobo demais para pôr em palavras"). O público urrava de satisfação quando Rebecca era baleada e caía da janela, numa morte espetacular.

— Queríamos trabalhar juntos. Estávamos procurando um projeto e, quando ele apareceu, nós o agarramos com tudo — contou-me Edel. — Mas fizemos o filme rápido demais e, quando foi lançado, não fez sucesso. — Ele acha que muitos críticos não deram valor à atuação de Madonna, pois estavam loucos para condenar o filme. — Sua atuação estava melhor em comparação a outros trabalhos que já havia feito. As pessoas vão a extremos quando querem criticar algo. Ela é uma mulher muito corajosa, que não tem medo de se arriscar. Talvez, com o tempo, as pessoas olhem para trás e se dêem conta de que ela era uma boa atriz.

Na época em que fez *Corpo em evidência*, Madonna se tornara uma devoradora de pecados para o mundo, era vista como uma mulher que usava a sexualidade de forma destrutiva. A história que se contava sobre o início de sua carreira era a de que ela era uma *groupie* que se deu bem, dormindo com quem quer que fosse até atingir a fama, e isso colocou seu trabalho e sua música sob suspeita. Como diz a antropóloga Wendy Fonarow em seu livro *Empire of Dirt*: "A *groupie* é uma figura perturbada. Basicamente, é tida como uma vadia especializada, não como uma vadia que dorme com qualquer um; trata-se de uma vadia que dormiria apenas com quem tivesse o emprego certo."

Madonna muitas vezes se viu retratando, em peças e filmes, a mulher sensual que exatamente por esse motivo devia ser castigada. Ela fazia a figura do trickster, uma mulher cujo poder imprevisível tem de ser aplacado. O trickster é um arquétipo, geralmente masculino, que é ao mesmo tempo criativo e destrutivo, que representa instintos básicos e tem um apetite insaciável pela imoralidade. No folclore antigo, o trickster está sempre em movimento, correndo de um local a outro, atravessando barreiras. Ele incorpora uma espécie de tensão criativa a partir de seus lados opostos: o sagrado e o profano. O astro de rock, com sua inclinação para o excesso, tornou-se o maior trickster do século XX. Madonna pode não ter quebrado um quarto de hotel inteiro nem jogado um aparelho de televisão na piscina, mas fez suas próprias versões para gestos deste tipo: arrotando alto em lugares públicos, simulando masturbação e exibindo as partes íntimas para o mundo. Segundo Fonarow: "O trickster precisa ser punido por suas violações." Madonna, também, viu-se punida de algum modo pela obstinada resistência a ela que se evidenciou de modo crescente. Resistência que partia de muitas artistas femininas, de Courtney Love à compositora de Chicago, Liz Phair.

O oposto total de Madonna, Courtney Love era uma anti-heroína do rock, com cabelos louros que pareciam ser de boneca, cheios de pontas duplas, e com um sorriso assimétrico no rosto. Ela tinha um humor cáustico e compôs apaixonadas canções punks com a sua banda Hole.

— Eu não sou de classe média alta e nunca fui popular no colégio. Tenho tatuagens pelo corpo e faço parte de uma subcultura, fui uma adolescente sem teto — disse-me ela certa vez. Casada com o vocalista do Nirvana, Kurt Cobain, foi apelidada de rainha do grunge. Madonna viu imediatamente o potencial comercial que havia na banda e ofereceu a ela um contrato com a Maverick. Love negou, alegando depois:

— O interesse de Madonna por mim era como o de Drácula por sua próxima vítima.

Esses eram os sentimentos de desconfiança que Love aparentemente nutria com relação a Madonna na ocasião. Ela se convenceu de que, devido à recusa, Madonna teria encorajado a amiga Lynn Hirschberg a difamá-la. No entanto, embora um artigo crítico sobre os Cobain tenha sido escrito por Hirschberg e publicado na *Vanity Fair*, não há qualquer prova de que Madonna tenha algum envolvimento nisso.

Três anos depois, Madonna e Love estiveram cara a cara depois de uma cerimônia de premiação do MTV Video Music Awards. O jornalista Kurt Loder entrevistava Madonna para a MTV quando Love interrompeu a entrevista atirando pó compacto na estrela e gritando: "Madonna!" Sentindo que tinha um furo de reportagem nas mãos, Loder convidou Love para se juntar a eles. O que aconteceu a seguir foi uma conversa desconfortável, na qual Love daria o melhor de si para implicar com Madonna. A reação de Madonna foi dizer:

— Quem tem o melhor sapato? O meu é Gucci. — E saiu andando.

— Eu assustei vocês? Vocês estavam conversando sobre astrofísica ou algo do gênero? — gritou Love. — Tchau, Madonna... Eu te assustei? Você está puta comigo?

Madonna descreveu Love como "uma pessoa muito infeliz":

— Ela é extremamente competitiva e vai criticar qualquer um que faça sucesso.

No final da década, no entanto, elas deram uma trégua. Love chegou a apresentar sua estilista, Arianne Phillips, a Madonna. Quando ambas tornaram-se mães famosas, encontraram alguns pontos em comum, mas, em 1992, Love simbolizava a dura resistência aos charmes de Madonna. Mais e mais artistas do sexo feminino, de Love a Liz Phair, sentiam-se compelidas a criticá-la.

— Elas falam mal a meu respeito toda vez que alguém as compara comigo ou pergunta o que acham de mim. É um pouco parecido com o que os filhos fazem com os pais, eles os censuram. Eles querem matá-los porque precisam se tornar independentes — reclamou Madonna.

Essas novas e competitivas heroínas do rock estavam ansiosas para se consagrarem como algo diferente, como o oposto do grande espetáculo pop que era Madonna. Ela foi taxada de manipuladora e falsa, era considerado uma força feminina sombria contra a qual se deveria lutar.

Mas acontece que, para uma grande parte do público, ela exercia o efeito oposto, projetando uma espécie de luminosidade. John Izod identifica isso como uma espécie de xamã feminino. "Um curandeiro inconsciente, essa figura às vezes prega peças nas pessoas, deixando-as desconfortáveis (o que pode, por sua vez, voltar-se contra ela ou ele) durante o processo de encontrar o caminho certo para dentro da mente a fim de curá-la."

Esse efeito pode ser claramente observado numa pequena publicação que saiu ao mesmo tempo que *Sex*. Com o título de *I Dream of Madonna* (Sonhando com Madonna), uma alusão ao seriado *Jeannie é um gênio* (*I Dream of Jeannie*, no original), o livro reúne diversos sonhos de mulheres com Madonna, compilados pela colecionadora e folclorista do Texas, Kay Turner. Madonna disse que ficou lisonjeada com a quantidade de reflexões a seu respeito:

— Eu infiltrei tanto na cabeça das pessoas que elas tiveram que intelectualizar a minha existência. Prefiro estar dentro da mente delas do que fora — comentou ela.

Os sonhos de mulheres de idades variadas e origens diferentes mostram a difusão de sua influência, que ela se materializa na vida delas como uma espécie de curandeira, como alguém que abre caminhos, que conspira junto com elas, uma espécie de fonte de libertação. Uma mulher que fora vítima de abuso sexual disse que Madonna apareceu para ela num sonho, brincando com seus filhos, e mostrando-se preocupada com o problema do abuso.

— Ela estava interessada em ajudar do jeito que pudesse. Queria ouvir como tinha acontecido e pensar em uma mensagem que produzisse polêmica, para que as pessoas prestassem atenção no problema.

Há também sonhos nos quais Madonna é a bailarina principal no corpo de dança, ou ainda um holograma com a sua imagem iluminando o céu noturno. Em outros deles, ela é chamada de "Botswana, porque isso significa The Boss (a chefe)". Ela pode ser má, uma sedutora ou uma criança vulnerável. Parece capaz de ser todas as mulheres, e o que era notável na época era o tamanho de sua capacidade de influenciar as pessoas. Apesar de a imagem predominante ser a de uma manipuladora consciente e de uma mulher de negócios ardilosa, muitas mulheres captaram o que havia de humano em sua figura. Era como se Madonna estivesse fazendo o papel da Virgem Maria, atendendo a súplicas e intervenções. Turner descreveu seu livro como uma "resposta não oficial à *Sex*, no qual Madonna usou um novo formato para continuar o diálogo a que dera início nos primeiros anos de sua carreira. Um diálogo sobre a importância dos sonhos e das fantasias. Essa coleção foi um presente para ela: esses sonhos representam a outra metade desse diálogo."

Madonna teve acesso ao livro antes de ele ser publicado e se comoveu com a leitura.

— Era uma publicação pequena de alto potencial sexual voltada para a afirmação do que chamamos de "orgulho da vagina" — conta a editora do livro, Peggy Vance. — Madonna gostou de como o livro mostrava o seu lado humano em contraste com o lado pornográfico estampado em suas poses. Havia uma suave inclinação para o homoerotismo. — Com montagens peculiares de imagens, *I Dream of Madonna* tinha virado um sucesso de vendas no grande mercado. — Ela realmente faz parte da vida das pessoas. É como uma religião para algumas, como um encanto e uma bênção. Não de um modo tradicional, mas de um modo a lhes conferir poder. Eu via gente lendo o livro no metrô e em toda a parte.

Mas para a outra fatia considerável de público, Madonna chegava a ser um pesadelo de superexposição, alguém cujos valores eram desprezíveis. Com o livro *Sex*, ela lançava um desafio complexo para o mundo, e alguns homens poderosos aceitaram esse desafio publicamente. Em 1993, Madonna co-produziu com a Maverick o filme de Abel Ferrara, *Olhos de serpente*. Ao apoiar um diretor *cult* de filmes sombrios e provocadores como *O assassino da furadeira* e *Vício frenético*, ela parecia estar pedindo para ter problemas. Visto por alguns como um misógino nocivo, Ferrara se vira instigado a destrinchar a alma de Madonna. Reprisando o tema de trabalhos anteriores, Madonna interpretou mais uma vez o papel de uma mulher dividida entre dois homens agressivos. Nesse filme dentro de outro filme, ela interpreta uma atriz de Hollywood chamada Sarah Jennings, que vive o papel de Clair, uma esposa que sofre abusos constantes. Depois de uma conversão religiosa, Claire se recusa a continuar participando dos jogos de drogas e sexo que mantinha com o marido suburbano (Jim Russo, amigo íntimo de Sean Penn). Decepcionado, o marido tenta humilhá-la de maneiras cada vez mais terríveis, e acaba matando-a com um tiro. O personagem de Russo, que é um ator, não consegue separar a vida da arte, e a violência que vive na tela torna-se um pouco realista demais.

Madonna pensou inicialmente estar representando o papel de uma catalisadora, uma agente de transformação. Mas, como aconteceu em *Speed-the-Plow*, o diretor tinha outros planos para ela. Ferrara conseguiu extrair atuações fortes dos atores quando tomou a decisão de jogar o roteiro fora e encorajar o elenco a improvisar. Para a Madonna atriz, certinha e organizada, isso era algo impensável. Ao longo do período de três meses de filmagem, no entanto, ele foi gradualmente rompendo sua resistência até que falas que não estavam no roteiro começaram a sair de dentro dela. "Olhe para o espelho. O que você vê? Eu vejo uma vagabunda medíocre tendo um ataque de nervos", diz Russo com sarcasmo, enquanto Madonna, enrubescida, mira o próprio reflexo com olhos lacrimejantes. Quando ele quebra o espelho, é como se ela estivesse aceitando sua própria destruição. Fica claro que, em certa medida, o filme é sobre Madonna, ou sobre a imagem que o público tem dela. "Nós dois sabemos que ela é uma puta de merda e que não sabe atuar", grita Russo, em certo momento, enquanto seu personagem corta os cabelos dela pela raiz, como Sean Penn ameaçara fazer certa vez.

Numa outra cena, o personagem de Harvey Keitel, o diretor do filme que se passa dentro do filme, provoca Sarah declarando: "Quem você pensa que é, porra? Sua merdinha comercial!" Mas talvez o momento mais revelador de todos seja uma pequena cena na qual Sarah conta ao diretor sobre o estupro que sofrera alguns anos antes. Embarcando corajosamente no espírito de improvisação, Madonna mergulha fundo nas lembranças do abuso sexual que sofreu quando jovem em Nova York. Isso é o que o diretor David Lynch descreveria como "o olho do pato", a principal cena do filme.

Em silêncio, lambendo os lábios nervosamente, a personagem de Madonna recorda-se de como o agressor a fizera tirar as roupas e deitar-se nua. Ele tentou violentá-la, mas o corpo dela estava tão rígido que ele se vira obrigado a recorrer à felação. "Eu me lembro daquela sensação horrível e asfixiante", comenta ela, contando como o homem a arrastaria pelos cabelos até o topo do prédio e, encostando uma faca em seu pescoço, diria: "Eu não sei se rasgo a sua garganta ou se jogo você lá embaixo." Ela levanta os olhos para Keitel e diz: "Eu teria feito qualquer coisa, *qualquer coisa* que ele me pedisse."

Justamente nessa cena estaria o motivo que levou Madonna a fazer o livro *Sex*. A razão pela qual ela expôs seu corpo nu num ato de confrontação, e também de erotismo. O porquê de ela ter simulado masturbação no palco e constantemente apostar mais alto quando se trata de chocar as pessoas e se manter no controle. Por trás de suas canções pop, existe uma espécie de raiva inflamada que guia sua música e suas imagens provocadoras. O escritor John Izod estava certo ao dizer que ela não estava "celebrando o amor e a sexualidade pura e simplesmente", e sim que, na verdade, "estava era brincando com as noções de sexo e de amor".

Não é tanto o luto pela morte de sua mãe que a motiva, mas a sensação de abandono que a deixou desprotegida. Madonna se deparou com a pior experiência pela qual poderia ter passado, tornar-se vítima da violência masculina e, depois disso, canalizou sua revolta totalmente para o trabalho, virando o jogo sempre que tinha oportunidade. É por isso que as mulheres reagem a ela de maneira tão visceral, é por isso que tantos homens heterossexuais têm sentimentos ambivalentes em relação a ela. A história contada por ela não é só uma história de charme e de sedução, é também de raiva e de vingança. Foi esse lado sombrio, seu id, seu sentimento de indignação, que fez com que a maior parte de seu grande público se sentisse desconfortável e se afastasse dela. O filme, que recebeu o conveniente título de *Dangerous Game* (*Olhos de serpente*, no Brasil), foi um fracasso de crítica e de público, e muitos o consideraram depressivo demais. As pessoas não gostaram de ver Madonna num filme como esse. Assim como muitos preferiam não ver a crueldade em Oscar Wilde, encarando-o apenas como um contador de histórias de humor sagaz, ou vêem os textos de Noël Coward como uma leve comédia de costumes sem perceber o forte tom de injustiça social, muitos críticos não foram além da superfície ofuscante da *persona* pop de Madonna, e não chegaram a compreender a fúria inquieta que estava por trás daquilo tudo.

Foi nessa ocasião que a compositora Tori Amos lançou "Me and a Gun", uma canção devastadora sobre o estupro que ela sofrera e que a levaria a fundar o RAINN, um serviço nacional norte-americano de apoio às vítimas de abuso sexual. Há muito em comum na maneira como Amos e Madonna deram a volta por cima em relação à violência que sofreram e a utilizaram como combustível para seus trabalhos.

— Foi preciso aceitar o que tinha acontecido, um ato que se infiltrou por todas as partes do meu ser. O estupro pode se arrastar para o seu interior e viver ali dentro como uma outra voz — diz ela. — Não dá para você organizar toda uma equipe da SWAT para arrancar essa voz vergonhosa de você. A única maneira de lidar com a destruição é através da criação. Essa é a chave para a consciência de uma vítima, mudar o padrão estabelecido para que você não se torne uma tragédia. Você vai atrás do agressor que se alojou dentro de sua cabeça.

Madonna expôs toda a confusão que havia em seu interior e, mais tarde, assustada com o resultado, trouxe-a de volta para dentro. Apenas depois de cinco longos anos, teria coragem para lidar com esse tormento interno novamente.

12

Só filmo o que preciso

Divido minha carreira entre antes e depois de Sex. Antes dele eu era apenas uma pessoa criativa que trabalhava e fazia coisas que me inspiravam e que eu achava que inspirariam outras pessoas. Depois do livro, de repente passei a ver a vida em geral a partir de outra perspectiva. Sex era a minha fantasia e eu fiz dinheiro com isso. Parece inaceitável. É tudo parte de uma mulher forte no controle, aterrorizando as pessoas.

Madonna

O LIVRO *SEX* FEZ com que Madonna perdesse noites de sono. Perturbado com a sua atitude dúbia e agressiva, o público foi se afastando aos poucos, e a popularidade dela caiu como nunca. Compelida a encontrar algum modo para agradar as pessoas novamente, ela optou pelo meio no qual sempre se saía bem: shows. Entre os meses de setembro e dezembro de 1993, circulou com a turnê *The Girlie Show*. Não era uma apresentação tão audaciosa quanto *Blond Ambition*, mas mostrava o lado atriz de Madonna, defensora fundamental do vaudevile e do burlesco modernos.

O coreógrafo Alex Magno ficou impressionado com as idéias que Madonna tinha para a turnê:

— Era um show bastante orgânico, que se baseava puramente em performance. Não se apoiava em efeitos especiais e truques para atrair a atenção do público — contou-me ele. Muitos dos movimentos foram coreografados por Magno, um bailarino de rua brasileiro, oriundo de uma região pobre do Rio de Janeiro. Depois de se estabelecer nos Estados Unidos, ele criou uma companhia de dança sediada em Los Angeles, a Personna Dance Theatre, e, combinando balé e jazz, conquistou uma reputação considerável dentro da comunidade da dança. Madonna foi esperta ao convidá-lo para coreografar o *The Girlie Show*.

— Fui o escolhido entre outros cinqüenta coreógrafos. Ela primeiro quis me conhecer pessoalmente. Madonna pode gostar do que você faz, mas se não rolar uma química, você não vai trabalhar com ela.

Entre os dançarinos, Carlton Wilson foi o único da equipe de *Blond Ambition* a continuar na nova turnê.

— *The Girlie Show* foi a minha turnê favorita. Era muito mais elegante e tinha efeitos visuais muito mais sofisticados — conta ele. A rotina de ensaios era mais rigorosa. Para "La isla bonita", por exemplo, quando o elenco inteiro se vestia de marinheiro, havia uma coreografia extremamente complicada. — Nós sabíamos que Madonna já estava ensaiando sozinha. Então Alex a trouxe para trabalhar conosco, para fazer a sua parte. O que não sabíamos é que ela se movimentaria tanto quanto nós. Havia muito movimento tanto na parte baixa do palco quanto na alta, e ela tinha o controle de tudo que estava acontecendo. Era *inacreditável*. Pensei: "Caramba! É por isso que a mulher é quem ela *é*." Madonna faz as coisas acontecerem na mais perfeita ordem. Uma emoção orgânica e verdadeira vinha à tona naquela cena, que tinha um toque latino. Madonna não precisava fazer toda aquela coreografia, mas seu lado puramente artístico tem a necessidade de desafiar limites físicos.

Como em *Blond Ambition*, Carlton assumiu alguns papéis principais, especialmente em "The Beast Within", uma parte do show cheia de dramaticidade cujo tema reapareceria em trabalhos posteriores de Madonna.

— Tudo aquilo tinha a ver com as coisas destrutivas que guardamos dentro de nós. Se não as enfrentarmos cara a cara, elas acabam conosco — sentencia o bailarino.

Para o número de abertura, no entanto, Madonna se concentrou em um tema circense, com som de órgão, uma lona de circo e uma garota (Carrie Ann Inaba) que descia do teto pendurada por uma corda. Inaba tivera aulas de circo com uma acrobata profissional para conseguir o efeito exato, mas havia algumas diferenças em relação a um espetáculo tradicional de circo: Carrie vestia unicamente um tapa-sexo no show. O número funcionava como uma introdução poderosa e dinâmica à primeira música, "Erotica", na qual Madonna encarnava inteiramente a personagem Dita Parlo: cabelos curtos, botas de cano longo e um chicote de equitação. Era uma imagem ousada, interpretada com movimentos controlados e lentos, que estabelecia o tom para todo o espetáculo. Uma produção sofisticada, o show refletia o estado de espírito de Madonna na época, com momentos de verdadeiro brilhantismo e outros de menor concentração, nos quais ela parecia se equilibrar com dificuldade, segurando-se nas bordas.

O número cômico da *Pantomime Dame*, por exemplo, já tinha sido encenado diversas vezes em outros shows. Neste, ela fazia o estilo Bette Midler, com uma blusa de babados, peruca loura *black power* e shortinho curto típico dos anos 1970. As canções "Express Yourself" e "Deeper and Deeper" ganharam um tom pop disco, com a ajuda de bolas de espelhos e dançarinas dançando o shimmy, mexendo os ombros e os quadris de um lado para o outro do palco. Depois do aborrecimento com o livro *Sex*, Madonna apostava firmemente na cultura gay, apelando para o seu público mais fiel.

— Ela não é apenas uma dessas garotas heterossexuais que andam sempre acompanhadas de caras gays, uma "fag hag". Não é nada disso, Madonna tem uma sensibilidade gay própria, e não é uma sensibilidade gay feminina, mas uma sensibilidade gay masculina. Isso faz toda a diferença — contou-me o comentarista cultural Peter York. — Ela sabe o que os rapazes gays estão pensando e explora isso *sem perdão*.

Havia momentos extremamente kitsch: as marinheiras de "La isla bonita", por exemplo, ou a dança sensual executada por Madonna em "Fever" entre dois homens que exibiam músculos bem definidos, ou ainda em "Holiday", quando, vestindo trajes militares, assumia uma postura de comando e dava ordens aos bailarinos. Tudo isso era divertido, mas não combinava com a força da personagem Dita Parlo. Os pontos altos do show eram quando Madonna explorava sua teatralidade com toda força. Como ela disse a Alex Magno: "É assim que trabalho. Tudo o que faço precisa de objetivo, cada passo tem que ter uma razão. Trabalho exatamente como uma atriz."

A imagem que mais repercutia era Madonna como uma corista do início do século XX, usando um arranjo estilo indiano na cabeça e mantendo o corpo rijo enquanto executava os movimentos complexos de "Vogue". Ou quando aparecia de cartola e fraque imitando Marlene Dietrich no filme *Marrocos*. Numa imagem que se tornaria tão clássica quanto a dos seios cônicos, ela interpretava uma versão feminina de um apresentador de circo, cantando "Like a Virgin" com um sotaque alemão extremamente carregado e criando uma cumplicidade proposital com o público.

— Nos ensaios nós nos perguntávamos: "O que ela está fazendo?" Todos achávamos que aquilo não daria certo. Era clichê demais — lembra-se o diretor de iluminação, Peter Morse. — Mas o público amava essa parte do show. Madonna sabia exatamente qual seria a reação de sua platéia.

Havia também a seqüência de "Bye Bye Baby" na qual, lembrando vagamente a companhia de dança japonesa Takarazuka, composta só de mulheres que faziam tanto os papéis femininos quanto os masculinos, Madonna e as *backing vocals* Donna e Niki apareciam agarrando a bunda das dançarinas, vestidas como libidinosos cavalheiros vitorianos. Foi durante esta turnê que ela, Donna e Niki realmente se firmaram como um trio. Na canção "Rain", sentavam-se juntas como três velhas sábias, e o foco era inteiramente jogado em suas vozes.

— Esta foi a primeira vez em que nós três nos sentamos juntas e sentimos a harmonia que havia entre nós — recorda-se Niki. — A voz de Madonna estava começando a ficar mais forte. Eu podia sentir a diferença. Ela estava gostando de experimentar coisas novas e acreditava mais na própria capacidade. Era maravilhoso cantar com ela. Nós três completávamos uma à outra muito bem: Donna era ótima *cover* de Madonna nos momentos em que ela estava dançando, e eu fazia a voz cheia, estilo gospel, que complementava a dela e contribuía para passar uma idéia de força. Dávamos o melhor de nós para enfatizar o que ela fazia, e não simplesmente para enfeitar. — A esta altura, os fãs viam

Madonna, Niki e Donna como um grupo poderoso. As três juntas também compunham um visual impressionante. — Focávamos nos diversos visuais que as mulheres podem assumir. As pessoas gostavam do fato de que não éramos apenas duas dançarinas magrelas sentadas ao lado dela. Éramos convidativas, generosas e inclusivas.

O final do show, com "Justify My Love", era o momento mais entusiasmante, no qual Madonna e o elenco caminhavam pelo palco a passos largos, vestindo roupas de época feitas por Dolce & Gabbana. Cartolas, crinolinas e jaquetas em branco, preto e cinza faziam com que aquilo parecesse um majestoso mural eduardiano. Quando a canção, com sua levada econômica e cheia de clima, chegava ao final, os dançarinos deixavam o palco um a um, até Madonna ficar sozinha. Então ela se virava de costas para o público, com as anquinhas atrás dela bem evidentes, e silenciosamente flutuava para fora do palco, lembrando o clássico *Woman in Black*, fantasmagórica.

Como em sua performance de "Vogue", durante o MTV Video Music Awards, trajando figurinos do século XVIII, o talento de Madonna para a teatralidade vinha à tona nesse número final.

— Há algo na maneira como ela encena — diz Peter Morse. — Essa parte do show ia além das fronteiras da realidade, era totalmente surreal. Parecia um quadro vivo. — Para Carlton, este também era o momento-chave. — Mesmo que enérgica, a cena era quase parada, mas havia uma força *intensa* nela. Alguns dos figurinos que usávamos eram roupas *vintage* originais, de filmes antigos, alugadas especialmente para a turnê. Há algo na maneira como ela e o irmão Christopher foram criados que lhes deu uma espécie de elegância natural, e isso ficava bem evidente naquela atuação.

São cenas como essa que fazem Christopher Ciccone se orgulhar da turnê. Artista, decorador de ambientes e homem de negócios, Christopher colaborou com a irmã em vários momentos de sua carreira. Dançou com Madonna quando ela estava começando a despontar em Nova York, e a ajudou a conceber os cenários de *Blond Ambition*. Madonna gostava de trabalhar com o irmão e confiava na visão dele. Promovê-lo a diretor artístico da turnê *The Girlie Show* foi um passo natural:

— Acho que este foi um ponto alto em nossas carreiras. Estávamos os dois no auge, tanto do ponto de vista criativo quanto do vocal, e estávamos atentos a tudo que dizia respeito à teatralidade. Tudo isso se juntou de maneira perfeita, na minha opinião — diz ele.

Morse, no entanto, faria algumas reservas:

— Christopher tinha idéias criativas, mas nada realistas. O que sugeria era de difícil realização do ponto de vista da técnica teatral. Ele queria, por exemplo, que o palco inteiro fosse circundado por cortinas vermelhas, mas é impossível iluminá-las, pois elas simplesmente ficam pretas, verdes ou marrons. Ele é, sim, um artista. Mas idéias no papel nem sempre funcionam muito bem no palco. De todo modo, acabávamos resolvendo tudo.

Este show também mostrou como Madonna desenvolvera suas coreografias. Os movimentos mais vigorosos do *Girlie Show* remetiam à sua grande referência na dança moderna, Martha Graham.

— A técnica de Graham exige muito fisicamente, com movimentos extremamente fortes. Se você for uma pessoa alta, isso pode atrapalhar, mas se você for baixa como Madonna, isso ajuda — diz a coreógrafa britânica Jane Turner. — Madonna tem um controle excelente. Ela parece estar completamente confortável no próprio corpo, e conta com uma base técnica sólida. Tem a capacidade de sustentar o movimento, e dançar assim tão lentamente é algo muito difícil. Todos os músculos trabalham ao mesmo tempo. Isso demonstra poder e força. Ela é um pouco como Tina Turner, as duas param com as pernas levemente afastadas, de um jeito um tanto masculino. Ela não sente vergonha de ter músculos.

The Girlie Show terminava com um alto-astral contagiante, revisitando a música "Everybody", com Madonna vestindo shorts e camiseta. Quando as luzes se apagavam pela última vez, ela aparecia com uma máscara de *pierrot*, a qual tirava do rosto para cantar o verso "Everybody is a star" (todo mundo é uma estrela). Quando não parece haver mais para onde ir, o melhor é voltar ao começo. A turnê *The Girlie Show* era uma homenagem de Madonna à cultura gay, um tributo àqueles que sofriam de aids, uma celebração da vida. Foi um projeto muito bem recebido, e embora ela tivesse reconquistado grande parte de seu público, a queda de popularidade provocada pelo livro *Sex* continuaria ao longo do ano de 1994, resultando em uma das mais notórias aparições de Madonna na televisão.

No dia 31 de março, ela foi entrevistada no programa *Late Show with David Letterman*. O apresentador mordaz e provocador recebeu sua convidada dizendo que ela teria "dormido com alguns dos nomes mais famosos do mundo do entretenimento". Depois desta declaração, Madonna entrou no estúdio com um vestido longo de veludo preto e com botas Doc Marten. Estava com os cabelos pretos penteados para trás com gel. Ela parecia nervosa e fragilizada, com uma linguagem corporal que já indicava que estava na defensiva. Em segundos, Letterman começou a provocá-la fazendo insinuações sexuais, e ela imediatamente aceitou o desafio, chamando-o de "pervertido de merda". Ele pareceu chocado com a reação, e Madonna continuou a falar palavrões durante toda a entrevista.

— Você está num programa de TV americano — disse ele. — Não pode usar expressões como essas.

Ela fumou um charuto enquanto os dois trocavam insultos constrangedores. Embora Madonna tentasse rir e fazer piadas, era sua hostilidade que sobressaía.

— Antigamente você era um sujeito bacana. O dinheiro fez você perder um pouco a ousadia — acusou Madonna. — Você agora só fica bajulando todo mundo no seu programa.

Quando Letterman tentou persuadi-la a agir segundo as regras, ela ficou ainda mais virulenta, e disse:

— Não podemos simplesmente quebrar as regras? Foda-se a gravação, foda-se a programação. Isso aí já estava planejado.

A essa altura, o público já estava ficando incomodado. Letterman continuou a espezinhá-la perguntando se ela tinha namorado.

— Por que você não me pergunta se eu tenho namorada? — retrucou ela.

Letterman finalmente tentou dar cabo da entrevista, mas Madonna permaneceu sentada na poltrona.

— Não me sacaneia, David. Não me faça bancar a idiota — disse ela. A essa altura, porém, o estrago já não tinha mais conserto. Ela dissera "foda-se" 13 vezes, dera uma calcinha sua de presente a Letterman e dissertara sobre fazer xixi no chuveiro. No dia seguinte, Madonna foi atacada pela imprensa, que a acusou de não ter mais idéias novas e de ter "construído uma carreira baseada em obscenidades". Sua popularidade caiu vertiginosamente mais uma vez. Desde então muitas pessoas têm criticado a entrevista dos "13 palavrões", mas Madonna estava, na verdade, reagindo às perguntas intrusivas de Letterman a respeito de sua vida sexual. Percebendo a hostilidade do público, ela foi levada ao extremo. Naquela noite, realmente tornou-se a "devoradora de pecados" do país, a "vigarista". Suas palavras tiveram a mesma carga explosiva das de Steve Jones no auge do movimento punk nos anos 1970, dizendo "seu fodedor imundo" no horário nobre da televisão britânica.

— Estou contente de você ter podido vir e ter conseguido desagradar a todos nós — disse Letterman a Madonna. Ela sabia que não mostrara o que tinha de melhor e mais iluminado, mas estava se sentindo massacrada e ofendida.

— Aquele foi um período da minha vida em que eu estava tomada de fúria — disse Madonna mais tarde. — Estava furiosa com o jeito como fui criada. Furiosa com a sociedade sexista em que vivemos. Furiosa com as pessoas que supunham que, por eu exprimir minha sexualidade, não podia ter talento também. Estava furiosa com tudo.

Quando o furor se abrandou, Madonna se deu conta de que era hora de não fazer mais nenhum estrago. Em sua aparição no programa de Jay Leno, amenizou o tom, e depois fez as pazes publicamente com Letterman no MTV Video Music Awards. Mas sabia que o único caminho que certamente a levaria de volta aos corações das pessoas era a sua música.

EM 1994, MADONNA ENTROU em estúdio mais uma vez, dando continuidade ao que iniciara em *Erotica*. Quando começou a trabalhar no novo álbum, *Bedtime Stories*, o soul R&B estava ganhando cada vez mais popularidade. Janet Jackson vendia mais do que o irmão, e Toni Braxton ganhava fama mundial com o álbum de estréia que levava o seu nome. O grupo de hip hop Salt'N'Pepa unia forças com o quarteto vocal feminino de R&B En Vogue, para a canção "Whatta Man", um dos maiores sucessos do ano. Havia também Mary J. Blige — o som da Igreja Pentecostal do sul dos Estados Unidos misturado ao soul de rua — e TLC, uma maliciosa banda feminina inspirada no hip hop. Madonna bebeu em todas essas fontes para criar o novo disco. Os ritmos house de Shep Pettibone ficaram no passado, e batidas que estavam na moda ganharam espaço.

— Eu queria mais do que uma levada R&B. A idéia era sobrepor meu estilo como cantora a uma sensibilidade hip hop radical e chegar a um produto final que, ainda assim, soasse como um "disco da Madonna" — disse ela.

Ela deu início ao processo encontrando-se com produtores de hip hop que admirava, e o primeiro nome da lista era Babyface (também conhecido como Kenneth Edmonds), que produzira músicas para um grande número de artistas, de Whitney Houston a Toni Braxton e TLC. Preocupada com o fato de *Erotica* ser um disco muito sombrio e de vanguarda, decidiu escrever canções mais leves e românticas. Com Babyface, ela fez "Take a Bow", uma balada romântica com letra direta e franca que se tornaria o *hit* número um das paradas norte-americanas. Era uma Madonna romântica e um tanto *vintage* que se apresentava nesta canção. Apesar de levemente melosa, se comparada às outras faixas do disco, a música venderia muito no mundo inteiro. O empresário de Babyface, Ramon Hertz, recorda-se de quando Madonna cantou "Take a Bow" ao vivo no festival de música San Marino, em Mônaco.

— Por mais que eu soubesse o quanto Madonna era famosa, só fui ter a verdadeira noção dessa fama no momento em que chegamos lá. Estávamos dirigindo em comboio. Eu, Madonna e Kenny (Babyface) estávamos numa Mercedes que vinha logo na frente dos outros carros. Viramos uma esquina e entramos numa pequena cidade. O tumulto era enlouquecedor. As ruas estavam abarrotadas de gente dos dois lados gritando: "Madonna! Madonna!" Era como se fosse o papa. Mal conseguíamos passar com os carros. Rimos muito quando Kenny disse: "Eles não fazem a menor idéia de quem *eu* sou."

Madonna, no entanto, era sensível aos protocolos artísticos. Na apresentação ao vivo da música, chamou Babyface (que estava cantando atrás dela) para ficar ao seu lado.

— Nos ensaios, ele ficava atrás dela numa plataforma, mas ela o trouxe para perto e deu ao apoio vocal dele uma participação maior na canção. Este foi o tipo de gentileza que só um artista pode fazer pelo outro. Mas é raro acontecer algo assim — lembra-se Hertz.

Depois de trabalharem juntos, Babyface apresentou Madonna para um jovem produtor hipertalentoso de Atlanta chamado Dallas Austin. Ele já tinha conquistado um nome graças a canções ousadas, de consciência social, feitas para o TLC. Seu trabalho com Madonna resultou em duas das melhores músicas do álbum: "Secret" e "Sanctuary". Com uma batida encorpada, cordas suaves e *riffs* de guitarra *funky*, "Secret" era ao mesmo tempo lânguida e tensa. A canção tinha um ar de revelação silenciosa e induzia a um relaxamento da alma. Madonna depois insistiu que a letra não era apenas sobre o amor, mas também sobre as diferentes formas de se fortalecer espiritualmente. "É sobre Deus estar dentro de todos nós e não em um pedestal", disse ela. Foi originalmente produzida por Shep Pettibone com o título de "Something's Coming Over Me", e Austin retrabalhou a fita demo, trazendo uma vibração mais calorosa para a música, além de um tom mais soul para a voz dela, fazendo com que seu cantarolar frágil de boca fechada se tornasse o elemento central da faixa. Enquanto isso, "Sanctuary" ia mais fundo no território do misticismo, incitando uma reflexão sobre sexo e fertilidade. Mas ao contrário das declarações francas presentes nos outros álbuns, esta canção fala de Madonna em busca de um refúgio, enterrando-se num amor oculto. Aqui, imagens apocalípticas se fundem a quadros instáveis de desejo inconsciente.

Madonna depois se uniu ao respeitado produtor de Mariah Carey, Dave 'Jam' Hall, para produzir uma das mais bizarras faixas do álbum, "Human Nature". Uma resposta agressiva aos críticos do livro *Sex*, a música misturava um ritmo galopante ao estilo do grupo En Vogue, aliado a uma batida de contratempo típica do hip hop. Contando ainda com barulhos de porta batendo e um *sample* surpreendente da música "What You Need" da banda de hip hop Main Source, a canção "Human Nature" invade o disco com uma raiva contida, mas ainda assim devastadora. O videoclipe, filmado em preto e branco, com Madonna trancafiada dentro de caixas, em quartos de hospício à prova de suicídio e em cubículos, mostra o quanto ela estava se sentindo encurralada e enclausurada. O então assistente de direção de Jean-Baptiste Mondino, Dustin Robertson, hoje um diretor consagrado de videoclipes, lembra-se da filmagem:

— Foi quando conheci Madonna. Ela saiu do *trailer* vestindo aquela roupa de couro envernizado e botas de salto agulha. Atravessou o palco coberto de caixas e fios elétricos com cuidado mas com andar firme e, *sem dizer nada*, calou a boca da equipe inteira. Ela estava *deslumbrante*.

Como fizera em "Open Your Heart" e em "Justify My Love", Mondino sabia exatamente como capturar a essência de Madonna.

— Os dois têm energias *completamente* diferentes, e é por isso que a combinação funciona tão bem — contou-me Robertson. — Ele é tranqüilo e relaxado, enquanto ela é obcecada por detalhes. Ele é um domador de energias e sabe lidar muito bem com Madonna. Ela pede e prefere alguém que tenha pulso forte para extrair dela o seu melhor.

Embora trate-se de um videoclipe impactante e de uma canção magistral, o público norte-americano da região central ainda não estava preparado para aceitar algo assim. Quando foi lançada como *single*, "Human Nature" não saiu do número 46 nas paradas da *Billboard*.

Madonna embarcou em algumas aventuras musicais ousadas com Dave Hall, criando um som granulado para a música neo-soul "I'd Rather Be Your Lover". A canção foi incrementada por um rap puxado para o blues da artista neo-soul Me'shell Ngedeocello, uma baixista e compositora lésbica de cabelos curtos e voz suave que foi uma das primeiras contratadas do selo musical Maverick. Andre Betts a apresentou para Madonna depois que o álbum *Erotica* foi lançado e Madonna não perdeu tempo, oferecendo logo um contrato a ela. O álbum de estréia de Ngedeocello, *Plantation Lullabies*, de 1993, ajudou a abrir caminho para o novo movimento soul de artistas dos anos 1990 como India Arie e Erykah Badu. Usando a imagem do sistema colonial da plantation como metáfora para a vida nos guetos dos dias modernos, Ngedeocello disse, numa espécie de premonição, que "minhas cantigas são a calmaria antes da revolução das pessoas de cor". Ela não fez tanto sucesso quanto Alanis Morissette, que mais tarde assinaria contrato com a Maverick. Mas a contratação de Ngedeocello deu credibilidade ao selo.

Embora estivesse muito interessada em causar impacto no crescente mercado do soul, o trabalho de Madonna com os melhores produtores de R&B acabou ressaltando suas limitações vocais. Na época, a voz dela não tinha força suficiente para segurar e modular as notas profundas características do soul. Há momentos em *Bedtime Stories* nos quais sua voz está insegura e com um ar de experimentação, como se estivesse tentando ganhar intimidade com um novo "eu" que emergia. Precisando de novos sabores para expandir o álbum, ela se voltou para a Inglaterra, onde o som "club and dub" estava sendo usado por artistas como Björk, Massive Attack e Soul 2 Soul. O gênio de estúdio, produtor, mixador e compositor Nellee Hooper produzira músicas para todos eles.

— Ele tem uma sensibilidade extremamente européia da qual eu gosto muito — observou Madonna, depois de levá-lo para Los Angeles, para trabalhar no seu álbum.

Começou assim sua relação com os especialistas britânicos: graças às texturas eletrônicas empregadas por eles, Madonna encontrou o tom perfeito para sua voz. Para trabalhar com Nellee Hooper, ela contratou o braço direito dele, o programador e produtor Marius De Vries.

— Sempre me interessei por design de som e sempre gostei de ficar mexendo em máquinas velhas, de juntar cabos uns nos outros — diz De Vries, um rapaz que cantava no coral da igreja St. Paul, e controlava um sistema de som reggae antes de ficar amigo de Hooper e de entrar para a equipe de Björk no início dos anos 1990. Quando ele e Hooper foram trabalhar em algumas faixas de *Bedtime Stories*, depararam-se com uma pequena confusão devido à quantidade de produtores já envolvida no projeto.

— Foi um disco produzido por vários profissionais. Eu e Nellee tínhamos de ter a noção de que outras pessoas também estavam trabalhando nele, e tentar falar a mesma língua — contou-me De Vries.

Apesar da variedade de colaboradores, Madonna estava determinada a dar certa unidade ao álbum. Alguns diziam que já havia gente demais ali.

— Não concordo, porque nem todos ficavam no estúdio ao mesmo tempo — contesta De Vries. — Mas era preciso ter cuidado para que não ficasse muito desfocado. Acho que não houve muita comunicação entre os produtores na hora de fazer o álbum. Mas, no final, o álbum ficou com alguma coerência e é preciso dar crédito a Madonna e a sua incansável supervisão.

As sessões de gravação com Hooper e De Vries aconteceram naquele verão, na Chappell Studios, em Encino, na Califórnia. No primeiro dia de gravação, De Vries pensou que Madonna fosse a moça da limpeza.

— Cheguei cedo no estúdio para montar minha parafernália. Não tinha posto as lentes de contato, então estava enxergando um pouco mal. Entrei no lugar, comecei a ligar os cabos, e vi uma garota sentada no canto do estúdio. Eu disse: "Ah, oi (assim, bem casual)", e continuei trabalhando. Não sabia que Madonna gostava de chegar tão cedo assim ao estúdio. Demoramos em torno de meia hora para resolvermos aquele primeiro mal entendido — disse De Vries, rindo. — Ela era muito charmosa e me desculpou numa boa, até achou graça daquilo. Ela tem senso de humor.

Hooper produziu três faixas do álbum. A primeira foi "Survival", uma canção de verão deliciosa que capturava o estado de espírito de Madonna: inflamada por conta da reação ao livro *Sex*, mas ainda assim com a dignidade intacta. A esta seguiu-se "Inside of Me", uma música de amor do tipo "estou com saudades de você", arrogante em alguns momentos e vulnerável em outros, que fala sobre como era possível manter-se de pé e preservar a reputação intacta. E depois veio "Bedtime Story", uma música trance minimalista com uma batida intensa e letras que tratavam de uma jornada em direção ao subconsciente. Björk havia escrito a letra especialmente para ela. Madonna estava louca para conhecer e trabalhar com a excêntrica estrela islandesa, mas Björk preferiu manter certa distância.

— Escrevi a canção especialmente para ela, mas minha intuição me dizia que não deveria cantar junto com ela — disse Björk. — Também me recusei a conhecê-la oficialmente quando ela quis. Quero encontrar com ela por coincidência, quando estivermos bêbadas num bar ou algo assim.

Amigos de Björk dizem que ela ficou perturbada quando Madonna começou a trabalhar com membros da sua equipe de produção, como Hooper, De Vries e, mais tarde, Guy Sigsworth. A verdade é que Björk tem um estilo tão único que não havia perigo de Madonna ficar parecida com ela.

"Bedtime Story" era uma faixa animada que prenunciou o movimento que Madonna faria posteriormente em direção à música eletrônica.

— Essa foi uma escolha muito corajosa — diz De Vries. — Embora não fosse uma versão *cover* de Björk, pois Björk tem uma abordagem muito particular e idiossincrática para a construção das letras e a organização dos versos, cada aspecto da arquitetura de sua escrita é visivelmente björkiano. Tentar cantar qualquer uma de suas músicas é uma empreitada corajosa. Era difícil para quem canta se deixar contagiar pela maneira como a letra carrega a marca da abordagem que Björk dá à linguagem. Dito isso, Madonna captou o clima belamente. — Ter cantado essa música pareceu liberar algo em Madonna. — Ela era muito cautelosa no que diz respeito a outras linguagens. "Bedtime Story" foi um estado embrionário que se desenvolveu muito ao longo dos álbuns seguintes.

E foi também um presságio para uma mudança que ocorreria em sua popularidade na Europa. Lançada como um *single*, a faixa não emplacou dentre as 40+ das paradas de sucesso norte-americanas, mas ficou entre as 5+ na Inglaterra, e se tornou um grande sucesso como música dançante em boates, ganhando remixagens de Orbital e Junior Vasquez. A canção também inspirou um de seus videoclipes mais caros e experimentais. Filmado por Mark Romanek, que aparentemente recebeu cinco milhões de dólares pelo trabalho, o clipe tinha um estilo épico à la Salvador Dalí, no qual Madonna flutua no ar, dá à luz pombos, deita-se numa cama cirúrgica surrealista, e sua boca vai parar no lugar dos olhos enquanto um olho fica no lugar da boca, numa imagem que remete à Frida Kahlo. Fortemente influenciado pelo quadro "The Lovers", de Remedios Varo, o videoclipe passou pelos portais da alta arte, e foi exibido em diversas galerias, entrando para a coleção permanente do London's Museum of Moving Image.

A parceria com Nellee Hooper pareceu ter acrescentado algo à estética de Madonna. Ela ficou tão satisfeita com as faixas que fizeram juntos que pediu a ele que remixasse algumas outras que tinham sido produzidas por outros profissionais, como "Forbidden Love" e "Sanctuary".

— Ela gostava da maneira segura com que Nellee criava ritmos, e da noção que ele tinha de espaço e espacialidade — explica De Vries. — Ela gosta da atenção ao detalhe e de bom artesanato, e exige isso. Se você se mostrar capaz de lhe fazer isso, ela vai reagir bem.

De Vries também ficou admirado com o fato de eles terem levado apenas duas semanas e meia para criar, gravar e mixar cinco faixas.

— Isso é admirável para um grande artista. Fiquei surpreso com a rapidez de todo o processo, e com a capacidade de decisão que se deve ter em circunstâncias como essa. Você tem que tomar decisões difíceis e não tem tempo de pensar duas vezes. Foi um trabalho bastante concentrado. "Forbidden Love", por exemplo, foi feita e finalizada em dois dias. É preciso ter uma mente extremamente focada para trabalhar tão rápido. Eu criava algo levemente próximo a como a música soaria de verdade, e aí ela cantava em alguns *takes*. Madonna raramente fica na dúvida sobre o som que ela quer. Um disco do U2, no entanto, pode levar dois anos para ser feito, e até o último minuto nenhuma decisão definitiva pode ter sido tomada. É uma maneira diferente de trabalhar, fazendo rascunho atrás de rascunho. Madonna faz mais o estilo Hitchcock: "Só vou filmar o que preciso."

Quando foi lançado em outubro de 1994, *Bedtime Stories* dividiu a crítica. Barbara O'Dair, da *Rolling Stone*, elogiou o "soul delicioso e as baladas gostosas", mas acrescentou que o desejo de auto-expressão presente em "Express Yourself" "em vez de vir como um canto alto-astral, dessa vez surgia como um lamento". Mat Snow, da *Q Magazine*, condenou o álbum dizendo que era "morno", e que, apesar da contribuição dos excelentes produtores, "a garota continua em recesso de uma forma perversa e obstinada. É como se toda a sua voz tivesse sido esvaziada e filtrada eletronicamente e o que restasse fosse apenas um fiapo. Com todo o espírito criativo da produção (...) a estrela do show parece ter desaparecido sob uma montanha de penas".

Os críticos implicaram com o recuo de Madonna. Ainda sofrendo por conta das críticas que recebera com o livro *Sex*, apresentou uma imagem mais suave e gentil. No entanto, apesar dos tons pastéis do novo visual, havia algo de indomável nela. E isso produziu um efeito surpreendente no videoclipe "Secret", o primeiro *single* do novo álbum. Filmado em preto e branco no centro do Harlem, o clipe mostra Madonna como uma cantora de clube de jazz dos anos 1950 vivendo um relacionamento inter-racial. Entremeado por cenas de pessoas "de rua", de desajustados e de gente estranha, este é um de seus videoclipes mais peculiares. Madonna sabia que havia muita coisa em jogo no primeiro trabalho que lançava depois de *Erotica*, e estava ansiosa para criar um efeito surpreendente.

— Ela estava pronta para ir fundo. Na época, quis baixar o tom um pouco, fazer algo menos glamoroso — contou-me a diretora do videoclipe, Melodie McDaniel. — Na ocasião, Madonna estava com um cabelo louro estilo Jean Harlow. Eu quis combinar o visual clássico hollywoodiano com a tensão do contemporâneo, e fazer com que o clipe parecesse atemporal. Estava tentando encontrar algo diferente, que fosse pra valer.

A escolha de Madonna por McDaniel foi inteligente. Ela era uma jovem judia, negra, formada pela prestigiosa Art Center College of Design de Pasadena, e era uma aspirante a fotojornalista que trabalhava com uma técnica que fazia o estilo de John Cassavetes, colocando pessoas juntas num ambiente e documentando o resultado desse encontro. As imagens fortes a levaram a assinar contrato com a Propaganda, uma empresa de produção que aliava a arte da Bauhaus a um trabalho mais comercial, lançando as carreiras de diretores como o seu co-fundador, David Fincher. Quando Madonna a convidou, McDaniel tinha feito apenas dois videoclipes, para as bandas Porno for Pyros e The Cranberries. Mas Madonna havia de fato se interessado por um curta bem anterior, de McDaniel, que mostrava uma cena que combinava batismo e práticas de vodu, com um toque da cineasta de vanguarda dos anos 1940, Maya Deren. Este filme seria posteriormente projetado em telas gigantes na turnê *Drowned World*, de 2001.

— Ela foi seduzida pela rusticidade do meu trabalho — lembra-se McDaniel. Embora lisonjeada pela atenção de Madonna, ela também ficou apavorada. — Foi maravilhoso ter tido essa chance. Fui encontrá-la e ela me perguntou: "Quais são as suas referências, quero ver o que você está pensando em fazer." A música "Secret" tinha mexido comigo, e ela era a minha inspiração, mas eu estava completamente *apavorada*. Tinha trabalhado apenas com artistas jovens e, de repente, estava dando um salto, passando a trabalhar com um ícone. — McDaniel mostrou a Madonna fotos de alguns de seus fotógrafos favoritos da década de 1970. — Mostrei artistas como Bill Burke, que fotografava pessoas do sul dos Estados Unidos que a maioria das pessoas acharia se tratarem de marginais ou de portadores de doenças congênitas. Fui atraída por essas imagens, tive uma espécie de intuição.

Ela também mostrou *East 100 Street* a Madonna, um livro de fotografias da região de migração espanhola do bairro do Harlem, feitas pelo controverso fotógrafo dos anos 1970, Bruce Davidson.

— Ela gosta que você traga novidades que a inspirem. Adorou aqueles livros. Foi o suficiente para ela — diz McDaniel. Madonna deixou a diretora ficar hospedada por uma semana em seu apartamento em Nova York, no lado oeste do Central Park, para que pudesse fazer pesquisas. — Ela comprou duas fotos minhas antes de eu fazer o videoclipe, e quando fui para o seu lindo apartamento elas estavam penduradas na parede ao lado de algumas fotos de Muhammad Ali e de alguns quadros de Frida Kahlo. Ela não estava na cidade, mas avisou: "Dê uma olhada nos livros que tomo por referência, use o que você quiser." Ela tinha muitos livros sobre pintores, livros de Helmut Newton e Richard Avedon. Eu não sabia que ela era uma leitora tão voraz. Era realmente muito inteligente. Eu tinha uma idéia de que estrelas pop eram... não exatamente preguiçosas, mas achava que ficavam lá simplesmente sendo artistas, e que deixavam que todo mundo trabalhasse para elas. Madonna realmente comanda o show. Ela mesma faz suas próprias pesquisas.

Madonna gostou de trabalhar com algumas pessoas da equipe de McDaniel, inclusive com uma jovem estilista chamada Brigitte Echols.

— Eu nunca tive vontade de fazer coisas para celebridades. Naquela época, predominava nos videoclipes algo do estilo do fotógrafo Herb Ritts: pouca emoção e tudo bem superficial. Eu vinha do universo punk, era avessa ao mundo pop. Não queria trabalhar com Madonna, mas iria ao fim do mundo por Melodie — lembra-se Echols. — De repente, me vi dirigindo para a belíssima casa de Madonna em Hollywood. É uma construção em estilo espanhol do início do século XX. Entrei na casa por um túnel no subsolo e tomei um elevador. A primeira coisa que vi foi um quadro de Frida Kahlo. Percebi que ela era uma pessoa que gostava de arte, que não era mais uma casa de gente rica cheia de lixos.

A cena seguinte ficou gravada para sempre na memória de Echols.

— Eram 11 da manhã e a casa estava toda iluminada. A assistente dela disse que Madonna desceria "num minuto". Daí ela apareceu no topo da escada, tinha acabado de sair do banho, e estava com um vestido branco transparente. Dava até para ver os bicos rosados dos seios dela e a calcinha através do vestido, ela estava absolutamente deslumbrante. Madonna foi muito gentil e simpática. Suas primeiras palavras foram: "O que é que você estava pensando em vestir em mim?"

Echols tinha ido a um shopping de quinquilharias chamado Crenshaw Swap Meet e mandara fazer um colar de ouro com o nome "Madonna" gravado nele.

— Ele custou 180 dólares e tinha uma pedrinha mínima de diamante, e vinha numa caixinha furreca de jóias. Os olhos dela brilharam quando viram a caixinha. Ela abriu, parecendo uma criança que acabara de ganhar o melhor presente do mundo, e disse: "É lindo. Será que consigo um maior um pouquinho?" Foi muito bacana encontrar algo que ela ainda não tinha.

Elas se sentaram no chão da sala, e Madonna escolheu as amostras dos materiais de que mais gostou. Echols levara uma saia de oitenta dólares e um top de cinqüenta dólares feitos na lavanderia a seco de seu bairro, e mais outras roupas *vintage* que ela pegara numa loja de figurinos, um sutiã La Perla, e uma ou duas peças do estilista Marc Jacobs, então em início de carreira.

— Ela não conhecia Marc Jacobs, mas soube logo reconhecer o valor daquelas peças — recorda-se Echols. — Ela entende de roupa. Aquela mulher entende mesmo de roupa.

McDaniel e sua equipe escolheram regiões mais pobres da cidade para o videoclipe, usando pessoas de rua como elenco; uma abordagem naturalista que foi depois copiada por inúmeros diretores e estilistas, incluindo Calvin Klein. Tentando captar um clima de coisa barata e clandestina, eles juntaram um surpreendente elenco de figuras incomuns, "fora dos padrões", de travestis a jogadores de baralho golpistas e adolescentes marginais do Harlem. Até aí, tudo ia bem, mas quando chegou o momento de filmar, McDaniel teve o seu teste de fogo.

— Gosto de usar a câmera como um instrumento de *voyeurismo*, deixá-la ligada e sair improvisando. Mas não, Madonna queria ser dirigida, dirigida, dirigida — lembra Melodie McDaniel. — Ela estava lá sentada, aí eu esperava ela ficar bem natural e dizia "ação", mas ela permanecia sentada dizendo (com ligeira impaciência): "O que que eu faço? O que que eu *faço*? *Helloo*!" Fiquei absolutamente esgotada.

Madonna viajara até o centro do Harlem com uma estrutura hollywoodiana elegantemente decadente composta por *trailers*, carros de camping e seguranças. Até Donatella Versace passou lá para fazer uma visita.

— Quando tudo aquilo chegou, me lembro de pensar: "Ah, meu Deus." Tentei dar uns toques para umas pessoas e sua equipe de criação, mas eles olhavam para mim como quem diz: "Ah, tá legal" — diz McDaniel.

Intimidada por toda aquela estrutura, ela teve vergonha de dizer a Madonna que queria que ela ficasse o mais natural possível, como a prostituta de Jennifer Jason Leigh no filme *Noites violentas no Brooklyn*.

— Quando ela saiu do *trailer*, vi que a equipe tinha produzido um visual suave e glamoroso, mas nada natural. Tudo bonitinho, no lugar, sem correr nenhum risco. Não soube dizer claramente o que eu queria. Fizemos um *take*. Depois me lembro de ter puxado Madonna para um canto e lhe explicado tudo. Ela ficou realmente irritada. "Mas por que você não me disse isso, porra?", reclamou ela. "Perdemos todo esse tempo!" Eles entraram novamente no *trailer*, a equipe revirava os olhos. Foi extremamente doloroso. Eu me senti humilhada, mas a culpa tinha sido minha. Eu devia ter dito o que queria logo de cara.

Madonna refez a maquiagem e o penteado, e o resultado é a imagem malcuidada e romântica que aparece de forma excelente no videoclipe. A equipe de criação amou, e ela também.

— Eu me dei conta de que ela topava tudo, e de que eu realmente deveria ter sido mais firme, ter dito como eu realmente queria as coisas — diz McDaniel. — Eu a vi ser dura com as pessoas, mas não sendo má. Não fazia sentido ficar atrasando o trabalho. Ela me acordou pra isso.

Echols tem uma lembrança mais prosaica da filmagem.

— A primeira cena foi com Madonna andando pelas ruas do Harlem. Fatima, a assistente de direção, estava usando um casaco de couro preto com acabamento de pele. Madonna disse: "Uau, que casaco lindo!" E acabou vestida nele. Depois disso, saiu do *trailer*. Um cara tinha feito o cabelo dela. Não sei de onde saiu aquele cara do cabelo. Ele fez um penteado todo cheio de cachinhos bem arrumadinhos. Não era nem de longe o que Mel tinha combinado. Tinha que parecer natural. Ficamos intimidadas com aquela equipe bacana de maquiadores e cabeleireiros. As celebridades levantam verdadeiras paredes de gente em volta delas. Essa foi a única vez em que a gente sentiu uma distância. Não sabíamos bem como nos colocar naquela situação. — Quando o mal-entendido se desfez, no entanto, as duas equipes apreciaram o trabalho uma da outra.

Echols percebeu a intimidade entre Madonna e o diretor de fotografia.

— Todas as mulheres bonitas do cinema conhecem seu diretor de fotografia. Elas precisam confiar nele inteiramente. Madonna sabia como fazer tudo funcionar da maneira certa: a luz, os ângulos, o modo de se portar frente à câmera. Ela sabe como se sair bem na gravação. Tem um corpo bonito, sabe fazer olhares diferentes e tem aquela compostura. Ela é fascinada por todos os tipos diferentes que pode assumir, consegue se ver de muitas maneiras. — Echols vê Madonna como uma colaboradora no que se refere à imagem. — Tínhamos algumas idéias a respeito do figurino. Ela concordou com as escolhas e as fez funcionar. Usou o colar durante um ano depois da filmagem. E vimos fotos dela usando a roupa que tínhamos feito na Crown Cleaners.

Echols fica irritada quando as pessoas dizem que Madonna não é tão bonita pessoalmente.

— Isso é mentira. Ela é absolutamente luminosa. Marylin Monroe também tinha isso. É uma característica que a gente vê nos filmes e que ganha vida própria. — Ela se lembra de vê-la nos escritórios da Propaganda certo dia vestida como Jean Harlow. — Eu não a conhecia na época e perguntei: "Quem é essa mulher?" Ela estava usando um casaco enorme, salto alto, óculos escuros e exibia um cabelo louro meio platinado. Parecia uma estrela de cinema da década de 1930. Incrível.

Seis meses depois de Echols trabalhar com Madonna, a estrela apareceu na capa da revista inglesa *Sunday Times* parecendo a personificação do *glamour*, num vestido Versace brilhante, com os cabelos louros platinados e sobrancelhas descoloridas. Madonna gostava de Gianni Versace, um italiano carismático que se via mais como um alfaiate do que como um estilista. Ele se inspirava em Andy Warhol e na arte abstrata, e usou Madonna como musa de suas criações. Mas havia uma espécie de presságio sinistro na capa da *Sunday Times*. Sob a manchete "MADONNA CAI DE PAIXÃO POR VERSACE", ela aparece deitada com as pernas e os braços abertos nos degraus de uma escada, como se estivesse morta. Dois anos depois, Versace foi morto a tiros em Miami por um *serial killer* na escada de sua mansão na beira da praia. Madonna sofreu com sua morte e nunca mais voltou a usar esse estilo ultraglamoroso, à maneira de Marilyn Monroe.

O VIDEOCLIPE DE "SECRET" foi um grande sucesso. Foi exibido repetidas vezes na MTV, enquanto o *single* ficava entre os cinco primeiros lugares nas paradas de sucesso do mundo todo. McDaniel e Madonna ficaram amigas e trabalharam juntas em outros projetos.

— Ela tem uma equipe própria, mas acaba inserindo você no círculo — diz McDaniel. — Você vai com ela a lugares maravilhosos, não só a lugares de luxo e *glamour*, ela também nos levava a boates underground. Ela adora descobrir coisas novas. Sabe viver nos dois ambientes. É algo genuíno. — McDaniel não acha os impulsos de Madonna vampirescos. — Não senti isso de jeito nenhum. Todo mundo se deixa influenciar por todo mundo. Você pode pegar uma coisa e transformar em algo próprio.

Madonna deu a McDaniel um exemplar do vigoroso romance *Push*, que fala sobre abuso infantil, escrito pela nova-iorquina Sapphire. As duas queriam transformar o romance num roteiro de cinema, mas Sapphire não se interessou. Madonna mostrou um enorme portfólio com os trabalhos de McDaniel e envolveu Russell Simmons no projeto. A resposta de Sapphire foi: "De jeito nenhum. Não quero nenhuma ligação com Hollywood." McDaniel colaborou mais uma vez em uma fatídica sessão de fotos para a revista *Vibe*, com a estrela do basquete Dennis Rodman.

— Eles estavam flertando um com o outro e queriam se conhecer. Ele foi à casa dela em Miami. Foi um desafio para mim fazer com que eles parecessem reais, naturais e diferentes. Arrebanhei pessoas das redondezas, do bairro de Little Havana. Era bem rústico: as pessoas nem reconheceram Madonna. Não funcionou muito bem. Eu os fotografei se divertindo um com o outro e se acariciando, mas depois aquilo tudo azedou.

A sessão de fotos nunca seria publicada na *Vibe* e o romance de Madonna com Rodman foi um de seus maiores arrependimentos. No início do relacionamento, porém, havia uma atração física intensa entre os dois. Rodman, como ela, também gostava de chamar atenção. O jogador de dois metros de altura tinha uma queda por se fantasiar de maneira extravagante, e, certa vez, apareceu, numa cerimônia, dentro de um caixão, como o cantor norte-americano dos anos 1950, Screamin'Jay Hawkins. No início, Madonna achou graça no estilo de Rodman.

— Jogadores de basquete, para Madonna, são como bailarinos, ou qualquer outro tipo de dançarino... graciosos e elegantes. Isso é muito lisonjeiro — disse ele em sua autobiografia, *Bad As I Wanna Be*. — Atletas realmente a atraem pois ela aprecia qualquer pessoa que saiba se movimentar com gestos fluidos. Madonna é uma exímia conhecedora de corpos. Ela os estuda e os observa de perto.

Segundo o nada discreto Rodman, Madonna o perseguiu durante meses, via-o como um corpo perfeito e um marido e pai em potencial.

— Acho que Madonna tinha um bom amante — disse a amiga Niki Haris. — Ela ficou atraída por ele!

Mas o relacionamento logo esfriou. Chateada com o fato de Rodman ter feito fofoca sobre ela em seu livro, Madonna foi judiciosamente breve em público a esse respeito. Sobre o capítulo que a mencionava, Madonna declarou que "havia diálogos inventados os quais até mesmo um escritor ruim de pornografia não levaria a sério". Enquanto isso, para os amigos, disse que ele não era tão bom de cama, e que o romance teria vida curta de qualquer maneira.

— Mais uma vez me senti explorada por alguém em quem confiei e que deixei entrar na minha vida — revelou ela.

O relacionamento entre eles trouxe à tona sua vulnerabilidade na época. Nesta ocasião, já com trinta e poucos anos, Madonna estava ansiosa para ter filhos. Numa busca ardilosa pelo príncipe encantado, teve vários relacionamentos passageiros com homens que nada tinham a ver com ela. Até flertou com o *rapper* Tupac Shakur, um ano antes de ele ser assassinado por homens que atiraram nele de dentro de um carro em movimento, em Las Vegas.

— Fui com ela a um restaurante que estava cheio de *rappers* negros — diz Alison Clarkson, a ex-cantora inglesa Betty Boo. — Tupac sentou um pouco conosco. Ela estava saindo com ele, mas o flerte terminou rápido, pois as garotas negras que estavam no local começaram a dizer coisas do tipo: "Não acredito que você está saindo com uma garota branca." Ela nunca negou o fato de ter sido dispensada por ele.

No verão de 1994, Madonna conheceu um parceiro mais promissor, o *personal trainer* cubano, naturalizado norte-americano, Carlos Leon. Ela o viu correndo no Central Park e arrumou um jeito de ser apresentada a ele, por intermédio de Danny Cortese, assistente dela. O romance foi caminhando devagar, longe dos holofotes. Embora fosse um aspirante a ator, Leon era um homem orgulhoso, que gostava de sua privacidade e que se mantinha cauteloso em relação aos amigos célebres de Madonna. Ela gostou de conhecer os pais dele, um casal de classe média que morava num apartamento modesto na 91st Street. Também gostava dos encontros amorosos secretos que tinha com ele no Lincoln Center e no Central Park. Por algum tempo, ela conseguiu fazer de conta que aquele era apenas um relacionamento normal. Teoricamente, eles poderiam ter estudado juntos na escola. Muitos diziam que ele era um "doce", e Tobias Nunez, um amigo dele do colégio, lembra de Leon como um "cara estudioso, bastante conservador, tímido e inocente". Apesar disso, Leon tinha algo do machismo latino em seu temperamento e não gostava de ficar em segundo plano na vida da estrela Madonna.

— Carlos era um amor, mas infelizmente a conheceu quando ela estava no auge do "eu quero ser uma superestrela, mas você tem que me tratar como se eu fosse qualquer outra garota que você já namorou". Era confuso. Ela queria que ele agisse "normalmente", mas de repente dizia: "Estou indo para Londres essa noite e você devia vir comigo" — lembra-se Niki Haris.

A DEDICAÇÃO DE LEON foi severamente testada quando Madonna aceitou fazer um dos papéis de maior destaque do cinema da década de 1990, o de Eva Perón no filme *Evita*. Demorou 15 anos para que o musical de sucesso de Tim Rice e Lloyd Webber, de 1978, fosse levado às telas. Projetos passaram pelas mãos de inúmeros diretores, incluindo Oliver Stone e Ken Russell, assim como por uma galeria de possíveis protagonistas, de Meryl Streep a Michelle Pfeiffer.

— Tentamos por anos e nunca conseguíamos reunir a equipe certa — recorda-se o letrista e co-produtor Tim Rice. — Os estúdios ficavam com um pé atrás quando se tratava de adaptar musicais para o cinema, pois achavam que o estilo fazia mais sucesso no teatro. Por volta de meados dos anos 1980, as coisas acabaram esfriando, mas o projeto ganhou nova energia no início dos anos 1990, e em grande parte pelo fato de Madonna ter se mostrado interessada nele.

Quando o projeto finalmente levantou vôo com o diretor britânico Alan Parker no comando, Pfeiffer era a grande favorita para o papel principal. Uma fã ávida de musicais, Madonna estava obcecada pela personagem havia anos e não queria deixar que lhe escapasse. Ela sentia que o filme podia levantar sua reputação bombardeada no cinema. E conseguiu convencer Tim Rice de que tinha nascido para o papel.

— Sempre fui a favor da idéia de Madonna ficar com o papel principal — contou-me ele. — Eu não queria uma atriz convencional de cinema. Queria alguém acostumada a comunicar bem uma história cheia de emoções por meio da música. E Madonna interpreta suas canções tão lindamente. Atrizes melhores, como Meryl Streep, não eram a escolha certa porque não são cantoras. Conseguem sustentar uma melodia, mas não são intérpretes brilhantes. Inicialmente eu queria Elaine Paige, mas ela estava velha demais para o papel quando começamos a produzir o filme.

Com Rice na manga, Madonna só precisava convencer o cauteloso Alan Parker. Então, no Natal de 1994, ela sentou e escreveu para ele uma carta de quatro páginas, explicando por que se apaixonara pela personagem. Ela conta que enquanto escrevia a carta "era como se alguma outra força guiasse minha mão sobre o papel". Graças aos pedidos de Rice e ao fato de Pfeiffer estar com um bebê recém-nascido e, portanto, indisponível para fazer o filme, Madonna conquistou o papel. Andrew Lloyd Webber, contudo, ainda não estava completamente convencido quanto às suas habilidades para cantar as melodias do filme, por isso ela recrutou a ajuda da conceituada preparadora vocal Joan Lader para reforçar sua técnica vocal.

As aulas de canto no apartamento de Lader, em Manhattan, foram fundamentais. Lader ensinou Madonna a cantar fazendo maior uso do diafragma, e se apoiando menos na garganta. Ela aprendeu a projetar a voz de maneira mais estruturada. Toda noite, Madonna voltava para casa apaixonada pelos sons que conseguia emitir. Ligava para os amigos e cantava no telefone para eles a plenos pulmões. Quando chegou a Londres em setembro daquele ano para ensaiar a trilha sonora do filme nos estúdios CTS, estava certa de que sua performance corresponderia às expectativas. O primeiro dia de gravação, no entanto, foi uma experiência desnorteante. Ela estava acostumada a cantar no ambiente intimista e pequeno dos estúdios, junto a um produtor e talvez a uns dois ou três músicos. Neste dia, que Alan Parker apelidou de "segunda-feira negra",

Madonna teve que cantar “Não chores por mim, Argentina”, a canção mais difícil do musical, na frente de Andrew Lloyd Webber e acompanhada de uma orquestra de 84 músicos. Não é de surpreender que ela tenha se sentido despreparada. Aquele era um ambiente que não sabia controlar, regido por normas e expectativas completamente diferentes. A grandiosidade da operação era tão intimidante que Madonna teve dificuldades em interpretar a canção.

No final do dia, Madonna estava angustiada e aos prantos.

— Eu estava muito nervosa — disse ela depois. Seguiu-se uma reunião de urgência com Lloyd Webber e Parker, na qual ficou acordado que ela gravaria os vocais num estúdio menor, e que a orquestração seria feita em outro lugar. O processo de gravação foi meticuloso. O elenco trabalhou durante quatro meses até a trilha sonora ficar pronta. Mas o resultado, uma combinação perfeita de teatro, música, influências pop e proficiência musical, valeu o esforço.

No disco, a doçura e a força da voz de Madonna surgem como nunca antes. Esse vigor musical fica ainda mais evidente nas faixas da jovem Evita, como “Oh What a Circus” e “Buenos Aires”, nas quais ela pôde adicionar uma dose de seu pop vibrante. São nas últimas canções, no entanto, que ela aparece levemente deslocada. Em “I’d Be Surprisingly Good for You”, por exemplo, em que faz um dueto com Jonathan Pryce, ela oferece uma leitura romântica e suculenta ao número, ignorando o lado maquinador e manipulador da personagem Evita. E na faixa “A New Argentina”, na qual Evita tenta conquistar os trabalhadores, as limitações de Madonna ficam mais evidentes. Esta canção parece exigir uma voz operística rica, mas sua voz soa nua e unidimensional ao contrastar com o coro massivo. E há ainda a cena mais importante, “Não chores por mim, Argentina”, a qual é cantada com vulnerabilidade em vez de força. Apesar da falta de complexidade emocional em sua voz, Madonna, ainda assim, consegue dar uma interpretação atraente à canção. No *grand finale* orquestral, ela dá tudo de si. Este é o seu momento perfeito, para o qual vinha ensaiando a vida inteira. Para Madonna, este foi um instante em que tudo estava unido: música, cinema e um grande papel principal.

Há um carisma convincente e cheio de ternura na forma como ela interpreta "You Must Love Me", uma canção composta especialmente para o filme. Foi a tentativa de Rice de ganhar um Oscar, pois o prêmio só é atribuído a canções inéditas. A reação de Madonna à música foi característica da maneira como ela tentou convencer a todos a pintar um retrato mais simpático de Eva Perón. Alan Parker estava ansioso para enfatizar a manipuladora esperta que atingiu o sucesso por meio de conspirações, enquanto Madonna, hiperidentificada com a personagem e preocupada com sua imagem, queria projetar em Evita uma força mais suave e silenciosa. Em muitas cenas, conseguiu fazer as coisas do seu jeito, mas nessa canção, não.

— "You Must Love Me" foi escrita e reescrita cinco ou seis vezes — recorda-se Rice. — Lembro-me de levar a letra para Madonna e de ela ficar tentando fazer mudanças. O seu ponto de vista era o de que Perón amava Eva, mas o meu era mais cínico. As duas interpretações são possíveis para essa cena, mas a minha letra ficou intacta, graças a Deus.

EMBORA TENHA INTERPRETADO bem as canções para a gravação da trilha sonora, Madonna ainda teve que enfrentar sentimentos de inadequação. Numa tentativa de se pôr à prova, mergulhou numa pesquisa intensa por um mês, e se tornou praticamente uma embaixadora de *Evita*. Mergulhou profundamente na história de Eva Perón. Nascida com o nome de Eva Maria Duarte, em 1922, a primeira-dama da Argentina era uma filha bastarda com um passado de extrema pobreza. Na adolescência, ela deixou sua cidadezinha rural e foi para Buenos Aires para "fazer a vida", sobrevivendo aos trancos e barrancos como prostituta até se tornar atriz. Por volta dos vinte e poucos anos fica conhecida por retratar heroínas patrióticas e mulheres que se auto-sacrificaram pela pátria. Ela conheceu e logo se casou com o coronel Juan Perón, então ministro do trabalho no regime militar. Quando ele foi deposto e preso em 1945, Evita encorajou os sindicatos a fazerem greve por sua libertação, e a apoiar sua candidatura à presidência no ano seguinte.

Uma grande aliada na campanha do marido pelo apoio popular, Evita era uma figura que se impunha nacionalmente. Mulher extremamente glamorosa, ela misturava Dior com política e fazia campanha pelo direito feminino ao voto. Iniciou reformas assistencialistas e foi a figura que esteve à frente da Fundação de Amparo Social, um programa massivo de assistência pública. Embora Evita tenha sido praticamente elevada à condição de santa depois de sua morte causada por câncer, em 1952, a exploração de sua fama, de seus bens e de suas origens na classe trabalhadora era ambivalente. Ela era desprezada pela classe dominante, que a considerava uma nova-rica, e tinha de enfrentar uma oposição violenta do Exército, que via uma mulher no poder com maus olhos. Indubitavelmente, Madonna viu paralelos entre a sua vida e a vida de Evita; sua interpretação se encaixava perfeitamente em algumas das mais grandiosas auto-idealizações que já tivera.

Por conta disso, Evita é uma das melhores atuações de Madonna. As filmagens começaram em fevereiro de 1996, com um orçamento de 55 milhões de dólares e um elenco que incluía Antonio Banderas, como o líder revolucionário Che Guevara, e Jonathan Pryce, como Perón. Na primeira metade do filme, Madonna interpreta a garota divertida sem a menor dificuldade, mas parece menos convincente como líder política, incitando os trabalhadores, franzindo propositalmente as sobrancelhas. Perto do final, no entanto, está mais confortável, retratando a deterioração da saúde de Evita com um sentimento verdadeiro de tristeza. Nessas cenas é possível notar como seus ensaios valeram a pena.

Num diário escrito para a revista *Vanity Fair*, Madonna conta em detalhes como Perón ficou perturbado pelo cheiro do câncer da própria esposa, a quem ele acenava ao passar pela porta do quarto, recusando-se a entrar. Consciente da importância de Evita para a sua popularidade, Perón decidiu que colocaria o corpo da mulher numa vitrine depois de sua morte. Antes de morrer, Evita tomou injeções de preparados químicos para preservar seus órgãos e sua carne, e analgésicos foram vetados para que não interferissem no processo. "Não consigo nem imaginar o quanto ela deve ter sofrido", escreveu Madonna, que sonhava constantemente com Evita. "Eu não era alguém que a observava de fora, eu era ela própria. Sentia sua tristeza e inquietação. Sentia a mesma fome, insatisfação e pressa que ela sentia." Durante o árduo cotidiano das filmagens na Argentina, em Budapeste e em Londres, Madonna percebeu porque Evita vivia em um ritmo alucinante. "Ela não queria que sua vida passasse em branco."

Outro fator que deu profundidade à interpretação de Madonna foi a experiência com a morte da mãe. Quando fez as cenas na cama de hospital, imaginou o que sua mãe devia ter sentido quando seu pai lhe disse que ela estava morrendo, e isso fez rios de lágrimas brotarem de seus olhos. Madonna perdeu sua mãe dolorosamente no Dia das Mães, e se apegou fortemente à atriz que interpretava a mãe de Evita no filme, Victoria Sus.

— O inglês dela é tão bom quanto o meu espanhol, mas nos comunicamos na linguagem de quem já passou por sofrimentos, de modo que nos compreendemos perfeitamente — disse Madonna. Sus contou a ela um sonho que tivera no qual Madonna era uma criança pressionando a cabeça contra sua barriga e dizendo que queria voltar para dentro de seu útero. "Se ela soubesse o quanto isto estava perto da verdade...", escreveu Madonna.

Enquanto filmava *Evita*, ela descobriu que esperava um filho de Carlos Leon. Isso deu ainda mais força à sua atuação. Há uma forte ironia na cena em que ela dança com Antonio Banderas num salão de baile vazio, e, a certa altura, cai no chão, apertando o útero tomado pelo câncer. Na ocasião, ela já passara dos três meses de gravidez, e tentava desesperadamente esconder a silhueta. Ao contrário da personagem que estava interpretando, havia uma nova vida dentro de Madonna: sua filha. Ela escreve, com um pressentimento notável, sobre uma tarde de folga em que foi cavalgar pela primeira vez, mantendo um ritmo bem lento: "Eu me imaginei galopando sem nenhuma preocupação pelos campos a toda velocidade, com o vento nos cabelos. Pensei comigo mesma que podia ter uma vida assim se quisesse. Filhos e um marido esperando para almoçar comigo."

Quando as filmagens terminaram, Madonna comentou:

— Minha vida nunca mais será a mesma.

Evita foi um divisor de águas. Quando foi lançado, em dezembro de 1996, o filme foi um grande sucesso de público. Foi elogiado pela crítica e rendeu um Oscar a Rice e a Lloyd Webber por "You Must

Love Me", e também um Globo de Ouro a Madonna. Para alguns de seus fãs, no entanto, interpretar Evita foi uma iniciativa que os deixou perplexos — um papel certinho e elegante num musical convencional, a quilômetros de distância do tom subversivo de *Erotica* e *Bedtime Stories*. Mas o papel refletia um lado de Madonna que precisava ser satisfeito e compreendido: finalmente ela mostrara que era uma atriz. E finalmente, também, ela seria mãe.

Livro III

Absolvição

13

Bits, zeros e uns

Olhar fotos de Madonna com Lola ainda bebê no colo me faz lembrar de mim mesma carregando minha filha pequena, e me fez pensar sobre o que a infância dela significa para mim. Tenho a sensação de que a criança é uma mulher em potencial, e que ela é capaz de curar a mulher que há em mim. É como começar novamente. Esta garotinha bebê não tem consciência das vergonhas, dos erros e das concessões feitos pela mãe. Ela não julga a pessoa que a carrega, tudo o que vê agora é uma mãe. Há algo na maneira como ela lhe oferece amor e adoração incondicionais, algo que faz você perceber que, quando mais jovem, não se cuidou da melhor maneira possível. E você promete que, com ela, tudo será diferente.

Ter um filho modifica a sua consciência, a sua mente e o seu modo de ser. É a melhor experiência que existe.

No dia 14 de outubro de 1996, a filha de Madonna, Lourdes (Lola), nasceu no Good Samaritan Hospital, em Los Angeles. Pouco depois do nascimento, o relacionamento com Carlos Leon foi por água abaixo, incentivando boatos de que ele teria sido apenas um doador de esperma. Madonna ficou indignada.

— Há especulações de que usei o pai da minha filha como um mero reprodutor, sugerindo que não sou capaz de ter um relacionamento de verdade — disse ela. — Isso tudo faz parte da imagem que a mídia tenta fazer de mim. A de que eu não tenho sentimentos, que não estou nem aí para as pessoas, que sou apenas uma mulher ambiciosa, fria e calculista.

A verdade é que, embora gostasse de Leon, Madonna sentiu que ele não era o parceiro de vida que ela desejava. Considerava-o possessivo e ciumento, principalmente em relação à sua amizade com Ingrid Casares. Ele, por outro lado, irritava-se com a fama de Madonna e com o fato de a carreira ser uma prioridade para ela, o que significava que ele ficaria sempre em segundo plano. Quando Lola estava com sete meses, os dois se separaram e Leon deu a Madonna a custódia total do bebê. Ele foi batalhar por sua carreira de ator, mas manteve vínculos fortes com a filha. Sabendo que o pai tinha um papel importante a cumprir na criação da menina, Madonna, desde o começo, permitiu que ele visse Lola, e os encorajou a desenvolver um relacionamento sólido.

Ser mãe transformou a vida de Madonna. Revelou um lado mais gentil e compassivo de sua personalidade. E seu trabalho ganhou uma profundidade emocional de outra ordem. Madonna deu à filha o nome de Lourdes porque sentiu que ela seria uma espécie de cura em sua vida.

— Lourdes é um lugar com o qual minha mãe tinha uma ligação. As pessoas estavam sempre mandando água benta de lá para ela. Ela queria viajar até lá, mas nunca conseguiu. — Com o nascimento da filha, Madonna deu prosseguimento ao culto da Virgem Maria que a acompanhara, batizando-a de Lourdes.

Na época em que Madonna nasceu, no final dos anos 1950, o catolicismo norte-americano passava por um crescimento repentino. Novas igrejas e conventos surgiam em diversos lugares. Foi também o auge do "Marian Cult" nos Estados Unidos. Todo mês de maio, milhões de crianças católicas, estudantes universitários e paroquianos marchavam em procissão para honrar a Virgem durante seu mês sagrado. Eles decoravam o *maypole* (mastro enfeitado com flores e fitas, erguido para as festas do dia 1° de maio e que serve de marco para o local da festa), colocavam coroas de flores em estátuas, cantavam hinos e rezavam em uníssono. Manifestação de uma espécie de catolicismo popular, a devoção à Virgem Maria era uma "religião viva" nascida nas pequenas cidades em que se concentravam imigrantes europeus, como os avós italianos de Madonna.

Como escreve a teóloga Paula M. Kane: "Os católicos acreditavam que Maria intercederia por eles junto a Jesus para que Ele atendesse aos seus desejos, curasse suas doenças, assegurasse seus empregos, arranjasse-lhes cônjuges e protegesse seus filhos." Por volta de 1950, Maria passara a representar ideais conservadores da condição feminina. Na época da Guerra Fria, ela também simbolizou o patriotismo e o papado, e as mulheres católicas foram encorajadas a servir como modelos de virtude em oposição à influência pagã do "perigo vermelho russo".

Maria simbolizava pureza espiritual e auto-sacrifício. Periódicos como *Immaculate Heart Crusades* e *Our Lady's Digest* concentravam-se unicamente em artefatos e etiquetas marianistas. E continham artigos do tipo "Faça você mesmo sua imagem da Virgem" ou "Veja como fazer um relicário mariano simples". Uma das leituras de escola da mãe de Madonna teria sido *Introdução à vida devota*, de são Francisco de Sales, um texto católico ilustrado do século XVII explicava como preservar a castidade e a pureza da alma. Sob códigos morais tão severos, a mãe de Madonna teria considerado a busca de sua filha por expressão sexual profundamente chocante, e sentiria que tinha falhado de alguma maneira. Mas talvez a natureza explícita do trabalho de Madonna fosse uma rejeição a tudo em que sua mãe acreditava. Talvez, a seus olhos, toda aquela devoção diária e modéstia não ajudaram em nada, pois não a mantiveram viva. A reação de Madonna à devoção de sua mãe foi radical: escolheu cortar de imediato qualquer tipo de identificação com a religião.

— Se ela estivesse viva, eu seria outra pessoa. Seria alguém completamente diferente — disse ela, certa vez.

Ter uma filha, no entanto, fez Madonna ver sua mãe de uma maneira diferente, e isso acabou restabelecendo uma conexão com a religião. A experiência de ser mãe foi para ela uma espécie de ressurreição, e parte disso está relacionado a seu interesse pela cabala. Madonna disse que enquanto estava grávida de Lola, sentiu que precisava ter o que ensinar à filha. Assim como sua mãe transmitira a fé católica para ela, Madonna sentiu a necessidade de ter uma crença que pudesse passar para Lola. "O que vou dizer a ela sobre a vida?" Ela começou a praticar ioga, a ler o *Bhagavad Gita* (*A Canção do Senhor*) e a se interessar pelo hinduísmo.

Isso se intensificou a partir de seu relacionamento com Andy Bird, um jovem aspirante a roteirista de cinema que foi o homem seguinte na vida de Madonna. Inglês, alto, magro e com um cabelo pré-rafaelita, Bird apresentou a ioga e o misticismo oriental a ela. Madonna o conheceu por meio do diretor Alex Keshishian, e os dois embarcaram numa relação apaixonada que a levou a passar um tempo em Londres, morando com Bird numa casa alugada no elegante bairro de Chelsea. Madonna começou a vestir-se como Bird, com roupas mais largas e despojadas. Ia com ele aos lugares da moda, porém casuais, como o Metropolitan Bar e o restaurante Nobu, e passou a fazer aulas de ioga no Innergy Centre, em Londres. Embora ansiosa por diminuir seu ritmo de vida naquele momento, ela ainda era uma grande estrela, famosa o suficiente para causar alvoroço onde quer que fosse. O instrutor-chefe do centro de ioga ficou aparentemente tão desiludido com a agitação que ocorria no lugar toda vez que Madonna aparecia que acabou pedindo-lhe que freqüentasse algum outro centro para praticar ioga.

Andy Bird ajudou-a a iniciar sua busca pelo divino, mas foi só numa noite de 1996, quando ela foi com Sandra Bernhard ao Centro de Cabala em Beverly Hills, que seu mundo se iluminou. Lá, ela encontrou uma crença que não só se adequava a sua vida, como de fato a transformaria.

A cabala viria a inspirar o álbum *Ray of Light* e a estruturar tudo o que Madonna faria dali para frente. Derivada de uma antiga filosofia judaica, a cabala trabalha no sentido de se atingir um estado de consciência mais elevado por meio da reflexão e da meditação. Trata-se rigorosamente de colocar o ego de lado a fim de efetuar mudanças em si mesmo e no mundo. Madonna tinha passado várias décadas imersa no materialismo, e agora estava pronta para experimentar uma espécie de renascimento espiritual.

No álbum seguinte, ela rasgou o livro de regras que vinha seguindo e, assim como se movia dramaticamente de uma *persona* para outra, basicamente deixou de lado a Madonna antiga. As faixas de *Ray of Light* se iniciavam de maneira silenciosa. No início de 1997, quando Lola tinha ainda poucos meses de vida, Madonna começou a procurar colaboradores para as músicas. Voltou a compor com Pat Leonard e também abordou o compositor Rick Nowells. Músico que tocara com bandas *new wave* do início dos anos 1980 em São Francisco, Nowells escrevia canções com Stevie Nicks, e fez seu nome compondo grandes sucessos para Berlinda Carlisle e como autor da famosa canção interpretada por Céline Dion, "Falling into You". Inicialmente, parecia que Madonna queria apostar num som exageradamente pop.

— Ela me convidou para ir até sua casa, pois queria me conhecer — recorda-se Nowells. — Deixou que eu segurasse Lola no colo. Eu tinha um filho de três anos, então estávamos em situações parecidas. — As experiências que compartilhavam como pais recentes, aliado ao talento de Nowells como compositor, fizeram com que ele conseguisse o trabalho.

Eles se encontraram novamente no final de abril para passar duas semanas se dedicando à composição das novas faixas no modesto estúdio que Nowells tinha em Hollywood Hills.

— Madonna dirigia o próprio carro sozinha todos os dias até lá. Chegava às três da tarde, entrava, conversava durante alguns minutos, e logo se focava no trabalho. Eu tocava piano enquanto ela ficava sentada no sofá com um microfone e um caderno. Ela ia improvisando melodias, e eu ia escrevendo acordes. Ela pensava em algumas letras na hora ou então as trazia prontas. Antes de trabalhar com Madonna, nunca acreditei que fosse possível compor uma música inteira em uma hora, mas ela conseguia. Em meia hora tínhamos uma melodia. Ela sempre ia embora às sete em ponto para ver Lola, mas todos os dias compúnhamos e gravávamos a demo de uma música. Fizemos nove em dez dias.

Nowells tem absoluta certeza de que, apesar da pressa, Madonna não relaxava quanto à qualidade.

— Ela é uma artista de verdade. Sabe como entrar em sintonia e compor uma canção. Não são apenas melodias improvisadas. Ela conhece a natureza do verso e do refrão. Sabe onde colocar uma ponte, como trabalhar uma melodia.

Quando produziram a canção "The Power of Goodbye", por exemplo, ele ficou impressionado com a letra que ela escreveu.

— Era profunda, poética e inteligente. Quando está concentrada e nos seus melhores momentos, ela não perde para nenhuma Joni Mitchell e para nenhum Paul Simon — entusiasma-se. A economia e a elegância de suas letras, particularmente neste álbum, refletiam seu hábito voraz de leitura. Ela se inspirou especialmente nos sonetos de Shakespeare e em poetisas respeitadas e provocadoras da década de 1960, como Sylvia Plath e Anne Sexton.

Nowells descreveu "The Power of Goodbye" como uma reflexão sobre o fim de um relacionamento, como "um belo poema".

— Fiquei chocado. Emocionado. Eu tinha uma batida forte, um som abafado, suave e alguns poucos acordes, e ela foi trabalhando com isso. Algum tempo depois, no estúdio, William Orbit cortou pela metade a batida forte e transformou-a num reggae, fazendo com que, no final, a música soasse completamente diferente.

A cada dia eles exploravam gêneros diferentes, experimentando texturas variadas. Não saía sempre de primeira. Um dia passaram horas empacados em uma idéia. Nowells tinha a trilha sonora de um filme *cult* dos anos 1970 chamado *Vampyros Lesbos*.

— Madonna gostou da trilha, tinha um título interessante e era estimulante criar algo inspirado por um filme bizarro e doido como aquele. — Às seis da tarde, no entanto, eles tiveram que reconhecer que não estava dando certo. — Eu estava quase entrando em pânico. Queria que tivesse sido um bom dia de trabalho. Então, como quem não quer nada, comecei a tocar três acordes, e Madonna começou a cantar. Fui seguindo o que ela propunha, e o resto foi puro fluxo de consciência.

O resultado é "Little Star", uma aconchegante e adorável cantiga de ninar feita para a filha de Madonna. Talvez porque estivesse chegando a hora de ela sair correndo, já quase sete da noite, e Lola devesse estar em seus pensamentos. Ela passara a tarde inteira longe da filha e estava com saudades. Em uma hora, ela e Nowells finalizaram a fita demo de uma canção que expressa a maravilha e o amor massacrante que uma mãe sente por seu filho. Inspirada pelo momento, Madonna cantou sobre quanta esperança e poder de cura esse novo laço lhe concedera. A doçura da canção também impressionou muito Nowells.

— No dia seguinte eu estava dirigindo para o estúdio e coloquei a demo para tocar no carro. Comecei a chorar imediatamente, porque a canção era muito linda. A capacidade de criar uma música tão tocante e expressa com tanta delicadeza sobre uma criança me emocionou.

Outra canção que eles fizeram em parceria para o álbum foi "To Have and Not to Hold". Nowells queria criar uma batida que se aproximasse do samba.

— Os versos surgiram rapidamente. Madonna já tinha preparado a letra, mas eu estava penando para fazer o refrão. Eu me perdi na relação com a tonalidade e estava tendo problemas com o si bemol. — Para se inspirarem, eles escutaram discos da artista brasileira Astrud Gilberto. Havia algo na técnica dela, as sutis modulações, os saltos harmônicos, que desvendou um enigma para eles. — Aí encontrei os acordes certos, e nós terminamos a canção. Isso foi no nosso primeiro dia. Você nunca sabe quando deve entrar com tudo num trabalho. Logo de cara você tem que começar a fazer as coisas acontecerem. Muito teve a ver com o quanto a gente se deu bem juntos naquele primeiro dia. Fiquei felicíssimo de termos terminado o dia com o som inteligente, elegante e europeu daquela faixa.

Madonna também escreveu algumas músicas em parceria com Kenneth "Babyface" Edmonds, mas elas foram deixadas de lado porque, conforme ele me contou, "as canções tinham um estilo meio 'Take a Bow', e Madonna não queria ou não precisava se repetir". William Wainwright (também conhecido como William Orbit), um músico então relativamente desconhecido que saíra do universo *rave* underground inglês, foi o produtor escolhido para supervisionar todo o disco. Sete anos antes ele fizera uma remixagem memorável e cheia de clima, para "Justify My Love", e Madonna achou que Orbit poderia dar um direcionamento inteiramente novo à sua música, e conferir ao álbum a coerência que faltara em *Bedtime Stories*.

Orbit saía de um universo que havia transformado a cara da cultura dance. A Acid House fora descrita em *Last Night a DJ Saved My Life* ("Na noite passada um DJ salvou a minha vida"), livro bem inovador de Bill Brewster e Frank Broughton, como um estilo de música "estranhamente, inquietantemente e criativamente universal. Nos anos 1960, você podia se sintonizar no movimento e se ligar e desligar das coisas, mas só se você fosse um fotógrafo da moda ou se seu pai pagasse o aluguel do seu apartamento na Kings Road. Agora, a viagem de descoberta está aberta a todos". Brewster e Broughton afirmam que isso foi uma verdadeira revolução cultural. "Você não pode compreender inteiramente a Grã-Bretanha de hoje sem conhecer as mudanças que isso trouxe. Quando a então primeira-ministra Margaret Thatcher varreu os ideais da comunidade pós-guerra e os substituiu pelo mercado liberal e seu culto ao individualismo egoísta, surgiu um movimento jovem que propôs o oposto. Surgiu um tipo de música que tinha pouco significado se não fosse compartilhada com outras pessoas, e uma droga que lembrava a seus usuários que a maior realização da humanidade era a socialização."

Uma peça-chave dentro desse universo, Orbit compôs inúmeras canções no estilo *lush house* com as bandas Bassomatic e Torch Song. E, sob o codinome de Strange Cargo, lançou alguns álbuns de música ambiente e instrumental. Embora Madonna sempre se aliasse ao mundo *clubber*, faltava a ela incorporar à sua música a atmosfera sonora estimulada pelo ecstasy. Ela decidiu, então, que os ritmos abstratos e a sonoridade clássica de Orbit seriam o cenário perfeito para suas novas canções.

— Eu amo o estilo obsessivo e meio em transe dos discos de William — disse ela. — Sempre achei que havia algo melancólico na música dele. Já que esse tipo de som me atrai e como tenho uma tendência a escrever canções tristes, me pareceu que nós dois juntos éramos uma boa combinação. — Algum tempo depois, ela também descreveu seu novo álbum como "bom para ouvir sob o efeito de drogas". — Ele faz você se sentir como se estivesse no *K Hole* (sensação de paralisação e dissociação proporcionada pelo ecstasy). Ele carrega você para uma espécie de frenesi... você consegue imaginar como seria ouvir o disco quando estivesse doidão.

O alto e longilíneo Orbit era, na verdade, um colaborador bastante improvável. Um discreto *gentleman* inglês, dizia-se que encontrava inspiração musical nas atmosferas de transe da cultura *clubber*. Abordava a composição das músicas por uma via lateral, mais orgânica e menos regulada pelo tempo, como Madonna estava acostumada.

— *Ray of Light* é um disco excepcional porque levou realmente um bom tempo para ser feito — diz Marius De Vries, que foi incorporado à equipe para co-produzir algumas das faixas, depois de seu trabalho em *Bedtime Stories*. — A gestação, que é algo bem característico da maneira de Will trabalhar, é um processo longo.

A relação profissional entre Madonna e Orbit levou algum tempo para deslanchar. Acostumado a compor no seu próprio ritmo, ele se viu pressionado diante da necessidade de controle dela. Ela se irritava com o comportamento dele, que inicialmente lhe parecia falta de profissionalismo. Quando começaram a trabalhar juntos, ela logo se surpreendeu com o fato de ele não ter um estúdio decente e possuir apenas um pequeno jogo de instrumentos, composto de um *sampler* Akai e alguns teclados. E quando Orbit chegou à casa de Madonna levando a fita DAT errada, precisou implorar a ela para conseguir uma semana a fim de se organizar. Sentindo que precisava de mais confiabilidade e segurança para trabalhar, Madonna, preocupada, telefonou para o velho amigo Pat Leonard, pedindo sua ajuda. Logo, logo, no entanto, ela começou a se sentir mais confortável com o trabalho de Orbit e mudou de idéia, percebendo sua "louca genialidade musical". Orbit insiste que ele não reinventou Madonna.

— Ela é uma pessoa muito obstinada. Eu não poderia ter feito isso nunca — disse ele. — A coisa se passou mais ou menos desse jeito: ela me produzia enquanto eu a produzia. Ela apresentava muito mais coisas a mim do que eu a ela.

Ir juntos à boate gay londrina, Heaven, onde o excêntrico Aphex Twin tocava sua música techno, foi idéia dela e não dele.

Madonna escreveu uma carta de desculpas a Leonard, dizendo que estava tudo bem e que ela não precisaria dele, pois ela e Orbit conseguiriam fazer o trabalho sozinhos. Disse que precisava seguir seu instinto. Ela não sabia por quê, mas sentia que aquele inglês excêntrico seria muito importante para a sua carreira. Embora quatro das canções trabalhadas por Madonna e Leonard tenham sido, afinal, incluídas no álbum, o trabalho de Leonard como produtor ficou subordinado a Madonna e Orbit. Leonard ficou extremamente chateado, ainda mais quando Madonna disse, algum tempo depois, de certo modo menosprezando-o, que ele teria dado às canções uma "energia mais ao estilo Peter Gabriel".

Preocupado com o "rebaixamento" constrangedor de Leonard nesse disco, Orbit declarou:

— Foi difícil para Pat. Ele se saiu muito bem como o cara resoluto que é, mas Madonna estava desconstruindo as canções dele, tirando camada após camada de cada uma delas. Eu tentava ajudá-lo, colocando alguns elementos de volta, mas ela não aceitava. De qualquer maneira, Pat faz melodias belíssimas. Nós nunca poderíamos destruí-las completamente.

Com esse disco, Madonna estava desconstruindo seu passado, e Leonard era a personificação daquela época.

As sessões de gravação começaram no verão de 1997 num estúdio perto do parque temático da Universal, na Studio City de Los Angeles. Desde o início Madonna já mostrava uma voz mais expressiva.

— Eu percebi como a voz dela melhorara e estava mais trabalhada, e como, aliado a isso, ela ganhara maior segurança — observa De Vries.

Rick Nowells concorda e diz que a experiência dela no filme *Evita* a ensinara a projetar a voz.

— Quando fez *Evita*, passou seis meses cantando músicas feitas para o teatro. Precisou praticar muito e aprender a construir melhor a voz.

Na faixa de abertura, "Drowned World/Substitute for Love", Madonna faz uma reflexão sobre o desejo compulsivo pela fama, e sobre como isso pode se sobrepor aos relacionamentos, tornando-os vazios e passageiros. Com o som estridente dos *bleeps* e os efeitos de *tape-loop* (trecho de fita gravada e reproduzida repetidamente) ao fundo, criados por Orbit, ela canta com a clareza do som de um sino. Essa música dá o tom para o disco inteiro: como se o fantasma do seu "eu" anterior fosse suplantado pelo espírito daquilo em que estava se tornando. Na ocasião, ela descreveu a fama como "uma cruz que estou carregando. Uma verdadeira fonte de aborrecimentos".

— Eu não trocaria a minha vida por nada, fui muito abençoada, tive muitos privilégios; mas ser famoso é uma agonia e um êxtase — diz ela.

Tanto em *Erotica* quanto em *Bedtime Stories*, Madonna havia feito algumas tentativas de chegar ao próprio inconsciente, mas aqui embarca fundo nessa viagem, de uma forma concentrada e intencional. Na música "Swim", por exemplo, ela evoca o sacramento do batismo ao mergulhar em águas metafóricas e lavar seus pecados.

— A água é um elemento com poder de cura — comenta ela. — Há água no nascimento e no batismo, e, quando você entra numa banheira ou no mar, tem uma sensação de encerramento, uma sensação de estar começando tudo novamente. É isso que está acontecendo na minha vida neste momento e estou explorando cada vez mais esse elemento nas minhas músicas.

Cheia de imagens apocalípticas, tiradas do Velho Testamento, a canção traz um tom de renovação, como se ela estivesse trocando de pele, deixando de lado não apenas o próprio mau comportamento, mas todos os comportamentos que o mundo se encarregou de empilhar sobre ela. Como o teólogo católico Richard McBrien diz: "A Igreja sempre ensinou que o batismo é necessário para se atingir a salvação. O ideal é que o ritual do batismo seja celebrado durante a Vigília Pascoal. Quando isso não é possível, a celebração deve estar repleta do espírito da Páscoa." É uma coincidência interessante o seu álbum ter sido lançado exatamente na época da Páscoa. Começando com um simples *riff* de guitarra, a canção é repleta de uma exuberância psicodélica latente, que é resultado de uma adaptação de uma canção dos anos 1970 chamada "Sepheryn", feita pelos músicos hippies Clive Muldoon e Dave Curtis. Muldoon morreu por overdose de drogas aos 28 anos, mas sua sobrinha, Christine Leach, cantou a letra da música no estúdio, com Orbit, e isso inspirou Madonna profundamente.

A julgar pela faixa que dá título ao álbum, vê-se que ela está pronta para renascer. "Ray of Light", com seu ritmo eletrônico ácido e acelerado, é, em êxtase, um hino aos céus. Unindo o pop melódico característico de Madonna com um techno estridente, Orbit cria uma ambientação para a voz dela. É como se estivesse sendo carregada pelo som, sem fazer esforço algum. Orbit disse depois que teve sorte em poder trabalhar com a voz pós-*Evita* de Madonna.

— "Ray of Light" é apenas um semitom mais alta do que a região em que a voz dela fica mais confortável, mas nós achamos que dar uma forçada no tom ajudaria muito. Ela ficou um pouco frustrada quando estávamos gravando, mas gostamos quando o cantor está indo um pouco além do seu limite em relação a essa coisa da voz. Isso é o tipo de coisa que não dá para forjar, dá para ouvir quando ela rompe o limite na gravação.

Depois de "Ray of Light", ela volta a mergulhar nos fantasmas do desejo com as distorções de "Candy Perfume Girl", bem ao estilo sombrio da banda Garbage. Madonna está latejante, hiperdesperta e consciente nessa faixa. Ela passa então para "Skin", música levada pelo som do baixo, com letra abstrata e uma percepção de aspiração submersa.

— Eu gosto muito dessa — diz Marius De Vries, que co-produziu a faixa com Orbit. — Estávamos trabalhando em estúdios paralelos, correndo de um para o outro, então era um ambiente inevitavelmente competitivo e nervoso. Nós não nos conhecíamos antes e trabalhávamos musicalmente na mesma área, então tínhamos muita cautela um com o outro no começo. "Skin" quebrou o gelo. A faixa começou com algumas batidas simples e uma vaga idéia na cabeça de como seria a letra. Nós a criamos desde o início de forma bastante colaborativa, e é por isso que a música é tão rica em detalhes. Estávamos tentando preencher cada espaço dela com os nossos sons favoritos!

Madonna aterrissa, então, na vigorosa e autocrítica "Nothing Really Matters", na qual se condena por viver egoisticamente e celebra o fato de ter uma filha.

— Lola não sabe que eu sou famosa, o que ela sente por mim é um amor completamente incondicional, uma forma de amor que nunca conheci antes, já que cresci sem mãe — disse Madonna. — Quando você tem filhos, se distancia de si mesmo... e se vê sob uma perspectiva diferente.

A garota festeira tinha ficado para trás. Madonna descreveu seu estado de espírito em *Ray of Light* como o de alguém "inteiramente maravilhada com a vida".

— Eu pensava muito e refletia sobre o passado, intrigada pelos aspectos místicos da vida.

A maternidade a transformara de uma maneira positiva. De Vries observa:

— Ela estava mais sossegada. Mais calma. Lola estava por perto o tempo todo. Uma das salas desocupadas do estúdio foi transformada numa espécie de creche. Ela era uma graça. Estava começando a dar trabalho e já aprendia a dar os primeiros passos.

Para essa canção, Madonna empregou a estratégia psicológica de colocar um produtor contra o outro, de modo a criar um clima de jogo e de competição. Segundo De Vries, "Nothing Really Matters" foi a música mais preparada de antemão por ele.

— Eu tinha muita visão de como a música deveria ser feita, e Will ficava irritado com isso. Em todas as nossas colaborações dei bastante espaço para ele, mas nessa me deu vontade de aparecer com uma idéia pronta e dizer: "Eu acho que tem que ser assim" — conta De Vries.

A faixa começa com um ruído eletrônico estranho, levemente quebradiço.

— Will disse: "Eu detesto esse barulho. Parece que a fita DAT está quebrada." E pensei: Pois é, a intenção é justamente essa. O ritmo estava muito lento para uma canção dançante daquelas, não era uma música lenta.

Apesar do protesto de Orbit, o barulho de fita DAT quebrada ficou, pois a palavra final era de Madonna.

Depois, em "Frozen", Madonna mudou o clima e escorregou com muita facilidade para um refrão de Pat Leonard, como se estivesse retornando ao lar. Esse é um de seus melhores momentos — preciso e teatral, com delicadas mudanças de tom. A música começa num tom doce e suave e passa para um drama gélido, mudando o formato exatamente como se vê no videoclipe, que foi filmado ao anoitecer pelo diretor Chris Cunningham nas temperaturas congelantes do deserto de Mojave, na Califórnia. No clipe, ela voa pelo céu como uma bruxa acompanhada de seus semelhantes, vestida numa roupa preta esvoaçante com os longos cabelos pretos caindo-lhe pelas costas. A deusa gótica é uma de suas imagens mais fortes, que remete aos temas fantasmagóricos do disco.

Primeiro *single* do álbum, "Frozen" era um épico apropriado. Mas levou um tempo para que eles encontrassem o tom. De Vries foi chamado no final para acrescentar à faixa sua programação requintada.

— Madonna sentia que a canção ainda não tinha atingido seu potencial. Então fiquei trabalhando durante um dia e meio nela e fui experimentando coisas — diz ele. — Programei algumas batidas e efeitos, e dei a ela a quantidade certa de detalhes, sem atravancá-la demais. Sou bastante teatral quando estou produzindo. Alguns diriam até que sou meio kitsch. Eu tentei e, de forma consciente, fiz com que cada som *fizesse* alguma diferença. Quis que o efeito de cada um deles fosse maximizado. Para não correr o risco de abarrotar uma gravação, é preciso ter uns ganchos musicais de ritmo rápido, que sejam menos melódicos e mais sonoros e dinâmicos.

Chegando ao final do álbum, Madonna passa para a trilogia que fez com Rick Nowells: "The Power of Goodbye", que tem a imponência de um hino religioso; "To Have and Not to Hold", uma música de astral reflexivo; e "Little Star", dedicada a Lola.

— O tema da música em si é bem arriscado. Fácil de cair no sentimentalismo — diz De Vries, que produziu "Little Star". — É uma canção delicada. Eu sabia que precisava lidar com ela com o mesmo cuidado e gentileza que se tem com uma borboleta, mas, ao mesmo tempo, sabia que ela precisava de uma atmosfera bacana, de uma dose de energia, para que não ficasse enjoativa. Foi por isso que fiz uma coisa irregular, inquieta, com uma batida indecisa, para contra-atacar o calor e o aconchego da idéia central.

Depois da ternura de "Little Star", a faixa final é absolutamente surpreendente. "Mer Girl" simboliza um momento crucial da vida de Madonna. Com Orbit ela entrou numa viagem psicológica, pois ele a encorajou a olhar para dentro de si mesma. A maternidade parecia tê-la levado a uma revelação sobre sua própria mãe e a uma compreensão das conseqüências de sua morte. Ao ouvir a música, nós passeamos por uma ameaçadora paisagem de sonho, enquanto Madonna meio falando, meio cantando, descreve uma fuga de casa de um bebê incansável que não dorme e de uma mãe que a persegue. Ela corre por uma paisagem infantil — um lago, uma montanha, algumas árvores e um cemitério — enquanto a chuva cai forte. O chão se abre e, com palavras econômicas e esparsas, ela transmite a sensação de estar sendo enterrada junto com a mãe morta; sentindo o cheiro de sua carne apodrecida e em decomposição. Ela foge de medo. Ela se dá conta de que estivera fugindo durante toda a sua vida.

Quando gravou a voz nessa música, o efeito no estúdio foi imediato.

— Ela saiu de dentro da cabine de gravação, e todos ficaram paralisados — diz Orbit. — Foi um daqueles momentos únicos. Realmente de arrepiar.

Quando o álbum ficou pronto, todos sabiam que tinham feito algo vibrante e bastante inovador.

— É um disco muito bom e corajoso — diz De Vries. — Madonna realmente explorou os limites da produção e do desenho sonoro, e não criou algo fácil de tocar nas rádios. Era popular, com uma dimensão artística, e, para fazer algo assim, é preciso muito tempo. Ela deu início à produção do álbum com um número de canções inacabadas maior do que normalmente. Muito da composição foi feita ao longo do processo de construção do disco. E ela tinha que deixar Will fazer as coisas no ritmo dele. Ele não chega imediatamente aonde quer chegar. Precisa passar por todo um processo antes de chegar ao seu objetivo.

E Orbit diria depois:

— Mergulhei no Mundo de Madonna e só saí de lá, abrindo os olhos, cinco meses depois. — Ele aprendeu com a capacidade de Madonna de tomar decisões rápidas e focadas. — Ela vivia me dizendo: "Não fica enrolando, decide logo" — lembra-se ele. — Outra coisa que costumava dizer, quando eu estava me arrastando exausto para casa, era: "Você vai poder dormir quando estiver morto." No estúdio ela arregaça mesmo as mangas. A gente pensa nela como um ícone pop e não percebe que Madonna é uma grande produtora musical, e isso é o que ela realmente é.

Havia alguns excessos que precisavam ser ajustados antes de o álbum ficar pronto para ser lançado. O uso livre do *sampler* por Orbit levou-o a territórios arriscados, principalmente na faixa "Swim". A música tinha um trecho de flauta tocado pelo músico e produtor Pablo Cook, um membro da banda de Orbit, a Strange Cargo.

— Ele havia sampleado aquela melodia para o meu primeiro álbum solo, *Geronimo*, que lancei com o título de *Exact Life*. Nós reciclávamos muito as coisas naquela época — diz Cook.

Ele gostou de estar num disco de Madonna, mas achava que "tecnicamente, se uma melodia entra num disco, o autor devia receber uma percentagem por isso".

— Madonna é muito forte e resiste até o último minuto. Admiro isso numa mulher, mas quando começa a interferir na sua vida, no seu trabalho, aí a coisa muda de figura. Lembro que William me telefonou e tentou me convencer a abrir mão do trecho e aceitar vender os direitos. Eu podia ouvir a voz de Madonna ao fundo dizendo: "Quem é esse cara? Quem é esse cara?" Eu já tive advogados italianos no meu pé tentando me comprar. Levei o negócio adiante até o ponto em que vi a minha relação com William ir por água abaixo. Tinha gente que trabalhou no álbum me telefonando e dizendo: "Você quer levar a coisa para a justiça?"

Cook acabou se rendendo pelo bem de sua amizade com Orbit.

— Não foi uma coisa fácil, mas hoje ainda somos bons amigos.

A maternidade pode ter revelado um lado mais bondoso e gentil de Madonna, mas, no que dizia respeito aos negócios, ela ainda era a favor de uma abordagem ofensiva.

Ray of Light FOI LANÇADO em março de 1998 e aclamado pela crítica do mundo inteiro. A *Rolling Stone* o descreveu como "brilhante", enquanto a revista inglesa *Slant* disse que o disco era uma "das grandes obras-primas pop dos anos 1990. Desde *Like a Prayer* Madonna não mostrava suas emoções de maneira tão honesta". E o canal de TV americano *E!* concedeu a grande honra de lhe dar a nota A-. O único "porém" veio também da revista *Rolling Stone*: Rob Sheffield comentou que William Orbit "não conhece truques suficientes para preencher um CD inteiro, então fica se repetido intensamente". Isso não desencorajou o público a comprar o álbum. Desde o lançamento, foram vendidas cerca de 17 milhões de cópias. Ganhou quatro prêmios Grammy, incluindo Melhor Álbum Pop e Melhor Gravação de Música Dance. Finalmente, ele acabou convencendo os que estavam indecisos. O disco conquistou os compradores "sérios", os famosos "grandes conhecedores de música", especialmente homens na faixa dos 20 aos 35 anos. Com *Ray of Light*, Madonna atingiu o conceito que esteve pairando sobre seu trabalho desde *Like a Prayer*: uma credibilidade artística completa.

— Trabalho com música há 16 anos e este é o meu primeiro Grammy (bem, na verdade, ganhei quatro essa noite) — disse Madonna, piscando nervosamente os olhos, no discurso de aceitação do prêmio em 1998. — Valeu a pena esperar.

O álbum também sinalizou um grande sucesso para Madonna na Europa. Na Inglaterra, por exemplo, o disco chegou ao primeiro lugar nas paradas de sucesso e ganhou seis vezes o disco de platina, enquanto nos Estados Unidos chegou ao segundo lugar nas paradas e ganhou quatro vezes o disco de platina. Talvez isso tenha pesado em sua decisão de se mudar para Londres. *Ray of Light* era mais do que uma volta para ela, era uma ressurreição. Aproximando-se dos quarenta anos de idade, ela parecia ter finalmente amadurecido. A loura maliciosa de cabelos platinados de *Erotica* ficara para trás; ela agora reemergia com cachos dourados nos cabelos, maquiagem sutil e um visual esvoaçante com um toque oriental. A foto de capa do CD, feita por Mario Testino, tinha o azul como cor dominante, da túnica de cetim brilhante que ela está usando, ao fundo de um azul mais claro. A idéia era fazer uma versão sem exageros e natural de Madonna, com a cabeça jogada para trás numa gargalhada, e o cabelo solto caindo-lhe pelas costas. O disco resumia sua crescente maturidade. Sua carreira ia bem, e ela tinha uma linda filhinha. A única coisa que faltava era um companheiro com quem partilhar tudo isso.

No verão de 1998, ela e Andy Bird estavam cada vez mais distantes. Embora o rapaz nascido em Warwickshire fosse ambicioso, parecia nunca conseguir dar continuidade a seus planos. Madonna freqüentemente o sustentava, chegando mesmo a lhe pagar o aluguel de um apartamento quando ele ia a Los Angeles. Mas, embora ela tenha gostado de bancar a mãezona durante um tempo, tinha seus limites. Com suas roupas pretas e suas botas de motocicleta presas com fita adesiva, ele nunca se encaixara no cenário londrino elegante em que ela vivia. Quando os dois estavam se separando, Madonna chegou a ter uma crise emocional ao descobrir que estava grávida. Ela queria outro bebê desesperadamente, mas quando estivesse vivendo um relacionamento estável. Aflita e em dúvida entre manter ou não a gravidez, o destino tomou a decisão por ela, e ela sofreu um aborto natural.

Essa experiência deu um alívio momentâneo à vida pessoal de Madonna. Sua prioridade agora era encontrar um marido adequado, alguém que estivesse em pé de igualdade com ela, que tivesse sua própria carreira, mas que também quisesse ter uma família. Durante anos isso foi algo extremamente distante para ela, em parte porque estava concentrada demais no trabalho para dar atenção de verdade a um homem, mas também porque não estava emocionalmente preparada para isso. Era um sofrimento mal resolvido que a acompanhava desde a infância, deixando-a relutante em relação a um comprometimento amoroso. Para seus amigos, parecia que Madonna tinha uma predisposição para sabotar os relacionamentos mais firmes.

— Há grandes fases da minha vida nas quais estive muito sozinha... e me perguntava se algum dia seria possível viver um relacionamento duradouro. Eu me perguntava se seria possível encontrar um homem que pudesse conviver comigo, um homem com o qual eu pudesse conviver — disse Madonna. — Mas, de repente, quando menos esperava, encontrei um.

Apenas alguns meses depois do lançamento de *Ray of Light*, Madonna encontrou seu par ideal.

— Sabe quando as pessoas dizem "ele virou a minha cabeça"? A minha cabeça não virou somente, ela ficou girando sobre o meu corpo! — exclamou ela.

Quando conheceu Guy Ritchie num almoço de verão na casa de Sting, em Wiltshire, Madonna conheceu alguém que era exatamente como ela: motivado, determinado e que gostava de se reinventar. Filho de um publicitário (John Ritchie, criador da famosa campanha publicitária dos charutos Hamlet nos anos 1970) e de uma modelo chamada Amber, Guy foi uma criança inteligente, porém inquieta. Seus pais se divorciaram quando ele tinha cinco anos, e a mãe casou-se com *Sir* Michael Leighton, o dono de um título de barão de mais de trezentos anos. Embora Guy passasse as férias em Loton Park, a propriedade da família Leighton perto de Shrewsbury, a maior parte de sua infância e adolescência foi passada em internatos. Seriamente disléxico, ele foi parar na Stanbridge Earls, uma escola para crianças que necessitam de cuidados especiais em Romsey, Hampshire. Embora fosse uma escola moderna e agradável, localizada numa extensa propriedade no campo, Stanbridge Earls não conseguiu controlá-lo. Ele foi expulso aos 15 anos por matar aula e levar garotas para o quarto. Com apenas um Certificado de Educação Secundária em cinema, Guy abandonou sua formação, na qual uma fortuna já tinha sido investida. Anos depois declarou ter sido expulso por uso de drogas, mas seu pai John o desmentiu:

— Guy diz essas coisas de vez em quando. Acho que é uma característica moderna fazer esse tipo de declaração. Ele gosta de fingir que era um rebelde vigarista, mas não acho que realmente fosse.

Quando adolescente, Guy queria ser guarda-caça ou, como seu avô e seu bisavô, entrar para o Exército. Seu avô, Stewart, era o herói da família, um major da Seaforth Highlanders que foi condecorado na Primeira Guerra Mundial e morto na batalha de Dunquerque. Embora Guy tenha abandonado esses planos quando se mudou para Londres e conseguiu um emprego fazendo filmes publicitários numa produtora de cinema do Soho, ele incorporou o gosto por estratégias militares em seus filmes. Trabalhava duro, escrevia bem e se arriscava. Saía muito com amigos com quem tinha estudado em escolas públicas, junto com um grupo de rapazes meio rebeldes do East End. Iam sempre a um restaurante chamado The Beach, em Fulham. Ele batalhava para conseguir patrocínio para seus roteiros cinematográficos. Um bom arruaceiro, quando jovem, dirigia seu carro esporte Triumph "como um louco", e certa vez teve o rosto cortado por se meter numa confusão com um grupo violento. Deslumbrado com as histórias de gangues londrinas, ele simulava um sotaque *cockney* e se imaginava levando uma vida mais perigosa do que a que ele se acostumara a levar em Loton Park. Para alguém que tinha um parentesco distante com a última princesa de Gales, o sotaque *cockney* jovial era uma reinvenção e tanto.

Depois de fazer um curta-metragem chamado *Hard Case*, em 1995, Guy arrecadou fundos com uma gama variada de financiadores, incluindo a mulher de Sting, Trudi Styler, para filmar seu primeiro longa, *Jogos, trapaças e dois canos fumegantes*. O roteiro trata de gangues rivais no submundo criminoso de Londres. O filme é editado com cortes bruscos, tem músicas de fanfarra e ostenta uma série de truques de direção, além de incorporar temas que seriam retomados diversas vezes em trabalhos posteriores de Guy — armas, jogos e piadas homofóbicas. Embora seja cruelmente violento, *Jogos, trapaças...* é um filme essencialmente alegre e acabou se tornando um sucesso comercial.

— Pela primeira vez, desde que saí da escola, sei o que estou fazendo — disse ele.

As referências aos filmes *Performance* e *Uma saída de mestre* em *Jogos, trapaças...* deram a Guy a reputação de Quentin Tarantino inglês. Seus personagens, no entanto, são mais estilizados e não possuem o calibre cinematográfico de Tarantino. Guy ainda teria que se desenvolver bastante como roteirista e diretor, e isso aconteceria mais tarde, quando fez o filme *Revolver*.

Pouco depois de terminar a edição de *Jogos, trapaças...*, ele foi à casa de campo de Sting.

— Eu estava bem próximo de Trudi nessa época, pois tínhamos acabado de fazer o filme — contou ele à revista *Interview*. — Quando estava a caminho da estação de trem, telefonei para ela e perguntei: "Quem mais irá para o almoço?" E ela disse: "Só algumas poucas pessoas." E eu disse: "Mas quem são?" e ela respondeu: "Madonna." Tenho que confessar que aquilo fez minhas pernas tremerem um pouco.

Os dois se entenderam imediatamente. Ambos apreciavam discussões e um humor afiado e gostavam de cinema.

— Ela é bastante direta. Muito engraçada — disse ele.

Na ocasião, ele estava planejando trabalhar em *Snatch – Porcos e diamantes*, filme policial sobre apostas ilegais e luta de boxe sem luvas, que seria estrelado por Brad Pitt. Dez anos mais novo que Madonna, com um sorriso charmoso e levemente agressivo, Guy era um sujeito independente, com uma carreira própria. Parecia ser o parceiro perfeito. Do mesmo modo que o mundo de Madonna é hiperfeminino, com o seu *glamour* hollywoodiano e o vício em alta-costura, o estilo de Guy é hipermasculino. Ele é daqueles homens que gostam de estratégias e de jogos. Seus filmes são cheios de enigmas e truques de palavras, e as mulheres são sempre duras na queda. No epicentro de cada filme há um revólver, uma espingarda ou uma enorme e poderosa arma automática Kalashnikov. Uma arma dá a ilusão de que é possível controlar o ambiente do outro. Para um garotinho que é mandado para o colégio interno depois da separação dos pais, isso é irresistível. Quando adolescente, Guy era um bom atirador de alvo em movimento, e mais tarde cultivou um interesse em atirar em pássaros de verdade. Como o primeiro marido de Madonna, Sean Penn, armas dão a Guy uma sensação de poder num mundo que parece estar fora do seu controle. Ela disse que Guy era sua "alma gêmea". Talvez ambos tenham reconhecido um no outro uma infância dolorosa e a necessidade de passar por cima dessa dor para sobreviver.

Apesar disso, o romance demorou a decolar. Guy ainda namorava a modelo Tania Strecker, tendo de se encontrar secretamente com Madonna quando ela ia a Londres. Isso foi motivo de fúria para Strecker. Madonna e Guy tinham encontros apaixonados num pequeno mas bem equipado apartamento de produção cinematográfica na rua Wardour. Enquanto ele filmava *Snatch* na Inglaterra, ela filmava a comédia caprichosa e meio sem sal, *Sobrou pra você*, com Rupert Everett, em Los Angeles. No filme, ela interpreta uma professora de ioga, desesperada para encontrar um parceiro e ter um filho. Na vida real, Madonna tinha o parceiro ao alcance dos olhos, e brigou por ele com admirável determinação, mas, enquanto ela morasse em Los Angeles, ele ficaria relutante em assumir um compromisso. No que dizia respeito a Guy, seus filmes eram sobre personagens de Londres e subculturas da cidade e, embora recebesse algumas ofertas tentadoras para grandes produções, não queria ser "castrado" pelo sistema dos estúdios de Hollywood.

— Tem a ver com estipular até onde você vai de fato e respeitar isso — declarou ele.

Guy também ficava um pouco intimidado pelo sucesso de Madonna, e referiu-se maliciosamente a ela numa entrevista como tendo "uma ética de trabalho que esmaga a minha. Me faz sentir como se eu não estivesse fazendo o suficiente... como se eu ainda tivesse muito o que aprender". Tão obstinado quanto Madonna, ele se recusou a assumir um compromisso. Por fim, ela acabou cedendo e se mudando para a Inglaterra. Foi aí, disse ela, que o relacionamento decolou.

No início de 2000 ela descobriu que estava grávida. Não havia a menor dúvida em sua cabeça de que ela teria o bebê, mas ainda assim o momento era difícil. Naquele ponto, ela e Guy ainda tinham um caso de idas e vindas, e embora ele tenha ficado animado com a perspectiva de ser pai, no começo estava indeciso com relação a casamento. Madonna, por outro lado, tinha acabado de começar a trabalhar em seu álbum seguinte. Animada com o sucesso de *Ray of Light*, estava ansiosa para voltar ao estúdio. Ela estava disposta a trabalhar com Orbit mais uma vez, mas o som dele, por volta do ano 2000, estava em toda parte. Estava inclusive dando sustentação a canções pop doces como o *hit* número um nas paradas de sucesso inglesas "Pure Shores", da banda feminina All Saints. Embora gostasse da idéia de contar com ele para produzir algumas faixas, Madonna sabia que precisava de um som novo e diferente para sobressair num mercado dominado por garotas jovens e sensuais como Christina Aguilera e Britney Spears. O fotógrafo (e ex-namorado de Kylie Minogue) Stéphane Sednaoui a apresentou ao artista de música eletrônica Mirwais Ahmadzai, que morava em Paris. Sednaoui tinha feito um videoclipe erótico para o *single* de Mirwais, "Disco Science", uma faixa com som house apimentado criada em cima de um *sample* da abertura da canção clássica da banda The Breeders, "Cannonball".

Madonna gostou muito de seus ritmos pulverizados e do modo como distorcia a altura do som, e também gostava da maneira como ele trabalhava o *acid bass*.

— Eu realmente acredito que esse cara é um gênio — disse ela a Larry Flick, repórter da revista *Billboard*. — Escuto as coisas dele e penso: esse é o som do futuro.

Nascido na Suíça e de origem afegã, Mirwais compartilhava com ela o gosto por estar sempre saltando de um gênero a outro.

— Cada nova cena musical pede um sistema diferente — disse ele —, e não quero fazer parte de um único quadro nessa história. Quero fazer coisas novas.

Como Madonna, Mirwais conviveu com a disco dos anos 1970 e com a *new wave*. Foi o principal guitarrista de uma das mais importantes bandas alternativas da França, a Taxi Girl. Com um som que misturava The Stooges, Kraftwerk e Giorgio Moroder, eles acabaram exercendo influência em arruaceiros mais recentes como Daft Punk e Air.

— Na época do Taxi Girl, nós estávamos envolvidos com drogas; éramos completamente desesperados e tínhamos vinte anos de idade — disse ele.

Vendo a música como instrumento político, ele não queria apenas vender discos, mas também "mudar a cultura". Mirwais teria concordado com o teórico francês Jacques Attali, ao dizer que "música é profecia... torna audível um novo mundo que gradualmente se tornará visível". A visão de mundo de Mirwais era melancólica, politizada e intelectual e, para ele, assumir riscos era quase uma questão de princípios em termos musicais. Foi isso que tornou sua parceria com Madonna, que é dona de uma percepção comercial incrível, algo tão interessante e futurista.

Mirwais afirma que trabalhar com Madonna foi mais um "acidente" do que um objetivo de vida que buscou avidamente. Foi por isso que ele pôde se manter equilibrado e concentrado em tirar dela o máximo de sua capacidade musical.

— O desafio era fazer surgir algo que estivesse em movimento — disse ele —, algo oculto na personalidade dela. Todo mundo a conhece como uma camaleoa, ou como uma mulher de negócios. Eu queria mostrar o seu potencial como profissional da música.

Mirwais já tinha gravado seu próprio álbum de estréia quando conheceu Madonna. O título ousado, *Production* (Produção), era, em si, uma desconstrução. Orbit desenhava paisagens sonoras para ambientalizar a voz de Madonna, mas Mirwais as cortava, enchia-as de falhas e mandava batidas retorcidas. Seu álbum *Music* é resultado da união inevitável de duas importantes cabeças pós-modernas.

As gravações começaram em setembro de 1999 nos estúdios SARM, que ficavam na região oeste de Londres. Na ocasião, Madonna já estava namorando Guy há mais de um ano, e sua cabeça andava inquieta. Ela levara uma vida bem doméstica enquanto Lola era bebê, mas agora a filha já estava na escola, e o mundo começava a se abrir para ela novamente.

— Eu me sinto como um animal que está pronto para ser libertado da jaula... sinto falta de atuar, de dançar e de cair na estrada novamente, sinto falta desse tipo de energia — disse Madonna à revista *Face*.

Ela queria fazer um disco de festa, e, dominada pelos sentimentos que tinha por Guy, também queria fazer uma declaração sobre o amor.

A faixa de abertura, que dá título ao álbum, é uma ressurreição da garota festeira da época da música disco. Como Prince no auge da carreira, Madonna consegue, por vezes, lançar um *single* que interrompe o fluxo do trabalho que vinha fazendo. "Vogue" é um exemplo disso; "Justify My Love" é outro. E "Music" tem essa mesma característica de definir um novo gênero: robótica, metálica, escangalhada e extremamente audaciosa. As batidas são fraturadas, minimalistas e agudas, e a letra é deliciosamente irônica. Ela fez ressurgir a Madonna imperativa. "Dancem. Entrem na festa. Rendam-se. Vocês são escravos da música." De certo modo, ela dera um grande giro e retornara à Danceteria, que chega a aparecer no videoclipe da canção, no qual ela faz o papel da mulher do gueto maravilhosa, vestida com um boá de penas e um chapéu de vaqueiro; cheia de diamantes e jóias, indo a bares de *striptease* e *lapdance*, ela anda no banco de trás de uma luxuosa limusine dirigida pelo comediante Ali G.

Uma série de jovens sensuais fez testes para os papéis de amigas de Madonna, mas elas tinham pouca expressão e eram pouco convincentes. No final, Madonna telefonou para as velhas amigas, parceiras de baladas, Debbie Mazar e Niki Haris, e elas entraram na farra junto com ela no banco de trás do carro, dando uma energia viva e verdadeira ao videoclipe.

— Eu estava em casa quando Madonna me ligou. Ela disse: "Eu preciso das minhas amigas de verdade, não quero essas amigas de mentira tentando imitar minhas amigas da vida real. Bota uma roupa aí e vem logo pra cá" — lembra-se Niki. — Nós nos divertimos o dia inteiro.

O videoclipe foi feito por Jonas Akerlund, um diretor sueco que certa vez tocou numa banda metaleira chamada Bathory, do início dos anos 1980. Ele tinha um estilo vibrante e anárquico. Madonna prestou atenção no trabalho dele pela primeira vez em 1996, quando ele fez o clipe "Smack My Bitch Up", para The Prodigy, banda techno contratada da Maverick. A música já tinha sido atacada pela Organização Nacional de Assistência à Mulher (NOW), que declarou que a canção tinha letras "perigosas e ofensivas", e que o videoclipe era tão provocador quanto a música. Filmado do ponto de vista de alguém que sai para uma noitada, toma grandes quantidades de drogas e álcool, se mete em brigas e pega prostitutas, o final surpreendente do clipe revela que este alguém é uma mulher. (Se é assim, está tudo certo.) Por causa do clipe, as grandes redes Wal-Mart e Kmart retiraram o álbum da banda, *The Fat of the Land*, de suas prateleiras. Apreciando o imaginário gráfico de Akerlund, e o distúrbio que o clipe causou, Madonna o convidou para dirigir o clipe de "Ray of Light". Com lasers e cores lúgubres, o clipe de caráter inovador foi crucial para a sua "retomada" no final dos anos 1990. Algum tempo depois, o videoclipe "Music", com suas imagens ofuscantes, devolveu a Madonna o trono de rainha da cultura dance.

A canção deu certo porque é verdadeira, é cantada por uma pessoa que tem uma história. Quando Madonna canta "*Yeah*" e convida as pessoas para dançar, elas dançam.

— Não chega a ser uma canção experimental, mas também não é uma música fácil — disse Mirwais. — É uma pequena vitória para a música de vanguarda.

Com a faixa seguinte, "Impressive Instant", ela nos leva a uma mistura inebriante de *acid techno* e *pop trance*. Ela vagueia por um mundo abstrato de letras absurdas, com baladas disco, e cheio de brilho. A energia se mantém dançante em "Runaway Lover", produzida por William Orbit. Nesta canção ela se defende vigorosamente de Guy, o homem que tinha virado sua cabeça. Ele a estava colocando em situação de desvantagem, deixando-a confusa com sua mistura enlouquecedora de tranqüilidade e devoção. Este é um tema que ela desenvolve em outra canção produzida por Orbit, a arrepiante "Amazing".

— Todas essas músicas meio que dizem "eu te amo mas não tô nem aí pra você" — explicou Madonna. — "Amazing" é sobre amar alguém que você preferia não amar. Você sabe que vai se dar mal, mas não consegue deixar de amar essa pessoa, porque a sensação é simplesmente maravilhosa, é "Amazing".

"I Deserve It", a canção de amor mais importante do disco, introduz uma textura extraordinariamente inovadora. Se *Music* fosse um álbum que tivesse apenas música funk eletrônica, ele seria um álbum ultrapassado. O que o eleva a um outro patamar são os momentos inesperados de rock folk acústico, nos quais tudo cai por terra e o que se ouve é o calor de uma guitarra estilo Neil Young e a voz melódica de Madonna.

— É uma canção de amor, mas há algo de solidão nela — disse ela. — A justaposição do violão e o som sedutor do sintetizador que entra de repente formam uma combinação estranha que, na minha opinião, produz um som levemente desconfortável.

Aqui Mirwais mostra o outro lado de sua *persona* musical, o homem que tocou por dez anos na banda acústica melancólica Juliette et les Indépendants.

Com os *riffs* intimistas de violão, Mirwais e Madonna criaram o delicado coração do álbum. A melhor expressão desse sentimento romântico é a canção "Don't Tell Me" (outra favorita dos fãs), na qual Madonna parece esquecer-se de si mesma. Sua voz ganha uma característica sinuosa, e ela canta como uma dançarina, no ritmo da batida, usando a quantidade certa de tensão e relaxamento. É uma canção que diz bastante coisa, evocando os sons da sua infância e adolescência, quando seus colegas de escola ouviam o rock fluente de Carole King e Lynyrd Skynyrd. A mistura que Mirwais faz do orgânico e do analógico com efeitos da era espacial é algo surpreendente neste disco. Os dois trabalham em conjunto como se fossem uma engrenagem, algo que se deve unicamente ao fato de serem uma expressão da história musical de

Madonna. Ela é a força que dá unidade a tudo. Quando ela canta "Nobody is Perfect" com aquela voz arrastada e eletrônica, que ganha um tratamento de *vocoder* (instrumento capaz de dar um som artificial à voz humana, como se fosse uma voz de robô), ou então quando projeta vulnerabilidade e incerteza na canção, como faz em "Paradise", que é inspirada na poesia haicai japonesa, ela está depositando a sua própria experiência em seu trabalho.

— A coisa que mais me surpreendeu foi a presença dela nestas canções — diz Guy Sigsworth, que produziu uma das faixas de mais destaque no álbum, "What It Feels Like For a Girl". — Ela disse para mim: "Guy, eu sou muito boa quando a coisa é simples. Faço o simples muito bem." Ela estava me mostrando trechos inacabados de outras faixas do disco, canções produzidas por Mirwais e William. Eu sou um grande admirador do trabalho deles e do jeito como usam a tecnologia, mas quando ela entrava nas canções era como se estivesse carregando uma enorme bandeira e fincando-a no meio do território. Isso fez com que o álbum ficasse bastante coerente. Pude ver como ela os estava produzindo ao mesmo tempo que era produzida. Ela dava objetivo ao que eles estavam fazendo de uma forma bem direta. Isso é um desafio e tanto.

Sigsworth era um outro membro da equipe de Björk que Madonna admirava. Formado em música pela Universidade de Cambridge, com um gosto particular por Stockhausen e Kate Bush, Sigsworth trabalhara em vários álbuns de Björk, incluindo *Post*, de 1995, e *Homogenic*, de 1998. Um produtor que trabalhou com diversos artistas, de Seal a Britney Spears, incluindo artistas mais alternativos, como Gem e Kate Havnevik, ele tem uma habilidade especial para lidar com a voz feminina.

— Sempre achei que as mulheres se aventuram mais na música no que diz respeito aos vocais. Muitos dos cantores homens vêm de uma escola Liam Gallagher, mais limitados vocalmente por conta do som das guitarras atrás deles. As mulheres sempre fazem experimentações com a melodia e a levam a lugares diferentes — acredita ele.

Sigsworth também tem paixão pela tecnologia, mas ao contrário de Mirwais, não tem problema em se declarar de forma direta e suave a respeito do assunto.

— As pessoas falam de música computadorizada e dizem: qual é o mistério por trás de "bits", "zeros" e "uns"? Eu digo que a questão é exatamente o mistério. O que gosto de fazer com computadores é procurar o mistério nas falhas digitais do som moderno.

Madonna estivera atenta a Sigsworth. Ela foi uma das poucas centenas de pessoas que compraram um álbum produzido por ele para Mandalay, banda inglesa de trip hop. E quando ela quis acrescentar uma levada eletrônica mais ambiente ao álbum *Music*, não hesitou em entrar em contato com ele.

Ele mandou um CD com um *playback* e um trecho de Charlotte Gainsbourg no filme *O jardim de cimento* para ela, um *cult* dos anos 1990 sobre um casal de irmãos adolescentes que tem um relacionamento incestuoso. Filha do músico francês Serge Gainsbourg (que, em parceria com sua amante Jane Birkin, compôs "Je t'aime... moi non plus", a canção de amor mais famosa dos anos 1970), Charlotte tinha uma interpretação inexpressiva, mas sensível. "Não há problema nenhum em ser um menino, mas não é legal para um menino parecer uma menina, pois ser uma menina é algo degradante", diz ela no filme. Madonna aproveitou a idéia e a levou adiante.

— Ela escreveu a letra da canção a partir da frase de Gainsbourg, e criou uma bela melodia — lembra-se Sigsworth.

Sentindo-se insegura e com os hormônios à flor da pele, pois tinha acabado de descobrir que estava grávida de Guy, Madonna expressou sua revolta contra um mundo que obrigava as mulheres a serem menos do que elas realmente são.

— Os homens ficam bastante intimidados por mulheres que conquistam muitas coisas — disse ela. — Passei por muitos momentos nos quais desejei que alguém tivesse me dito: "Seja poderosa, mas não seja poderosa demais pois assim você vai limitar suas opções." Este é um jogo que todas as mulheres fortes têm que jogar... A canção é... uma compreensão da política dos sexos. É um protesto.

Sigsworth gravou a faixa com Madonna nos estúdios SARM em vez de gravar em seu próprio estúdio, pois "estava realmente morrendo de medo de meter os pés pelas mãos".

— Eu sabia que ela tinha trabalhado com William num ambiente com menos recursos, mas queria me certificar de que teria o apoio e a segurança de um estúdio melhor. Lembro que no primeiro dia fingia estar tranqüilo, mas por dentro eu socava o ar e gritava "Estou trabalhando com Madonna!"

Pouco depois de começarem a trabalhar, no entanto, Sigsworth se deu conta de que eles tinham um problema.

— O jeito com que ela havia escrito os versos; eles ficavam fora de sincronia com a minha música. Eu disse: "Tudo bem, a gente encaixa mais um compasso aqui e a sua melodia e a minha música vão se ajustar." Ela disse: "Não." E o genial foi ter que encontrar maneiras interessantes de recortar o que eu já tinha feito, colocar no computador e reposicionar tudo em torno da voz dela de uma forma inovadora e que não fosse previsível — recorda-se ele. — O resultado final foi que a música ganhou uma atmosfera mágica e mais fluente. Este era o maior desafio dela: não ir pelo caminho mais fácil. Isso me fez apostar mais alto. Tenho muito orgulho do trabalho que fizemos juntos.

A impaciência de Madonna com o processo de criação também era um desafio para ele.

— Ela entende do trabalho no estúdio. Em vez de me deixar ficar duas horas trabalhando em alguma coisa, dizia: "Me dá só uma idéia vaga, uma coisa aproximada do som. Aí, se eu não gostar, a gente não perde tempo." Eu protestava, queria fazer tudo perfeito, mas ela dizia: "Não, já está bom." Ela já tinha trabalhado com tanta gente antes, ela queria terminar rápido.

Com uma produção cautelosa, "What It Feels Like For a Girl" possui uma sensação de raiva interpretada lindamente e de maneira afiada. Ao lado de "Express Yourself", tornou-se uma de suas canções pop femininas mais famosas. Não é exatamente uma convocação à luta, mas desenvolve a idéia que ela já expressara no diário que fez sobre *Evita* publicado na *Vanity Fair*, anos antes: "Se eu soubesse que seria mal compreendida de modo tão universal, talvez não tivesse sido tão franca e rebelde... será que uma idiota poderia ter chegado tão longe na vida? Eu me pergunto se jamais poderia ter sido o tipo de garota doce, submissa e feminina que o mundo inteiro idealiza."

Guy Ritchie dirigiu o videoclipe da canção. Como tinha experiência em vídeos comerciais, estava ansioso para fazer um clipe de Madonna, e atribuiu o seu estilo já costumeiro de "filme de guerrilha" à empreitada. Ela apostou na idéia e interpretou uma espécie de "diva" violenta e vingativa, batendo alegremente em carros e erradicando qualquer homem que cruzasse o seu caminho. Condenado por suas imagens violentas, o clipe foi banido da VH1 e da MTV, o que acabou com suas chances de se tornar um sucesso. Embora irônico, o clipe também era abastecido de um sentimento de raiva que mal podia ser disfarçado. Uma das coisas que mais irrita Madonna é não ser levada a sério como artista.

Como muitos produtores que já trabalharam com ela, Sigsworth acha que Madonna tem sido subestimada como profissional.

— Ela tinha um apetite devorador para música. Costumava trazer caixas de CDs para o estúdio para eu ouvir. Ela é fascinada e verdadeiramente apaixonada por música.

Na opinião dele, Madonna é uma cantora de muitos recursos:

— Conhece os próprios limites e o que pode fazer vocalmente, mas dentro desses limites é muito criativa. Eu gosto do fato de ela não ficar usando a voz para aparecer. O que importa para ela é a canção. Seria a última a tentar os trinados de Mariah Carey. Ela tem um estilo muito direto de contar a história.

Ele percebeu que ela não precisava que sua voz se sobressaísse no estúdio:

— A maioria dos cantores gosta de se ouvir o mais alto possível até o som ficar quase doloroso na mixagem. Madonna não é assim. Ela gosta de ouvir sua voz *dentro* da música, não sobre ela. Isso demonstra uma espécie de autoconhecimento. Ela tem muita consciência do contexto musical que quer criar. Eu adoro cantores extravagantes, mas a escola americana da olimpíada dos cinco mil metros vocais me cansa. É como se fossem solos de guitarra cantados.

Para Madonna, a coisa mais importante é a comunicação.

— Ela vai direto ao ouvido do público — diz Sigsworth. — Testa suas músicas indo para a cidade com a babá dos filhos, a assistente de produção e suas amigas, o que ela chama de Pussy Pose. E coloca as músicas no som do carro para elas ouvirem. Confia mais na reação delas do que na gravadora.

O público feminino é quem dita as regras na cabeça de Madonna; ela conhece a importância de boas linhas melódicas, pois esse é o elemento que cria uma canção de sucesso. O DJ e produtor Norman Cook disse uma vez a Sigsworth:

— Quando ponho um disco para tocar numa boate, eu sei que vai funcionar se as garotas gostarem. Sei que os rapazes vão gostar se o ritmo, a levada e a atitude estiverem certos. Mas se as garotas gostarem da linha melódica, aí sim tenho a certeza de que o álbum será um grande sucesso.

O disco ficou pronto na primavera de 2000. A única faixa um pouco mais "boba" que ela fez é a versão para o clássico dos anos 1970 de Don McLean, "American Pie". Foi uma escolha um tanto esquisita para o estilo dela, uma canção folk de protesto que estava muito distante do estilo inovador do resto do álbum, mas que fazia parte da trilha sonora do seu filme mal recebido pela crítica, *Sobrou pra você*. Ela se arrepende de ter incluído a canção no álbum, dizendo que fora "convencida a fazer isso por um executivo da gravadora". Apesar do arrependimento de "American Pie", Madonna mal podia conter sua excitação em relação a *Music*. Ela deixou os fãs em alerta ao avisar ao fã-clube oficial que "o *single* vai sair logo logo". "Eu trabalhei nele com um cara francês chamado Mirwais, e ele é o máximo."

A vida ia correndo bem. Fazia tempo que Guy tinha terminado o relacionamento com Tania Strecker, e o namoro dele com Madonna era agora "legítimo". Como futuro pai, ele até parou de beber enquanto Madonna estava grávida, para que ela não se sentisse tentada. A única besteira que Madonna fez foi dizer a um entrevistador de rádio de Los Angeles que não iria ter seu filho num hospital britânico porque eles eram "velhos e vitorianos demais". Isso não foi nada bom para a sua imagem com o público inglês, e ela teve que aplacar o estrago dizendo o quanto amava Londres e a atitude criativa da Europa com relação à arte. Na verdade, estava nervosa com a gravidez. Tinha sido diagnosticada com placenta prévia, uma doença que pode causar hemorragia e cortar o suprimento de sangue para o bebê, de modo que tinha que tomar um cuidado maior. No dia 10 de agosto, um mês antes da data prevista para o nascimento, Madonna começou a sangrar e teve que correr para o hospital Cedars-Sinai. Guy estava numa sessão de filmagem privada do seu filme *Snatch* e, quando chegou ao hospital, ela estava com uma forte hemorragia e entrando em choque. Embora estivesse com uma cesariana agendada, Madonna precisou fazer uma cirurgia de emergência. Seu filho Rocco (nome dado em homenagem a um dos tios dela) nasceu no dia 11 de agosto. Prematuro e com icterícia, ele ficou na UTI durante cinco dias antes que Madonna e Guy pudessem levá-lo para casa.

Era o seu aniversário de 42 anos e ela estava em êxtase. O pequeno Rocco recuperou-se rapidamente, e era um bebê calmo.

— Me sinto plena — disse ela.

Guy estava ardendo de orgulho.

— Ele era pequeno e veio ao mundo mais cedo, mas não era tão pequeno a ponto de ser alarmante. Era um pequeno bonitinho — disse ele. Ao falar de seu filho, o tom ameaçador e ofensivo de Guy se abrandou. — A paternidade realmente muda você... é como uma enorme onda de amor, só que muito mais forte.

Algo ficou mais brando em Madonna, também. Nos retratos ela olha para o bebê Rocco com uma devoção feliz que só uma mãe pode dar ao filho. Ter uma filha faz uma mulher desenvolver um instinto protetor intenso e pensar sobre o feminino dentro dela. Ter um filho acende um tipo diferente de amor. Não menos intenso, mas é como se o laço se aproximasse do romântico. A alegria de Madonna em ter a própria família se concretizou no dia que Rocco chegou em casa e Guy deu a ela um anel de diamantes.

— Nunca gostei de usar esses diamantes enormes no dedo. Mas, bom, agora eu gosto — disse Madonna, extasiada.

Para a amiga Rosie O'Donnell, a verdade era simples:

— Primeiro Madonna apaixonou-se pela filha, e isso a ensinou a amar alguém de verdade — disse ela.

UM MÊS DEPOIS do nascimento de Rocco, o álbum *Music* foi lançado. Havia certo tom de autoridade neste disco. Ele se destacou numa época em que o pop (principalmente na Inglaterra) era dominado pelo estilo caraoquê de jovens treinados em palcos de escola, como as bandas Steps e S club 7, que massacravam o mercado com seus sucessos de música disco dos anos 1970. Havia também o legado das Spice Girls, que fez com que bandas femininas fossem fabricadas com uma rapidez alarmante, sempre cheias de refrões repetitivos e movimentos mecânicos, e muito pouca atenção dada à música. Madonna criticou as pessoas por falarem mal das Spice Girls, dizendo "Eu também fui uma Spice Girl um dia", mas ela estava subestimando a si própria. Madonna tinha uma visão e uma musicalidade que iam muito além das de suas jovens imitadoras.

Para seu aborrecimento, algumas faixas já tinham vazado na internet. Ela processou o site de *download* de música Napster, mas isso não foi um empecilho para o impacto que o disco causou quando foi lançado. O *single Music* chegou ao primeiro lugar nas paradas de sucesso em vários países, incluindo os Estados Unidos, e foi o seu maior sucesso desde "Take a Bow", de 1994. O álbum ganhou um Grammy e, em 2003, atingiu a altura estonteante da posição 452 na lista feita pela *Rolling Stone* dos melhores álbuns de todos os tempos. Para *Music*, Madonna criou sua própria personagem caricata que fazia o estilo *cowgirl*, apreciando a cultura americana ao mesmo tempo que a parodiava. A arte do CD era puro kitsch, com chapéu de vaqueiro rosa e azul, montes de feno, carros dos anos 1950, guitarras e jeans bordado. A deusa gótica de *Ray of Light* tinha ficado para trás, seu cabelo agora voltara ao tom louro ensolarado. Agora que tinha se mudado para Londres, Madonna olhava para os Estados Unidos com olhos diferentes. Era uma espécie de ironia carinhosa. Embora mãe de dois filhos, ela não pretendia ficar quieta em casa. *Music* acendeu o desejo de sair pelo mundo novamente e entrar em contato direto com seu público. Foi durante a festa de lançamento do álbum (um evento cheio de brilho em Los Angeles com dançarinas de poste e muito champanhe) que ela traçou planos de fazer uma turnê. Pela primeira vez depois de oito anos, Madonna estaria de volta na estrada.

14

Trabalho duro e boas risadas

— Eu tenho que me manter atual. Deus me ajude, mas acho que vou ter que dividir o espaço nas estações de rádio com Britney Spears e Christina Aguilera — disse Madonna a amigos no início do ano 2000.

Na verdade, ela estava expondo, em ambiente privado, sua preocupação de acabar sendo engolida por artistas mais jovens. Sabia que, se fizesse uma turnê mundial, poderia se reafirmar como a rainha do pop, mas, com duas crianças pequenas, isso teria que ser muito bem planejado. Ela começou a dar a partida no projeto com um show discreto no Roseland Ballroom, em Nova York, divulgando as canções de *Music*.

— Essa é a minha chance de experimentar uma volta aos palcos, de começar a me jogar sem medo novamente. Já faz algum tempo que estou afastada — comentava.

E então, vestindo uma roupa preta de *cowgirl*, bordada com diamantes falsos, e usando uma camiseta com o nome "Britney Spears" estampado, ela se apresentou para uma platéia seleta que incluía amigos célebres como Gwyneth Paltrow, Donatella Versace e Rosie O'Donnell.

Depois do show, ela daria uma entrevista ao repórter Kurt Loder, da revista *Rolling Stone*, num bar no centro da cidade. Ele perguntou a ela se, ampliado um pouco mais, o show do Roseland Ballroom não poderia virar um espetáculo de turnê em grande escala. "Estou pensando nisso", foi a resposta de Madonna. No dia 29 de novembro do mesmo ano, pouco depois de ganhar, na premiação da MTV européia, os prêmios de Melhor Disco de Dança e Melhor Artista Feminina por *Music*, Madonna fez um outro pequeno show na Brixton Academy, em Londres. O que fora divulgado como uma festa para um público de 3.500 convidados acabou se transformando numa verdadeira loucura que daria muito o que falar na mídia. Quando um acordo com a Microsoft para transmitir o evento ao vivo on-line foi revelado, os rumores foram atingindo um estado de extrema excitação, e os ingressos saíram das mãos dos convidados para serem vendidos pela bela quantia de 1.800 libras esterlinas. A presença da polícia do lado de fora era grande, enquanto lá dentro o auditório fora transformado numa combinação de estúdio de TV e celeiro de feno de proporções gigantescas. Havia um grupo barulhento de fãs com chapéu de vaqueiro amontoado na frente do palco, enquanto o balcão estava atulhado de gente ligada à indústria musical, dentre os quais se incluía Kylie Minogue.

Pontualmente às dez da noite, Madonna entrou no palco trajando calça jeans preta e uma camiseta com o nome do filho gravado em letras brilhantes. Ela abriu o show com a canção "Impressive Instant", acompanhada por uma banda liderada por Mirwais na guitarra. A voz estava forte, mas um pouco sem fôlego. Ficar em casa com o bebê Rocco e passar tantos anos sem fazer turnê obviamente foram escolhas que tiveram o seu preço. Por outro lado, ela parecia mais confortável em "Don't Tell Me", canção um pouco mais lenta. Depois, ela gritaria alegremente no palco:

— Queria dedicar a próxima canção a todas essas garotas pop que estão tentando a vida por aí!

E então cantou "What it Feels Like For a Girl". A essa altura do show, a velha Madonna estava de volta, feminina, provocadora e falando diretamente com as fãs. Em seguida, engatava em "Holiday", dançando com garotas vestidas em camisetas com a estampa da bandeira britânica, e exibindo-se no topo de uma picape. O astral era festeiro e kitsch. O show contava ainda com uma videomontagem, projetada num telão que oscilava atrás dela, passando em revista o histórico do estilo de Madonna, desde "Material Girl" até "Vogue" e épocas mais adiante. Desafiando a nova geração de jovens Britneys, era como se ela estivesse dizendo: "Quero ver chegar até aqui!" Nove milhões de fãs se conectaram à internet para assistir ao show ao vivo, superando o recorde mundial de Paul McCartney de três milhões de pessoas, que tinham se conectado no ano anterior para assistir à sua performance no Cavern

Club em Liverpool. Liz Rosenberg, agente de publicidade de Madonna, comentou na época:

— Ela está absolutamente vibrando de alegria. — Os planos para uma turnê eram agora "uma possibilidade iminente".

No final do ano, o circo de publicidade em torno dela era algo surreal. Madonna e Guy tomavam o lugar de David e Victoria Beckham no topo da lista dos mais célebres. Apesar da ausência de fotógrafos oficiais, o casamento deles, em 22 de dezembro, no castelo Skibo, na Escócia, foi um evento mundial. Lembrando bem dos helicópteros que, anos antes, tinham transformado seu casamento com Sean Penn em Malibu numa grande galhofa, Madonna quis manter o caráter reservado da cerimônia. Ela e Guy foram às raias da loucura para tentar manter os *paparazzi* de fora.

— Fodam-se todos — disse ela. — Eu já agüentei demais.

Havia boatos de que ela teria negociado exclusividade com as revistas de fofocas *Hello!* e *OK*, mas os dois milhões que Madonna propusera a eles era dinheiro demais, até mesmo para grandes publicações como essas. Ela provavelmente estipulara um preço estratosfericamente fora de mercado com o objetivo de conseguir um pouco de tranqüilidade.

Na cerimônia ela seria a estrela do próprio conto de fadas. A princípio, pensara em se casar na Althorp House, uma propriedade da aristocracia inglesa onde está enterrada a princesa Diana, mas Earl Spencer ficou preocupado com a segurança e negou o pedido. Guy a convenceu, então, a visitar o castelo Skibo, nas Terras Altas da Escócia, um lugar de grande significado para ele, por conta de suas raízes familiares. Tão importante quanto a Althorp House, a propriedade de mais de três mil hectares era próxima a uma área de caça de perdizes. Apelidada de "Céu na Terra" por Andrew Carnegie, um magnata escocês que reformou o castelo em 1898, a construção eduardiana, adornada de pequenas torres rosadas, situa-se numa região campestre de tirar o fôlego de tão bela. A palavra Skibo significa "terra das fadas" em celta, e Madonna diz que sentiu que o lugar era mágico e encantado.

O imóvel exuberante, decorado com móveis de carvalho e estilo baronial, costumava servir de refúgio para convidados como Edward Elgar e Rudyard Kipling. Depois foi usado pela família Carnegie como casa de veraneio, até que o grande empresário Peter de Savary comprou a propriedade em 1990 e a transformou num restrito clube campestre, freqüentado por artistas hollywoodianos como Sean Connery, Michael Douglas e Jack Nicholson. Durante a última semana de dezembro, Madonna e Guy contrataram uma equipe de segurança reforçada e fizeram todos os funcionários do castelo assinarem um contrato de sigilo de quatro páginas, transformando a propriedade numa luxuosa fortaleza. Todos os convidados tiveram que desligar os telefones celulares e todo o contato com o mundo, para além das fronteiras do castelo, foi praticamente cortado. Ironicamente, todo mundo exterior estava interessado no que aconteceria ali dentro. *Paparazzi* foram tirados de trás de arbustos e equipes inteiras de televisão, instaladas na cidadezinha mais próxima, se mostravam desesperadas para tentar arrancar informações para os seus boletins.

A mídia só teve uma oportunidade de fotografar o casal. No dia 21 de dezembro, diante dos portais da catedral Dornoch, no dia do batismo de Rocco. De coque, e vestida num casaco creme três-quartos, Madonna acenou das escadarias da Igreja, como se fosse uma rainha, antes de desaparecer, em seguida, dentro de um carro. Ela e Guy não foram mais vistos até depois do Natal, mas, apesar de todo o cuidado, algumas notícias do casamento acabaram vazando. Que ela usou um vestido de seda sem alça cor-de-marfim, no valor de trinta mil libras esterlinas, desenhado por sua dama de honra Stella McCartney. Que ele estava de kilt, feito com o melhor tecido Macintosh xadrez escocês. Que ela tinha uma cruz de diamantes de 37 quilates pendurada no pescoço, e portava uma tiara de 1910, com valor estimado em 250 mil dólares, emprestada pela Asprey & Gerrard. Que Lola, com quatro anos de idade, desceu as escadas do castelo vestida como uma pequena menina das flores, jogando pétalas de rosa pelo caminho trilhado pela mãe. Que Rocco estava vestido com um kilt em miniatura feito do mesmo tecido do de seu pai. Que a noiva usou Gaultier para o jantar e Versace para a festa. Que os convidados, incluindo Gwyneth Paltrow, Sting, Trudi Styler, Rupert Everett, Matthew Vaughn e Ingrid Casares, dançaram o *jig* e o *reel* (danças folclóricas escocesas) a noite inteira e dançaram também (quanta alegria!) ao som das músicas de Madonna. Que o bolo de casamento tinha um metro de altura e era recheado de profiteroles.

O grande acontecimento tomou conta da imaginação do público, provavelmente porque a ausência da mídia dera ao evento um ar misterioso e profundamente romântico. O pai de Madonna, emocionado, entregou-a ao futuro marido.

— Meu Deus, como você está linda — disse Tony, com a voz trêmula, pouco antes do casamento. Parecia que, finalmente, eles tinham se reconciliado, e que qualquer tipo de mal-estar ainda existente entre eles tinha sido superado. A filha pródiga finalmente retornara.

A reverenda Susan Green, única prior do sexo feminino de uma catedral escocesa, presidiu a cerimônia, enquanto Madonna, deixando os votos feministas para o final, prometia "cuidar, honrar e se *deleitar* com sua família", em vez de "obedecer". A única nota de preocupação foi uma pequena briga com Guy, antes do casamento, por ele ter saído para caçar com os amigos em vez de ter ficado com ela, ajudando-a nos preparativos. E ela ainda o repreendeu por "assassinar passarinhos". Este seria o prelúdio de conflitos posteriores mais sérios, mas, por ora, o casal se mostrava feliz e em harmonia.

Depois da noite de Ano-Novo, a lua-de-mel (na propriedade de Sting em Wiltshire) tinha chegado ao fim e Madonna voltou à rotina de trabalho. Os planos para uma turnê mundial ficavam cada vez mais concretos.

— Finalmente vou treinar duro numa sala de ensaios — comentou. — Não vejo motivos para alguém fazer um show a não ser que tenha algo a oferecer que vai virar de cabeça para baixo a mente das pessoas. Não basta subir num palco e cantar uma música. Tem que ter teatralidade, dramaticidade e suspense... Não vejo a hora de começar, mas também estou um pouco apreensiva.

Em março de 2001, foi feita uma convocação, aberta ao público, para os testes para o elenco de dançarinos. Centenas de esperançosos fizeram fila por horas no frio cortante da rua Lafayette, em Manhattan.

A estudante de dança, de 22 anos, Janelle Gilchrist viu o anúncio na revista nova-iorquina *Back Stage*.

— Eu fiquei, tipo, assim: "Ai meu Deus, tenho que ir de qualquer jeito" — contou ela ao repórter Rob Kemp da MTV.

Uma outra concorrente se sentia mais relaxada:

— Isso aqui não podia estar pior — disse Mollie Black, de 21 anos. — Geralmente aparecem no máximo cinqüenta ou oitenta pessoas para testes como este. É óbvio que todo bailarino quer dançar para a Madonna.

Sua amiga Cherilyn Caulfield concordou:

— Isto aqui está mais para um evento feito para atrair a atenção da mídia do que qualquer outra coisa.

No final, dos dez bailarinos contratados para a turnê *Drowned World*, apenas Ruthy Inchaustegui, que havia participado do *Girlie Show*, já tinha dançado com Madonna antes. Novos músicos também foram recrutados para a turnê pelo seu diretor musical, um compositor e DJ da moda, de 22 anos, chamado Stuart Price. Também conhecido como Jacques Lu Cont, o artista, radicado em Londres, tinha sua própria banda eletrônica alternativa, a Les Rythmes Digitales, e depois se tornou um dos membros da banda de rock-dance Zoot Woman. Antes de receber o telefonema da produção de Madonna, Price tinha álbuns importantes, mas que não passavam das quinhentas cópias vendidas. Ele descreveu seu disco de 1996, *Darkdancer*, como um álbum de "música club house com marcas características dos anos 1980 sangrando através de todos os seus poros". Isso obviamente atraiu Madonna, mas Price ficou pasmo quando foi convocado por ela no início de 2001.

— Eu realmente não esperava — contou-me ele em 2003. — Estava fazendo um trabalho em Colônia, hospedado num quarto mínimo de hotel, tão pequeno que a porta abria para o corredor. Primeiro fui contratado para tocar teclado, mas ela também procurava por certo tipo de direção, e então colocou o controle em minhas mãos, para fazer a música ficar bacana. Eu não tinha qualquer desejo absurdo de ser diretor musical, mas com ela era diferente. Sua maneira de trabalhar era diferente.

Para "Holiday", Price sugeriu que ela usasse, no meio da música, parte de uma gravação obscura da canção "Music Sounds Better With You", feita em Ibiza, pela banda Stardust.

— Madonna responderia: "Claro, foda-se, vamos fazer." Você não vê Whitney Houston ou Tina Turner fazendo coisas assim.

Os ensaios da banda começaram naquela primavera, em Los Angeles, nos estúdios Culver City Sounds. No primeiro mês, Price, o guitarrista Monte Pittman (que também foi professor de violão de Madonna), o percursionista Ron Powell e o baterista Steve Sidelnyk concentraram-se somente na música, trabalhando 13 horas por dia, cinco dias por semana.

— Quando o ensaio acabava, às dez da noite, eu ia para o estúdio de produção preparar o material para a manhã seguinte. Dormia poucas horas e quando me levantava seguia direto para o ensaio novamente — diz Price, que afirma não ter se importado com os horários rigorosos. — Todos sabem que Madonna trabalha muito, mas ela também é muito divertida. Com ela o trabalho é duro, mas rende boas risadas! Eu estava relaxado, o que fez com que me sentisse bem com o trabalho.

Uma vez terminada a primeira fase de ensaios, a Warner Records anunciou as datas dos shows da turnê que iniciaria em Colônia, em junho, proclamando que Madonna teria "o espetáculo mais extravagante de sua ilustre carreira". O frenesi que se seguiu nas bilheterias do mundo inteiro não tem precedentes: os ingressos se esgotavam em questão de horas. Enquanto isso, o segundo mês de ensaios começava no estádio dos Lakers, em Los Angeles, onde Madonna trabalhou os aspectos essenciais do espetáculo, que tinha o contexto de um palco em arena.

— Tendo em vista o tamanho de toda a estrutura, havia muita coisa que nós tínhamos que conseguir fazer, e as coisas simplesmente se atropelavam — recorda-se Price.

Um show que requeria mais de cem toneladas de equipamento, incluindo telas de TV gigantescas e um touro mecânico, estava fadado a dar dores de cabeça. A equipe de viagem de Madonna chegava a quase duzentas pessoas, e oito carretas tinham que transportar o equipamento de um lugar a outro, incluindo um palco de 14 mil metros quadrados.

Inevitavelmente, os primeiros shows na Alemanha foram cancelados por conta de "problemas técnicos". A rainha do pop não se desculpou como acharam que ela deveria ter feito, de modo que alguns fãs alemães jogaram fora seus CDs de Madonna, em protesto.

O atraso foi logo esquecido depois da grandiosa estréia na arena Palau Sant Jordi em Barcelona, no dia 9 de junho. Neste show, ela optou por uma abordagem mais artística das músicas, em vez de fazer uma compilação, em forma de show, de seus grandes sucessos, deixando os executivos da Warner fora de si. Madonna estava convencida, no entanto, de que este trabalho seria uma espécie de declaração pessoal, focando na nova direção musical que ela viera tomando nos discos *Ray of Light* e *Music*.

— A sua música, naquele período, estava de fato introspectiva e sombria, então o show tinha que refletir essa fase — disse o diretor da turnê, Jamie King. — Acho que foi realmente importante Madonna não ter se vendido e não ter cantado apenas os *hits*. Ela se concentrou realmente no material musical novo, pois foi assim que se desenvolveu como artista e... era por isso que ela era quem era.

Ex-dançarino de Michael Jackson, King também era um protegido de Prince. Seu estilo anárquico, enérgico, se encaixava bem na nova direção que Madonna estava tomando.

— Ela vem sendo relacionada há tantos anos... a imagens positivas de beleza, luz e poder; então, foi bem interessante vê-la transformada nessa espécie de personagem sombrio. Foi realmente intrigante — declarou King.

O cenógrafo Bruce Rogers criou um pano de fundo vívido e apocalíptico. Ele diz que sua inspiração vem da infância passada no oeste do estado do Texas.

— Cresci numa área conhecida como "o caminho do petróleo". O clima lá fazia parte de nossa vida como qualquer outra coisa. Tínhamos tempestades com raios, trovões e tornados, tínhamos rajadas de vento, de lama, inundações, chuvas de granizo — disse ele. — E tínhamos paisagens celestes tão variadas que às vezes me sentia no meio de uma espécie de teatro divino.

O diretor de iluminação Peter Morse se mostrou um pouco cético no início.

— Ela chamou Jamie King para ser o novo diretor. Ele tinha umas idéias bizarras: "Este é um show sombrio com climas sombrios."

Mas, depois, Morse entendeu que o importante era o que não se podia ver, o que simbolizava o inconsciente.

— O foco não estava tanto nas notas que faziam a música, e sim no espaço que havia entre elas. Fiz um desenho de luz cheio de sombras e com pouca luz direta, para manter o clima de mistério.

Uma mistura de *commedia dell'arte* com um sofisticado espetáculo de Las Vegas, a turnê *Drowned World* era propositalmente desafiadora ao público acostumado a ir a shows. A primeira parte do espetáculo esboçava uma referência meio clichê ao niilismo punk, com roupas de cativeiro desenhadas por Gaultier, máscaras de gás de punk cibernético, e Madonna vestida num kilt estilo 1977. Ela dizia palavrões para o público e tocava violão ao estilo dos Stooges, concentrando a rebeldia nas faixas "contra a fama", como "Substitute For Love" e "Candy Perfume Girl", que tem um aspecto um tanto "sujo". Segundo Gem Archer, guitarrista do Oasis, que viu o show em Londres, no Earl's Court, ela era uma violonista apenas tolerável.

— Eu pensei, é! Vai nessa, você aprendeu apenas uns acordes. Parece que as cordas ainda doem nos seus dedos.

Era uma abertura estranha, mas o show engrenava mesmo era na seção Gueixa, na qual, para cantar "Frozen", Madonna aparecia no palco com uma peruca preta e quimono com mangas de 12 metros de comprimento. Para a canção "Nobody's Perfect" ela se transformava numa gueixa de andar travado, suplicante e submissa diante de seu opressor. Como num eco da briga com Sean Penn, muito tempo atrás, na qual ele ameaçara cortar-lhe os cabelos, o samurai arranca o rabo-de-cavalo dela com a espada e o exibe como um troféu, enquanto Madonna cai no chão. Em seguida, ela passava para a canção "Mer Girl Part I", que tem um clima todo próprio por falar da morte da mãe, sendo então interrompida pela seqüência espetacular de "Sky Fits Heaven", na qual os dançarinos cruzavam o palco voando, no estilo do filme *O tigre e o dragão*. Transformando-se numa mulher guerreira e vingadora, ela quebrava o pescoço do seu opressor com satisfação ostentosa. Depois, em "Mer Girl Part II", arrancava a peruca de gueixa e matava o samurai com um tiro de espingarda. Projetado atrás dela, havia um fantasma da própria Madonna, branca como giz, com manchas roxas e sangue saindo do nariz. Tinha o ar vingativo da deusa Kali, e a intensidade aterradora dos filmes de terror japoneses, como *Ring – O chamado*. Com uma batida em contratempo estilo Moroder, esta parte do show se encerrava com projeções violentas de quadrinhos japoneses, aliadas a imagens obscenas e sombrias.

Não era uma empreitada fácil. O visual era lindo e tinha elegância e fragilidade, como um colorido lúgubre. No show de Londres, enquanto os mais rebeldes se sentiam fascinados, a mesma quantidade de gente batia papo nos corredores, esperando ela cantar as músicas de sucesso. Para os que estavam envolvidos no trabalho, foi um desafio tanto do ponto de vista técnico quanto do artístico.

— O show foi extremamente difícil de coreografar por causa dos diferentes estilos de artes marciais — recorda-se Alex Magno. — Madonna e os bailarinos tiveram que aprender tudo aquilo. Todos os vôos eram muito perigosos. Nós fizemos "Frozen" em dois dias, mas "Sky Fits Heaven" levou duas semanas.

Morse achou essa parte do show a mais difícil de iluminar.

— Eu não queria que a luz seguisse as pessoas quando elas voavam pelo palco, só queria dar ênfase ao seu vôo. Elas tinham que estar no tempo certinho. E Madonna queria realçar os ideogramas do antigo alfabeto japonês. Consegui fazer com que os símbolos aparecessem nas mangas de 12 metros de comprimento que ela usava. Ficou tão perfeito que nem pude acreditar. Este foi um daqueles momentos mágicos que às vezes acontecem.

Magno precisou ser criativo nas coreografias, pois Madonna queria cantar com um microfone na mão.

— Ela havia acabado de ter Rocco, ele ainda era muito novo. Não fazia show há oito anos e precisava voltar à forma. Então não queria dançar muito, seu objetivo era cantar ao vivo e fazer sua voz soar bem.

Não quis usar um microfone na cabeça, quis segurar um microfone sem fio na mão e cantar tudo ao vivo. Isso limitou bastante o meu trabalho. Ela está sempre perguntando: "Qual é o *texto*?" Ela é bem detalhista neste sentido. Não é só a música que importa, ela fica como um ator, perguntando: "Qual é a minha fala agora?" Ela guarda todas essas músicas junto com os passos das coreografias.

A canção "Frozen" é a favorita de Magno, por isso ele ficou tão feliz ao ser convidado para coreografá-la. Ele tinha adorado o videoclipe.

— Nele, Madonna aparece de preto, com tatuagens de henna e pássaros voando. Brilhantes, tanto a música quanto a letra. Eu pensei: "Sim, ela é uma Deusa." A música a transforma num mito.

Mas, ao se deparar com as mangas de 12 metros, Magno ficou perplexo.

— No clipe seus movimentos com as mãos eram extremamente belos, como num balé. Mas, com aquelas mangas enormes, ela não podia usar as mãos. Eu queria fazer suas mãos se moverem, então tive que fazer isso com a ajuda dos escravos e dos dançarinos.

Ele também considerou desafiadoras as instruções dadas por Jamie King.

— Madonna se comunicava com Jamie e daí ele falava comigo. Às vezes ocorriam mal-entendidos. Foi difícil, mas nós sobrevivemos!

King era um capataz extremamente bravo. O dançarino Jull Weber comentou:

— Ele é muito exigente. Gosta que tudo seja feito rápido e com precisão. Também tem um olho incrível para os erros, de modo que consegue captar de imediato tudo o que sai errado. Ele merece todo o sucesso que teve.

King foi o braço direito de Madonna, criando um show que funcionava como uma engrenagem bem lubrificada. Desta vez ela precisou delegar funções; estava num momento diferente daquele em que fizera a turnê *The Girlie Show*, oito anos antes.

— Madonna mudara muito como pessoa — recorda-se Magno. — Na turnê *Girlie*, estava muito mais envolvida. Ela tomava conhecimento de todos os detalhes, até do cara que estava limpando o chão. Naquela época nossa comunicação era direta, sem intermediários. Ela estava tomada pelo trabalho.

Na época de *Drowned World*, o foco dela mudara.

— Seu marido tomara o lugar do trabalho; ele era o seu amante, era tudo para ela. Ela estava bem mais calma como pessoa, e também mais sensível. Ainda era uma perfeccionista, mas estava mais generosa. Seu lado mãe havia emergido.

Embora forçada a dividir o tempo entre o trabalho e a família, tornar-se mãe dera uma nova profundidade emocional para a apresentação ao vivo de Madonna.

— Sinto que, entre as turnês *Girlie* e *Drowned World*, ela cresceu muito como artista — diz Magno.

Toda essa calma se revelava na terceira parte do show, na qual Madonna aparecia vestida de *cowgirl*. Sentada confortavelmente sobre dois montes de feno, com chapéu de abas largas e roupas decoradas com diamantino, ela tocava violão e cantava "I Deserve It". Dava sorrisos largos, dirigidos aos fãs eufóricos, como se dissesse: "Estão vendo? Eu sei cantar e tocar violão ao mesmo tempo!" Era um momento de forte engajamento. Nesta fase "americana" do show, Madonna estava completamente em casa. Executava uma dança em fila com os bailarinos (uma *hoedown*, dança folclórica norte-americana) em "Don't Tell Me" e sentava-se sobre um touro mecânico para cantar a desafiadora "Human Nature". Ninguém podia adivinhar o que os seus fãs country do Oeste achariam da interpretação estereotipada que Madonna fazia deles. Mas ela estava determinada a se divertir. Quando cantava "Secret", o psicodrama se completava. Atrás dela eram projetadas imagens de despertares espirituais, que iam desde o filme de batismo de Melodie McDaniel até tomadas de judeus rezando no Muro das Lamentações. Aqui, por um instante, há uma referência direta à conversão religiosa por que ela mesma tinha passado.

Depois, Madonna muda mais uma vez o rumo do show para fazer uma versão triunfante de "Holiday", inspirada na boate nova-iorquina dos anos 1980, Danceteria. O estilo neo-disco de "Music" dava ao fim do show um clima de celebração, com ela rodando sobre um compacto simples gigante, que girava no chão, enquanto uma tela enorme atrás dela projetava uma imagem atrás da outra de suas diversas máscaras, da "material girl" até a "gueixa". Para Stuart Price, este era um momento bem pessoal.

— Grande parte da estrutura rítmica de "Music" foi tirada da canção "Trans-Europe Express", da banda Kraftwerk. Então decidimos recriá-la inteiramente e usá-la como introdução para a canção ao vivo. É basicamente uma só nota tocada zilhões de vezes. Pode soar minimalista demais no aparelho de som da sua cozinha, mas pode ter um som absolutamente tenso num estádio. Achei que seria muito excitante ser este o clímax do espetáculo.

Para o final do show, Madonna prestou atenção nos mínimos detalhes. Peter Morse lembra-se da noite de estréia da turnê nos Estados Unidos, na Filadélfia. A essa altura, ele tinha um assistente que tomava conta da iluminação, mas Morse decidira andar um pouco pelo lugar naquela noite.

— Tem um momento durante "Holiday" em que ela e as garotas descem num elevador, e o foco de luz brilha direto no rosto dela. O rapaz que operava a luz ficou um instante atrasado, só meio segundo. "Isso não é nada!", disse ele. "Amanhã será um problema enorme", disse eu. E *foi*. "Peter Morse, você atrapalhou tudo", ela me diria. "Mas eu só estava..." Nós estávamos sempre na beira do precipício ao lidar com ela. Não ousávamos decepcioná-la, senão nos daria um pé na bunda.

Embora muitos falassem de uma Madonna mais calma e gentil desde que passara a se interessar pela cabala, algumas pessoas mais próximas sentiam que ela mudara, mas não necessariamente para melhor. Diriam que, ironicamente, quanto mais generosa se tornava a sua *persona* pública, mais ela lidava com os velhos amigos como uma mulher de negócios. Durante a turnê, Niki Haris, em particular, notou que uma fissura estava se abrindo entre elas.

— Há coisas que você faz aos 22 anos, e há coisas que você não é obrigado a agüentar aos quarenta. Madonna era minha amiga, era aquela garota maravilhosa de Michigan, a pessoa com quem eu trabalhava — contou-me Niki.

Os problemas começaram quando Niki expressou sua desaprovação em relação ao figurino e à direção de uma das canções.

— Eu me lembro que foi difícil dizer a ela, depois do videoclipe de "Like a Prayer", que era complicado para mim vê-la dançando na frente de cruzes em chamas. Na ocasião, ela foi bem compreensiva. Mas, na turnê *Drowned World*, pareceu não gostar de ouvir a minha opinião.

Ao longo dos anos em que trabalhou com Madonna, Niki foi muito sua amiga. Ela ganharia maiores responsabilidades nas turnês ao vivo.

— No *Girlie Show*, ela me deixava ajudar com a coreografia. E na turnê *Drowned World* eu fazia o número das garotas com Jamie e cantava os trechos dela durante as passagens de som para que a voz dela fosse poupada. Ela confiava em nós para muitas coisas.

Mas Niki viu seu status mudar sutilmente.

— Chega um momento na vida de um artista em que tudo o que ele quer é estar rodeado por seus fãs. Eu me mantive firme com ela. Não vou adocicar as coisas só porque você é a Madonna. Mas chega uma hora que, se todos dizem sim, e há só uma voz dizendo não, bem, você deixa de ser vista como uma amiga. A única coisa que fiz foi frustrá-la.

Embora Niki se sentisse desconfortável com todo o clima que rodeava Madonna, engoliu em seco e seguiu em frente com a turnê. E o show fora mesmo feito para ser um sucesso.

Drowned World foi o espetáculo musical e teatral mais complexo de Madonna até então. Provocava uma reação apaixonada e ambígua. Na Inglaterra, Kevin O'Sullivan, do *Mirro's*, disse que o show fora "imaculadamente mal concebido. Um *nonsense* tedioso". O *Daily Mail* divulgou as estimativas de quanto dinheiro ela estava ganhando com os shows de Londres (27 mil libras esterlinas por minuto), mas afirmou: "Ainda há muito material na velha 'material girl'." Nos Estados Unidos, Madonna causou um baita alvoroço com os trinta espetáculos realizados só no país. Estava determinada a enfrentar a competição com as cantoras mais jovens. O *USA Today* a elogiou dizendo que ela ainda era "a artista provocadora mais inteligente do mundo pop", enquanto o *New York Daily News* brindou à velha senhora que, aos "42 anos e mãe de dois", ainda celebrava um show que "não se curvava à cafonice e aos artifícios de Vegas". Embora estivesse concentrada no show, Madonna fazia questão que a família viajasse com ela sempre que possível. É por isso que sempre sai em turnê no verão, para que os filhos também possam ir. Nessa ocasião, ela e Guy estavam em estado de plena alegria pós-casamento, e Guy não se importava de fazer o papel de coadjuvante na carreira da mulher. Foi só na ocasião da turnê *Re-Invention*, três anos mais tarde, que o ressentimento dele começou a aparecer.

Depois de duas noites na Filadélfia, Madonna fez cinco shows seguidos no Madison Square Garden, em Nova York. No início de agosto, as conseqüências do seu esforço começaram a aparecer, e um dos espetáculos de Nova Jersey teve que ser cancelado por conta de uma laringite. Ela tirou alguns preciosos dias de folga antes de voltar ao combate. À medida que a turnê adentrava os Estados Unidos, a máquina de publicidade de Madonna funcionava com mais potência, fosse para anunciar seus planos de fazer, com o marido, um *remake* do filme de 1974, *Por um destino insólito*, de Lina Wertmüller, ou para divulgar que o leilão on-line da Sotheby's com objetos do seu baú, incluindo o sutiã Dolce & Gabbana ornado de contas da turnê *Girlie*, atingira a quantia recorde de 23.850 dólares. E então as festividades chegaram ao fim.

— Uma turnê geralmente termina com uma grande festa — lembra-se Price. — Mas esta terminou com uma nota bastante sombria.

Em 11 de setembro, terroristas suicidas seqüestraram dois aviões e os jogaram contra o World Trade Center, em Nova York. Um terceiro avião destruiu parte do Pentágono, e um outro, no qual os passageiros reagiram aos terroristas, acabou caindo na Pensilvânia. Cerca de três mil pessoas morreram nesses ataques. Madonna adiou o show que faria naquela noite no Staples Center de Los Angeles, e doou toda a renda dos últimos três shows para as vítimas e suas famílias.

— Ela fazia um minuto de silêncio em todas as apresentações — recorda-se Price. — Foi um final doloroso para a turnê.

O dançarino Jull Weber disse que Madonna transformou os últimos shows "em eventos comemorativos".

— Em todos os espetáculos ela falava sobre a tragédia que acontecera. Nós não estávamos apenas dando prosseguimento à turnê, estávamos nos apresentando para celebrar a alegria e a felicidade, principalmente num momento tão difícil.

Na última noite, 15 de setembro, Madonna vestiu uma bandeira americana como saia, no lugar do kilt, e levou o público a rezar, encorajando o presidente Bush a agir com prudência.

— Violência gera mais violência — disse ela para o público de vinte mil pessoas. — O que aconteceu foi horrível, mas prefiro pensar que foi um sinal de alerta. O terrorismo acontece todos os dias no mundo inteiro.

A multidão acatou o seu pedido por um minuto de silêncio, mas em seguida alguns fãs começaram a gritar "*U-S-A!*" freneticamente.

— Está certo, USA, mas comecem a olhar para o resto do mundo. Se vocês querem mudar o mundo, precisam mudar a si mesmos — contra-argumentou ela, com o calor do momento parecendo deixá-la particularmente ingênua. — Nós não estamos fazendo esse show porque queremos esquecer o que aconteceu, mas sim porque queremos que as pessoas se lembrem de como a vida é preciosa.

Com isso, "Holiday" se transformaria, de maneira extraordinária, num pedido pela paz mundial.

Depois que a turnê *Drowned World* acabou, os recibos foram contabilizados. Segundo a base de dados do Amusement Business, a turnê de Madonna foi o show que teve a terceira maior renda bruta nos Estados Unidos em 2001. Seus espetáculos no Madison Square Garden, por exemplo, lhe renderam nove milhões de dólares. Mas, de acordo com Stuart Price, não era só uma questão de negócios.

— Quando alguém atravessa uma barreira financeira dessas proporções, não o faz apenas para ficar mais rico, mas porque tem um desejo verdadeiro de ser alguém excepcional. A moça não é apenas uma mulher de negócios, ela tem uma sabedoria musical arraigada e profunda.

Em fevereiro do ano seguinte, Madonna foi indicada ao título de guitarrista revelação no prestigioso Orville H. Gibson Guitar Awards, uma espécie de Oscar dos guitarristas e violonistas. Apesar de alguns terem erguido as sobrancelhas à indicação, aquela foi a maior recompensa que Madonna poderia ter recebido.

O ataque ao World Trade Center jogou uma mortalha sobre os anos que se seguiram. A cultura viveu um período de paranóia e uma busca desoladora pela verdadeira essência das coisas. Depois de toda a esperança e das festas de virada do milênio, uma verdade crua marcou a Europa e a os Estados Unidos. A de que havia um preço a ser pago pelo domínio do mercado mundial, de que as crenças do Ocidente não eram incontestáveis, e nem perfeitas. O terrorismo já tinha arruinado a paisagem política européia durante muitas décadas, mas nos Estados Unidos, uma manifestação de ódio como aquela pegou muita gente de surpresa. "Mas como é possível não gostar de alguma coisa daqui?", as pessoas se perguntavam sobre a própria cultura e sobre o sonho americano, que, para tantos, vinha sendo um ideal duradouro.

Em seu álbum seguinte, *American Life*, Madonna questionaria esses valores, e se autoquestionaria também. O disco foi a sua resposta ao desastre de 11 de setembro e à conseqüente guerra do Iraque, em 2003. Embora não fale diretamente desses assuntos, a confusão, a desorientação e a raiva criadas por eles se infiltraram na atmosfera de cada uma das novas canções. As gravações começaram no final de 2001, e depois foram interrompidas para que ela participasse das filmagens de *Destino insólito* em Malta, e da peça *Up for Grabs*, encenada no West End, em Londres. Só depois, no verão de 2002, Madonna voltaria ao estúdio, bem na ocasião em que as discussões sobre os planos americanos de invadir o Iraque estavam esquentando. De certo modo, não há separação entre a vida política e a vida pessoal, e este álbum expressa isso muito bem. Mais tarde, ela reclamaria da batida deprê e existencialista de Mirwais, e das longas discussões que eles tinham noite adentro, mas o produtor francês apenas trouxe à tona uma sensação de ansiedade que já estava lá. No início, o título proposto para o álbum era *Ein Sof*, expressão hebraica que significa "a infinitude". Houve boatos de que este seria o disco religioso de Madonna, mas, ao longo dos meses que se seguiram, o disco se transformaria numa meditação sobre a dificuldade de levar em frente uma vida espiritual quando se faz parte da bolha do primeiro time de celebridades, e o título do álbum passou a ser *Hollywood*.

— É uma reflexão sobre o meu estado de espírito e uma visão do que o mundo está passando neste momento — disse ela.

Madonna estava com 44 anos e passava pelo que parecia ser uma crise de meia-idade. Se *Like a Prayer* foi o seu "divórcio", *American Life* é a sua psicanálise. Ela chegou a mencionar Sigmund Freud e a lançar uma série de perguntas nas músicas. Quem sou eu? Onde estou? O que significa tudo isso? Boa parte do álbum é cheia de sarcasmo: desde o tédio alienado da faixa-título à rebeldia de "Nobody Knows Me", Madonna reclama do efeito claustrofóbico do culto a celebridades. Como disse, certa vez, o astro de cinema Brad Pitt: "A fama é uma coisa brutal. É o pior carma que pode existir, por estar sempre acompanhada de uma enorme solidão. Você é como uma gazela que se vê desgarrada do bando. E em breve seu caminho será atravessado por leões." Sua declaração é um pouco egocêntrica. A maioria das pessoas daria um dente canino para ter o dinheiro e o poder que ele tem. Mas há verdade no que Pitt diz quanto à natureza estranhamente anti-social da fama e do materialismo.

O culto às celebridades promove a divisão social, a noção de que há uma separação entre "nós e eles". Segundo o ensaísta cultural Terry Eagleton: "Há uma sedução erótica na idéia de ser capaz de fazer qualquer coisa que se queira, assim como há uma satisfação ilusória na idéia de que existem fontes que nunca secarão. As celebridades são a versão pós-moderna da cornucópia da abundância, da Terra de Cocanha, da bolsa de contos de fadas que nunca fica vazia. Num mundo em que o petróleo e o espaço estão chegando ao fim, esta visão tem lá o seu fascínio." Ele acrescentaria que, num mundo "insipidamente não heróico, o elemento mágico precisa ser fabricado artificialmente". Madonna chamou isto de "o fascínio pela vida bela".

— Se pareça com tal pessoa, e você será feliz. Dirija este carro, e você será popular. Vista estas roupas, e as pessoas vão querer transar com você. Tudo isso é uma ilusão muito poderosa, e as pessoas ficam presas a isso, incluindo eu mesma. Ou melhor: eu ficava presa a isso.

O diretor James Foley, seu amigo pessoal, viu de perto o impacto que a fama causou em Madonna.

— Ela chega em casa, tira o casaco e, com ele, despe-se de sua personalidade. Até o sotaque muda do falso britânico para o de uma garota de Detroit. A fama é algo que me fascina, deve ser uma experiência radical para alguém como ela. Todos nós temos uma visão do mundo exterior, mas ter este mundo olhando de volta para você é algo bizarro. Você não pode desligar a fama. É divertido durante um tempo, mas depois se torna claustrofóbico, é uma armadilha terrível.

Madonna teve seus momentos de celebridade. Como quando foi apresentada numa festa, no final dos anos 1980, a Billy Steinberg, autor do seu sucesso "Like a Virgin":

— Foi engraçado, na verdade — recorda-se Steinberg. — Eu estava sentado no terraço com Steve Bray quando ela veio andando em nossa direção com Warren Beatty. Steve disse: "Madonna, este é Billy Steinberg, que escreveu 'Like a Virgin'." Warren começou a rir. Eu disse: "Caramba, sempre quis conhecer você." E ela me deu um fora: "Bom, agora você conhece", e saiu andando. Fiquei tão decepcionado. Ela deve se lamentar, nem que seja um pouco, de não ser a autora da canção que, na verdade, é a sua marca.

Seu amigo, o ator hollywoodiano Rupert Everett, lembra-se de uma noite, na época de *Na cama com Madonna*, em que ele a convidou para um jantar e ela ignorou completamente os outros convidados.

— Madonna estava chegando ao auge estonteante da fama e, quando se chega a essa altura, você já nem se preocupa mais em disfarçar os próprios sentimentos. Se ela estiver entediada, você vai saber. Boas maneiras foi algo que ela descartou logo de cara — comenta Everett.

Houve também uma noite de réveillon em que Madonna foi com Sean Penn ao Helena's, um clube exclusivo em Los Angeles. Sean não gostava de dançar, então ela levou seu coreógrafo para o caso de querer entrar na pista. O único problema foi que ele teve que deixar o namorado do lado de fora. Quem testemunhou este episódio foi Dennis Fanning, um policial decidido que, na época, estava ajudando Sean Penn em sua pesquisa para o papel de policial em *Colors — As cores da violência*. Fanning foi até a porta e puxou o homem para dentro, dizendo aos seguranças que ele fazia parte do grupo de Madonna.

— Eu pus o cara sentado ao lado do namorado e me virei para ela e disse: "Então? Você quer dançar com ele? Dance. Mas por que o namorado dele tem que ficar do lado de fora na noite de réveillon? Que porra é essa?" Ela ficou olhando para mim como se ninguém falasse com ela daquele jeito há anos.

Boas maneiras também não estiveram muito em voga em anos mais recentes, quando esperava-se que a cabala equilibrasse o ego dela. Numa noite, em Los Angeles, a sua ex-maquiadora Sharon Gault viu Madonna numa reunião da cabala. Ela disse "olá", e a estrela aparentemente olhou através dela.

— Como se ela não a conhecesse, como se nunca a tivesse visto na vida — conta Niki Haris (para quem Gault relatou a história) — e, no entanto, a Sharon foi maquiadora dela durante anos.

A "bela vida" era ainda muito fascinante para Madonna.

— A linha divisória entre os que têm e os que não têm foi ficando cada vez mais larga. O superestrelato saiu do controle. Ela ficou muito inacessível. Depois do lance da cabala, eu ia à casa dela, e havia uns homens judeus sentados à beira da piscina, atendendo o telefone para ela. Era uma coisa meio repugnante. Eu era uma amiga superíntima e de repente já não tinha mais o menor acesso a ela.

Embora em público Madonna fosse politizada e penitente, Niki via apenas lampejos desse seu novo lado compassivo.

— Em 2003, pouco antes de a minha filha Jordan nascer, Madonna me ofereceu um chá de bebê. Fiquei emocionada, porque as coisas tinham ficado estranhas entre nós desde a turnê *Drowned World* — conta ela. — Mas depois disso, ela nunca mais entrou em contato comigo. Nunca retornou meus telefonemas e mudou o endereço de e-mail. Eu vinha assistindo a esse processo acontecer com Madonna durante anos. De certo modo, nós éramos apenas empregados dela, a ralé. Uma amiga me falou certa vez: "Você não é tão importante para ela." Eu me dei conta, então, de que a amizade acabara.

Outros amigos de Madonna, no entanto, procuram justificar o seu padrão de ruptura de laços e ligações de amizade.

— Eu não acho que ela goste disso ou o faça com a intenção de magoar as pessoas — diz Tony Shimkim, seu amigo e parceiro musical dos tempos de *Erotica.* — Muita gente que trabalha com ela quer manter contato e estar mais e mais com ela. Ela deixa as pessoas se aproximarem, mas não por muito tempo. Quando percebi que isso podia ser um problema, parei de telefonar. Ela precisa se proteger.

E muitos a vêem como uma pessoa leal. Seu ex-dançarino Carlton Wilborn, por exemplo, conta que ela lhe emprestou sua casa em Hollywood por alguns meses quando ele estava "entre um trabalho e outro e passando por um momento difícil".

— Ela ficava muito tempo fora da cidade. Ela me colocou para dentro, me ensinou a mexer no sistema de segurança e me deixou cuidar da casa. Sempre estarei em débito com ela por conta disso. Ela poderia simplesmente ter me dado dez mil dólares, mas fez isso por mim, porque percebeu o que eu estava precisando sentir naquele momento. Estávamos eu e os seguranças na casa e só. Ela depositou toda confiança em mim e isso foi fantástico.

Niki Haris seguiu em frente e engrenou numa carreira solo de sucesso. Gravou sete discos de jazz, apoiou eventos de Orgulho Gay ao redor do mundo e também cantou para o Dalai Lama no Tibet. É feliz com o que tem e afirma ser grata pelo tempo em que trabalhou com Madonna.

— Quando está no seu melhor, ela pode ser um barato: afetuosa, generosa e carinhosa — diz Niki. — Mas por ela estar tão inacessível para mim agora, tenho um sentimento que me dói no coração, e guardo perguntas que nunca foram respondidas.

Em alguma medida, Madonna estava bem ciente dos efeitos corrosivos do estrelato. A fama tem um lado feio, e ela não tinha medo de ridicularizar isso. Na canção "American Life", faz uma paródia de si mesma, cantando um rap (bem ao estilo malvado) sobre ter um piloto de avião, um professor particular de pilates, três babás, e ainda assim se sentir insatisfeita. É uma crítica franca e contraditória à cultura que a gerou. Embora Madonna tenha se beneficiado imensamente do sonho americano, conhece suas armadilhas e se sente qualificada a chamar atenção para elas.

— Estou dizendo que esse negócio de celebridade é uma grande mentira. E quem sabe mais do que eu? — declarou ela.

A ruptura é um tema deste disco. Em *Music*, seu álbum anterior, as paradas repentinas, os começos e as falhas eletrônicas de Mirwais simbolizavam a força e a graça do hedonismo, enquanto aqui passaram a sinalizar apenas desconforto. As suas variações de som espasmódicas se encaixaram perfeitamente com o estado de espírito dela.

— Na hora de fazer a letra, a música tem que chacoalhar os meus neurônios. Coisas diferentes me servem de inspiração para escrever. Posso estar tendo uma aula de violão e alguma coisa começar a surgir para mim. Ou então quando Mirwais me manda uma música, mesmo uma coisa crua e sem arranjo, ou uma sucessão básica de acordes. A própria "American Life" foi uma canção que surgiu assim.

A faixa seguinte, "Hollywood", já traz uma Madonna mais ao estilo dos velhos tempos, pelo jeito como a voz dela desliza sobre batidas pop suntuosas. Por pouco você não se sente no carro com o teto solar aberto, cruzando a Sunset Boulevard, sentindo o cheiro de magnólia no ar, a fragrância da promessa, enquanto espera ser notado, espera o dia da sua grande chance. Mas o clima suave da canção é interrompido no final por Madonna cantando com uma voz distorcida e robótica. Ela canta com uma sensualidade sarcástica, captando o sentimento elusivo do sol brilhante, da liberdade e do destemor que caracterizam tão bem a cidade de Los Angeles.

Em seguida, na faixa "I'm So Stupid", Madonna recupera a tola que existe dentro dela. Embora escreva com uma habilidade vigorosa, às vezes parece existir em suas letras a intenção de atingir diretamente o mercado de consumidores que têm o inglês como segunda língua. Esta canção é um caso deste tipo: uma confissão, quase idiota, de tão simplista. Mas talvez seja esta a verdadeira voz da garota adolescente do interior determinada a vencer na vida. A faixa "Nobody Knows Me", que puxa para o trance, também tem um toque de rebeldia infantil, não levando em consideração todos os críticos que não conhecem o seu eu interior desconfiado e recluso.

O conceito que está emaranhado no coração deste álbum é o "nada". Está no título das canções, "Nobody Knows Me", "Nothing Fails"; está na repetição da palavra "não", na faixa "Love Profusion". Com o seu uso abundante das palavras “não” e “nada” (em inglês, respectivamente, “no” e “nothing”), Madonna se mostrava sarcástica com relação às suposições que as pessoas faziam sobre sua vida e era enfática sobre o que ela mesma sabia: que o amor romântico era sua pedra preciosa, sua fonte de poder. Como um hino de devoção, “Nothing Fails” é a canção mais grandiosa do álbum.

Começou como uma faixa modesta, que o músico e produtor Guy Sigsworth escreveu para sua esposa.

— Geralmente não escrevo canções de amor, mas quis escrever uma para ela — diz ele. — Nunca tive uma relação problemática com ela, nunca houve muito drama. Eu quis escrever algo ingênuo e honesto.

Sigsworth trabalhou na canção com a artista Gem Archer para criarem algo suave, e ainda assim comovente em sua simplicidade. Na fita demo, ficou parecida com uma música folk pouco convencional. Eles decidiram, então, mandá-la para Madonna. Ela adorou e perguntou se podia reescrevê-la um pouco. O interessante foi como ela mudou a linha melódica do refrão, tornando-o instantaneamente mais pop. A sua versão melhora o original, dá uma levantada na melodia da canção. Isso, e mais a produção generosa de Mirwais, dão à música um tom dramático e teatral.

— O resultado ficou muito diferente da nossa demo, mas fiquei feliz com o que eles fizeram — diz Sigsworth.

Com a contribuição do coro da Comunidade Londrina de Música Gospel (London Community Gospel) e seus instrumentos de corda, a canção se tornaria profética e enlevada, reverenciando o poder transformador do amor.

— Eles eram um bando de cantores excelentes que mandavam ver — recorda-se o arranjador de cordas, Geoff Foster.

O misticismo de Madonna se infiltrara na canção, com suas referências cabalísticas à “árvore da vida”. Os rabinos ortodoxos ficaram furiosos por causa da maneira como ela brincava, de modo leve e irresponsável, com o nome de Javé, mas, estando ou não na direção errada, sua busca por amparo espiritual a fez criar uma balada de tirar o fôlego de tão bela.

Em seguida, vinham as reflexões calmas e o som de violão das faixas "Intervention" e "X-Static Process", que têm a clareza de um sino, como as canções folk de Joan Baez da década de 1960. O som quente e rudimentar do violão simbolizava o santuário pessoal, que se distinguia do som techno e compacto de outras faixas. Essas "canções dedicadas a Guy" são o equivalente a "Mer Girl", de *Ray of Light*, a canção do álbum que mais surpreende por seu conteúdo tão íntimo e autobiográfico. Impulsionada pelo pop cheio de vigor, "Mother and Father" é outra música que remete à perda da mãe. Detalhando o sofrimento e o descuido da família, Madonna passa de rimas infantis declamatórias para um rap frenético, até soar como uma Bessie Smith de 12 anos, demente. É um triunfo, tanto como uma auto-análise pop quanto como uma peça de música dance completamente destroçada.

— Esta canção foi uma maneira de deixar passar a tristeza e seguir em frente — disse ela mais tarde.

A morte esteve presente durante grande parte da sua vida. A morte da mãe, as mortes de parentes próximos, e as mortes de seus amigos queridos em Nova York.

— Sempre tive consciência da minha própria mortalidade. Sempre tive aquela sensação de: qual é o sentido da vida e de viver?

Isso mudou quando teve filhos e se deu conta de que "nós estamos aqui para compartilhar, para dar, para amar", e de que a morte não era necessariamente um fim.

Interrompendo o devaneio, vinha "Die Another Day", que Elton John depois arrasaria dizendo:

— É a pior canção-tema de um filme de James Bond que já existiu.

Com seu techno perfurante e uma voz desencorpada, a canção era quase um tema anti-Bond. O fato de ela ter ganhado o prêmio Framboesa de Ouro como Pior Atriz Coadjuvante, pelo filme de James Bond, também não contribuiu muito para a aceitação da música.

— Eles queriam algo grandioso, impetuoso e impactante — lembra-se Geoff Foster. — Mirwais não queria usar as cordas de forma tradicional, fazendo aquela generosa camada de exuberância musical. Ela já tinha feito isso em "Frozen" e preferiu tentar outra coisa. Há algo sagrado em usar uma orquestra, de modo que é uma espécie de blasfêmia pegar a orquestra, recortá-la e brincar com ela. O arranjo original era mais inteiriço e fluente, e Mirwais picotou tudo. O que é bom, e faz parte do processo!

Muito mais agradável aos ouvidos é a canção que encerra o álbum, "Easy Ride". Composta em parceria com Monte Pittman, esta faixa é sobre a garota desobediente do interior, voltando para casa, trabalhando, e dando o sangue, suor e algumas lágrimas para ter uma vida honesta. As prioridades de Madonna são o sentimento de aconchego, a segurança, a terra, a vida e a família. Depois do 11 de Setembro, isso parecia bem razoável. Mas, ao lado disso tudo, sobrevoa o desejo de viver para sempre, e de transcender a tudo. O som cinematográfico das cordas confere à faixa uma sensação de espaço aberto e esperança precavida. Sente-se que a jornada espiritual de Madonna está completa. Pelo menos por enquanto.

Para lançar o disco, Madonna optou por uma imagem radical. Como no álbum de 1989, *Like a Prayer*, tingiu os cabelos de castanho para transmitir seriedade. Na capa do álbum, traz de volta a imagem clássica dos anos 1960 do líder guerrilheiro argentino Che Guevara. Usando uma boina preta e cores anarquistas, ela agora é a Madonna revolucionária. Alguns viram semelhanças entre a capa do álbum e a foto infame, dos anos 1970, de Patty Hearst, herdeira de um jornal que foi seqüestrada e depois se transformaria em guerrilheira. Há fragmentos rasgados da bandeira americana, e há duas listras vermelhas borradas como a pintura de um guerreiro em seu rosto. O título "American Life" está gravado em vermelho-sangue, num estilo punk-rock, e o adesivo de advertência de conteúdo sinaliza que se trata de um disco "adulto", "para maiores de idade". No encarte do CD, ela carrega uma metralhadora Uzi, e seu corpo assume várias posturas marciais, formando as letras do seu nome. As fotos, feitas por Craig McDean, com toques finais dados pela equipe francesa de design M/M Paris, custaram, segundo se tem notícia, 415 mil dólares.

Apesar da natureza introspectiva das canções, Madonna queria, ainda assim, que *American Life* fosse um disco de sucesso.

— Se ela não alcança um dado número de cópias vendidas, fica decepcionada. A Maverick é uma empresa multimilionária e precisa continuar funcionando — diz Foster. — Durante as gravações, ela estava realmente concentrada, com uma perseverança quase que mecanizada. Havia uma atmosfera de camaradagem, mas era preciso ter certeza de que você estava apostando ali as suas cartas mais altas.

Madonna fez questão de estar hiperatualizada no videoclipe de "American Life", uma extensão do encarte provocador do CD. No clipe, ela faz uma guerrilheira de arma em punho acompanhada de seu grupo; num desfile de moda fictício, atira em direção ao público de cima da passarela. Ela termina jogando uma granada num sósia do presidente Bush. O videoclipe teria causado mais impacto se o alvo tivesse um contexto mais político em vez do público inexpressivo de desfiles de moda, mas, ainda assim, causou espanto.

— É uma mensagem antiguerra — disse ela. — Mas não especificamente um manifesto apenas contra a guerra do Iraque. Sempre há pelo menos umas trinta guerras acontecendo ao redor do mundo e eu sou contra todas elas.

O maior problema do clipe foi o momento em que foi lançado.

Uma das conseqüências do desastre de 11 de Setembro foi a determinação do governo americano em invadir o Iraque. O Congresso americano deu a Bush autoridade para atacar o Iraque, caso Saddam Hussein não entregasse suas supostas armas de destruição em massa. No dia 15 de fevereiro de 2003, dez milhões de pessoas em mais de sessenta países ao redor do mundo (um milhão só na Inglaterra) se manifestaram contra a guerra. Mas a "Operação Liberdade do Iraque", liderada pelos Estados Unidos, teve início em 20 de março, desafiando o Conselho de Segurança das Nações Unidas. As tropas incluíam soldados ingleses, embora muitos declarassem que a invasão era uma violação de leis internacionais, pois ia contra as normas da ONU.

Era um momento delicado, no qual diversos países, incluindo a França, a Rússia e a China, assinalavam sua oposição à guerra, e os Estados Unidos e a Inglaterra ficaram cada vez mais isolados. Havia uma atmosfera de macarthismo e de paranóia nos Estados Unidos, só que, desta vez, os "comunistas" eram terroristas muçulmanos ou antipatriotas. Neste panorama altamente exaltado, muitos músicos e atores sentiram-se pressionados a optarem pelo silêncio. A banda country feminina Dixie Chicks tornou-se o alvo de uma campanha de ódio quando a vocalista Natalie Maines declarou sua opinião contrária a Bush, dizendo:

— Acho que o presidente está ignorando a opinião de muitos americanos e ao mesmo tempo se afastando do resto do mundo com essas decisões.

A banda acabou sofrendo ameaças de morte e tendo suas canções banidas de muitas estações de rádio. Eles perderam uma enorme fatia de seu público country. Chamadas de "Dixie Vagabundas", "Traidoras" e "Anjos de Saddam", a mensagem que elas recebiam era para "calar a boca e cantar". Bruce Springsteen e Madonna defenderam o direito da banda de expressar as próprias convicções, embora, diante do fantasma das vendas baixas e da condenação do público, Madonna baixasse o tom de sua própria retórica política. No dia 1° de abril, adiou o lançamento do videoclipe "American Life", recolhendo-o das emissoras e declarando:

— Decidi não lançar meu novo clipe. Ele foi filmado antes de a guerra começar, e não acho apropriado colocá-lo no ar num período como este. Por conta do estado instável do mundo e em respeito às forças armadas, pelas quais eu rezo e desejo o melhor, não quero me arriscar a ofender ninguém que possa interpretar mal o significado deste clipe.

Muitos fãs viram isso como uma desculpa de Madonna para não agir, encobrindo o que poderia ter sido uma manifestação artística radical. Outros chegaram a sugerir que seria mais uma jogada de marketing orquestrada por ela. Teria sido corajoso da parte de Madonna não diluir sua mensagem; porém, sempre ciente do seu status de estrela e preocupada com o próprio bolso, ela ficou com medo de uma potencial reação adversa.

À medida que os meses foram passando, a campanha contra as Dixie Chicks não mostrava sinais de enfraquecimento. Em maio, uma estação de rádio do Colorado suspendeu dois DJs por tocarem Dixie Chicks e estarem violando a proibição da rádio à sua música. Houve vaias na premiação da Academia de Música Country (ACM) em Las Vegas quando anunciaram a indicação do grupo à categoria de Atração do Ano. A Academia daria o prêmio a Toby Keith, que havia criticado abertamente a banda feminina. Algum tempo depois, a Cruz Vermelha americana recusaria a doação de um milhão de dólares feita pela banda. Maines diria, na ocasião:

— O país inteiro pode discordar de mim, mas não entendo essa necessidade de patriotismo. Por que você tem que ser patriota? Patriota de quê? Esta terra é nossa? Por quê?

Embora as Chicks tenham perdido muitos fãs, elas ganharam um público novo.

— Prefiro ter um público menor de pessoas realmente interessantes que de fato entendem o que está acontecendo do que de pessoas que colocam nosso disco em seus CD players com capacidade para cinco discos ao lado dos álbuns de Reba McEntire e Toby Keith — disse Martie Maguire, integrante da banda.

Como era de se esperar, Madonna perdeu tanto o seu público convencional quanto seu público engajado. Ter recolhido o videoclipe aborreceu aqueles que eram contra a guerra e, para os que apoiavam Bush, ela também não tinha ido longe o bastante. Muito embora o álbum fosse mais sobre a oposição "fama e amor" do que uma declaração explícita antiguerra, ele também foi condenado como antipatriota. As resenhas foram contraditórias: "Madonna não tem absolutamente nada para nos dizer", bocejou o *Sunday Times* inglês, enquanto o *Independent* declarava que ela soava como uma "'figura da nobreza' pavoneado-se para os plebeus". A *BBC Radio 1*, ao contrário, elogiaria o disco dizendo que era "audacioso e forte", e que era cheio de "atitude e coragem". Muitos críticos ficaram perplexos com a natureza contraditória da faixa-título: você detesta as armadilhas da fama e do dinheiro, mas ama o sonho americano. Você detesta a hierarquia das celebridades, mas precisa estar no topo dela. O que você pretende, afinal?

O resultado de tudo isso foi que a beleza de suas canções de amor acabou sendo negligenciada, e o som de rock acústico não atraiu muita gente. As vendas sofreram com isso. *American Life*, dentre todos os álbuns de Madonna, foi o que, até hoje, teve o menor índice de vendas, tanto nos Estados Unidos quanto no resto do mundo. Chegou a número um nas paradas na primeira semana de lançamento, mas caiu rapidamente. Em meados de 2006, o álbum alcançou o número de 666 mil cópias vendidas, resultado muito inferior se comparado às três milhões vendidas por seu antecessor, *Music*. Mas o disco ganharia a fama de "*cult*" entre seus fãs, e foi um grande sucesso de remixagens no mundo dos clubes noturnos. Foi o único álbum da história a ter sete *hits* entre as 10+ das paradas de sucesso americanas nas categorias de "Hot Dance Music Club Play". Mais tarde, Madonna compararia Mirwais a Jean-Paul Sartre, descrevendo-o como "muito intelectual, muito analítico, muito cerebral, muito existencialista, muito filosófico". Num adendo levemente depreciativo, ela acrescentaria:

— Tanto eu quanto ele fomos sugados pelo furacão do existencialismo francês. Nós dois decidimos que éramos contra a guerra, nós dois fumávamos Gauloises, usávamos boinas e éramos contra tudo... Eu estava com um humor muito raivoso, uma vontade de ser política, além de também estar muito chateada com George Bush.

Embora o público mais fiel de Madonna nunca a tenha abandonado, *American Life* marcou uma queda significativa. Como muitos de seus colegas de profissão, ela se comprometera como artista.

— Existe uma atmosfera de medo nos Estados Unidos agora que é fatal — disse *Sir* Elton John. — Todos estão extremamente preocupados com suas carreiras. Estão todos com muito medo. Na década de 1960, pessoas como Bob Dylan, os Beatles e Pete Seeger constantemente escreviam e falavam sobre o que estava acontecendo. Agora quase ninguém está fazendo isso.

Mas, em meados de 2004, ficou evidente que as armas de destruição em massa do Iraque não existiam, e o governo americano teve suas atitudes minuciosamente examinadas. Isso, ao lado do enorme sucesso de *Fahrenheit 11 de Setembro*, filme antiguerra de Michael Moore, abriu espaço para que os artistas se sentissem novamente capazes de soltar o verbo. Artistas como Jon Bon Jovi, Dave Mathews, James Taylor, Wyclef

Jean, Ozzy Osbourne, Mary J. Blige e Pink se uniram, então, às Dixie Chicks na condenação da guerra. E, embora Madonna fosse seguir um caminho bem distante desse assunto no seu próximo álbum, a controvérsia não deixaria de vir à tona em suas performances ao vivo.

No início de 2004, ela estava ansiosa para colocar os pés na estrada novamente, mesmo que fosse apenas para promover *American Life* com toda a força. Mais uma vez, teria novas estrelas em ascensão mordendo o seu calcanhar, e mais uma vez teria que provar que era a melhor.

15

Mamãe pop star

Beijei Britney Spears. Sou a mamãe pop star e ela é o bebê pop star, e eu a beijei para passar minha energia para ela.

Madonna

EM AGOSTO DE 2003, na festa de premiação do MTV Video Music Awards, duas "virgenzinhas" pops, Britney Spears e Christina Aguilera, subiram ao palco com vestidos de noiva brancos, cantando "Like a Virgin". Madonna se juntou a elas como se fosse o noivo, vestida com uma roupa preta vampiresca. Madonna, então, puxou Britney e deu-lhe um enfático beijo de língua na boca, antes de cantar "Hollywood", música cáustica em que ela descreve a cidade do cinema. O público ficou em êxtase.

Naquela época Britney era a maior rival de Madonna. Seu álbum de estréia, *Baby One More Time*, de 1999, vendera 27 milhões de cópias em todo mundo. Com sua graciosidade juvenil e carinha de boneca Barbie, Britney era a grande diva adolescente do momento. Havia algo compulsivo em suas apresentações, no seu jeito enérgico de dançar, dando vida às coreografias com vigor e um tipo estranho de raiva contida. "Eu treinei tanto que cheguei a delirar", contou ela, certa vez, sobre uma noite inteira ensaiando a coreografia de um videoclipe. Como Madonna, no início da carreira Spears não tinha o típico visual magrelo das *top models*. Tinha um corpo robusto que atraía diretamente o público de garotas adolescentes. Havia nela a combinação de sensualidade e espiritualidade com um visual de garota de colégio meio vulgar. Vinda de uma família que seguia a religião batista, ela dizia ter a pretensão de permanecer virgem até o dia do casamento (daí a brincadeira com a canção "Like a Virgin"). Não foi à toa que "Britney nua" tornou-se a combinação de palavras mais popular nos sites de busca da internet.

Naquele mesmo ano, Madonna fez uma participação na canção "Me Against the Music", de Britney, e o videoclipe sugestivo da música mostrava as duas simulando sexo mas sem contato físico, com uma parede separando-as. A opinião geral foi de que o videoclipe mais parecia uma tentativa desesperada de chamar a atenção.

— É simplesmente o clipe mais idiota que as duas já fizeram e elas sabem disso — diz Dustin Robertson, editor do vídeo. — Madonna quase tirou completamente as suas cenas na edição. Consegui salvar alguns *takes* que ela permitiu que entrassem. Não estava muito feliz com a idéia, mas ainda assim permitiu.

Essa foi a única vez que as duas estrelas trabalharam juntas. Britney dividia com Madonna muitas de suas motivações (e até mesmo o interesse pela cabala), mas as semelhanças entre as duas acabavam aí. Nascida numa família pobre da Louisiana, Britney trabalhara como atriz desde criança em peças alternativas, Off Broadway, e, aos 11 anos, fizera parte do Clube do Mickey Mouse. Renovada pelo produtor Eric Foster e pelo maestro e compositor sueco Max Martin, foi lançada na carreira pop e ficou famosa mundialmente ainda na adolescência. Seu sucesso deu início a uma nova era de artistas pop pré-fabricados pelas gravadoras.

Diante desse novo cenário, Madonna sentiu a necessidade de defender sua posição.

— Eu pertenço a um outro tempo — comentou. — Sou anterior à era das empresas sanguessugas de caçadores de talentos, que encontram garotas com um visual legal e que sejam capazes de cantar alguma melodia, e logo inventam uma maneira de lançá-las no mercado. Não estou dizendo que essas garotas não possam vir a fazer um trabalho bacana, mas... é tudo muito homogeneizado.

Mas nem tudo tinha sido tão bem arquitetado quanto parecia. Era inevitável que, depois de tão rigorosamente preparada para o estrelato, Britney resolvesse se revoltar. E ela se distingue de Madonna pela maneira como se deixou desmoronar publicamente. No início de 2007, depois de um casamento fracassado com o dançarino e aspirante a *rapper* Kevin Federline, e de uma briga pela custódia de seus dois filhos pequenos, Britney, perturbada, fez tatuagens pelo corpo e embarcou numa roda-viva de noitadas. Numa fase de total destruição, chegou a raspar a cabeça na frente dos *paparazzi* e acabou internada numa clínica de reabilitação.

Em 2004, Madonna começava a enfrentar os efeitos do envelhecimento. Correram boatos de que ela teria pedido ao produtor do vídeo da turnê *Drowned World* que retocasse todas as suas rugas e marcas de expressão. Como ela mesma reconheceu, recompor a própria imagem levava cada vez mais tempo. Porém, aos 45 anos de idade, não havia dúvidas de que estava envelhecendo com elegância. Determinada a se apoderar do tempo e das tendências e a moldá-los conforme o seu desejo, Madonna simplesmente devorou sua vítima. O beijo em Britney lembra o filme de horror *A mulher vespa*, de 1959, dirigido por Roger Corman, no qual a personagem Susan Cabot, uma magnata dos cosméticos, cria um creme de beleza rejuvenescedor derivado de uma enzima extraída das vespas. O objetivo do produto de beleza era fazer com que a mulher permanecesse jovem para sempre. Obcecada por restabelecer seus encantos que já se esvaíam, Cabot faz questão de ser a primeira cobaia do produto. O creme, a princípio, tem um efeito espetacular, transformando-a numa morena sedutora e má... até que ela vai começando a adquirir as feições de uma vespa fêmea gigantesca e predatória, que sai à noite para cometer assassinatos. Depois de devorar as vítimas, nada mais sobra delas, nem mesmo sapatos, cintos ou suéteres.

Por conta de sua escala e magnitude e de seu foco nos grandes sucessos, a turnê *Re-Invention*, naquele verão, foi uma maneira que Madonna encontrou de devorar a concorrência. Desde o momento em que começaram os testes para dançarinos, ela decidiu filmar todo o processo com Jonas Akerlund, diretor dos clipes de "Ray of Light" e "Music". Ao contratar Akerlund para filmar a turnê, Madonna pretendia produzir um documentário marcado por uma edição enérgica, um ritmo acelerado e que, 12 anos depois, tivesse o mesmo espírito de *Na cama com Madonna*. Era como se estivesse com um olho na posteridade. Ao mesmo tempo, em reconhecimento ao seu considerável legado, todos os álbuns anteriores estavam sendo relançados e remasterizados. Mais uma vez, Jamie King foi convidado para ser o diretor artístico da turnê.

— Madonna pensou no título *Re-Invention* porque durante anos todos disseram que ela estava sempre se reinventando — disse ele. — E, como é típico de Madonna, ela brincou com esta idéia e a usou contra aqueles que a usavam.

Como sempre, Madonna sabia exatamente o que queria do novo elenco de dançarinos.

— Ela realmente gosta de quem tem *personalidade*, pessoas que possam encarnar personagens — diz Raistalla, uma bela dançarina negra que assumiu muitos dos personagens andróginos da turnê *Re-Invention*. — As idéias dela para os shows são tão luxuosas e teatrais que, como dançarinos, temos que saber nos destacar e representar alguma coisa dentro de toda aquela estrutura.

Nascida em Miami, Raistalla vem de uma família de músicos e começou a dançar ainda bem nova. Não era exatamente uma fã de Madonna, mas afirma:

— Minha mãe era uma *superfã*. Tinha *todos* os discos dela! — Quando fez o teste, Raistalla pensou que não teria a menor chance. — O tipo de dança que Madonna faz sempre obedece a alguns critérios, além de se basear em muita acrobacia e muito esforço físico. Mas quando fui chegando perto do final dos testes, me dei conta de que tinha *sim* alguma chance. Eu conhecia a energia dela, sabia que ela era competitiva, então, no final, quando tive que fazer dez flexões com uma mão só, eu a encarei sem pestanejar, pensando: sou essa pessoa que você quer que eu seja. Eu estava apostando tudo nos personagens, estava mostrando tudo o que sabia fazer. Eu a conquistei quando dancei o tango de uma forma apaixonada e cheia de emoção.

Desde as cenas de abertura, *Re-Invention* era um show muito sensual e veemente. O cineasta Chris Cunningham (que fizera videoclipes perturbadores e de vanguarda para artistas como Prodigy e Aphex Twin) filmou o clipe de introdução do show, intitulado "The Beast Within", no qual Madonna se contorce numa cama velha e suja como se fosse uma semideusa enlouquecida, com lobos uivando para ela enquanto recita trechos do Apocalipse de são João. O clipe era projetado em telas enormes, do maior tamanho que existia na época.

— Nós mandamos fazer as telas por encomenda. Era uma coisa exorbitante — conta Jamie King. O efeito dominava os sentidos do corpo.

— Nós ficamos absolutamente perplexos — recorda-se Dan Holden, um fã que assistiu ao show em Londres, na Wembley Arena. — Eu estava tão atordoado que, quando Madonna apareceu pela primeira vez no palco, fazendo seus movimentos de ioga, eu mal conseguia entender o que estava realmente acontecendo.

Depois da reviravolta provocada pela exuberância de "The Beast Within", o show seguia para a canção "Vogue", ambientada num cenário 3-D, do período de Regência inglês. Os dançarinos usavam figurinos que remetiam ao período renascentista. Madonna, conferindo um visual bastante poderoso ao show, fez com que ele tivesse características de uma instalação artística que mudava levemente a cada noite. Ela cantava "Nobody Knows Me" enquanto palavras escritas a *laser* cruzavam o seu corpo. Vestia-se com trajes militares e dançava em "American Life" em meio a simulações de explosões. Imagens violentas de guerra e sofrimento eram projetadas atrás dela enquanto os dançarinos desfilavam com figurinos religiosos: um padre ortodoxo, um rabino, uma freira.

— A religião provoca fragmentação. Nossa intenção é remover elementos que separam as pessoas, para que todos possam ser um só — diria Madonna mais tarde, ignorando convenientemente que a cabala também é uma forma de crença religiosa.

Raistalla recorda-se desta música como um ponto alto do show.

— Eu adorava dançar nessa parte do show. Sou uma pessoa ativa, gosto de projetar uma presença forte e de liderança. Nós éramos soldados e tínhamos que manifestar os problemas da vida nos Estados Unidos. Eu tinha sentimentos parecidos com os de Madonna, e podia expressar o que sentia com relação à situação no Iraque. Eu demonstrava isso através do meu corpo.

No telão do fundo do palco, um sósia do presidente Bush deitava a cabeça no ombro de Saddam Hussein. A revolta de Madonna com a guerra do Iraque ainda era brutal e ela fazia questão de exibi-la. A ligação entre moda e religião se acentuava com a presença de uma passarela em forma de V que se erguia sobre o público. Era um espetáculo emocionante e incansável. Madonna passava, então, para uma seção meio circense e de jazz. Cloud, um dos dançarinos mais talentosos da turnê, entrava no palco pelo lado esquerdo, como um vendedor ambulante acrobático, usando uma cartola, e dançando uma versão remixada de "Hollywood". Nesse momento viam-se ícones da cultura multiétnica dos Estados Unidos: um sapateador, um skatista, um engolidor de fogo, um dançarino hindu. Madonna transformava, então, esse vaudevile contemporâneo em horror gótico ao sentar-se numa cadeira elétrica, vestindo um figurino de faroeste feito com a estampa da bandeira americana. Ela apelava para todos os recursos possíveis no show.

Depois de uma versão de "Die Another Day" em ritmo de tango, Madonna reaparecia num figurino preto, estilo boêmio, com uma bandana hippie na cabeça, parecendo-se com Alanis Morissette, sua protegida e contratada da Maverick. Tocando violão, ela cantava, então, versões comoventes de "Nothing Fails", "Like a Prayer" e "Mother and Father". O único momento piegas era a interpretação da canção "Imagine", de John Lennon, que, ao lado de "American Pie", ressalta o que Madonna não é. Sua interpretação para as canções de protesto de outros compositores soam como caraoquê, ao contrário de seus hinos dançantes e com alto astral, que são realmente inimitáveis. Para a seção final, ela trouxe um tocador de gaita-de-foles das Terras Altas da Escócia chamado Lorne Cousin.

— Madonna foi quem teve a idéia. Era a ligação entre "Imagine" e "Into the Groove". A idéia era começar lentamente, como um lamento, seguindo a levada de "Imagine", e depois ir crescendo em ritmo até chegar a "Into the Groove". Acho que funcionou muito bem — recorda-se Cousin.

Para combinar com o clima, todos os dançarinos homens usavam kilts longos em tecido xadrez. Este visual audacioso tornou-se uma das imagens mais marcantes do show.

— Este era o outro ponto alto para mim — recorda-se Raistalla —, dançar "Music" com saias celtas. Era para serem só os rapazes. Mas eu me saía bem interpretando os papéis masculinos, então Madonna me colocou na cena também. Eu sentia que tínhamos uma interação boa quando estávamos dançando juntas. Minha energia corre para frente e para trás e para dentro e para fora, assim como a dela. Quando estávamos no palco, ficávamos em perfeita sintonia.

No final do show, enquanto cantava "Papa Don't Preach", Madonna vestia uma camiseta preta com variações da frase "Do It Better", fazendo uma alusão à famosa expressão "ITALIANS DO IT BETTER" impressa na camiseta que usara no videoclipe da canção "Papa Don't Preach". A cada noite ela vestia uma camiseta diferente. Uma noite era "KABBALISTS DO IT BETTER", em outras noites "Brits Do It Better", ou então "IRISH DO IT BETTER". A mensagem que queria transmitir era claramente a de uma espécie de inclusão generalizada. Quando tocavam as notas finais de "Holiday", eram então projetadas atrás dela as palavras "REINVENT YOURSELF" ("Reinvente-se").

A turnê foi um grande empreendimento. Foram realizados 56 espetáculos em vinte cidades. Tornou-se o show de maior renda bruta do ano, com um lucro estimado de 124,5 milhões de dólares. As críticas foram favoráveis. O *USA Today*, por exemplo, o exaltou como um show "ostensivo e estiloso" com (graças a Deus) "figurinos sensuais, mas apropriados à idade", enquanto David Segal, repórter do *Washington Post*, confessou ter se "divertido até não agüentar mais". Embora o espetáculo híbrido de Madonna, que misturava tendências da Broadway, do Cirque du Soleil, de treinamentos militares e de um show de rock, o tivesse deixado tonto, o crítico não pôde deixar de admirá-lo: "Esta é a parte mais estranha: não é um caos", escreveu ele. "É, na verdade, bem surpreendente. Pretensioso e carregado de sermões enjoados em alguns momentos, sim. Estranhamente destituído de exageros e quase domesticado se comparado aos padrões de sua fase desobediente, com certeza sim. Mas no que diz respeito à vivacidade, ao vigor e à genialidade técnica, é difícil sair dessa extravagância épica com um sentimento menor do que o de um grande arrebatamento." O show é também um dos favoritos dos fãs.

— Por ser um show de grandes sucessos, todos conheciam as canções e todos no estádio cantavam junto. No *Drowned World*, nos sentíamos meio deslocados às vezes, mas neste todos se sentiam fazendo parte do show — lembra o fã Dan Holden. — Era totalmente alto astral.

Apesar do reconhecimento, *Re-Invention* de algum modo não caiu no radar massivo da mídia. Embora tenha sido a turnê que mais vendeu ingressos no ano, Madonna teve que promover bastante o show para que os ingressos esgotassem, principalmente nos Estados Unidos. Parte do problema estava no preço altamente inflacionado das entradas. Nos Estados Unidos, por exemplo, ela chegou a cobrar mais de trezentos dólares por uma cadeira. Outro problema foi que muitas pessoas, decepcionadas com *American Life*, o viram como uma tentativa de aumentar a venda de discos, que não ia muito bem, com uma "turnê de músicas antigas para levantar uma grana rápida". Embora musicalmente o show produzisse uma sensação retrô, *Re-Invention* mostrou como Madonna tinha entrado numa nova fase, voltada para a exploração das artes visuais. Ao pilhar o próprio arquivo musical, começou a fazer algo que proclamara nunca fazer: refletir. As sementes disso já haviam sido plantadas em 2003 numa instalação de arte pouco conhecida que ficou em exposição em Nova York por um curto período.

X-STaTIC PRO=CeSS é um dos projetos mais fascinantes de Madonna. Numa série de fotografias feitas por Steven Klein em 2002, ela desconstruiu seu próprio mito de modo devastador. Já era uma mulher madura, cansada de posar para fotos glorificantes de moda, e desenvolveu um distanciamento crítico de todas aquelas imagens imaculadas de cultura pop que ela mesma tinha criado.

— Não estou interessada em ir a uma sessão de fotos de moda e ficar simplesmente experimentando uma pilha de roupas — disse ela à revista *W*. — Vocês nem imaginam o quanto é chato posar para esse tipo de fotos. Se não sinto que estou criando algo que tenha algum significado, prefiro não fazer.

Madonna sempre admirara o trabalho de Steven Klein, um fotógrafo de moda totalmente de vanguarda. Ex-estudante da Escola de Design de Rhode Island, Klein combinava o erótico com características do surrealismo em seus trabalhos. Ele e Madonna já tinham trabalhado juntos diversas vezes e desenvolveram um bom relacionamento. Depois de uma troca prolongada de e-mails eles chegaram à idéia do "processo". Como Madonna às vezes sentia que as idéias mais interessantes lhe ocorriam durante os ensaios e não depois que o produto final estava pronto, a proposta deles para a exposição X-STATIC PRO=CESS era a de "uma *performer* no seu espaço de ensaio, onde ela cria e traz as idéias para a vida ou para a morte." Como muitos fotógrafos antes dele, Klein usou Madonna como sua musa.

— Sempre vi Madonna mais como uma artista performática — contou ele. — Então criei um cenário para ela atuar, usando elementos que ela já havia explorado no passado, como o vestido de noiva, o poste de dança, o fogo, a morte, a cama, a religião.

Durante um intervalo nas gravações do disco *American Life*, eles fizeram uma maratona de dez horas de sessões de filmagem e de fotografia. No ambiente vazio de um estúdio anônimo, alguns temas-chave surgiram: primeiro havia o coiote, uma criatura feroz, um lobo campestre com olhos selvagens. Na mitologia, o lobo é o símbolo do mal, do potencial caótico e destrutivo do Universo. Este tema foi desenvolvido no videoclipe de "Beast Within", no qual Madonna recitava versos sobre o fim do mundo, do Apocalipse de são João, dizendo que "assassinos", "fornicadores" e "mentirosos" iriam queimar num lago de fogo.

Madonna usa a força elementar do fogo como inspiração numa obra de arte que trata de desconstrução de valores. Um vestido de noiva branco e imaculado, como o que foi usado no videoclipe de "Like a Virgin", veste agora um manequim. Numa série de imagens, vemos o vestido ser consumido pelas chamas até que não sobre nada além de pedaços de laços chamuscados e enegrecidos. Mais de quarenta páginas das quinhentas que compõem este livro são dedicadas ao vestido pegando fogo. Os direitos autorais de toda a exposição são creditados a Boy Toy Inc, uma referência irônica à "personagem" dos anos 1980 que ela alegremente destruiu. Na verdade, a trilogia formada pelos álbuns *Ray of Light*, *Music* e *American Life* é toda baseada no desmantelamento sistemático, realizado por Madonna, de imagens que não lhe serviam mais: a provocação presente na dicotomia entre virgem e prostituta, a estrela faminta por fama, a virago de *Blond Ambition*.

— Não sou uma estrela pop, sou uma *performer* — avisou orgulhosamente, certa vez, a um entrevistador de televisão. Com esta exposição, ela se despiu do brilho pop para revelar a verdadeira *performer* que estava encoberta.

Vemos Madonna vestindo uma malha de balé num tom branco amarelado e meias arrastão, fazendo posições de balé e ioga. Há algo puritano e, no entanto, vagamente erótico em sua roupa. Ela posa com a cabeça para baixo sobre uma cama sem lençóis, com o cabelo dividido em partes e preso com grampos castanhos bem simples. Há um ar de austeridade, de confinamento solitário e de angústia. Em outros *takes*, seus joelhos aparecem enfaixados, as meias e a malha de balé estão rasgadas, mostrando a exaustão dos ensaios constantes. E há o vaudevile: Madonna como uma contorcionista de circo, com as pernas atrás da cabeça e sapatos de salto azuis nos pés.

Nessas fotos, a ênfase está em seu corpo e não em seu rosto. Klein criou uma impressão de pintura, como se fosse um Degas destroçado. O mais impressionante de tudo são as suas imagens de "rainha". Nelas, Madonna usa uma máscara feita de jóias, uma saia de crinolina de seda vermelho-escura adamascada e um adereço de cabeça todo enfeitado. Seu rosto permanece insensível atrás da máscara animalesca, ela parece em parte elisabetana, em parte uma alta e mágica sacerdotisa. Como as damas da corte renascentista, com seus rostos podres atrás das máscaras brancas de maquiagem, esta imagem é magnificamente decrépita. Ela parece dizer: "Eu posso mostrar a vocês o que está por trás desta superfície de brilho do *showbiz*. Posso mostrar a vocês o que é a corrupção."

O ensaio fotográfico de Madonna com Klein terminou com uma pequena exposição no Deitch Projects no bairro do SoHo, em Nova York, na primavera de 2003. A galeria foi transformada, por Kleist e pelos designers da firma de arquitetura LOT/EK, num teatro pós-industrial escuro e com uma iluminação azul. Imagens da cama, da rainha e do coiote transformaram-se em animações que foram avaliadas em mais de 65 mil dólares por peça. E muitas das fotos foram parar num livro de arte lançado em edição limitada, com páginas delicadas impressas em um papel fino feito de tecido, e guardadas dentro de uma caixa. O livro custava 350 dólares.

Originalmente concebido como uma obra de arte para ser exibida uma única vez, X-STATIC PRO=CESS inspirou o show *Re-Invention*, e, enquanto a turnê avançava pelo ano de 2004, Madonna e Klein levaram junto a exposição. Ela esteve em Londres e Berlim depois que a turnê terminou, e, novamente, dois anos depois, num formato maior, no Japão. É uma instalação que está sempre se transformando. É a mais pura licença artística de Madonna, e uma indicação de onde o cerne de sua criatividade se localiza. Para ela, tudo isso começou como uma sessão de fotos que ia contra os conceitos tradicionais da moda.

— Eu posso gostar de moda, às vezes — disse ela. — Alguns dos meus melhores amigos são estilistas. Jean Paul Gaultier é um verdadeiro artista. E vejo a beleza e a arte que há na alta costura e no desenho de roupas... Mas, com tudo o que está acontecendo no mundo neste momento, sinto que estamos nos preocupando demais com as coisas erradas. Não estou mais tão interessada em moda pura e simplesmente... Agora, as atrizes se parecem com modelos e as modelos se tornam atrizes. Argh. Quem ainda consegue ter alguma individualidade?

Longe das preocupações exclusivamente comerciais, esta era uma oportunidade para explorar o que havia nela de vanguarda.

— Esta é a paisagem interior de uma performista. E eu acho que, se você prestar atenção nas fotos, elas nem mostram as posições mais lisonjeiras, entende? Não se trata disso.

Com seu trabalho, Madonna registrou uma mudança profunda em si mesma, uma mudança que fora provocada pelo fato de ela ter uma família. Isso ficou aparente para todos os que estiveram próximos a ela.

— Ela parecia muito mais calma na turnê *Drowned World*, mas antes da turnê *Re-Invention* ela era de novo uma pessoa *completamente* diferente — diz o coreógrafo Alex Magno. — Estava ainda mais calma e serena, não era a mesma. Parecia *domesticada*, não era mais uma fera selvagem, uma *Wild Beast*.

Se o responsável por essa mudança era Guy Ritchie, essa é uma questão discutível.

— Guy é um cara que faz o estilo machão. Sempre que está por perto, ela se desmorona toda, ela o ama muito — contou-me a dançarina Raistalla. — Ela é toda mandona, mas, quando ele aparece, ela vira um gatinho. É até engraçado de ver. — Manter a família unida é uma prioridade para Madonna. — Rocco e Lola estavam por perto em boa parte do tempo. Ela deixava que eles ficassem com a gente durante os ensaios e que brincassem com a gente na casa dela. — Manter os dançarinos sob seus cuidados era outra preocupação sua. — Ela é muito maternal, achei que ela tomou conta da gente muito bem. Eu me machuquei umas duas vezes e ela tomou logo as providências. Queria se certificar de que estávamos todos bem de saúde, queria ter certeza de que íamos ao médico. Ela nos levava para assistir a outros artistas que pudessem nos inspirar, como a pianista francesa Katia Labeque. — Madonna também não se opunha a ensinar a eles um pouco de cabala. — Ela se importava com o nosso crescimento individual, como se fosse nossa mãe. Ela nos apresentou à cabala. Absorvi a filosofia da religião, gostei das sessões, e quis explorar aquele universo um pouco mais. Mas acabei não chegando a fazer isso, porque a cabala pode ser muito confusa e fazer sua cabeça entrar em parafuso se você levar a coisa longe demais.

Naquela época, Madonna já estudava a cabala há oito anos. O que começara como uma pesquisa para o disco *Ray of Light* acabara evoluindo para um total comprometimento com o Centro de Cabala e os seus ensinamentos. Enquanto ela ia atrás da religião, buscando seus interesses espirituais, cada vez mais fãs começaram a seguir os seus passos, fazendo com que sua prática pessoal acabasse se transformando em parte de uma popularização dessa filosofia antiga. Com suas origens no século I d.C., na Palestina, a cabala essencialmente descreve o funcionamento do Universo. Isso está descrito no *Zohar*, o principal texto da cabala, supostamente "escrito com fogo negro sobre fogo branco" e revelado a Moisés no Monte Sinai. Nele estão os 72 nomes hebreus de Deus, uma combinação e recombinação das 22 letras codificadas nos primeiros livros da Bíblia. Há nesses escritos o significado superficial das palavras e das histórias relacionadas a elas, mas, por trás disso tudo, ocultam-se mensagens divinas que só ávidos estudantes conseguem compreender por meio da dedicação à reza e à meditação. Intelectuais e rabinos vêm tentando decifrar os códigos há séculos. Cabalistas modernos referem-se a esses códigos como uma espécie de "DNA" do universo. Para Madonna, que adora o poder das palavras, e que já tinha trabalhado com uma sobreposição de significados da liturgia católica em seu álbum *Like a Prayer*, essa doutrina foi irresistível.

A cabala tem uma história rica, que começou, em sua forma moderna, na Provença medieval com a doutrina da Sephira, as dez emanações de Deus. Elas são representadas por galhos de uma árvore, por partes do corpo, ou degraus que vão do caos terrestre até o mundo espiritual. Um dos mais importantes cabalistas deste período foi Abraham Abulafia (1240-1295), que está entre os primeiros que criaram as combinações de letras da cabala como chaves para alterar os estados de consciência. Mais tarde, no século XIII, um judeu espanhol chamado Moses de Leon publicou o *Sepher ha Zohar*, ou "Livro do Esplendor", que se tornou o texto principal da cabala judaica. No século XVIII, no entanto, a cabala entrou em declínio, pois muitos judeus passaram a considerá-la uma mera superstição.

Paralelamente ao desenvolvimento da cabala judaica, uma interpretação humanista liberal floresceu durante o Renascimento e tornou-se uma grande influência entre os mágicos e filósofos ocultistas europeus. A cabala a que Madonna se dedicou está firmemente enraizada no Antigo Testamento judaico. Embora tenha ficado em baixa durante um tempo, ganhou vida nova no final da década de 1960, aliada à forte tendência pela busca espiritual que marcaria esta época. A cabala ganhou impulso comercial quando a nova-iorquina Karen Berg e um judeu chassídico ortodoxo chamado Shraga Feivel Gruberger surgiram com uma interpretação nova e moderna do antigo sistema. Quando se conheceram, ela trabalhava como secretária na companhia de seguros dele, e ambos eram casados com outras pessoas. Ela só voltou a vê-lo oito anos mais tarde quando, jovem divorciada, sentiu-se "estranhamente inebriada" quando perguntou a ele a respeito de seus estudos sobre a cabala.

Em 1971, Gruberger abandonara esposa e filhos e se reinventara como dr. Philip Berg, agora já casado com Karen. Ela se refere ao romance dos dois como o resultado da interferência de um poder superior.

Foi-lhe revelado num sonho que ela tinha a missão de arrancar esta tradição secular de sob os mantos dos homens judeus acima de quarenta anos e torná-la acessível a todos.

— Insisti que essa sabedoria fosse disponibilizada para todos os povos: para todos, de todas as idades, gêneros, ou crenças religiosas... eu disse: "Se posso compreender a cabala, então todos podem" — declarou Karen.

Logo depois do casamento, os dois inauguraram um centro de estudos em Tel Aviv, depois outro em Nova York. Karen registrou a marca "Centro de Cabala", e ela se espalhou rapidamente, de modo que em 2006 havia 51 centros no mundo todo e 3,5 milhões de convertidos. Hoje em dia, a cabala ostenta uma vasta gama de celebridades de primeiro time, com Lindsay Lohan, Demi Moore, Michael Jackson, o casal Victoria e David Beckham e Britney Spears entre eles. Como o hinduísmo na década de 1970 e o budismo Nichiren Shoshu na década de 1980, a cabala virou o novo sistema de crença das superestrelas famintas por espiritualidade. A crença ganhou uma cara nova no século XXI, com expressões carregadas de teor científico, como "DNA espiritual" e "tecnologia para a alma", criadas para angariar jovens céticos. Foi isso que motivou Guy Ritchie, um darwinista convicto, a voltar-se para a cabala.

— É desafiante. É como uma aula de física, a ponte entre a ciência e a espiritualidade — disse Madonna.

Embora ele tivesse mantido uma postura meio cínica no início, ela persuadiu Guy a ir a uma aula, e ele começou a estudar a questão mais a fundo.

— Eu acho que ele ficou meio constrangido, pois não queria aceitar nada que pudesse ser visto como algo religioso... mas a questão principal é que a cabala é extremamente científica, e foi isso que atraiu Guy.

A sede da cabala em Londres reflete seu padrão elevado. Situada em Stratford Place, no West End, a sede é um prédio enorme com tapetes espessos e felpudos, lustres brilhantes cor-de-rosa pastel e flores sedutoras em vasos estrategicamente localizados. Isso difere bastante do ambiente mais simples e caseiro da sede de Beverly Hills, um dos centros mais antigos.

Embora a decoração seja diferente, a filosofia é a mesma no mundo inteiro. Fui ao centro no início de 2006 num dia em que estava aberto para visitantes, e passeei pela livraria. Como a cabala tem uma tradição de escritos rica e variada, eu esperava encontrar um leque amplo de textos disponíveis. Em vez disso havia por volta de 15 títulos, todos belamente encadernados, e todos escritos ou por Rav, ou Michael, ou Yehuda ou Karen Berg. Humm. A julgar pela livraria, seria difícil negar a acusação de que o Centro de Cabala é na verdade uma versão light da cabala. Enquanto Madonna se orgulha do seu rigor intelectual, é estranho perceber que a versão pela qual ela optou ignora todos os outros estudos sobre o assunto.

Ainda assim, houve algumas palestras curiosas no centro de Londres. Descobri que existiam conexões entre a astrologia e a cabala ("sintonizando com a energia do cosmos"), entre a cabala e a saúde ("o câncer é uma confusão do corpo"), e conheci sua percepção da mulher. Se boa parte da teologia transformativa do centro é persuasiva e positiva (sendo que o texto-chave, deste ponto de vista, é o livro *Os 72 nomes de Deus*, de Yehuda Berg), sua atitude com relação à mulher é bem menos esclarecida. Ao lado do livro pseudo-feminista de Karen Berg, intitulado *Deus usa batom*, há algumas idéias bastante conservadoras.

— Homens e mulheres são duas entidades — disse a palestrante Ruth Nahmias. — O homem é o canal de energia, a mulher é a receptora... como uma lâmpada elétrica, ele é o fator positivo, ela é o fator negativo. É como derramar água num copo, ela revela a luz.

Neste universo determinista, o homem é a força ativa e a mulher é a passiva.

Algumas mulheres começaram a reagir acanhadamente durante o debate: e quanto às lésbicas? E as mulheres solteiras que seguem uma carreira? Então, quando a senhora Nahmias declarou: "Eu não quero que vocês sejam feministas", muitas delas começaram a se retirar da palestra sem o menor constrangimento. Este talvez não tenha sido o jeito mais inteligente de atrair mulheres independentes do século XXI. A declaração de Karen Berg de que ela arrancara uma filosofia de quatro mil anos das mãos de uma elite masculina e a tornara acessível às mulheres contradiz a visão tradicional que ela tem do "papel espiritual especial" que caberia às mulheres.

É irônico que Madonna, vista como uma das mulheres mais fortes da modernidade, vincule-se à cabala. Ela rejeita o catolicismo por conta de sua rigidez patriarcal, e, no entanto, adota um sistema que remete aos fundamentos do Antigo Testamento Cristão no que diz respeito à polarização dos papéis do homem e da mulher. Na Bíblia, a concepção é um ato mágico, o filho de Deus nasceu sem que houvesse sexo, então a mulher ideal é a mulher que não faz sexo. As mulheres eram vistas como criaturas terrenas dotadas apenas de instintos básicos, cabendo unicamente aos homens o potencial de perceber os planos mais elevados. A idéia central da cabala é transcender o "lixo" e a parte terrena da vida. "Com a intenção de fazer uma jornada de um nível mais baixo rumo a um nível mais elevado do ser", os cabalistas precisam alcançar um estado de "purificação". A noção de roupas limpas sem que se tenha uma alma pura por dentro remete ao catolicismo jansenista que inspirava a mãe de Madonna. Talvez isso esteja por trás da sua busca espiritual, e, num nível mais básico, de sua exigência de que novos assentos de privada fossem instalados em cada local visitado por ela durante a turnê *Confessions*, de 2006.

A área mais significativa do Centro de Cabala é a sua Fundação para a Espiritualidade das Crianças (Spirituality for Kids Foundation), que faz um trabalho em escolas e centros comunitários para ajudar as crianças a se desenvolverem como "seres humanos fortes, felizes e esclarecidos". Esta é a ramificação do Centro de Cabala no qual Madonna mais concentra suas energias. Não é de surpreender que tenha doado todo o lucro obtido com seus livros infantis para esta fundação. A idéia dos livros surgiu no início dos anos 1990, quando o seu editor americano, Nicholas Callaway, assistiu a uma leitura feita por Madonna de um texto escrito por ele, *Miss Spider's Tea Party*, na MTV, para promover o álbum *Bedtime Stories*. O público adolescente ficou encantado.

— Eu vi, na ocasião, que ela possuía uma habilidade incomum para contar histórias — disse Callaway —, e foi aí que sugeri pela primeira vez que ela poderia ser uma escritora de livros infantis espetacular.

Depois de tornar-se mãe, Madonna decidiu aceitar a sugestão de Callaway. Sem paciência para as histórias de "princesas" tradicionais, ela decidiu escrever uma história própria.

— As mulheres são muito passivas em histórias como *Cinderela*, *A bela adormecida* ou *Branca de Neve*. Elas não impõem a menor presença no enredo. Apenas se exibem, são apenas lindas... os príncipes dizem que querem casar com elas, e então elas aceitam e são felizes para sempre — disse Madonna. — Pensei: "Bom, o que uma garota vai aprender com isso? Isso é tudo um monte de porcaria."

Seu primeiro livro, *As rosas inglesas*, foi inspirado nas amigas de escola de sua filha, cujos nomes são, como no livro, Nicole, Amy, Charlotte e Grace. É uma lição simpática sobre como lidar com a inveja, uma vez que as garotas são incentivadas por uma fada madrinha a serem gentis com uma outra menina que era rejeitada por elas, chamada Binah. Binah é bela e bondosa, mas leva uma vida triste por conta de sua condição de segregada. Na história, que reflete muito da infância de Madonna, a mãe da personagem principal já é falecida, e ela passa o dia inteiro realizando as tarefas domésticas para ajudar o pai. Sua vida se transforma quando as garotas a incluem em seu círculo de amizade. "Primeiro convidaram Binah para tomar um chá, e depois começaram a caminhar com ela até a escola, e não muito depois disso elas estavam fazendo os deveres de casa juntas", escreve Madonna. "Binah até ensinou a elas como fazer uma torta de maçã. Logo descobriram que Binah era mesmo muito legal."

Esta foi a primeira de cinco histórias que ela apresentou para Callaway em 2002. Com o intuito de fazer livros que tivessem um toque clássico, ela e Nicholas fizeram uma longa e cansativa busca atrás do ilustrador ideal. O protegido de Andy Warhol, Jeffrey Fulvimari, foi o escolhido por eles, e ilustrou *As rosas inglesas* com um estilo sofisticado e caprichoso que lembrava clássicos da década de 1930, como *Babar* e *Madeleine*. O livro tornou-se um acontecimento, e no ano seguinte foi publicado simultaneamente em trinta línguas e em mais de cem países. No dia do lançamento, Madonna ofereceu um chá das cinco infantil em Londres. Trajando um vestido florido e usando óculos, e assemelhando-se, em cada detalhe, a uma dona-de-casa reservada, ela leu a história para os convidados. Um dos espectadores observou com espanto o público bizarro e disse: "Era uma mistura de crianças inquietas, homens gays chorosos e jornalistas céticos."

Para a especialista em literatura infantil Wendy Cooling, a festa foi memorável.

— O dia estava lindo no terraço de uma cobertura em Kensington, era uma festa de lançamento luxuosa regada a champagne, na qual todos nós nos divertimos um pouco — recorda-se ela. — Madonna leu para as crianças, mas elas tiveram dificuldade em escutar. Eram todas novinhas demais. Madonna estava muito charmosa. Era um amor com seus filhos. Evidentemente tem um relacionamento excelente com eles. E, além disso, foi um doce comigo, deu flores da vitrine para mim e disse: "Leve alguma coisa para casa, leve uma rosa, leve uma borboleta." Eu fiquei entusiasmada com ela, mas infelizmente não me entusiasmei com seus livros.

Ao livro *As rosas inglesas* se seguiu *As maçãs do sr. Peabody*, um conto cabalístico ucraniano de trezentos anos de idade, adaptado por ela para os Estados Unidos dos anos 1950, e deliciosamente ilustrado com um toque nostálgico de "arte naïf" por Loren Long. Em 2004, lançou *Yakov e os sete ladrões*, uma adaptação de outra história do mesmo professor ucraniano, Baal Shem Tov. Este pregava que "todos nós temos a habilidade de abrir os portões do paraíso, não importa o quanto não merecedores disso nós nos consideremos". Houve também *As aventuras de Abdi*, inspirado em *As mil e uma noites*, e, em 2005, *Lotsa de Casha*, uma história que faz uma reflexão sobre o velho provérbio que diz que o dinheiro não traz felicidade.

Embora muita gente tenha levantado as sobrancelhas ao pensar que a heroína do livro *Sex* estava agora escrevendo histórias para crianças, Madonna, de certo modo, não estava dando um salto tão grande. Algumas de suas canções possuem rimas infantis, e há um sentimento de inocência de criança que atravessa sua música, seja em "Dear Jessie", do disco *Like a Prayer*, seja em "Mother and Father", de *American Life*. Às vezes suas letras são meio desengonçadas, como se estivesse escrevendo num inglês simplificado para as massas, algo visto, por exemplo, na canção "Impressive Instant", do álbum *Music*.

Como o estudioso Roland Barthes escreveu num ensaio sobre música popular: "A música, assim como a letra, tende a assumir uma linguagem infantil... como a repetição... as limitações de muitas melodias a poucas modulações é algo comparável à maneira pela qual uma criança pequena fala antes de ter todo o alfabeto ao seu dispor... e até também certos tons superadocicados, que funcionam como biscoitos e balas musicais."

Madonna é, de longa data, uma amante do "trivial". Como disse ao produtor Guy Sigsworth: "Eu faço muito bem o simples." Mas, ao mesmo tempo que isso funciona bem em suas letras, essa abordagem simples e sem elementos artísticos não tem o mesmo efeito no caso dos livros infantis. Ela conta as histórias de um jeito bem direto, seco, quebrando o ritmo com um humor bem auto-consciente. Embora tenham vendido razoavelmente bem, a recepção da crítica foi quase nula.

— Eu achei os livros moralistas e óbvios demais — diz Wendy Cooling. — Acredito que se tivessem sido escritos por qualquer outra pessoa que não a Madonna, nem teriam sido lançados. Não têm a menor sonoridade para serem lidos em voz alta. Um livro para crianças pequenas precisa ter ritmo e conter algum elemento surpresa.

Julia Eccleshare, especialista em edição de livros infantis, concorda:

— Seus livros são muito cheios de mensagens. Essas celebridades pensam que escrever um livro para crianças é uma tarefa fácil. Não é tão simples assim. É como tentar atingir um alvo em movimento. *A teia de Charlotte*, por exemplo, uma história sobre um porco e uma aranha: quem imaginaria que se tornaria um clássico? Mas o livro provoca muita empatia, falando basicamente da natureza humana, e a história segue por um caminho instigante.

Quando *Bom demais para ser verdade*, a continuação de Madonna para *As rosas inglesas*, foi lançado em 2006, várias celebridades, da duquesa de York a Julie Andrews e Kylie Minogue, já tinham tentado fazer literatura infantil.

— A infância é o novo nirvana. Ser um bom pai ou uma boa mãe é uma exigência para o status de celebridade — observa Eccleshare.

Como os temas da cabala e da promoção da Espiritualidade para Crianças, o que sublinhava as histórias infantis de Madonna era uma mensagem de recolhimento, uma nostalgia da estabilidade, da tradição e dos valores familiares. Isso se manifestaria de forma impressionante na próxima *persona* que ela assumiria, a da Senhora da Mansão.

16

American Wife

É final de agosto de 2005, estamos nos despedindo de um verão que já se desvanecia. Estou acompanhada de uma amiga, dirigindo de Winchester a Salisbury. Subimos uma antiga estrada romana até o topo de uma montanha perto de Cranborne Chase. Estacionamos o carro e saltamos para ver a vista. Diante de nós, estendiam-se os vales e as ondas formadas pelas colinas que se erguiam nos campos de Wiltshire inteiramente floridos e já prestes a murchar com a mudança de estação. Caminhamos pelo topo da montanha antes de descermos por um atalho íngreme e passarmos por placas sem muitos enfeites que diziam apenas MANTENHA SEUS CACHORROS NA COLEIRA. *As placas eram novas, brilhantes e impositivas. Seguimos, então, o atalho por entre as árvores. Uma clareira se abre subitamente, e nos vemos rodeadas, à direita e à esquerda, por cercados barulhentos, cheios de faisões e perdizes. A temporada de caça está aberta, e todos parecem preparados para atirar. Enquanto caminhamos, surgem, à nossa frente, as pequenas torres de uma casa, aninhada atrás de uma fileira de árvores. Conseguimos ver um portão negro ornamentado, uma cerca e um jardim em declive cheio de mais alguns cercados barulhentos. A Ashcombe House é uma modesta mansão campestre de tijolos vermelhos com um telhado marrom e quartos acoplados às abas do telhado. Ela exala uma atmosfera tranqüila e aconchegante típica de contos de fadas. Parece completamente protegida, mas um caminho de acesso público passa bem ao lado do quintal dos fundos de Madonna.*

Um pequeno avião particular faz círculos sobre nós enquanto caminhamos pelo atalho até a vila de Tollard Royal. Há poucos chalés e um pub chamado King John Inn, administrado com eficiência por uma morena atraente de nome Michelle Birks.

— Madonna costumava ir até lá para tomar uma cerveja. Mas agora não tem aparecido — diz ela sucintamente. O interior do pub é de madeira escura e veludo amassado, e, nas paredes, há montagens de fotos com o tema de festas noturnas do tipo "Rocky Horror". Tem o mesmo astral dos pubs de motoqueiros de Isle of Man da década de 1970. No campo, nada muda.

Em agosto de 2005, Madonna apareceu na revista *Vogue* americana montada num cavalo, vestindo tweed e calças de montaria, abraçando o marido Guy, com um dos braços, enquanto ele aparece de pé, na frente dela, portando boina e suéter de lã. Ela também aparece alimentando as galinhas, em outra foto, usando um conjuntinho de saia e cardigan com um colar de pérolas. Seu cabelo louro está penteado à maneira de uma grande herdeira americana da década de 1930. "Adotando matizes cuidadosamente suavizados em sua fala... conversando educadamente sobre assuntos desimportantes, ela parece uma princesa americana da época eduardiana: como as belas americanas endinheiradas que, na era do ouro, se casavam com nobres ingleses falidos", escreveu o repórter Hamish Bowles, da *Vogue*.

A revista mostrava fotos do interior de sua casa de campo avaliada em nove milhões de libras, a Ashcombe House, antiga residência do fotógrafo social e memorialista dos anos 1930, Cecil Beaton. Madonna e Guy tinham comprado a casa quando ela estivera à venda alguns anos antes. No início, era Guy quem mais queria comprar uma residência rural, um refúgio.

— Guy sempre quis morar no campo — disse Madonna. — Ele é que é campestre, não eu. Ele ama a natureza e os animais.

Na verdade, ama tanto os animais que quer atirar neles. Por conta de suas lembranças de infância em Loton Park, a propriedade de seu padrasto, *Sir* Michael Leighton, que fica na fronteira com o país de Gales, Guy sempre foi apaixonado pela caça e pela pesca.

— Nós passamos alguns dias caçando em West Yorkshire. Eram pássaros fantásticos. Voavam a uma altura de 45 metros, no mínimo. Estávamos num vale bem profundo. E aqueles pássaros voavam realmente bem alto. Foi uma grande caçada — comentou ele, certa vez. — Adoro sair para farras como essas. Só preciso de uns sete amigos para sair e me divertir a valer. — Ele sabe, no entanto, que nem todos se sentem à vontade com suas formas de diversão. — Se eu fosse alguém observando de fora, também não aprovaria... Acharia a coisa toda maquiavélica e meio macabra — admite ele.

Para Madonna, a vida no campo oferecia um refúgio meio fantástico. No artigo da *Vogue,* ela se empolga ao falar de maneira poética sobre como Ashcombe é um lugar romântico, sobre como "há algo muito místico na casa... como, no verão, aquele é o lugar mais belo que existe no mundo". Fala com alegria sobre as festas ao estilo de Beaton que dava, sobre os finais de semana de pura diversão, quando ela montava um palco improvisado e convidava os amigos para ficarem na casa.

— Colocamos cortinas de veludo vermelho. Gwyneth, Stella e Chris fizeram uma música juntos, uma canção maravilhosa. Era uma paródia de "American Life", que eles chamaram de "American Wife" ("Esposa Americana") — diverte-se Madonna ao contar.

Tracey Emin e Zoe Manzi, o consultor de arte todo certinho, escreveram um poema e o recitaram, enquanto Sting tocava alaúde e Trudi lia um soneto de Shakespeare. A própria Madonna não ficou de fora, apresentando uma cena libidinosa de uma peça da década de 1930, *The Town Wench or Chastity Rewarded*, uma comédia sobre a Revolução Inglesa. Havia um pouco de exagero nessa brincadeira campestre, como se Madonna estivesse brincando de vestir fantasias com amigos autocomplacentes.

Bem no fundo, contudo, havia também um desejo de encontrar tranqüilidade para se desenvolver artisticamente.

— Você pode ir até lá para trabalhar num lugar totalmente sossegado, sem distrações... ou você pode ir e apenas se deixar tomar pelo ambiente — observaria ela, a respeito de Ashcombe. — Você se sente protegido por estar mergulhado naquele vale, e não há nenhuma outra casa ao alcance do olhar. É uma espécie de escudo contra o mundo.

O único problema era que seu mundo particular era adjacente a um caminho de acesso público. Os moradores locais ficaram perturbados quando o casal, pouco depois de se mudar para a casa, tentou restringir o acesso à alameda pública. Em 2004, ela venceu parcialmente sua tentativa de prevenir que praticantes de caminhadas atravessassem sua propriedade. Um inspetor de planejamento territorial decidiu, então, que o público não teria mais acesso à boa parte das terras, apesar da legislação inglesa, que permite o acesso público a zonas rurais abertas.

— É de interesse para nós, profissionais do ramo, descobrir por que motivo o caminho não foi identificado durante o processo legal — diz Adrian Neale, um administrador de propriedades rurais que trabalhava perto de Winchester. — Desviar um caminho de acesso público é algo que tem que ser feito através do Conselho do Condado, e é uma coisa difícil, que toma tempo e custa muito dinheiro.

Os 485 hectares anexos à casa superam, no entanto, o problema da passagem pública. É um excelente local para a caça.

— É uma propriedade de ouro. A topografia é perfeita, com vales profundos e cumes altos — diz um conhecedor da área. — Guy Ritchie leva a sério sua prática de caçador. Costuma viajar pelo país e reservar horários exclusivos para o treinamento de tiro nos principais locais de adestramento do Reino Unido. Ele e seus companheiros parecem ser muito exigentes no que diz respeito a esse assunto.

Madonna adotou os hobbies do marido.

— Vejo a Inglaterra como minha casa. Agora sei montar a cavalo, sei atirar, sei pescar — afirmou com orgulho. Ela deu festas de caça, cujos convidados incluíam Vinnie Jones, Marco Pierre White, e A.A. Gill, o defensor notório da caça, que certa vez escreveu, na revista *GQ*, sobre a caça aos cervos e sobre "o cheiro pesado, delicioso e impermeável de regurgitação e sangue". Ele chegou a posar para uma foto ao lado das vísceras de um cervo espalhadas sobre o seu Land Rover, como se fossem um acessório de moda. Seu companheiro de caça estava orgulhosamente sujo do sangue das entranhas do animal, como se usasse uma maquiagem apavorante no rosto.

Isso me fez lembrar de quando tomei um chá, certa vez, na casa de uma mulher muito rica que saía freqüentemente para caçar com o marido. Sua sala de estar era impecavelmente decorada com cortinas caras, móveis antigos e faqueiros de prata. O que tornava os pedaços de corpos desmembrados de raposas cuidadosamente pendurados nas paredes ainda mais estranhos, em evidente contraste com seu belo papel de parede. Era este o estilo de vida que Madonna, com satisfação, passava a adotar.

Em outubro de 2005, ela ficou em décimo lugar na lista dos "100 mais poderosos do campo", da revista *Country Life*. Numa época em que a Aliança Campestre (Countryside Alliance) lutava contra o projeto de lei anticaça que estava sendo examinado pelo Parlamento inglês, Madonna era festejada como uma das mais poderosas figuras rurais do Reino Unido. "Ela foi bem-sucedida na luta contra a legislação que dava acesso a uma parte de suas terras, seu envolvimento com a caça ajudou a impulsionar a economia rural, e sua incursão no mundo da equitação... certamente fornecerá um incentivo bem-vindo para a indústria eqüestre cada vez mais atacada pelos patrulheiros da saúde e da segurança", declarava a revista.

A nova encarnação de Madonna deixou os seus fãs perplexos, especialmente os britânicos. A Grã-Bretanha ainda possui uma sociedade que se baseia em classes sociais bem definidas, com uma monarquia rica e uma aristocracia dona de terras. Ao contrário da maioria dos países europeus, a Inglaterra não é uma república. Apesar de décadas em que novas marcas se impuseram, em que, aos poucos, lotes de terras foram sendo comercializados e vendidos para os novos-ricos, há uma mentalidade feudal que ainda vigora, uma noção de que há, de um lado, "nós" e, de outro, "eles". Ao se tornar a nobre Senhora da Mansão, Madonna deixou, então, de ser uma de "nós" e passou a ser um "deles", a grã-fina que ostentava sua elegância e se colocava em posição superior com relação aos "plebeus". Para aqueles que amavam as conquistas que ela obtivera por mérito próprio, saindo das ruas de Nova York, passando pelos clubes noturnos e pelo pop de vanguarda, a incorporação de uma *persona* tão conservadora parecia uma traição.

"Madonna tem pouco a acrescentar e não tem mais para onde ir enquanto figura culturalmente radical. Ela poderia ter escolhido defender opiniões políticas de oposição para deixar uma marca realmente radical no início do século XXI, mas, em vez disso, adotou as pompas do estilo de vida aristocrático inglês", escreveu o ensaísta Sean Albiez.

— Ela pensa que é a rainha da Inglaterra — comentou sua ex-*backing vocal* Niki Haris.

— A diferença que há entre a voz dela na época de *Blond Ambition* e a voz dela de agora é marcante — concorda a especialista britânica em voz e professora de interpretação, Louise Kerr. — A voz dela hoje é mais cheia, menos nasal, mais "educada". Ela deixou de ser americana (que é uma sociedade menos refinada) e passou a se identificar com uma postura de classe que não repercute os interesses dos fãs. Pois o grande público não almeja necessariamente fazer parte da aristocracia.

Um fã americano, em conversa comigo, manifestou sua inquietação com relação à "elitização" de Madonna, e à forma como ela pareceu ter voltado as costas para os Estados Unidos. O desconforto com a nova máscara aristocrata assumida por ela tem fundamentos históricos. Muitas daquelas propriedades campestres eram o resultado de benefícios obtidos de maneira desonesta, por meio da comercialização de escravos no Caribe durante o século XVIII. Este aspecto da história fica um pouco esquecido agora que acabou o tempo dos grandes casarões como Blenheim, Chatsworth e Longleat. O campo não é mais dominado pela hierarquia rígida que Robert Altman retrata com tanta precisão no filme *Assassinato em Gosford Park*, de 2001. Os antigos proprietários de terras estão gradualmente sendo substituídos por uma nova safra de homens de negócios vindos da cidade e por "indivíduos de grande fortuna" (cujos investimentos em ativos financeiros passam de um milhão de dólares), mas esse novo grupo de pessoas está tão interessado em proteger os próprios bens quanto os antigos senhores rurais. Madonna não foi, por sinal, a única a comprar terras. Ao seu lado, estão bandas e músicos como Genesis, Sting e Dave Gilmour, o ex-guitarrista do Pink Floyd.

— Todos esses astros do rock que fizeram muito sucesso têm muito dinheiro. Não basta possuírem o montante necessário para a compra de uma propriedade rural, eles precisam ser muito ricos para serem capazes de manter a propriedade no futuro — diz Neale. — Você tem que bancar a equipe de empregados necessária para a manutenção de domínios extensos como esses. Há também o cultivo da terra, que não dá propriamente muito lucro, mas que demanda um investimento intenso de capital, e há o gasto exigido para a manutenção dos jogos de caça etc. Ainda assim, possuir uma propriedade dessas é um pouco oferecer a si mesmo uma espécie de troféu.

É também um investimento sério. A mudança de Madonna para a Inglaterra ganha nova luz se considerarmos que "para proprietários estrangeiros, o Reino Unido é visto como um lugar bem seguro para viver". "Eles podem movimentar livremente seu dinheiro para dentro e para fora do país sem temer que o governo interfira com cobranças de taxas." Isso provocou uma reação dos mais tradicionalistas.

— As pessoas que vivem no campo há muito tempo sentem grande tristeza ao verem que as grandes propriedades estão sendo repartidas — diz Neale. — Sabe-se que a partilha dos bens trouxe mais dinheiro para a região campestre com a entrada dessas "pessoas de fora". Mas não se pode conservar uma propriedade rural em formol e querer que ela não mude nunca.

Madonna tem mencionado o fato de ter conhecido o príncipe Charles. Ela se divertiu muito com o jeito dele de brincar com a alface durante o jantar. Talvez a experiência de comer com a realeza fosse uma prova de que tinha chegado lá, de que de fato alcançara o topo. A questão é: será que uma estrela pop, uma espécie de coringa como ela, pode realmente comprar um lugar na alta sociedade britânica?

— É perfeitamente possível. Leva cerca de dois minutos. A alta sociedade britânica adora dinheiro — declara o cronista cultural Peter York. — Você só precisa saber bajular, ter algum dinheiro, uma casa, e alguém que organize festas para você. Qualquer duque que goste de um agrado irá te visitar e beberá do seu bom vinho.

Há uma velha tradição de roqueiros, de Mick Jagger a Bryan Ferry, que fazem amizade com a alta sociedade inglesa. Para York a pergunta é: "Por que uma pessoa inteligente, que conseguiu as coisas por si só, iria querer fazer uma coisa dessas?"

— No entanto, o fato é que até mesmo pessoas bastante seguras, modernas, que foram capazes de conquistar o próprio espaço sozinhas, realmente acham certos aspectos da alta classe britânica bastante atraentes. Não estamos falando dos mais velhos, dos que estão fora de moda. Eles gostam da idéia de pessoas decadentes e bonitas que fazem o que querem. É como ser uma estrela pop sem ter precisado ralar no início da carreira, fazendo bicos de todo tipo. O que a alta classe tem é um estilo de vida legitimado e estável que se mantém há *séculos*, de modo que nada parece poder dar errado. Muitas dessas estrelas são ambiciosas, sabem o que querem, o que é o bom e o melhor, e correm atrás disso parecendo seguir uma espécie de instinto natural.

Para ele, o ato de ela ter se casado com um garoto que estudou numa escola particular tradicional e de renome, como Guy Ritchie, por exemplo, foi uma atitude bastante inteligente:

— Graças a isso, Madonna conquistou não só uma entrada nesse meio social, como ganhou uma espécie de passe livre permanente.

O outro bilhete de acesso ao estilo de vida inglês, feito sob encomenda, é a sua casa na cidade, que fica próxima ao Marble Arch, em Londres.

— Londres é atualmente a região metropolitana mais atraente para os estrangeiros ricos, mais até do que Nova York — diz York, sentado em sua bem localizada residência, a apenas algumas ruas de distância da casa de Madonna. Ele aponta para a janela: — Se você resolvesse jogar um tijolo daqui de cima, talvez você pensasse que poderia atingir, assim, um inglês simpático e sensível, que estivesse atrás dessas fachadas do período de Regência. Mas não seria bem isso o que aconteceria. Na verdade, há um investidor financeiro francês bem gentil ali. Mais adiante moram dois cavalheiros, um suíço e o outro alemão. Um italiano, dono de restaurantes, fica mais à frente. Um gerente de fundos de ações francês. Em South Kensington, só tem Eurotrash francês (Eurotrash é um programa cômico de televisão produzido na Inglaterra e apresentado por dois franceses, Jean Paul Gaultier e Antoine de Cau-

Madonna cantando “Fever” na turnê *Girlie Show*, em 1993.

Pôster do documentário *Na cama com Madonna*, de 1991.

Madonna com Woody Allen, John Malkovich e Mia Farrow, no *set* de filmagem de *Neblina e sombras*, de 1991.

O flagrante de um momento pessoal, no filme *Na cama com Madonna*.

No *set* de filmagem do filme *Evita*, de 1996, ao lado do diretor Alan Parker.

O lançamento do livro *Sex*, de Madonna, na loja de discos Virgin Records, em Nova York, no dia 22 de outubro de 1992.

Fazendo um estilo Jean Harlow no lançamento do seu álbum *Bedtime Stories*, em 1995.

Madonna na pele de sua personagem dominatrix, Dita Parlo, cantando “Erotica”.

Simulando uma orgia com as dançarinas da turnê *Girlie Show*.

O visual *new age* de Madonna, com quase quarenta anos, para o álbum *Ray of Light*.

adonna exercitando-se no Central Park, com seu ex-namorado
hn F. Kennedy Jr.

uma participação no
rograma de TV *Arsenio Hall*
how com o pai, Tony, em
992. Este foi um encontro
urpresa entre pai e filha.
Hall organizou tudo sem o
nhecimento de Madonna.

Com Ingrid Casares e Guy Oseary numa festa da revista *Vibe*, em 1994.

donna com a filha
a e a amiga Ingrid
sares em Nova York,
1998.

Ouvindo o discurso do presidente Bill Clinton, num comício político em 1994.

Expondo o seu melhor atrativo num desfile de Jean Paul Gaultier, em Los Angeles, em 1992.

Com Carlos Leon, seu namorado e futuro pai de Lola, num desfile de moda de Versace, em Paris, em 1995.

Lourdes Maria (Lola) aos dois anos.

Madonna se apresenta com a turnê *Drowned World* no Earls Court, em Londres, em 2001.

Madonna e Guy Ritchie na escadaria da catedral Dornoch, na Escócia, com o filho Rocco, depois de seu batizado, em dezembro de 2000.

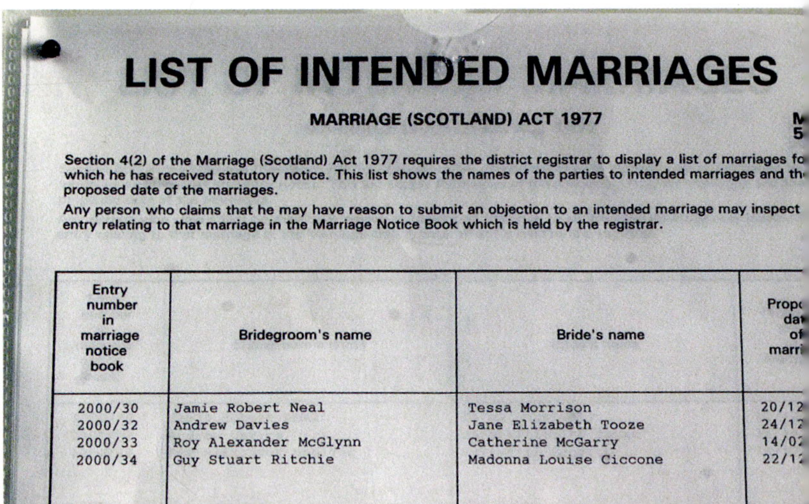

LIST OF INTENDED MARRIAGES

MARRIAGE (SCOTLAND) ACT 1977

Section 4(2) of the Marriage (Scotland) Act 1977 requires the district registrar to display a list of marriages fo which he has received statutory notice. This list shows the names of the parties to intended marriages and th proposed date of the marriages.

Any person who claims that he may have reason to submit an objection to an intended marriage may inspect entry relating to that marriage in the Marriage Notice Book which is held by the registrar.

Entry number in marriage notice book	Bridegroom's name	Bride's name	Propo da of marri
2000/30	Jamie Robert Neal	Tessa Morrison	20/12
2000/32	Andrew Davies	Jane Elizabeth Tooze	24/12
2000/33	Roy Alexander McGlynn	Catherine McGarry	14/02
2000/34	Guy Stuart Ritchie	Madonna Louise Ciccone	22/1

Notificação pública do casamento de Madonna e Guy no cartório de registros da Dornoch.

Madonna beija Britney Spears na cerimônia de premiação do MTV Video Music Awards de 2003. "Eu sou a mamãe pop star e ela é o bebê pop star", disse Madonna.

Uma rainha encontra a outra na estréia do filme de James Bond *007 — Um novo dia para morrer.*

Madonna no lançamento de seu primeiro livro infantil, *As rosas inglesas*.

Um pôster do filme *Destino insólito*, de Guy Ritchie, de 2002.

Madonna e Guy em Toronto, na estréia mundial do filme dele, *Revolver*, em 2005. O braço dela está numa tipóia por conta de seu acidente de cavalo no mês anterior.

Guy (sentado) e Madonna (com uma bolsa) no *set* de filmagem do filme *Destino insólito*, em Malta.

Madonna exibindo uma posição impressionante da ioga ashtanga durante a turnê *Re-Invention*.

Madonna cantando "Express Yourself" em versão militar, na sua turnê *Re-Invention*, em 2004.

Dois momentos de sua atuação na parte eqüestre do show *Confessions*, em 2006.

Madonna canta no Live 8, no Hyde Park, em Londres, em 2005.

Em 2005, no palco do MTV Europe Music Awards em Lisboa, com Bob Geldof.

squerda: criando a
gem marcante da cruz
espelhos gigantesca da
turnê *Confessions*.

Madonna e Guy com seus guarda-costas, visitando o túmulo do rabino Ashlag, em Jerusalém, durante uma conferência da cabala em 2004.

Madonna com Rocco e Lola, saindo de uma cerimônia da cabala em Nova York.

uy e Madonna, tensa,
orém glamorosa, na festa do
scar oferecida pela revista
anity Fair, na região oeste
e Hollywood, em 2007.

Madonna e família, relaxando no Hyde Park.

Andando com uma multidão no Malauí, durante a visita que fez ao país em outubro de 2006, quando conheceu o bebê David Banda.

Madonna com o filho adotivo David e a filha Lola, retornando ao orfanato Home of Hope no Malauí, em 2007. Moradores locais chamaram Madonna de "heroína".

nes). Aqui tem muito americano também porque a embaixada americana fica aqui perto. A cidade é muito receptiva, e está agora no auge do seu multiculturalismo decadente. Madonna optou por viver aqui. Foi, de fato, uma escolha bastante sábia da parte dela. — York a vira certa noite num clube privado, bem próximo à casa deles, o Home House. — Ela é baixa e não chama muita atenção. Parecia uma pequena boneca de cera vitoriana metida no meio de umas almofadas.

Para Madonna, Londres foi um lugar do qual teve que aprender a gostar:

— Nunca, em tempo algum, pensei que viesse a morar em Londres. Na verdade, eu, a princípio, nem gostava da cidade — disse ela. — Quando comecei a trabalhar como cantora, a imprensa foi terrível comigo aqui... De modo que, para mim, esta cidade sempre foi um lugar em que chegava e já queria ir embora o mais rápido possível. Então, conheci o meu marido... Ele era cineasta, trabalhava quase sempre em Londres. Pareceu-me que a mudança cabia a mim, então me mudei. Aí simplesmente me apaixonei por Londres. Quando ficava nos Estados Unidos muito tempo, começava a sentir saudades de Londres... Foi engraçado como as coisas foram mudando.

O sistema tributário inglês, que favorece os muito ricos, também deve tê-la ajudado a gostar tanto do país. Desde o final dos anos 1990, Londres, em particular, se tornou "a alternativa mundial para a propriedade privada". Como diz James Meek, repórter do *Guardian*:

— O tratamento generoso que o país dá aos super ricos, especialmente àqueles nascidos em países estrangeiros, faz com que a Inglaterra seja, de certo modo, um paraíso fiscal.

Em 2004, Madonna estava reformando seu império de negócios. Seis anos antes ela "dispensara" o empresário Freddy DeMann, que, supostamente, teria recebido 25 milhões de dólares ao ser despedido. Reclamando de que ele a fazia trabalhar demais e a obrigava a fazer turnês com muita freqüência, ela contratou mulheres para serem suas empresárias (primeiro foi a sua ex-secretária Caresse Henry, e, depois, Angela Becker, a garota da "Semtex", distribuidora de filmes de Madonna), pois julgou que entenderiam melhor suas necessidades.

— Considero minha empresária uma das minhas melhores amigas — disse ela sobre Becker. — Gosto de manter pessoas que conheço há muito tempo perto de mim. Tenho várias mães substitutas!

Depois que DeMann saiu de cena, ela teve problemas com a Maverick, o selo que criara com tantas expectativas em 1991. Ex-sócio da firma, DeMann era uma influência estabilizadora e sua saída coincidiu com uma fase de má sorte do selo.

Desde o início, Madonna encarava a Maverick como mais do que um selo para suprir suas vaidades. Levando a sério seu papel de diretora-executiva, ela e seu parceiro Guy Oseary trabalharam duro como produtores, passaram muito tempo persuadindo e recrutando artistas. Sua contratada de maior sucesso foi Alanis Morissette, a cantora e compositora canadense cujo álbum de estréia, *Jagged Little Pill*, de 1995, vendeu trinta milhões de cópias em todo mundo. Embora Morissette tenha me contado que "o álbum foi escrito a partir de um lugar pateticamente triste, sombrio e desesperado que havia dentro do meu subconsciente", suas histórias de sobrevivência e vingança tornaram-se hinos e fizeram sucesso. Como o disco *Tapestry*, de Carole King, nos anos 1970, *Jagged Little Pill* captou os sentimentos de uma geração de mulheres.

— Ela me faz lembrar de mim mesma quando era jovem — registrara Madonna, com certa indulgência. E o empresário de Morissette, Scott Welch, percebera essa semelhança durante a primeira turnê da artista, tendo comentado:

— Eu vi a mesma coisa acontecer com Madonna. Foram as garotas que captaram primeiro a mensagem. Nos shows, o público também era em sua maioria feminino. Aí elas começaram a levar os namorados, e a coisa toda estourou.

Embora Madonna tenha se saído bem com outros artistas da Maverick como The Prodigy, a banda grunge Candlebox, de Seattle, e a cantora e compositora Michelle Branch, seu selo nunca mais repetiu o sucesso espetacular do primeiro álbum de Morissette. Os álbuns seguintes da própria Morissette, como *Supposed Former Infatuation Junkie* (1998) e *So-Called Chaos* (2004), foram bem recebidos, mas não atingiram a popularidade do primeiro, e as vendas foram decaindo regularmente. A relação entre a Maverick e a Warner, sua empresa associada, foi ficando tensa, até que, em março de 2004, a Maverick processou a Warner exigindo duzentos milhões de dólares, reclamando de quebra de contrato e de fraude. No mês seguinte, a Warner contra-atacou, dizendo que, desde 1999, a Maverick perdera 66 milhões de dólares, e, no que dizia respeito a eles, a empresa associada honrara todos os compromissos assumidos. Naquele mês de junho, as duas partes finalmente chegaram a um acordo, por meio do qual a Warner concordava em comprar a parte de Madonna na Maverick, e Guy Oseary assumiria sozinho a função de diretor-executivo. No ano de 2006, a Maverick ainda registrava um lucro consideravelmente baixo se comparado ao período de auge do início dos anos 1990.

A saída de Madonna da Maverick simbolizou o seu afastamento dos Estados Unidos (onde a empresa tinha sua sede, em Los Angeles), para então se dedicar mais à vida familiar na Inglaterra. Ela assimilou tanto a cultura britânica que era freqüentemente vista tomando uma caneca de cerveja com Guy, e não só nos lugares habitualmente freqüentados pelo casal em Londres, mas também na ilha de Wight, onde o pai dele, John, tinha uma casa de veraneio. Como a princesa Margaret quando bebia com a ralé, Madonna foi vista em lugares pouco sofisticados em Nettleston, um local pequeno na costa ao norte, do lado leste da ilha.

— Ela sempre vai a esse pub, onde as moças que servem o jantar na escola local costumam se encontrar. O pub é todo coberto por um carpete Axminster grudento e está sempre tocando Simply Red na *jukebox* — conta o músico Jake Rodrigues, cujos pais moram ali perto. O pub está a léguas de distância do Ivy ou de outros restaurantes exclusivos, freqüentados por estrelas do mundo pop, mas há um lado de Madonna que quase se encanta com o que é econômico.

Já se observou que tanto ela quanto Guy gostam de uma economia. Eles pesquisam tudo cuidadosamente antes de gastarem dinheiro. Madonna relutou, por exemplo, a pagar o valor que geralmente se avalia para uma grande casa em Londres, declarando que as pessoas queriam explorar seu status de celebridade.

— Não posso acreditar em como os imóveis são caros aqui — dissera ela. — Sou classe média demais para jogar fora o meu dinheiro suado desse jeito.

Certa vez, ela teve uma reunião com uma decoradora de interiores que lhe apresentou um orçamento cujo valor poderia ser considerado razoável para um trabalho a ser feito em seu estúdio.

— Madonna disse que não, disse que estava caro demais. Mas o que ela queria custava muito caro! — conta a decoradora. — Achei que, na verdade, ela parecia uma criança mimada.

Dentro de Madonna ainda bate o coração da garota econômica de uma família de trabalhadores do Michigan. Dizem que ela mesma assina os próprios cheques, o que, considerando a quantidade e a variedade de projetos e compromissos domésticos que ela tem, é uma façanha e tanto. E presta atenção aos mínimos detalhes: um músico que tinha sido bem pago para uma sessão de gravação ficou espantado, depois, ao receber a conta por uma fruta que comera no estúdio. Certa vez pediram a ela que posasse para a coleção parisiense de um estilista, a ser divulgada numa revista. Ela aceitou, mas com a condição de ficar com as roupas para ela de graça. A equipe do estilista reclamou, pois as modelos precisariam das roupas para usá-las na passarela.

— Se é assim, então não faço as fotos — declarou ela.

Madonna está sempre atenta aos lucros e às perdas. Na época da sua batalha diária em Nova York, costumava deixar que as outras pessoas pagassem a conta antes dela, e isso acabou virando uma estratégia de sobrevivência da qual não largou jamais. Como muitos ricos que trabalharam duro para chegar onde chegaram, também ela ainda sente a necessidade de economizar e poupar.

Em geral, Madonna costuma ser gentil, graciosa e generosa (ela doou grandes somas de dinheiro para a causa da aids, por exemplo), mas, quando se trata de negócios ou de lidar com gente contratada por ela, o jogo é bem mais duro. Ginny Dougary, jornalista do *Times*, ficou chocada quando Madonna tratou mal uma de suas assistentes, antes mesmo de a cumprimentar.

— Uma coisa é *épater le bourgeois* quando você tem vinte e poucos anos, mas não é nada bacana, nem sofisticado (duas coisas que Madonna aspira ser) uma mulher madura, já acima dos quarenta, humilhar um membro de sua própria equipe na frente de uma pessoa estranha. E, nesse sentido, se pode dizer que é algo que funciona como uma demonstração bem deficiente de boas maneiras para a visita que está ali presente.

Este lado materialista e desprovido de elegância parece ir contra os ensinamentos da cabala, ligados ao desenvolvimento espiritual e à compaixão. Mas, do mesmo jeito que as pessoas debocharam do budismo de Nichiren Shoshu, nos anos 1980, no qual se "cantavam mantras para conseguir um Porsche", há uma tendência na filosofia do Centro de Cabala freqüentado por Madonna a celebrar os ganhos materiais. Em 2003, o Centro era uma instituição de caridade sem fins lucrativos, livre de impostos, e com bens avaliados em aproximadamente sessenta milhões de dólares. Em 2005, só a sede em Los Angeles lucrou 27 milhões. A figura central da instituição de caridade, Karen Berg, é uma mulher que gosta de imóveis, roupas de estilistas famosos e que conta com uma equipe doméstica de quarenta voluntários ou *chevra*, que trabalham em tempo integral.

— Eles cuidam do meu estilo de vida, o que é ótimo para mim! — explica ela, entusiasmada.

As tradicionais festas das noites de sexta-feira, que acontecem no centro em Beverly Hills, também oferecem uma oportunidade para os bem relacionados ampliarem a sua rede de contatos, para fazerem amigos e influenciarem pessoas. O compositor Gardner Cole, amigo de Madonna, ficou perplexo ao perceber como passou a ser cortejado pelos cabalistas depois de ter sido visto conversando com Madonna numa reunião realizada no Centro.

— Passei a ser fortemente assediado — diz ele. — Eles reconhecem o poder das celebridades. Recebi muitos telefonemas depois daquilo: "Como você está? Como vão os seus estudos?"

Niki Haris percebeu a mudança em sua chefe depois do interesse pela cabala:

— Antes, Madonna costumava rir da coisa absurda que é ser uma celebridade. Depois, passou a querer estar cercada apenas por celebridades e por gente rica.

Um amigo íntimo dela, de Nova York, observa:

— Eu não a vejo mais tanto agora. Os amigos dela são principalmente aqueles que também estão na cabala.

Com a vida girando em torno da cabala, de Guy e dos filhos, Madonna se distanciou um pouco do resto da família Ciccone. A relação com os irmãos e irmãs nem sempre foi fácil — Madonna diz que a morte da mãe deixara-os todos "emocionalmente frágeis" — e eles têm, de fato, sentimentos ambíguos com relação à fama da irmã. A irmã de Madonna, Paula, por exemplo, ficou enfurecida quando o editor de videoclipe Dustin Robertson chegou para trabalhar no escritório da sua produtora de cinema vestindo uma camiseta com a estampa de Madonna.

— Ela *se recusou* a trabalhar comigo enquanto eu não trocasse de camiseta — recorda-se ele.

A perda da mãe tão cedo teve um impacto diferente em cada um deles. Alguns lidam com isso usando o trabalho como um canal para seus sentimentos. Melanie é empresária musical, enquanto Christopher tem uma carreira variada como artista, decorador de interiores e proprietário de restaurante. Mas os outros irmãos encontraram maiores dificuldades. O irmão mais velho de Madonna, Martin, tem lutado contra o alcoolismo, e seu relacionamento com a irmã cantora é bastante tenso. O meio-irmão Mario, descrito certa vez por uma amiga da família como "um rapazinho adorável que entende tudo de equipamentos de vídeo", é um ex-viciado em cocaína e tem uma ficha criminal cheia de passagens pela polícia. Embora ela tenha socorrido os irmãos em algumas ocasiões, Madonna sentia-se, em geral, exasperada com eles, especialmente Martin. Chegou a dizer certa vez que gostaria de sentir que Martin gostava dela e não apenas de seu dinheiro.

TALVEZ A CABALA TENHA SIDO apenas um dos aspectos da significativa mudança no estilo de vida de Madonna. Talvez o casamento e a maternidade tenham simplesmente trazido à tona o seu lado conservador.

Ela tem casas em Los Angeles e Nova York, mas, quando decidiu se instalar em Londres com a família, parecia estar tomando uma posição defensiva. Financeiramente, sobretudo, a mudança fazia sentido. Segundo James Meek:

— O fato de os habitantes "britânicos" mais ricos residirem, na verdade, em toda parte e em parte alguma ao mesmo tempo, de estarem em algum lugar entre Londres e Moscou, ou Mônaco... Isso desvia a atenção de uma verdade mais profunda. A de que, com freqüência, o que realmente mais preocupa os muito ricos é o tempo e não a geografia. O único lar verdadeiro deles costuma ser a própria família.

Para Madonna, a família é sua prioridade máxima. Convencida de que seus herdeiros deveriam permanecer num só lugar e poder socializar com outras crianças de maneira normal, ela matriculou Lola e Rocco no Lycée, uma escola francesa de prestígio situada em South Kensington. Nancy Andersen, que foi colega de escola de Lola, lembra-se dela como uma menina "muito gentil e bem quieta".

— Não havia nenhum tipo de favoritismo na escola. Se ela estivesse conversando no meio da aula levava bronca como todo mundo. Os professores nos diziam para deixá-la em paz e não incomodá-la apenas porque tinha uma mãe famosa. Eles diziam: "Ela é uma garota normal, como vocês."

Nancy se recorda bem de uma ocasião em que Lola ganhou o papel principal de uma produção circense da escola.

— Ela estava com uns cinco anos. Fazia o papel de um cacto que andava em pernas de pau. Usava um figurino verde com uns canudos saindo da roupa como se fossem espinhos e, a certa altura, todos os canudos caíram. — A disciplina no Lycée é rigorosa, e a quantidade de trabalho é intensa. — Todas as aulas eram em francês. Se você não consegue compreender o que é dito, os professores não te ajudam, a expectativa deles é que você entenda e pronto — lembra.

A escola é bastante conhecida, com resultados impressionantes e certo ar cosmopolita. Um pai de aluno recorda-se que "a coordenadora do colégio costumava vestir apenas Dior. Usava o cabelo louro platinado como o de Eva Perón, e tinha uma reputação feroz". A escola fazia uma feira de objetos usados todos os anos, mas, em vez de velharias, vendiam baixelas de prata de oitenta libras.

A combinação entre o trabalho rigoroso e o estilo europeu da escola foi o que atraiu Madonna, afinal de contas ela é "meio francesa", como comentou certa vez. No que dizia respeito à educação dos filhos, não permitia que nada fosse resolvido ao acaso. Mesmo quando ainda estava na pré-escola, Lola era levada para todos os museus e galerias de arte de Londres pela babá. Ela sempre pareceu ser uma menina precoce. Depois de terminada a temporada escolar no Lycée, Lola foi mandada para o Cheltenham Ladies' College, uma das escolas públicas para meninas mais consistentes e de maior prestígio do Reino Unido. Seu irmão Rocco também teve um ótimo desenvolvimento no Lycée e pulou um ano escolar quando tinha seis anos.

Mãe atenciosa, Madonna sempre procurou estar em casa na hora de dar o jantar às crianças e colocá-las na cama. Seguindo os passos da educação rigorosa de seu pai, ela também acredita em rituais e rotinas, e em prover um ambiente familiar forte e estimulante. Mudara muito, desde os tempos de Nova York, quando seu ex-namorado Mark Kamins reclamou que ela não era uma "boa dona-de-casa".

No verão de 2005, Madonna mostrou este seu novo lado doméstico quando apareceu na capa da revista *Ladies' Home Journal*, a bíblia da mulher americana da região central do país, portando uma cartola cinza ao estilo de Marlene Dietrich enquanto lia um livro. As fotos do interior da revista, tiradas pelo fotógrafo inglês Lorenzo Agius, estavam inspiradas. Ali estava a "Senhora Ritchie", que surgia, nas páginas, como uma *lady* eduardiana engomada, lendo obras antigas numa biblioteca escura. Aqui, a "Senhora Ritchie" vestindo chiffon preto e botas de couro de cano longo, usando um pequeno chapéu enfeitado e um monóculo. E ali, a "Senhora Ritchie" vestindo veludo e tweed, sentada confortavelmente numa poltrona marrom, feita de madeira trabalhada. Nas fotos, ela habita um mundo de realismo mágico e literário, a quilômetros de distância do costumeiro brilho das fotos de estúdio.

— Na época em que planejávamos o ensaio fotográfico, ela estava exausta por causa das crianças e estivera gravando no estúdio, então, no dia ela simplesmente surgiu como uma pessoa comum em mais uma rotina de afazeres domésticos. É bom entrar em contato com esse lado das pessoas, eu gostei daquilo — recorda-se Agius. Madonna disse que não queria fazer fotos de moda. — Ela não gosta mesmo de moda, mas evidentemente gosta de roupas.

Então Agius decidiu vesti-la com roupas de época e fazê-la posar como se fizesse parte de "um cenário de livro infantil, de contos de fada". Depois de semanas procurando por uma locação que se parecesse com uma biblioteca ao estilo dos filmes de Harry Potter, eles acabaram encontrando uma casa de adereços, nos subúrbios de Londres, na qual havia uma biblioteca espanhola do século XVIII inteiramente montada.

— Ela amou o lugar — recorda-se Agius. — Mas foi interessante porque, quando começamos a fazer as fotos, ela perguntou: "O que vamos fazer?" Fiquei meio surpreso de ela precisar de direção e orientação. Eu achava que alguém com tanta experiência, que vinha fazendo aquilo há cerca de vinte anos, e que já trabalhara com os melhores fotógrafos do mundo, saberia instintivamente o que fazer, mas eu estava errado. Nós estávamos tentando fazer algo diferente, a idéia não era ela fazer poses de moda ou caras e bocas exageradas na frente da câmera.

Agius disse: "Faça algumas poses, atue..." E Madonna respondeu rápido como um flash, citando um trecho de uma de suas canções: "Strike a pose, there's nothing to it" (do verso de sua música "Vogue": "Faça uma pose, não há nada além disso", em tradução livre). Eles se divertiram com a sessão de fotos, mas a lembrança mais forte que Agius guardou daquele dia foi a percepção de que Madonna não tem apenas uma esperteza de rua, mas de que era de fato inteligente.

— Eu dei a ela um livro religioso enorme, em hebraico, e ela leu o livro de verdade. É uma pessoa impressionante, é muito culta.

Aquele mundo crepuscular de livros antigos e mesas de mogno pareceu entrar em harmonia com a mente dela. As fotos simbolizam o quão longe ela estava do mundo pop cheio de brilhos naquele momento.

Mas a vida de Madonna nunca seguiu um padrão único. Uma vez que os livros infantis, a casa no campo e o casamento aconchegante estavam em seu devido lugar, algo que pareceu romper com aquilo tudo aconteceu. No dia 16 de agosto de 2005, dia de seu aniversário de 47 anos, ela estava montando um novo cavalo de pólo, na sua propriedade em Wiltshire, quando o animal pisou em falso e a jogou no chão. Ela fraturou três costelas e quebrou a clavícula e uma das mãos. Foi levada às pressas para a emergência do hospital mais próximo, no distrito de Salisbury. Segundo uma fonte, "a voz de Madonna estava hesitante quando disse seu nome e data de nascimento. Ela usava sua roupa de montaria e estava tremendo. Sentia evidentemente muita dor, mas estava lúcida". Guy não estava lá quando ela sofreu o acidente, mas foi para o hospital assim que foi avisado. Chegou dez minutos depois "com um ar muito preocupado".

Deram um quarto particular para Madonna e ela teve alta naquela mesma noite, saindo de lá com um estoque de analgésicos. Disseram-lhe para fazer repouso e a proibiram de dançar ou praticar ioga durante três meses, até que as fraturas estivessem curadas. O acidente fez Madonna literalmente parar no meio do caminho.

— Foi a coisa mais dolorosa que já me aconteceu na vida, mas foi também um grande aprendizado — disse ela mais tarde.

Durante os meses que se seguiram, aquele encontro com a morte e a sensação de vulnerabilidade pareceram mudar sutilmente alguma coisa dentro dela. Na reportagem da revista *Ladies' Home Journal,* falou sobre a sua vida:

— Casamento é difícil. É, em última instância, um meio para cada um de nós tentar fazer do mundo um lugar melhor. — Ela descreveu detalhadamente o regime de disciplina sob o qual mantinha os filhos. Contou que, se Lola era bagunceira com as roupas, ela confiscava todas as roupas até que ela aprendesse a arrumá-las. — Sou eu que mantenho a disciplina. Guy é o que mima... eu levo ao médico, ajudo nas lições, obrigo a fazer os deveres de casa. Eu sou a chata. — Ela tratou das minúcias da sua vida de um jeito calmo e sem disfarces. — Nós jantamos por volta das nove, nove e meia da noite; meu marido (ela sempre se refere a Guy como "meu marido", nunca como "Guy") faz jiu-jítsu e nunca termina na hora, o que é irritante. Então jantamos tarde, dormimos tarde, eu acordo cedo. Não durmo muito. Não vejo muito minhas amigas. — Ela contou que tudo que fazia era ficar em casa e trabalhar. — Quase nunca vou a festas, nem a restaurantes. — Este mais parecia um retrato de Madonna no retiro. E alguns se perguntaram se este seria o fim da sua história como a rainha do pop.

17

ABBA sob efeito de drogas

Ela se veste com cores outonais. Está no final de seus quarenta anos e no "outono" de sua vida. Em termos metafóricos, o inverno é a esterilidade, o período após a menopausa. Como mulheres, nossa percepção da vida muda de maneira fundamental quando já não podemos mais criar vida. Aos cinqüenta anos, Martha Graham coreografou "Herodíade", um de seus trabalhos mais poderosos, que trata da aceitação do próprio envelhecimento. Para uma mulher, os quarenta anos representam uma última porção de fertilidade — ter um filho tardio, pintar o sete — aos quais se segue um longo e lento reajuste ao espaço social. Não são mais simples objetos de apreciação, seres belos que estão ali para "serem admirados", mas se tornam livres para dar forma ao mundo à sua maneira e com mais profundidade do que nunca. Elas se desenvolvem tardiamente.

A visão do mundo de Madonna, neste estágio de sua vida, parece ter se tornado essencialista e tradicional. Marido e mulher. O velho mundo contra o novo. Disciplina versus prazer. Apolo contra Dionísio. É o oposto de seu antigo ser. Ela parece estar se movimentando agora em marcha ré, voando através do tempo como uma das criaturas góticas de seus videoclipes. Não é mais pós-moderna, torna-se cada vez mais modernista. Não assiste televisão (é algo "tóxico", diz), não lê jornal, só livros. Não gosta de falar de sua música, nem de tocá-la em casa.

— Eles não querem ouvir — fala sobre seus filhos. — Eu também não quero ouvir.

Estranho dizer isso, quando muitos músicos que eu conheço escutariam alegremente sua própria obra 24 horas por dia. Ela não se entrega mais ao espaço sonoro. Chega a se sentir distante de sua mãe.

— Eu penso nela, mas ela é um ideal. Não é uma coisa de fato real. Está lá em algum lugar, mas é... inatingível.

Ela parece estar passando o manto adiante, chamando a filha de "showgirl"*. Madonna se delicia com o quão "suave" consegue ser agora. Emanando a fragilidade fria de uma heroína de porcelana do século XIX, ela se deixa ficar meio imperceptível. Há muitos rumores sobre trabalhos. Mas ela parece tirar o polimento da vida, o brilho. Está se enterrando em algum lugar. Parece ter se retirado para algum esconderijo.*

UM MÊS DEPOIS DO ACIDENTE, Madonna começou a se reerguer. Conforme os ossos foram se restaurando, ela foi sentindo uma urgência de sair, de exibir-se publicamente outra vez. E, numa extraordinária virada de mesa, colocou a "*showgirl*" que há dentro dela para fora novamente. O período como Senhora da Mansão e a queda do cavalo a deixaram emocionalmente cautelosa e artisticamente paralisada. Prestes a dar início a um retorno, foi através da música que, como sempre, encontrou o caminho de volta.

— Depois do acidente ela foi obrigada a tirar o time de campo por muitos meses. Mais tarde, ao deixar o retiro forçado, foi como uma bala saindo do cano de um revólver — conta um amigo próximo de Madonna.

Toda aquela energia reprimida se manifestou no novo álbum, *Confessions on a Dance Floor*, uma mistura sem remendos de faixas de música club gravadas com seu produtor e DJ, Stuart Price. O disco foi concebido depois da turnê *Re-Invention*, quando Madonna estivera rascunhando planos para um musical no qual andara trabalhando com o cineasta Luc Besson. Algo do projeto sobreviveria: uma canção disco, na qual Madonna pediu a Price que fizesse algo que "soasse como o ABBA sob o efeito de drogas". Era "Hung Up", a faixa de abertura e o primeiro *single* do álbum, que sampleava livremente "Gimme Gimme Gimme (A Man After Midnight)", o sucesso disco da década de 1970 do grupo ABBA.

Uma das canções mais espetacularmente bem-sucedidas de Madonna, "Hung Up" nasceu de um *brainstorm* no apartamento mínimo de Price em Maida Vale, no lado oeste de Londres. Quando a canção estava pronta, ela se deu conta de que tinham algo explosivo nas mãos. Assim como rebaixara Pat Leonard, no álbum *Ray of Light*, depois de conhecer Orbit, agora era Mirwais (que fora originalmente contratado para produzir o disco) que Madonna jogava para escanteio para poder trabalhar com Price. Ia diariamente ao apartamento de Price às três da tarde, subia as escadas até o seu loft e fazia música quase como se fosse uma válvula de escape. Eles trabalhavam em condições precaríssimas, quase impossíveis.

— No meu apartamento tem apenas um sofá, uma mesa de mixagem, um computador Apple, a maior quantidade de teclados *vintage* que eu consegui enfiar dentro de uma sala, e uma chaleira — disse Price.

Mas esta precariedade foi tranqüilizadora para Madonna, a fez lembrar de seus dias criativos no início da carreira em Nova York. E como trabalhara em condições bem parecidas com Orbit, nas demos iniciais de *Ray of Light*, não se deixou impressionar de modo algum com a simplicidade do ambiente.

— Eu não poderia ter feito esse disco em nenhum outro lugar... o lugar onde se grava é muito importante — disse ela a Simon Garfield, repórter do *Observer*. — Não pode ser muito bacana, não pode ser muito caro, não pode ter vista para o mar ou para as montanhas. Prefiro compor com o Pro Tools numa cela de prisão... Eu quero que seja exatamente como foi quando escrevi minha primeira canção. Num espaço pequeno quase sem nenhuma decoração, nenhum luxo.

Sempre atenta aos trocados, ela não quis gravar num estúdio grande e sofisticado e se sentir na obrigação de criar doze *hits* para justificar o dinheiro gasto.

Para Price, era simples:

— O que nós estamos fazendo agora é o que ela fazia no começo da carreira. Ela contou que vivia rodeando os DJs até forçá-los a fazer gravações para ela. Então, desse ponto de vista, nada mudou... Se você separar os vocais do resto da gravação de "Into the Groove", dá para ouvir o barulho dos carros passando na rua, em Manhattan. Esses discos não eram discos pop pré-fabricados. Ela literalmente ia à casa dos DJs e dizia: "Qual é a melhor música que você tem aí?" E então cantava em cima.

O álbum era uma homenagem aos discos que os dois cresceram ouvindo, mas o ABBA e Giorgio Moroder acabariam sendo as influências mais evidentes.

— Se há referências a gravações mais antigas, elas surgiram provavelmente de modo inconsciente, por já fazerem parte da nossa estrutura molecular — comentou Madonna, animada.

É irônico o fato de um *riff* de guitarra de "High Society", uma de suas primeiras fitas demo da Gotham, ter ido parar na faixa "I Love New York", e de um trecho de teclado da banda favorita de Price, Pet Shop Boys, estar presente na música "Jump".

Desde os primeiros compassos, fica claro que este disco audacioso, ambicioso e barulhento foi uma reação a todas aquelas noites passadas de molho em Wiltshire. A canção "Hung Up" é uma vitória, desde a primeira sampleada gritante do ABBA sobre o áspero ritmo disco, até o momento em que tudo isso é abandonado e ouvimos apenas uma batida abafada em contratempo. Na voz de Madonna — vulnerável, experimental, e sem emoção — ouvimos sua história. De certo modo, este álbum carrega trinta anos de influências, mas com uma nova tecnologia.

— "Hung Up" fala sobre como se deve agarrar a oportunidade quando ela aparece para você, ou, do contrário, "você vai acordar um dia e será tarde demais" (tradução do verso da canção: "You'll wake up one day and it'll be too late") — explicou ela, mais tarde.

A canção lembra o poema de Robert Browning, "Two in the Campagna", que fala da necessidade de agarrar "o momento certo". Se, no amor, não se aproveita a oportunidade na hora certa, o momento passa.

— Eu acredito no momento certo — declarou ela certa vez.

Uma dose irresistível de euforia, a canção era o antídoto perfeito para um álbum mais pessimista como *American Life*, e, exatamente por isso, foi crucial para Madonna ter lançado esta faixa como o primeiro *single*. Havia apenas a complicada questão dos direitos autorais. Ela teve que convencer os músicos do ABBA, Björn Ulvaeus e Benny Andersson, famosos por serem de difícil negociação, a darem permissão a ela para samplear o trabalho deles.

— Tive que enviar um agente a Estocolmo, levando uma carta minha... na qual eu suplicava e implorava, dizendo o quanto idolatrava o trabalho deles, explicando que se tratava de uma homenagem, o que era verdade — disse ela. — E eles tiveram que pensar a respeito. Eles nunca deixam ninguém samplear as músicas deles. Podiam ter dito não. Mas, graças a Deus, acabaram dizendo sim.

Um outro *sample* fundamental do disco é o som de sintetizador do *hit* "Can You Feel It", de 1981, dos Jacksons. O ritmo dos Jacksons serve de apoio, como um movimento contínuo que se insinua como uma monstruosa camada subterrânea na canção multilíngüe "Sorry", que acredita-se ter sido composta depois de uma briga da cantora com o marido Guy. Lançada posteriormente como um segundo *single* do álbum, o *hit* entrou nas 10+ das paradas de sucesso de toda a Europa e chegou a número um na lista de músicas dance da *Billboard*. Em 2007, na cerimônia de premiação do Ivor Novello Awards, em Londres, "Sorry" ganharia o prêmio de *Hit* Internacional do Ano. O videoclipe, o primeiro feito pelo seu diretor de turnês, Jamie King, era uma continuação do clipe de "Hung Up", e mostrava Madonna e suas amigas saindo de uma boate, pegando homens na rua e trazendo-os para dançar dentro de uma van decorada como uma boate disco. Há uma seqüência num rinque de patinação para a qual todos os dançarinos, inclusive Madonna e os que nunca tinham experimentado algo assim antes, se viram obrigados a aprender a andar de patins.

A homenagem à música disco dos anos 1970 continua, no álbum, com mais um *sample*. Desta vez da música "I Fell Love", de Donna Summer. Não é difícil de perceber que a canção de Donna enfeita o som de "Future Lovers", a única faixa do disco que foi produzida por Mirwais. Assim como as outras, sua batida também soa como um trem desgovernado, e a generosa linha do baixo é pontuada por pontes suntuosas de sintetizador. Quando estava compondo esta faixa, a cabeça de Madonna estava voltada para a canção "I Will Survive", de Gloria Gaynor, música que ela dançou há tantos anos na boate Menjo's, em Detroit. Ela considera "Sorry" uma espécie de seqüência ao sucesso disco de Gaynor. Na verdade, o álbum inteiro é um tributo de Madonna a todas as divas do mundo dance que lhe serviram de inspiração.

Há ainda o fantasma de Iggy Pop (e o fantasma de seu passado da Gotham) na irreverente "I Love New York". Muitos acharam ofensivo o modo como Madonna debochava de cidades como Paris e Londres na música.

— Eu *amo* Londres e Paris, mas... eu tenho uma história com Nova York que não tenho com nenhuma outra cidade do mundo — disse ela à revista *Attitude*. — Embora tenha crescido em Michigan, meu verdadeiro crescimento aconteceu em Nova York. Com exceção de quando minha mãe morreu, o período mais difícil da minha vida foi quando eu vivia em Nova York; quando não tinha um tostão, não tinha nenhum amigo e batalhava, tentando encontrar meu lugar ao sol... Os nova-iorquinos têm uma compreensão particular sobre as pessoas que, como eles, também sobreviveram à cidade. — Ela admite que Nova York era "meio brutal", mas diz que amava a "loucura e o barulho". — É como colocar o dedo numa tomada — diz ela.

Em todas estas faixas a voz de Madonna é apenas uma camada a mais. Ela chegara longe o suficiente em sua carreira a ponto de poder deixar que sua voz apenas sinalizasse um estado de espírito. A idéia deste álbum não era colocá-la em primeiro plano, como a "estrela", mas sim render tributo à pista de dança. Em canções como "Get Together" (que lembra os ritmos em estilo livre dos tempos em que freqüentava a Danceteria), na sedução espacial e futurística de "Forbidden Love", e em "Like It Or Not", produzida por Bloodshy & Avant, há, porém, algo de intimidade psicológica. As letras se erguem em meio à mixagem como se fossem pensamentos particulares, captando o aspecto meditativo de estar numa pista de dança, perdida em seu próprio mundo interior. E Madonna tinha muito o que pensar. Sua fama, mais uma vez desconstruída e colocada em questão; sua paixão espiritual, que atravessava a faixa incrivelmente suculenta "Isaac". Mas, acima disso tudo, havia a força gravitacional de sua energia, que pulsava em "Jump", uma faixa de grande destaque. Esta é uma canção inspirada, que reitera uma de suas mensagens mais antigas: enfrente o medo e não olhe para trás. Atravessando a vida como um trem bala, e carregando consigo todas as suas influências, Madonna fechava um ciclo em *Confessions on a Dance Floor.*

Não é de surpreender que as pessoas tenham reagido de maneira tão favorável ao álbum. Quando foi lançado, em novembro de 2005, foi um campeão de vendas desde o início, e a partir daí se tornou um dos seus discos de maior sucesso, segurando sua posição no topo das paradas de sucesso na maior parte do mundo. A canção que puxa o disco, "Hung Up", foi número um em 41 países. Para muitos, parecia que a velha Madonna estava de volta: cheia de alto astral e segura. Os consumidores também reagiram à campanha de marketing poderosa que acompanhou o lançamento do álbum. Decepcionada com as vendas de *American Life*, Madonna decidira fazer uma pequena pesquisa de mercado para o novo disco. Antes de as gravações terminarem, Madonna pediu a Price que colocasse algumas mixagens do álbum (ainda sem os seus vocais) para tocar nos lugares onde ele trabalhava como DJ. Ele filmou a reação do público com o telefone celular para dar a ela uma dica das faixas que funcionavam melhor na pista de dança. Assim, Madonna usou os freqüentadores de boates como um foco de seu público alvo.

— Parece que ela precisava de uma confirmação — comentou Claire Beale, editora da bíblia inglesa dos publicitários, a revista *Campaign*. — Como muita gente que trabalha em publicidade, ela é bem mais velha do que seu público alvo. Deve ter sentido que aquele era um meio de se conectar com as gerações mais jovens novamente.

Determinada a atingir grupos de todas as idades, em busca de um aumento nas vendas, Madonna conseguiu de fato atrair os adolescentes, assim como os que tinham mais de quarenta anos. Até o meu filho de quatro anos começou a cantarolar as primeiras estrofes de "Hung Up".

Ela combinou uma publicidade massiva a um visual inteiramente novo: cabelo longo louro-avermelhado jogado para trás, num estilo

Farrah-Fawcett, e um *collant* de balé roxo brilhante, típico do universo disco dos anos 1970. Para compor a imagem, havia uma bola de espelhos. E ela fez questão de usar esta roupa em toda parte, até na festa de seu aniversário, comemorado com atraso, que lhe foi oferecida pelo decorador de interiores, David Collins, um mês depois do lançamento do álbum.

— Quando entrei, não pude acreditar — disse um dos convidados. — Madonna parecia estar saindo de seu último videoclipe.

A mensagem era escancarada em alto e bom som. Ela declarava para o mundo: "Eu quero dançar."

— Quis levantar a mim e aos outros com este disco. — Madonna fez aparições estratégicas em diversas boates, levando as "Semtex Girls", seu time de dançarinas, ao Roxy, em Nova York, e ao G.A.Y. e ao Koko Club, em Londres. O Koko Club era originalmente o Camdem Palace, um dos primeiros lugares de Londres onde Madonna se apresentou no início dos anos 1980. Ela também fez questão de se incumbir da mais insuperável façanha: desceu o centro de Manhattan para chegar ao *Late Show with David Letterman*, montada a cavalo (e escolheu o maior cavalo possível). Um trecho de "Hung Up" foi colocado num comercial mundial do novo telefone celular da Motorola, e se tornou o toque de telefone mais popular na época. Divulgado em todos os tipos de mídia possíveis, *Confessions* foi vendido como o disco da grande "volta" de Madonna.

— Depois de seu álbum anterior, muitos pessimistas questionaram sua relevância. Este novo disco fez todas essas críticas caírem por terra — disse Tom Whalley, diretor executivo da Warner Bros, com um suspiro de alívio quase audível.

O gerente de propaganda da loja de discos Virgin Megastore, Jerry Suarez, resumiu o humor predominante dizendo:

— Só se fala de Madonna agora... O último disco foi mal porque ela estava muito política. Menos armas. Menos tanques. Mais bolas de espelho. Mais ABBA. É isso aí.

A moça estava seduzindo ferozmente o seu público, tirando o máximo que podia das oportunidades oferecidas por grandes marcas como a MTV, a Motorola e o iTunes.

— Sou uma mulher de negócios — disse. — A indústria musical mudou bastante. Há muita competição e o mercado está saturado de novos lançamentos, e novos "fulanos e beltranos". É preciso unir forças com outras marcas e corporações. Se você não faz isso, está sendo um idiota. — Ela renovou a confiança dos pessimistas anunciando: — Não preciso ficar falando mais sobre a guerra no Iraque. Já dei várias declarações políticas... Não quero ficar me repetindo, então passei para uma nova fase, que é: "Caramba! Eu agora estou realmente com vontade de dançar."

O VIDEOCLIPE DE "HUNG UP", totalmente focado na dança, foi dirigido pelo diretor sueco Johan Renck, que, em 1999, criara o videoclipe para a música "Nothing Really Matters" de Madonna em estilo teatro japonês kabuki. Desta vez, Renck trouxe uma concepção mais simples, mas manteve suas imagens modernas e sua iluminação elegante. Uma homenagem a John Travolta e ao filme *Os embalos de sábado à noite*, o videoclipe foi filmado em galerias subterrâneas do metrô de Londres, e numa arcada de caça-níqueis de Tóquio.

— Madonna queria fazer um clipe no qual sua música se confrontasse com todos os tipos de subcultura do mundo da dança — disse Renck. Um dos momentos mais impressionantes é quando a música cai para um som forte de baixo e a câmera viaja dos alto-falantes de um gigantesco gravador até chegar em Madonna, se contorcendo sob as luzes de uma pista de dança. — É uma música surreal, parece que você está num sonho, e Madonna parece estar dentro de uma bola de espelhos — entusiasma-se.

Esta imagem, com o *collant* roxo de balé e as luzes giratórias espaciais, tornou-se a imagem ícone de *Confessions*. Ela sai então para a rua numa tomada em que caminha de maneira afetada, ao estilo Travolta, vestindo uma jaqueta original de couro dos anos 1970, com capuz. Comprada por um estilista por uns poucos dólares num bazar de igreja em Utah, a jaqueta refletia o tom do clipe: suarento, underground e verdadeiro. Como sempre, os bailarinos de Madonna eram dançarinos de rua e não de teatro, seus movimentos ágeis e inspiradores a estimulavam, trazendo à tona a diva dance que estava adormecida dentro dela. No clipe, seguindo em frente a passos largos, ela exibe um corpo musculoso, uma beleza sensual, parecendo mais alta do que é, de certa maneira, e mais consistente do que sugere o seu metro e sessenta de altura.

Embora o videoclipe tenha sido uma das primeiras coisas que ela fez depois do acidente com o cavalo, a energia abrasadora de Madonna era palpável.

— Quando fiz o clipe, nenhum dos ossos estava completamente recuperado — disse ela. — Foram os remédios e a minha força de vontade que me fizeram chegar ao final das filmagens. Ter superado tudo aquilo fez com que me sentisse inspirada e animada por poder contar com o meu corpo de volta e por ser capaz de me sentir forte novamente.

O corpo de Madonna era o seu templo, e um templo bastante comentado, na verdade. Nas semanas que se seguiram ao lançamento do álbum, falou-se muito sobre como aquela mulher de "47 anos de idade e mãe de dois filhos" parecia jovem. Para manter aquele corpo perfeito, no entanto, Madonna não fazia por menos. Todos os dias praticava a Ashtanga ioga por uma hora, em nível quase profissional, mais uma hora era dedicada ao pilates, e outra hora, ainda, era preenchida por exercícios aeróbicos. Atendia telefonemas de trabalho em seus aparelhos de ginástica, e fazia uma dieta macrobiótica bem balanceada, se permitindo uma taça de vinho no almoço de domingo. Na verdade, grande parte do seu dia de trabalho era dedicada à malhação. Segundo Sarah Cheang, historiadora de moda, havia um método rigoroso em toda essa loucura.

— A aeróbica dos anos 1980, a malhação dos anos 1990 e a ioga do século XXI foram tendências que encorajaram as mulheres a criar um corpete interno de músculos que deixam a barriga reta e definida, graças a muito exercício e a uma autodisciplina rigorosa — diz ela. — Essas mulheres têm corpos vigorosos que seguem normas de beleza e precisam estar sendo constantemente exibidos para receberem a aprovação dos outros.

Ainda nos anos 1980, a já mais velha Dusty Springfield reclamou, para mim, que ser uma estrela pop, e ainda por cima mulher, exigia "muita manutenção".

— Todos esses apliques de cabelo e exercícios físicos. É demais para mim. — Em 15 anos essa "manutenção" virou uma obrigação para todas as garotas que desejavam estar dentro dos padrões de beleza do século XXI.

— No mundo mais simples dos anos 1980 e 1990, as garotas só precisavam de um vestido bonito, cabelos arrumados e flores para o baile de formatura — diz a psicóloga Margo Maine. — Hoje em dia, as garotas passam semanas se preparando para um evento especial. Começam com o bronzeamento, a depilação da sobrancelha, da virilha e das pernas; a manicure e o pedicure; a pintura do cabelo; a maquiagem, que é feita por um profissional; e há alguns casos em que elas passam até por cirurgias plásticas realizadas por meio de cosméticos. O vestido e o rapaz que vai levá-las ao evento viraram meros acessórios. O corpo é que é o foco da atenção, e o processo de embelezamento e de manutenção é infinito.

Na cultura universal da boneca Barbie, cada vez mais as mulheres jovens têm se mostrado vulneráveis aos distúrbios alimentares e ao excesso de exercícios para conseguirem atingir a silhueta magérrima das modelos de passarela e das celebridades. E por volta de 8% das mulheres americanas têm sérios distúrbios alimentares, como anorexia e bulimia. Isso, apesar do fato de que fotos de moda com celebridades são geralmente retocadas, de modo que o que vemos é uma distorção de seus pesos e corpos. O que as mulheres "comuns" almejam não é nem mesmo real. Há também o problema das "Mulheres Pirulito", celebridades como Nicole Richie, Brittany Murphy e Victoria Beckham, que são tão magras que suas cabeças parecem grandes demais para seus corpos. Embora apareça com um corpo agradavelmente carnudo no videoclipe de "Hung Up", Madonna freqüentemente se aproxima do visual perigoso da "Mulher Pirulito". Um maquiador de televisão disse que ela atualmente parecia um "grande esqueleto". Embora possa parecer tentador realizar algumas cirurgias corretivas, os corpos improváveis de estrelas mais velhas como Cher e Joan Collins não são algo que Madonna almejaria ter.

— Um corpo esculpido pela faca de um cirurgião plástico não sinalizaria a força e a disciplina de Madonna do mesmo modo que um corpo esculpido pelo trabalho duro e pela força física — comenta Sarah Cheang. — Para sustentar o mito "Madonna", seu corpo precisa exibir sinais de força mais do que apenas sinais de beleza.

Essa era uma questão que, para Madonna, se apresentaria cada vez mais como um desafio. Sentia a pressão de ter que parecer jovem e vigorosa num mercado no qual suas adversárias eram vinte anos mais novas. Ao mesmo tempo, no entanto, queria parecer em paz consigo mesma, e não passar uma imagem de desesperada com o próprio envelhecimento. As críticas já estavam fechando o cerco: "Mesmo com músculos como esses, Madonna não consegue vencer os golpes do tempo", exclamava uma manchete do *Daily Mail.* O artigo apontava alegremente "o mapa de estradas virtuais formado pelas veias" das mãos de Madonna, "algo que nem o mais rigoroso regime de exercícios pode resolver".

Madonna prosseguia, no entanto, em sua batalha contra o tempo. Havia uma espécie de tensão que rodeava seus esforços ardorosos para continuar bela e jovem. Começavam a surgir rumores de que seu casamento estava passando por problemas. Ela não escondeu que estava sendo uma luta.

— Quando conheci Guy, não pude acreditar que estava conhecendo alguém com tanta força de vontade quanto eu — comentaria. — Guy tem uma personalidade muito forte e gosta e desgosta de coisas bastante específicas. Ele não cede nem um milímetro quando discordamos em alguma coisa, mas eu respeito isso.

Embora Madonna gostasse de homens fortes, ela não se sentia inteiramente segura com o marido.

— Ela reclama que ele nunca elogia sua aparência e que isso a deixa paranóica com relação à diferença de dez anos que há entre eles, com medo de ele não a achar mais atraente. Isso é muito difícil para uma mulher como ela — contou uma amiga. A reação de Madonna foi procurar acentuar sua beleza de todas as maneiras que estivessem ao seu alcance, e mantendo religiosamente seu regime de exercícios.

Enquanto pudesse, ela manteria a boa forma física. E, para promover o álbum *Confessions*, exibiu o seu corpo tonificado de um modo que não fazia há anos, como se estivesse aproveitando a última oportunidade que teria para fazer isso.

NA OUTRA PONTA DO LAÇO, uma outra estrela de 47 anos de idade lançava um disco importante. A artista britânica Kate Bush não poderia ser mais diferente de Madonna no que diz respeito à personalidade e à abordagem musical. Seu oitavo álbum, *Aerial*, foi lançado no mesmo dia de *Confessions on a Dance Floor*, mas ela deu apenas algumas entrevistas e fugiu dos holofotes, preferindo deixar que a música falasse por si só. Misturando os estilos folk, reggae, clássico e renascentista, *Aerial* é um disco elegante e surreal, que incluía uma canção sobre uma máquina de lavar e a música "King of The Mountain", um comentário sobre Elvis Presley e sobre os excessos da fama. Retratada pela imprensa britânica como uma excêntrica reclusa, Bush se retirou dos palcos durante 12 anos para dar uma infância normal ao filho Bertie. Ao contrário das manchetes ao redor do mundo que anunciavam com alarde o nascimento dos filhos de Madonna, Bush não divulgou o nascimento de seu filho, em 1998, e a história vazou apenas dois anos depois. Embora estivessem em pontas opostas do mundo pop, tanto Bush quanto Madonna se encontram ligadas à música de uma maneira intensamente pessoal. Enquanto Bush, em *Aerial,* descreve com detalhes esmerados o poder imaginativo do mundo doméstico de uma mulher, Madonna, em *Confessions,* registra as reflexões de alguém alegremente perdido na exterioridade do mundo auto-indulgente da cultura *clubber*.

Mas Bush jamais faria um filme sobre si mesma ou sobre o próprio processo artístico. Madonna expôs novamente este seu lado com o filme *I'm Going to Tell You a Secret*, um documentário sobre os bastidores da turnê *Re-Invention*, no qual incluíra um longo capítulo falando sobre a cabala. Dirigido por Jonas Akerlund, com o seu estilo usual, *Secret* estreou em novembro de 2005, logo depois do lançamento do novo álbum. Diferente de *Na cama com Madonna*, que exala a atmosfera de uma Hollywood mimada, *Secret* assinala, desde o início, que seu objetivo é falar sobre espiritualidade e maturidade. A abertura do filme é com o videoclipe levemente perturbador de Madonna com um coiote, que fora feito por Chris Cunningham para a exposição X-STATIC PRO=CESS. Forte e sombrio, este fragmento sugere, logo de cara, que Madonna quer fazer algumas experiências com o próprio mito que se tornara.

— Eu me refiro a uma entidade que chamo de "fera"... o mundo material no qual vivemos agora... um mundo de ilusões — entoa ela numa narrativa em *off*. — Nós somos escravizados por esse mundo. — Isto é dito pela mesma mulher que quis receber de graça, de Paris, toda a coleção de trajes que usara. Ela ainda estava evidentemente lutando contra os seus demônios.

O filme se concentra, em seguida, nos testes para a escolha dos dançarinos, nos quais dezenas de jovens esperançosos fazem fila até chegar a sua vez de tentar causar uma boa impressão. É uma turma corajosa.

— Fico feliz de não ser mais dançarina — diz Madonna. — É uma vida de cão. — Depois, com os poucos que foram selecionados, ela sai para a batalha, dizendo: — O palco vira uma fera que nós temos que domar.

Como em *Na cama com Madonna*, as cenas do show são filmadas em cores vivas e fortes, e as cenas dos bastidores são feitas em preto-e-branco. Há momentos reveladores dela com o marido Guy. Visivelmente envergonhado e constrangido de estar num filme, ele, por vezes, debocha dela e a ignora. No pub que costumam freqüentar em Mayfair, Londres, ele canta canções folclóricas tarde da noite enquanto ela dorme deitada num banco. Depois de uma apresentação ela entra na limusine zangada, suarenta e na defensiva, decepcionada por ele ter ido para o pub em vez de ir ao show. Como Warren Beatty, em *Na cama com Madonna*, a presença dele é elusiva, Guy está inseguro diante da câmera e desconfortável por estar servindo de escada para a esposa.

Pode-se entender por que Kathryn Flett, crítica do *Observer*, perguntou o motivo de Madonna "ter escolhido tantos *takes* de seu 'maridão' parecendo um completo idiota".

— Talvez, no entanto, toda aquela bebedeira de cerveja e todas aquelas baladinhas sentimentais irlandesas, cantadas no pub preferido do sr. e da sra. Ritchie... sejam algo bacana para quem nasceu em Bay City, Michigan.

Talvez esta tenha sido a tentativa de Madonna de mostrar a realidade do casamento.

— Eu me casei por todos os motivos errados — diz ela, pensativa. — Não existe a alma gêmea perfeita. A sua alma gêmea é alguém que obriga você a ver todos os seus defeitos e que o acaba irritando. Não é fácil manter um bom casamento... Mas o que é fácil não faz você crescer.

A coisa mais tocante no filme é a relação dela com as crianças. Rocco, com quatro anos de idade, e Lola, com sete, entram e saem do quadro. É uma relação enérgica, firme e atraente.

— Eu gostaria de passar mais tempo com ela. Vou ficar feliz quando a turnê acabar — diz uma Lola solene e incrivelmente bela.

Madonna resume seus dilemas como mãe quando diz aos dançarinos:

— Desculpem-me por não ter podido sair mais vezes com vocês. Eu tenho uma outra família. Um dia vocês saberão o que é ter que se dividir entre o trabalho e a família e a dificuldade que é manter tudo isso em equilíbrio.

Como em *Na cama com Madonna*, o filme é fascinante pelo que inadvertidamente revela: o estranho isolamento que há no cerne do estrelato. Depois de um show, com o público ainda urrando, Madonna entra num camarim vazio, nos bastidores:

— Onde está todo mundo? — pergunta ela, insegura. — Como vocês podem ver, não tenho amigos!

Neste estranho mundo das celebridades há uma exigência que não é nada fácil. Uma norma que Iggy Pop foi forçado a reconhecer quando abriu o show para ela em Dublin.

— Eu espero que ele não estrague o meu palco — comenta ela, antes de ir ao camarim dele para cumprimentá-lo antes do show. Os dois nativos de Detroit se cumprimentam com dois beijinhos circunspectos no ar. Depois que ela se vira de costas, ele imita o jeitinho meigo com que ela diz "Bom show!". É o momento revelador de um encontro entre o punk rock e o pop comercial.

Madonna mostra a amizade que tem pelo famoso cineasta Michael Moore, a quem ela cumprimenta do palco, durante um dos espetáculos da turnê.

— Caramba, ela esticou o pescoço para me cumprimentar essa noite, uma coisa louca de se fazer — disse o veterano ativista.

Madonna divide seu tempo no palco entre Michael Moore de um lado, que faz campanha radical em favor da esquerda, e, de outro lado, seu pai, que é republicano. As cenas de Toni Ciccone, no seu vinhedo ao norte do Michigan, são, todavia, tão caseiras quanto uma torta de maçã. Ele faz uma avaliação meio vaga do show:

— Muito bom — diz, enquanto a esposa reforça:

— Bem legal.

Só Deus sabe as frustrações que devem perturbá-la no que diz respeito a isso, por trás da aparência de calma que Madonna procura exibir. Mas Tony faz comentários inteligentes sobre a personalidade da filha:

— A indústria do entretenimento foi a maneira que ela encontrou para expressar suas necessidades... Para mim, este foi um processo de crescimento. Ela ainda está crescendo. Mas, em vez de crescer junto de nós, cresceu diante do mundo.

Há trechos do filme que parecem afetados. Como uma festa nos bastidores, por exemplo, na qual todos fazem um pequeno esforço para "se divertirem". Ou quando a secretária de Madonna lhe diz que terão que remarcar o horário de um vôo porque a rainha da Inglaterra estará voando naquele mesmo horário. Madonna brinca: "Majestade, não há espaço para duas rainhas neste país." A arbitrariedade com que lida com os dançarinos aparece quando ela os apresenta à pianista clássica Katia Labeque, dizendo para a câmera, sem que eles vejam, que aquilo vai ser muito bom, "pois eles talvez nem saibam o que é música clássica". E há a estranha troca de poemas, típica de crianças de colégio, que acontece entre Madonna e sua equipe por meio da qual todos estão constantemente dizendo coisas uns para os outros. Não há lá muita gente que acharia graça num poema em louvor à habilidade de pegar as calcinhas suadas de outra pessoa do chão.

Madonna fica melhor quando age de maneira menos consciente de si mesma.

— Isso aqui está fedendo — exclama ela, cheirando o corpete que vinha usando por vários shows. — Estas coxas italianas enormes e gordas... Eu estou fedendo.

E há então uma seqüência instigante, indiscutivelmente a mais importante do filme, na qual Madonna descreve o que sente ao fazer um show. Ela está no palco em Dublin, no castelo Slane, na frente de oitenta mil pessoas. Assim que começa a apresentação, uma lua cheia surge no céu e a chuva começa a cair forte. Ela e os dançarinos ficam em constante risco de serem eletrocutados.

— Eu senti um amor tão grande. As pessoas ficaram em pé ali durante seis horas sob a chuva e não se moveram... a chuva estava me bombardeando — diz ela —, parecia que eu estava numa zona de guerra, constantemente preocupada com os dançarinos... traumatizada... e, quando o show terminou, não conseguia me lembrar do que tinha acontecido.

Neste trecho, Madonna descreve, com incrível simplicidade, a sensação de estar em suspenso, fora de seu corpo, que existe ao estar em cena, fazendo um show. Não há nenhum tipo de ironia em sua descrição, nenhuma invenção, apenas emoção e uma experiência verdadeira. Momentos-chave do filme são os que captam o estado semelhante ao transe que é estar em cena: "BUM, voltando direto para o público", anuncia seu skatista, que, na parte "hollywoodiana" do espetáculo, anda de skate de um lado para outro do palco.

— Nós temos que retribuir essa energia... Quanto mais somos alimentados pelo público, mais nós o alimentamos — improvisa ele, como um surfista procurando a onda perfeita, a altura perfeita. Não é de admirar que os dançarinos achem difícil terminar uma turnê.

— Eles precisam saber que o importante é a experiência. Eles vivem aquilo tudo e, depois que acaba, tocam a vida para frente — diz friamente o diretor do show, Jamie King.

— O melhor da dança é o momento — diz Raistalla, uma das dançarinas de *Re-Invention*. — Eu não me lembro de nada. As coisas acontecem rápido demais. É tudo muito cheio de luz e de brilho. É tudo uma grande correria. — Mas no fundo, no fundo, ela sempre soubera que aquilo iria acabar e que ela precisaria se estabilizar, e caminhar com as próprias pernas. — Estar em turnê faz a gente se sentir só, às vezes. Não importa o quanto você fique amigo dos seus companheiros de trabalho, nada disso equivale a estar na sua própria casa. Eu estava em outra sintonia, diferente da deles. Estava esperando para fazer uma transição, para tornar-me uma artista.

Desde a turnê *Re-Invention*, ela vem trabalhando na sua própria música, compondo uma espécie de funk eletrônico malicioso em parceria com produtores de Miami, Kas Gamble e Jack Oates. Em 2005, enquanto trabalhava no seu álbum de estréia, que levaria o seu nome, Raistalla mandou algumas faixas para Madonna, perguntando o que ela achava.

— Ela adorou as músicas, e me disse que eu tinha que saber onde estava me metendo, porque esse meio podia ser bem complicado. Ela, mais uma vez, assumiu uma postura bastante protetora e maternal. — E procurou mostrar-se circunspecta. O disco de Raistalla tem atraído pessoas das mais diversas: — Não só os fãs de música eletrônica, mas muita gente que curte hip hop e rock também. Meu objetivo é atingir todo o tipo de gente.

Raistalla conseguiu se encontrar como artista bem rápido depois da turnê. Muitos dançarinos, no entanto, cairiam num tipo característico de depressão, cuja descrição ganharia contornos proverbiais. As luzes dos shows de Madonna são tão fortes que ofuscam todo o resto.

O único elemento que parece ser maior do que ela no filme é a cabala, e sua corrente quase evangelista. Nas cenas finais, Madonna vai a Israel para apresentar uma palestra na fundação da Espiritualidade para Crianças, e aparece portando um vestido bastante recatado e agindo como uma embaixadora global.

— Não estou aqui para representar uma religião, mas sim como uma estudante da cabala — anuncia ela, antes de divulgar uma mensagem de união.

I'm Going to Tell You a Secret foi um filme importante para ela. Madonna passou vários meses na ilha de edição com Jonas Akerlund, mantendo-o virtualmente prisioneiro em sua casa enquanto eles estudavam atentamente cada tomada. Antes de lançar o filme, Madonna convidou um público seleto de amigos e parceiros de trabalho para assistir a uma versão de três horas do longa num cinema de Notting Hill, e depois preencher um questionário com seus comentários. A observação mais freqüente foi "tem cabala demais", o que resultou num enxugamento substancial antes da versão final. O DVD lançado no ano seguinte foi uma versão mais longa, "editada pelo diretor", que incluía a viagem de Madonna a Jerusalém para visitar o túmulo de Rachel, percurso durante o qual se viu perseguida pelos *paparazzi*. Embora tivesse sido aconselhada pela segurança israelita a não fazer a viagem, Madonna fizera questão de ir. Ao mesmo tempo que fica enfurecida com a atenção exagerada que recebe, também necessita dela. Este paradoxo entre rejeitar a imprensa, e ainda assim levar uma vida totalmente pública, ressurgiria mais tarde, de modo ainda mais dramático, no momento em que dá entrada no seu pedido de adoção de um menino do Malaui, David.

— Ela tem um comportamento meio messiânico, quer quebrar regras — diz seu produtor Mirwais. Em *I'm Going to Tell You a Secret*, tem início a fusão final entre o Ícone Madonna e a Santa Madonna.

No início de 2006, Madonna fez uma sessão de fotos para a revista *W*, com Steven Klein, que, assim como X-STATIC PRO=CESS, era cheia de psicodrama. Tiradas num gigantesco estúdio hollywoodiano com isolamento acústico, e contando com a participação de seis enormes cavalos garanhões pretos e brancos, essas fotos a mostravam como uma heróica amazona. Além de explorar o trauma de ter caído de um cavalo e sobrevivido, nessas fotos, Madonna também jogava de forma provocativa com a velha fantasia que une meninas púberes, cavalos e iniciação sexual. Só que, aqui, como uma mulher de meia idade e mãe, ela vira a coisa toda de cabeça para baixo. Todo o erotismo que falta em seu livro *Sex* emana dessas fotos. Numa delas, ela está com as costas nuas voltadas para a câmera, vestindo apenas um shortinho preto emborrachado, meias arrastão e uma longa luva de PVC. Ela segura um chicote de montaria, bem ao estilo de Dita Parlo, sua personagem de *Erotica*, mas, quase 15 anos depois, parece exalar uma autoridade mais natural. Há músculos fortes e bem definidos em suas costas nuas. A pele não é suave, e, se o corpo não é mais tão jovem, a pose indiferente é mais sexualmente sugestiva do que toda a coleção de fotos de *Sex*.

Numa outra foto, Madonna deita-se sobre as costas de um cavalo negro, com o rosto para cima, fumando um cigarro, como se tivesse acabado de fazer sexo; em outra ainda porta um chapéu com um rabo-de-cavalo, e há uma sela junto dela, de modo que se apresenta como metade mulher, metade cavalo. Com um tom evidente de sadomasoquismo, ela é vestida com uma rédea de cavalo ornada de jóias e luvas pretas. Nas fotos mais surreais e oníricas ela confronta um cavalo branco, levantando os braços como se quisesse domá-lo. Com o tema eqüestre, Madonna criava um novo personagem: a amazona eduardiana altiva e erótica.

Ela levou adiante a idéia dos cavalos na nova turnê, testando-a bem antes de levá-la ao palco. Certo dia, durante os ensaios em Los Angeles, Madonna entrou no estúdio de som que ficava ao lado do dela, onde o fotógrafo Steven Meisel fazia uma sessão de fotos de moda. Ela e Meisel não se viam há algum tempo, mas Madonna estava ansiosa para testar a reação de uma platéia, fosse ela qual fosse. Entrou, então, decidida, com um chicote de montaria e botas altas, dizendo: "Meus dançarinos estão experimentando uns passos novos, digam-me o que vocês acham." Os profissionais de moda agregados ali foram submetidos a um improviso que tinha por base um conjunto de cinco músicas coreografadas. A reação foi positiva, e Madonna prosseguiu, então, com o tema provocador, e fez dele o segmento de abertura da nova turnê, *Confessions*.

Desde a estréia da turnê, no dia 21 de maio de 2006, Madonna estava ansiosa para fazer deste o seu maior espetáculo. Ao lado de Stuart Price, seu diretor musical, ela transformou o show num grande espetáculo disco com duas horas de duração. No início de agosto, na noite em que fui assistir ao show, na arena de Wembley, ela mandou desligarem os aparelhos de ar condicionado, numa tentativa proposital de recriar a atmosfera suarenta das boates. Uma enorme bola de espelhos cravejada de diamantes Swarovski desceu do teto e, como uma bela alienígena saindo de sua nave espacial, Madonna apareceu de dentro da esfera, vestindo calças de montaria desenhadas por Gaultier, trazendo um laço no pescoço e portando um chapéu com rabo de cavalo. Ela e seus dançarinos caminhavam pelo palco imitando o andar de um cavalo, como se tivessem patas no lugar de pés, combinando movimentos eqüestres com a dança do poste e exercícios de ginástica olímpica em 3D. O galope deles lembrava Monty Python em alguns momentos.

Este show era todo baseado em efeitos visuais, com um foco intenso nas emoções, e cheio de declarações poderosas e inclusivas. Como sempre fizera, ela colocou a própria vida no palco, exibindo imagens imensas de raios X e de ressonâncias magnéticas dos seus oito ossos quebrados em gigantescas telas de vídeo, enquanto cantava "Like a Virgin". Com uma reinterpretação nova e inteligente de sua canção mais conhecida, as imagens no telão exibiam ainda *takes* de acidentes violentos com cavalos e jóqueis, que eram perigosamente arremessados dos cavalos. Enquanto Madonna cavalgava em uma dança do poste, montada, como num carrossel, numa cela cravejada de diamantes, o público podia sentir o seu trauma, e ver, literalmente, os seus ossos quebrados.

Como os artistas londrinos Gilbert & George, que transformaram suas vidas cotidianas em uma instalação de arte, Madonna se vê como uma escultura viva, alimentando seu trabalho com a própria experiência.

— *Je suis l'art* — disse ela para Sébastien Foucan, o praticante de *parkour* que foi o principal conselheiro por trás do número que se seguia no show, "Jump". O número é uma homenagem ao *parkour* (PK), uma modalidade de atividade física que combina esporte radical e artes marciais. Adaptação do treinamento militar francês em pista de obstáculos, trata-se de uma forma dinâmica de movimentação que gira em torno das noções de "fuga" e "distância", na qual o *traceur*, ou participante, usa a agilidade física e o pensamento rápido para superar os obstáculos. O *traceur* se movimenta pelo espaço ao seu redor, indo de paredes a prédios, passando por pontes e trilhos, empregando sempre uma dedicação mental plena e completa. Como os campeões de surfe ou os skatistas, os *traceurs* vêem o *parkour* como uma filosofia e um estilo de vida.

Assim como Madonna fora buscar os dançarinos de "Vogue" no underground nova-iorquino para a turnê *Blond Ambition*, em *Confessions*, ela trabalhou com *traceurs* originários dos subúrbios de Paris. Sua inspiração veio dos filmes *Yamakasi — Os samurais dos tempos modernos* e *Banlieue 13*, 2001, do seu amigo Luc Besson, que tratam do *parkour* e que estreariam na mesma época da turnê *Confessions*. A seqüência "Jump" era um momento emocionante do show, no qual os dançarinos faziam façanhas acrobáticas contra um pano de fundo de prédios em terceira dimensão.

Este era o número fisicamente mais difícil para eles.

— Demorei um tempo para me acostumar, não vou mentir — contou-me um de seus dançarinos principais, o armênio Mihran Kirakosyan. Apesar de pertencer a uma família atlética (seu pai era coreógrafo, e a mãe uma atleta) e de ter dançado profissionalmente a vida inteira, para Kirakosyan essa música foi um desafio. — Nós nos machucamos muito durante os ensaios e os treinos. Isso é a coisa que eu acho mais bacana de dançar para Madonna. Ela não tem medo de forçar nossos limites, nem de experimentar idéias novas e criativas.

Depois de ter sido obrigada a fazer uma pausa e passar por um período de restrições severas por conseqüência do acidente com o cavalo, Madonna parecia querer explorar intensamente a sensação de liberdade física. Com as seqüências de montaria, de skate e de *parkour*, ela criava, então, uma conexão entre esporte, movimento e dança.

Depois da movimentação intensa de "Jump", o primeiro ato terminava com uma cena escurecida, mais calma, em que se ouviam confissões em *off* de seus dançarinos. "Eu vivo com meu passado reprimido bem dentro de mim", dizia um. "Eu cortei meus pulsos", afirmava outro. As palavras deles pendiam no ar enquanto Madonna surgia numa de suas imagens mais provocantes. De pé, numa pose de Cristo, pregada a uma gigantesca cruz de espelhos num estilo totalmente disco. Muitos acharam que aquilo era de mau gosto, incluindo alguns judeus, cristãos e muçulmanos, que reclamaram do jeito como ela brincava com a imagem de Jesus.

— Jesus teria adorado — responderia ela em uma declaração à imprensa, chegando a convidar o papa Bento XVI para um de seus shows em Roma. Sob seu ponto de vista, a cena representava uma peça notável do mundo kitsch católico, tão viva quanto as estátuas do Sagrado Coração que ficavam na sala de estar de sua mãe. Membros da União dos Defensores das Normas Ortodoxas (Orthodox Standard Bearers' Union) da cidade de Moscou não conseguiram ver humor algum nisso e atearam fogo a um enorme pôster de Madonna do lado de fora do show. Para alguns, a cruz era uma prova de que Madonna finalmente acreditava em sua própria máxima, a de que ela se via realmente como uma figura messiânica cuja função era salvar o mundo, uma espécie de Cristo do século XXI enviado por ela mesma.

— Achamos que aquilo era um tanto superficial, uma coisa meio "Los Angeles" — conta Salim Gauwloos, um dos seu ex-dançarinos.

Mas também houve quem, na Igreja Católica, visse o show como uma afirmação da fé cristã. O jesuíta Carlos Novoa, por exemplo, escreveu no jornal colombiano *El Tiempo*, que a paródia de Madonna da crucificação "não é um deboche da cruz, mas o oposto disso: uma exaltação ao mistério da morte e da ressurreição de Jesus". Ele diria ainda que a canção "Live To Tell", durante a qual Madonna é crucificada, "é um dos melhores sermões que ele já teria presenciado em toda a sua vida".

Independentemente do choque provocado nas pessoas, a imagem era visualmente muito interessante. Enquanto ela cantava "Live To Tell" havia uma tela acima da cruz com números que começavam em zero e chegavam a 12 milhões, expressando o número de crianças que ficaram órfãs somente na África devido à epidemia de aids. A estatística perturbadora levava ao segundo segmento "beduíno" do espetáculo, na qual o cantor israelense Yitzhak Sinwani cantava um trecho glorioso em "Isaac". E então, Madonna entremeava imagens da guerra no Iraque a imagens de pessoas famintas na África, criando uma conexão com o sofrimento mundial. Uma mulher dançava vestindo uma *hijab*, o véu muçulmano, e, quando a dança terminava, Madonna a "libertava", tirando o vestuário protetor de cima dela.

— Ela é um pássaro engaiolado e finalmente tira o véu e emerge de dentro da gaiola — explicou Madonna mais tarde.

Embora o *hijab* seja uma peça de roupa desenhada para manter a mulher submissa e escondida do olhar masculino, era bastante arrogante da parte de Madonna sugerir que cabia a ela ser a libertadora daquela mulher. Muitas mulheres muçulmanas usam o *hijab* por motivos muito mais complexos, tanto como fonte de proteção contra a atenção indesejada dos homens, quanto como um signo desafiador de diferença cultural.

Depois da seção beduína o clima do show mudava bruscamente, com um horizonte nova-iorquino cheio de prédios ao fundo e Madonna vestindo uma jaqueta com penas negras de cisne e arranhando uma guitarra com veemência, ao estilo de Courtney Love, para cantar "I Love New York" e a extasiante "Ray of Light". Dava quase para tocar a energia que emanava desse momento do show, a reação do público era arrebatadora. Era como a hora em que todos os drogados "se levantam" na boate de uma só vez, juntos. Quando a música parava, Madonna finalmente sentava no palco e falava diretamente com o público, como se estivesse conversando com algumas pessoas em sua sala de estar.

— Ah! — suspirava. — É bom estar em casa.

O público londrino vibrava quando ela engatava, então, numa versão acústica de "Drowned World". Este era um dos momentos mais fortes do show, que era seguido de "Let It Will Be", quando ela cambaleava pelo palco, como se estivesse bêbada de tanto tomar o ponche da fama. Colocando-se em posições perturbadoras, fazia uma evocação artística com o próprio corpo sobre como a fama pode corromper e até mesmo destruir um caráter.

Logo depois de tocar nestes temas, ela mergulhava na agitação hedonista da parte disco do show, começando com uma versão de "Erotica" que lembrava o estilo da banda Eletronic 101 e com a carga techno de "La isla bonita", que se completava com um pano de fundo em tecnicólor bem ao estilo Havaí dos anos 1950. A certa altura, durante a execução da segunda canção, ela e os dançarinos saltitavam pela passarela, com um sorriso de orelha a orelha, parecendo adolescentes que estão apenas se divertindo. Nestes poucos segundos dava para se ter uma idéia de por que ela fazia isso, de como este amor simples de menina que ela sente pelo que faz está na raiz de seu encanto. Depois ela deixava "Hung Up" correr solta, cantando a canção junto com a platéia e formando uma espécie de gigantesca onda de som, enquanto caminhava a passos largos pela passarela com aquele corpo surpreendentemente ainda em forma, metido num *collant* roxo brilhante. Então o show acabava e a maior discoteca da cidade fazia as malas e ia girar pela Europa, tocando na Rússia e na República Tcheca (a primeira vez em que Madonna ia a ambos), antes de terminar no Japão, em 21 de setembro.

Fora um verão épico para ela, que começara com uma apresentação menor numa tenda do festival Coachella, nos Estados Unidos, e terminara em grande estilo, com uma turnê mundial. Faturando duzentos milhões de dólares, essa foi a maior renda bruta já levantada por uma turnê de uma artista em todos os tempos. Madonna fez sessenta espetáculos para 1,2 milhão de pessoas. Provou, mais uma vez, que ainda era a rainha do pop. Talvez fosse o momento de pendurar as sapatilhas e descansar. Mas ela não pôde resistir à sedução dos holofotes. E, um mês depois, voltava ao noticiário, mas desta vez por uma questão que quase a faria desabar.

18

Enviada por Deus

Eu estava tão cheia de adrenalina que não tenho qualquer lembrança do que aconteceu. Aquele foi o maior público que já tive e o lugar mais próximo de casa onde já toquei. Acho que até os meus filhos conseguiram me ouvir cantando.

Madonna

A FAMÍLIA ERA A PRIORIDADE de Madonna naquele verão de 2005, quando o ativista político Bob Geldof, engajado em campanhas contra a pobreza dos países do Terceiro Mundo, escreveu a ela perguntando-lhe se não gostaria de participar do segundo Live Aid, que ele estava organizando. A princípio, ela disse que não.

— Eu estava prestes a tirar férias com meus filhos, e queria passar mais tempo com eles. Depois reconsiderei o convite.

Usando seus fortes poderes de persuasão, Geldof conseguiu fazê-la assinar um contrato para participar do evento, o Live 8, um gigantesco show no Hyde Park, em Londres, cujo objetivo era aumentar a conscientização sobre a fome no mundo e defender o perdão da dívida externa da África. Agendado para coincidir com a grande reunião do G8 em Edimburgo, o espetáculo foi realizado em 2 de julho daquele ano. Duzentas mil pessoas compareceram ao show no Hyde Park e outros milhares assistiram a diversos shows de rock que aconteceram simultaneamente em todo mundo. Em Londres, entre os artistas que participaram, havia Annie Lennox, The Who e o conjunto Pink Floyd, que se reuniu de novo especialmente para a ocasião.

A performance de Madonna foi um dos pontos altos do espetáculo. Vestida com um *smoking* branco colado ao corpo, ela cantou "Like a Prayer" com o Coro Gospel da Comunidade de Londres. Pouco antes de ela começar sua apresentação, Geldof mostrou ao público uma foto de Birhan Weldu, uma garota que, na ocasião do primeiro Live Aid, em 1985, estava subnutrida. Vinte anos depois, ela estava lá, no meio do público, uma mulher radiante, jovem, bela e saudável. Aproveitando o momento, Madonna pegou Birhan pela mão e a levou para o palco enquanto cantava a introdução de "Like a Prayer". Alguns criticaram o gesto emotivo como uma estratégia oportunista, ressaltando a rapidez com que Birhan foi dispensada assim que a música ganhou ritmo. Mesmo assim o show de Madonna foi totalmente apropriado para a ocasião: sucinto, digno e vibrante. Ela, evidentemente, aproveitou bem o dia. Houve um momento durante o show em que chegou a descansar no palco, ao lado da bateria, limitando-se a assistir, com um ar leve e relaxado de proprietária, de alguém acostumado a estar no comando, enquanto seus dançarinos dançavam o *bodypopping* (estilo de dança funk de rua que nasceu nos anos 1980). Ela sabia que seu trio de canções, "Like a Prayer", "Ray of Light" e "Music", iriam animar o público de maneira arrebatadora.

Sua performance era uma peça-chave num show que estimulou a tal ponto a conscientização que os líderes do G8 mais tarde prometeriam dobrar a ajuda à África para os cinqüenta bilhões ao ano. Embora o Banco Mundial viesse azedar o perdão da dívida externa mais tarde, impondo condições às nações devedoras, o Live 8 levantou, para as gerações mais novas, a espinhosa questão da pobreza do Terceiro Mundo.

O evento também conscientizou Madonna de uma nova maneira. Em 2003, ela dera uma entrevista ao *Sunday Times* na qual admitia não ter conhecimento do que fosse o "*fair trade*" (comércio justo) do café. Declarou então: "As pessoas precisam ser instruídas sobre essas coisas, eu realmente não sabia." Naquele momento, a política dos países em desenvolvimento não era, evidentemente, um ponto significativo em sua pauta de preocupações. Mas o "Live 8 Concert" marcou o início de um caso de amor com a África, levando-a a iniciar, inspirada pela cabala e ao lado de Michael Berg, diretor do Centro de Cabala, a campanha "Raising Malawi". No ano seguinte, em 2006, ela se interessou em adotar um menino africano.

Três anos antes, Madonna estava desesperada para ter outro filho. Mas apresentava problemas de fertilidade:

— Por causa da minha rigorosa rotina de exercícios e de diversos outros fatores, alterei um pouco o meu ciclo menstrual e vou consultar os médicos para saber se estou em condições de ter outro bebê — disse ela na ocasião.

Para mascarar a decepção de não conseguir engravidar, Madonna fez o que estava acostumada a fazer: concentrou-se no trabalho. À medida que o tempo foi passando, começaram a surgir notícias de que Madonna e Guy estavam se distanciando e procurando apoio com outras pessoas. Certas fontes anunciaram que Stuart Price tinha um "relacionamento especial" com Madonna, embora isso tivesse mais a ver com o entusiasmo pelo trabalho que eles compartilhavam do que com qualquer outra coisa. Muitos dos problemas do casal vinham da relutância de Guy a estar em segundo plano.

— Ele se sente colocado totalmente à margem pela carreira dela — contou um amigo. — É como se o trabalho fosse a única coisa que realmente a interessasse.

O fato de Madonna ter sido o centro das atenções no dia da estréia do novo filme de Guy, *Revolver*, em setembro de 2005, também não ajudaria nem um pouco a resolver os problemas do casal. *Revolver* é um filme de gângster influenciado pela cabala, que já tinha sido arrasado pelos críticos. Conta-se que, antes do filme, o assessor de Madonna teria dito à multidão de *paparazzi* que ela só os atenderia se fosse chamada de "Mrs. Ritchie". É evidente que quando a estrela e o marido chegaram os *paparazzi* se deliciaram ao gritar: "Madonna! Madonna!" Ela esnobou os fotógrafos, e a história estava em todos os jornais no dia seguinte. Madonna acabou conseguindo roubar as atenções até na noite que deveria ter sido de Guy.

Foi uma pena *Revolver* não ter recebido a atenção que merecia. Estrelado por Ray Liotta, Jason Statham e Vincent Pastore, *Revolver* era um filme conceitual que envolvia partidas de xadrez, apostas e cenas constrangedoras de violência que podem ser classificadas em diversos níveis.

— O filme é baseado na fórmula de um jogo: onde o jogo começa, onde ele pára e quem é mais esperto que os outros — disse Guy. Comparado aos seus outros filmes, este foi o que ele desenvolveu melhor. — Levei três anos para elaborar este roteiro, enquanto o de *Snatch* escrevi em três meses — admitiu Guy.

Seu filme anterior, *Destino insólito*, de 2002, fora um desastre tão grande que, em *Revolver*, ele preferiu ater-se firmemente à área na qual se considera especialista.

Destino insólito fora, para ele, a tentativa de fazer um filme sério. Uma releitura da sátira social de Lina Wertmüller, de 1974, sobre uma *socialite* mimada que é dominada por um ajudante de barco num cruzeiro marítimo. Esta foi a primeira tentativa de Guy de fazer um filme estrelado pela esposa. Uma fã de longa data do cinema dinâmico e político de Wertmüller, Madonna era quem se mostrava mais empolgada com a idéia. Filmado em Malta, no calor do verão, o filme foi na verdade um grande período de férias para todo o elenco e a equipe. O entusiasmo deles pela produção, no entanto, não transparece no filme.

— Eu não tinha a menor idéia de que seria o desastre que foi... nos divertimos tanto fazendo o filme — disse a estilista de Madonna, Arianne Phillips.

Os diálogos não eram nada convincentes, e as atuações pareceram forçadas. O personagem de Madonna, que levava o nome da mãe de Guy, Amber Leighton, era bastante desagradável. É de se perguntar se esta não terá sido a maneira encontrada por Guy de se rebelar contra todas as mulheres controladoras com as quais ele esbarrou na vida.

Quando Amber (retratada como uma fascista) sofre um naufrágio e vai parar numa ilha deserta, se vê forçada a se submeter aos comandos do ajudante de barco comunista (Adriano Giannini) e, quando ela acaba desmoronando diante daquela situação, eles se apaixonam um pelo outro. Mais uma vez, Madonna encarna um papel no qual seu personagem se degrada e termina sendo dominado por alguém. Talvez todo o seu poder e sua riqueza tornem a idéia de submissão algo estranhamente atraente. De todo modo, o filme não agradou à crítica e, tanto nos Estados Unidos quanto na Inglaterra, acabou indo direto para as prateleiras das videolocadoras. Na verdade, *Destino insólito* foi destruído pelos críticos e chegaria a ganhar cinco prêmios Framboesa de Ouro, espécie de paródia do Oscar cujas honrarias são reservadas aos piores do ano. Exasperada pela reação, Madonna prometeu nunca mais voltar a atuar. Achou que as pessoas foram injustas e cruéis com o filme, no que provavelmente tem razão. Em alguns trechos, *Destino insólito* parece um longo clipe, mas tem seus bons momentos. A atuação de Madonna é levemente insípida, mas pode-se dizer que muitas protagonistas de Hollywood, como Nicole Kidman e Demi Moore, de tão estilizadas, também acabam passando um ar de frieza. Já vimos coisas muito piores do que *Destino insólito*, como *Até o limite da honra*, de Ridley Scott, por exemplo, que era estrelado por Demi Moore e Viggo Mortensen.

Depois deste filme, Guy sabia que teria que se contentar com o fato de que muitas pessoas o viam mesmo apenas como o marido de Madonna. Aquilo que fizera dele um homem rico, e lhe dera independência como cineasta, estava ameaçado. Ele lidou com essa situação criando uma imagem pública de valentão, chamando Madonna de “a patroa”, e raramente demonstrando afeto em público.

— Bem no fundo, ele a culpa pelo fracasso vertiginoso de sua carreira — disse um amigo.

No final de 2005, o casamento deles passava por dificuldades. Algumas pessoas próximas ao casal disseram que Guy tinha um jeito meio machão (parece que Gwyneth Paltrow achou isso tão irritante que foi se afastando cada vez mais de seu velho amigo). Madonna, por sua vez, encontrava dificuldades em desviar a atenção de suas preocupações pessoais. Num esforço para salvar o casamento, eles criaram uma série de compromissos para si mesmos, incluindo passar mais tempo juntos, e a idéia de Guy de ter uma hora por dia do “tempo de Madonna”, seu período que era designado para conversas sobre trabalho. Eles até fizeram terapia de casal com um terapeuta que tinha um consultório na rua Harley.

Parecia estar funcionando. Quando o casamento entrou numa fase mais tranqüila, eles colocaram de lado os esforços para conceber outro filho e consideraram a possibilidade de uma adoção, pedindo conselhos ao amigo Brad Pitt. Em 2005, sua companheira, Angelina Jolie, adotara uma filha na Etiópia, chamada Zahara. Eles representavam uma tendência crescente para a adoção internacional, com casais indo em busca de crianças em lugares tão distantes quanto a China, a Europa Oriental e a África. O jornalista do *Sunday Times*, Steven Swinford, comentaria a respeito:

— Na África, bebês viraram um produto de exportação em crescimento rápido. O número de crianças etíopes adotadas entre 2001 e 2004 mais do que dobrou, atingindo o montante de 1.535. Madagascar, Mali e Burkina Faso também são países que têm se mostrado bastante populares nesta linha.

Com a África em mente, Madonna e Guy iniciaram o longo processo de 18 meses de investigação exigido pelas autoridades britânicas. Por conta do seu trabalho com a Raising Malawi, uma organização de caridade focada em ajudar órfãos numa das nações mais pobres do mundo, o Malauí foi uma escolha óbvia. Castigado pela seca, este país do sudoeste da África, cercado de terra por todos os lados, vive uma epidemia crítica de aids com números crescentes e seus habitantes têm uma expectativa de vida de apenas quarenta anos. Mais da metade da população vive abaixo da linha de pobreza.

Antes de viajar para lá, Madonna solicitou uma lista de 12 crianças para possível adoção, e a que conquistou seu coração foi David, um menino de 13 meses de idade que estava no orfanato Home for Hope. Em outubro de 2006, ela e toda a equipe (que incluía guarda-costas, assessores de imprensa e uma equipe de filmagem) chegaram num comboio de três automóveis Nissan 4X4, que desceu uma estrada de terra que ficava a 48 quilômetros da capital, Lilongwe. Embora Madonna estivesse filmando aquilo para fazer parte de seu documentário sobre o Malauí, a visita teve a pompa e a repercussão de uma delegação real. Quando ela e Guy chegaram ao orfanato, um dos senhores mais velhos do vilarejo disse que era como se ela tivesse sido "enviada por Deus".

Muitos dos órfãos estavam em um estado desesperador. Mais de 250 crianças dormiam nos cinco dormitórios do orfanato e, apesar da dedicação da equipe que dirigia a instituição, muitas das crianças estavam subnutridas e se mostravam extremamente vulneráveis a contraírem doenças fatais, como a malária. Segundo uma das professoras, Madonna segurou David no colo e ficou sorrindo e dizendo: "Ah, que lindo!" A mãe de David, Marita, morrera depois do parto, então, o pai, Yohame Banda, que não tinha meios para alimentar o filho, levou a criança para o orfanato e acabou entregando-o para adoção.

— Disseram que um *mzungu* (estrangeiro branco) tinha visto o retrato de David e tinha gostado muito dele — disse Banda, que estava com 32 anos de idade. — Eu e minha família concordamos que esta era uma oportunidade muito boa para David ter uma boa educação e crescer saudável.

Madonna conversou com Banda e lhe prometeu tomar conta de seu filho. O Malauí possui leis rigorosas quanto à adoção de crianças por pessoas estrangeiras. Normalmente, as leis impõem aos futuros pais que eles criem os filhos adotivos no Malauí durante 18 meses, antes de terem a permissão para levá-los para fora do país. Devido às "circunstâncias especiais" do caso, a Suprema Corte de Lilongwe concedeu a Madonna uma adoção interina pelo período de 18 meses, podendo, excepcionalmente, ser cumprido na Grã-Bretanha. Ela e Guy voltaram para casa, e o bebê David juntou-se a eles uma semana depois. A adoção de seu novo "*ray of light*" não seria, no entanto, algo tão simples.

Depois de sua visita ao Malauí, a mídia criou uma verdadeira tempestade. Uma aliança entre sessenta agências de apoio e caridade a crianças moveu uma ação legal para bloquear o processo de adoção. Com o apoio da ONG Human Rights Consultative Committee, eles reivindicavam que a adoção não respeitara as leis pois Madonna não vivera no país durante os 18 meses exigidos.

— Os ricos não devem ter um tratamento preferencial — disse Emmie Chanika, diretora do Civil Liberties Committee do Malauí. — Não temos fiscalização para impedir que as pessoas levem nossas crianças? Concordo com a iniciativa da adoção, mas quero que as pessoas sigam os procedimentos do sistema.

No entanto, um oficial do governo malauiano insistiu que, antes de David ser retirado do país, Madonna já estava "envolvida com a burocracia da adoção há algum tempo". O caso foi suspenso e foi dado prosseguimento à adoção interina, mas o debate foi esquentando à medida que outras organizações começaram a se pronunciar.

— Sempre que possível, trabalhamos com nossos parceiros no exterior para manter as crianças com suas famílias — disse Alison Sanderson do International Children's Trust. — Psicológica e emocionalmente... a família (local) é o melhor ambiente para criar uma criança.

A família de David, no Malauí, que incluía tios e uma avó, estava preocupada com a situação.

— As pessoas estão se aproveitando do meu irmão porque ele é pouco instruído — disse Profera, o tio de David.

Havia uma preocupação de que Yohame, o pai, não estivesse compreendendo inteiramente o que significava a adoção.

— Ele não sabe que vai ficar completamente, e para sempre, sem a custódia do menino. A questão é a conscientização e a ignorância que envolvem todo o processo — acrescentou Undule Mwakasungule, diretor do Centre for Human Rights and Rehabilitation do Malauí. Yohame Banda confundiu as coisas ao dar declarações contraditórias. Disse que jamais concordara que Madonna levasse seu filho permanentemente, mas, em seguida, disse que não contestaria a adoção.

As opiniões estavam divididas. Alguns viram a doação feita por Madonna de 1,6 milhão de libras para ajudar novecentos mil órfãos como uma tentativa de acelerar o processo de adoção, enquanto outros consideraram a doação um presente valioso para o país.

— Temos que ser francos. Não temos condições financeiras de cuidar dos milhares de bebês que estão ficando órfãos a cada dia — disse Mirriam Nyirongo, uma enfermeira aposentada que trabalha num orfanato ao norte do Malauí. — Se as pessoas ricas, como Madonna, ficassem, cada uma delas, com uma criança apenas, isso já seria uma grande ajuda para o país.

O contraste entre a vida de David na África e a perspectiva de sua vida na Inglaterra era gigantesco. No vilarejo de Lipunga, que ele deixou para trás, a escola primária conta com seis professores para 892 crianças. Quatro das oito salas de aula não possuem carteiras. O hospital mais próximo fica a 64 quilômetros de distância e uma outra opção seria uma clínica médica que fica a 22 quilômetros dali. Com sua nova família, David viajaria em jatinho particular pulando de uma mansão para outra, em Mayfair, Wiltshire, Nova York e Beverly Hills. Freqüentaria as melhores escolas particulares e teria acesso aos melhores médicos e hospitais. Um dos primeiros presentes que Madonna comprou para ele foi um cavalinho de balançar da loja Harrods que custou cinco mil libras esterlinas.

Embora Madonna tenha um padrão de vida privilegiado, ela e Guy ainda tiveram que enfrentar uma espera inquietante desde o dia em que conheceram David até o momento em que a permissão para a adoção interina foi de fato concedida.

— Madonna ficou tão feliz quando as coisas deram certo — disse uma sócia do projeto Raising Malawi. — Ela passa a imagem de uma mulher tão forte que você nunca a imaginaria chorando. E, no entanto, vi lágrimas em seus olhos quando ela recebeu a notícia de que o pedido de adoção fora aceito. Ela estava muito emocionada com tudo aquilo.

Madonna disse simplesmente:

— Valeu totalmente a pena. Ele é simplesmente o melhor bebê do mundo. Guy e eu nunca estivemos tão felizes.

Ao longo dos meses de outubro e novembro, a história ainda não estaria acabada. Pesquisas on-line e cartas exaltadas votavam "contra" ou "a favor". Madonna saiu para comprar um bebê como se ele fosse um acessório de moda, diziam alguns. Este foi o seu mais novo golpe publicitário. Ela devia adotar um bebê do seu próprio país antes de sair voando sem propósito para a África. Se Madonna quer ajudar o Malauí, devia pagar toda a dívida do país, e ainda assim lhe sobraria dinheiro. Mas havia outras vozes. A estrela devia ser saudada por sua coragem. Deviam deixá-la em paz para que possa estreitar os laços com o novo bebê. O "anjo Madonna" trouxe à tona o problema das crianças que sofrem na África.

— Como ousam questionar as razões dela? — explodiu o marido Guy. — É absurdo criticarem Madonna por ela querer dividir seu amor e sua riqueza.

Mais uma vez Madonna havia se tornado um pára-raios para as críticas. Sentindo-se vitimizada, ela emitiu uma declaração em causa própria:

— Depois de tomar conhecimento de que havia mais de um milhão de órfãos no Malauí, tive o desejo de abrir as portas do nosso lar e ajudar uma criança a escapar de uma vida de extrema necessidade, pobreza e, em muitos casos, morte, assim como optei por ampliar nossa família, acolhendo-o. Passamos por todo o procedimento legal de adoção como qualquer outra pessoa que adota uma criança. Informações contrárias a isso são totalmente inverídicas.

Em vez de ficar quieta no seu canto e esperar que a poeira baixasse, lançou violentamente sua própria campanha, dando uma entrevista emocionada para o programa da Oprah Winfrey. Disse que David estava muito doente, que sofria de pneumonia no dia em que ela e Guy chegaram ao orfanato em seus automóveis 4X4.

— Eu fiquei em pânico — disse Madonna. — Não quis deixá-lo na instituição porque sabia que não tinham medicamentos para tratar dele. — Eles conseguiram levá-lo a uma clínica onde lhe deram antibiótico e um dilatador bronquial, e foi então que ele começou a se recuperar. — Ele me deixou paralisada. Eu fui completamente atraída por ele.

Houve especulações sobre o fato de que, apesar de ter ficado "paralisada" pelo pequeno David, Madonna encontrara tempo para ir à academia de ginástica e para comandar uma campanha de publicidade mundial para seu novo livro infantil: *As rosas inglesas: bom demais para ser verdade.* Ela deu uma entrevista a Kirsty Wark, apresentadora do programa da BBC *Newsnight*, num quarto decorado com cortinas e velas, e apareceu novamente no canal de televisão nacional americano, convidando o apresentador do programa de entrevistas, Regis Philbin, para ser o padrinho de seu novo filho. Na entrevista para o programa *Today's*, da NBC, ela diria:

— Eu não imaginava que seria vista como um demônio... Não imaginava que seria acusada de seqüestro ou de estar fazendo algo ilegal. — Ela especularia, ainda, que muitas das críticas teriam sido motivadas por racismo, pelo fato de ela ser uma mulher branca e rica e estar adotando um bebê negro, por isso, alegou: — Isso explica a reação de muita gente quanto à minha adoção de David.

Sem arrependimentos e extremamente furiosa, Madonna parecia incapaz de se afastar da mídia, o que a deixava vulnerável a novas condenações. Outra celebridade, Angelina Jolie, sentiu-se compelida a comentar o caso, dizendo que estava "horrorizada" com os ataques a Madonna, mas aproveitou também para deixar claro que só adotaria crianças vindas de países nos quais as leis de adoção fossem claramente definidas.

O fato de Madonna ter ido a um canal de vendas para promover seu livro também não contribuiu muito. E há a foto bizarra, feita por um *paparazzo*, na qual se vê Madonna fazendo *cooper* no Central Park, seguida de perto por uma babá que corria com David num carrinho de bebê. Guy brigou muito com Madonna por ela ter se envolvido com todo o circo da publicidade, dizendo que isso dera a impressão de que a adoção era algo que ela estava fazendo sozinha e não junto com ele. Os críticos diziam que, se Madonna quisesse mesmo privacidade, teria ido para o Malauí sem câmeras. Afinal, outras estrelas, como Ewan McGregor e Meg Ryan, já tinham adotado crianças de outros países, e conseguiram que a mídia não fizesse um estardalhaço por conta disso. Estas críticas ignoravam o fato de que Madonna sempre resolvera todos os seus assuntos em público. Com uma necessidade de receber amor e atenção da grande massa, e ao mesmo tempo sensível demais às críticas, ela acabou criando o seu próprio círculo vicioso. Quando Kirsty Wark, da BBC, ousou sugerir que Madonna devia estar achando tudo aquilo desconcertante, pois estava acostumada a ter tudo sempre sob controle, a estrela retrucou:

— Sou uma pessoa atenta aos detalhes, mas as coisas, com freqüência, não acontecem à minha maneira. A reação do mundo foi bastante chocante. Jamais poderia ter me preparado para isso.

Dentro de poucas semanas, mais lenha foi jogada à grande fogueira causada pelo estardalhaço da mídia com boatos de que Madonna pensava em adotar outra criança africana, desta vez uma menina. Guy não estava muito animado com a idéia, pois queria assimilar David à família primeiro, mas Madonna estava numa campanha vigorosa.

— Vi esta menina no vilarejo, com olhos negros e curiosos e um sorriso tão triste — disse ela. — Pensei: ela é exatamente como eu era. E então disse a Guy: "Temos que dar um lar a esta criança também." É provável que ainda adotemos. As condições de vida aqui me deixaram devastada.

A adoção estava trazendo à tona velhos traumas do passado, e lembranças de como ela se sentira abandonada quando criança. Parece haver um padrão de comportamento no desejo de algumas celebridades na menopausa, de se engajarem em causas sociais e criarem suas próprias tribos do arco-íris. Mulheres como Josephine Baker, Audrey Hepburn e Mia Farrow também embarcaram em odisséias pessoais para salvar as crianças do mundo. Ao se aproximarem do fim de seus anos de fertilidade, elas talvez passem por uma crise e sintam a vontade de colocar esse sentimento para fora, para todo mundo. Sua necessidade de criar uma outra família, maior, é a maneira que encontram de curar velhas feridas que permaneceram ocultas por muito tempo. Em solidariedade a Madonna, Mia Farrow sentiu-se motivada a comentar:

— Ela é uma mulher maravilhosa e acho que esta criança, no mínimo, terá acesso a todas as oportunidades. Fico feliz pela criança e pela família.

Em torno desta questão, reside o eterno desconforto do mundo perante uma mulher muito poderosa, principalmente uma que provoca toda a ansiedade e culpa ocidental com relação à pobreza mundial. Há inveja dos milhões de Madonna, e uma necessidade de restringir sua influência, de fazê-la baixar a crista. Mas há também admiração pela maneira como ela persegue seus objetivos e, neste processo, vai revelando o mundo, colocando em aberto os problemas que a preocupam. Com a adoção do menino David e a doação para os órfãos do Malauí, ela fez mais do que muitas estrelas já fizeram no que diz respeito a chamar atenção para a pobreza desesperadora que existe na África.

A estrela do século XXI ressuscitou aquela antiga imagem de Nossa Senhora com o menino Jesus, só que, desta vez, de uma forma moderna, chamando a atenção para temas modernos. Deu início a uma cruzada que, com o tempo, irá voltar-se contra ela ou levá-la a ser universalmente respeitada como uma humanitária. No Natal de 2006, no entanto, Madonna se sentia exausta e infeliz. Em uma sexta-feira à noite, houve uma cerimônia no Centro de Cabala de Londres para abençoar David e recebê-lo no seio da congregação.

— Guy estava lá com Rocco nos ombros, e parecia sentir-se confortável. Lola falava alto e corria por toda parte, exibindo seu espírito livre e precoce — observou um amigo. — Mas Madonna estava sentada sozinha com David. Ela estava bonita, mas não parecia feliz. Parecia se sentir isolada. — O frenesi da mídia também tinha o seu preço.

A esta altura, Madonna estava totalmente na defensiva e sentia que até mesmo os amigos mais próximos a tinham decepcionado. Ela se desentendera com Stella McCartney devido à questão dos direitos dos animais. Fã de peles, Madonna aborreceu Stella quando, em 2001, usou um chapéu de mil libras, feito por Philip Treacy com pele de raposa. Em dezembro, depois de adotar David, foi fotografada, saindo do restaurante Cecconi em Mayfair, em Londres, portando um casaco de 35 mil libras, feito com a pele de quarenta chinchilas. Somado ao fato de que Madonna e Guy alugavam regularmente a propriedade em Wiltshire para jogos de caça, tudo isso foi demais para Stella. Ela foi dura, então, com a amiga e o resultado disso foi que, a partir de 2007, Madonna concordou que não haveria mais festas de caça em sua casa de campo. A decisão também foi influenciada pelas reclamações dos residentes locais de que os pássaros de caça estavam voando em direção aos cabos de alta voltagem e causando cortes de eletricidade na região. Ela devia estar ciente de que a imagem caridosa e espiritual que fazia de si mesma não combinava com o uso de pele de animal verdadeira e com a morte de pássaros.

— Uma pessoa com a influência de Madonna deveria agir de forma mais responsável — disse Mary Brady, da Animal Rights Coalition.

Mais uma vez, Madonna sentiu o calor da desaprovação pública.

Aquele fora um ano muito produtivo para sua carreira, mas também muito complicado no que diz respeito à esfera emocional. Ela fizera um disco e uma turnê de grande sucesso, mas, em contrapartida, vivera uma luta pessoal em seu casamento e ainda vivia uma batalha pela adoção de David. No final do ano, ela encerrou seus projetos. Pelo menos por um tempo. Guy e Madonna renovaram os votos de casamento numa cerimônia simples na casa deles em Wiltshire e depois foram para uma ilha no oceano Índico passar o Natal.

— Geralmente não saio de férias, mas foi maravilhoso — disse Madonna. — Com três crianças, você precisa de férias para descansar das férias!

Ela parecia tranqüila e renovada, mas uma rusga de ansiedade já se aproximava. Na verdade, Madonna passara a maior parte das férias malhando furiosamente na academia de ginástica enquanto Guy levava as crianças para a praia. Nada fã do sol, para não correr o risco de ficar enrugada, Madonna passou em lugares fechados a maior parte do tempo. No fundo, ela e Guy caminhavam mais uma vez em direção a uma vida mais independente um do outro. Depois do breve momento de harmonia durante a crise da adoção, dificuldades antigas voltaram a aparecer, e eles começaram a ter discussões em público.

Rebelando-se contra o comportamento controlador de Madonna, Guy saía para beber, caçar e pescar com os amigos. Ela telefonava para os lugares onde ele geralmente ia para beber, procurando-o, querendo saber quando voltaria para casa. Muitas vezes ele desligava o telefone celular. Ao tentar provar que era dono da própria vida, Guy estava passando dos limites.

— Guy é realmente duro com Madonna. Ele não a deixa se safar de nada — disse um amigo. — Não é uma boa coisa. É como se ele achasse que fosse sua obrigação dar uma dura nela de vez em quando. Ela fica cansada disso às vezes. Ela quer que ele seja mais gentil.

Ambos queriam desesperadamente fazer o casamento dar certo, por causa das crianças, mas ele se sentia sob pressão. Ela sentia saudades de casa e queria se mudar de volta para Nova York, enquanto ele preferia ficar em Londres e não complicar a vida escolar das crianças. Eles fingiram que estava tudo bem em janeiro, quando foram juntos, como uma família, assistir à estréia de *Arthur e os Minimoys*, um filme de animação de Luc Besson para o qual Madonna dublara a voz da princesa Selenia. Embora Madonna se agarrasse a Guy como se ele fosse sua única salvação, surgiram rumores de que ela estava, secretamente, considerando alguns planos para se mudar de volta para Nova York, com ou sem ele.

E ela mais uma vez se dedicava com tudo à carreira: desenhando uma coleção de roupas para a gigantesca empresa de moda sueca H&M, produzindo um documentário sobre o Malauí e começando a trabalhar em seu novo álbum. Em abril de 2007, entraria em estúdio com dois dos nomes mais quentes da indústria musical, Justin Timberlake e Timbaland, para criar um disco "inspirado no hip hop". Também dirigiu seu primeiro curta-metragem, uma comédia de baixo orçamento sobre uma estrela pop em busca de realização pessoal, chamado *Filth and Wisdom — Alguma sujeira e sabedoria de menos*. E ainda encontrou tempo para voltar com David ao Malauí, para que o menino pudesse ver o pai novamente. Apesar das críticas anteriores das agências de apoio do país, muitos malauianos reagiram à volta de Madonna como se ela fosse uma heroína para eles.

Como diz a letra de "Jump", havia muito o que fazer, muita vida para viver, e nunca, em tempo algum, ela pretendera permanecer num lugar do qual já tinha extraído todo o aprendizado que podia.

E O QUE SERÁ deste ícone, ao entrar nos cinqüenta anos?

— Madonna já superou isso. Ela diria que não, pois é isso o que tem que dizer, mas na verdade já superou — diz o seu editor de vídeo, Dustin Robertson. — Como vai se despedir? Como vai deixar tudo isso para trás? É uma jornada épica pela qual terá que passar, como mulher, como artista e como ícone. E sem falar de como vai ser ficar olhando do lado de fora do campo, como todos nós vamos certamente ter que fazer.

Talvez Madonna siga adiante entrando no campo da política, usando a influência que tem com o público. A senadora norte-americana Hillary Clinton é uma das poucas mulheres ainda vivas que ela admira e respeita, e Madonna não faz nenhum segredo a respeito de sua amizade com seu marido, Bill, e com outros notáveis ativistas democratas, como Michael Moore. A campanha de Madonna, Raising Malawi, ampliou seus horizontes a uma dimensão que já se podia esperar dela, bem ao estilo de Bono, fazendo com que se envolvesse ainda mais com a campanha mundial contra a pobreza. Em julho de 2007, fez um show no Wembley, participando do evento global Live Earth, e lançou "Hey You", uma canção de caridade (um tanto morna) para a campanha. Nos anos 1980 e 1990, seu objetivo era a libertação da mulher. Agora, parece que ela quer fazer parte de um movimento de libertação do mundo.

— As pessoas me subestimaram, não é verdade? — disse ela, em 2006. — Pensaram que tudo aquilo que eu fazia nos anos 1990 era só o que tinha a oferecer como mulher... Não tenho vergonha de nada do que fiz. Mas muito daquilo vinha de um lugar cheio de raiva e rebeldia, de tentar ser corajosamente combativa no que dizia respeito ao feminismo. Foi preciso que a cabala me ensinasse que toda aquela controvérsia não era necessária, que as mulheres podem muito bem transmitir uma idéia de autoridade de uma maneira boa, pelo exemplo de suas vidas.

Tradicionalmente, uma mulher aos cinqüenta anos era vista como ultrapassada, sem função na sociedade. O melhor que ela podia fazer era concluir seu trabalho e se retirar graciosamente para cuidar dos netos. Agora, um número cada vez maior de mulheres está atingindo o ponto alto da carreira aos cinqüenta anos, e produzindo um grande impacto cultural no mundo. Atualmente existem mulheres que são chefes de Estado, como a chanceler alemã Angela Merkel; a presidente da Finlândia, Tarja K. Halonen; Luisa Diogo, primeira-ministra de Moçambique; e Helen Clark, primeira-ministra da Nova Zelândia. Nos idos dos anos 1980, um slogan de que gostávamos muito era "O futuro é feminino", apenas porque aquilo parecia um sonho distante. Talvez Madonna perceba que o mundo político está onde o verdadeiro poder está. Talvez, como seu antigo namorado, Warren Beatty, ela possa até mesmo vir a buscar uma indicação para disputar a presidência pelo Partido Democrata.

Mesmo que não seja abertamente política, Madonna sempre terá um papel público. Grande colecionadora de obras de arte, ela disse certa vez que, quando ficasse "muito, muito velha", gostaria de ser como Peggy Guggenheim, uma patrona das artes e dos artistas. Madonna sempre teve a habilidade de abrigar uma vasta gama de pessoas embaixo de suas asas. Segundo o ensaísta cultural Andrew Ross, ela funciona "como o que os ambientalistas chamam de megafauna carismática: espécies adoráveis e com um apelo visual enorme, como a baleia ou a coruja pintada, que por conta do nome simpático que têm, ecossistemas inteiros podem ser salvos e protegidos através de patrocínio público".

O mundo no qual Madonna vive e respira é a sua própria arte. Não há dúvida de que continuará fazendo música (na ocasião da publicação deste livro na Inglaterra, ela estava finalizando mais um álbum, *Hard Candy*), mas que caminho tomará como artista? Ela detestaria tornar-se uma paródia de si mesma, como as heroínas Mae West e Marlene Dietrich, cambaleando para subir ao palco aos oitenta anos, com uma peruca e quilos de maquiagem no rosto, cantando "Like a Virgin". Será que ao longo dos seus cinqüenta anos ela ainda estará lutando contra o envelhecimento? Ou irá buscar algo mais profundo e diverso, explorando conceitos artisticamente mais radicais, como fez sua heroína na dança, Martha Graham, que, aos cinqüenta anos, coreografou *Herodiade*, uma de suas criações mais poderosas?

Há muito em comum entre Madonna e seu grande ídolo da dança. Uma ex-dançarina de Graham, Jane Dudley, relembra vividamente a atuação de Graham em *Herodiade*:

— Quando ela dançava, era irreal... Trazia você para dentro dela de um modo que era quase hipnótico.

Madonna fez algo equivalente com "Like a Prayer", com "Justify My Love", com "Mer Girl" e "Mother and Father". E não são apenas estes momentos de psicodrama que exercem um poder transformador: ela ainda compreende bem o dinamismo inclusivo e celebratório que a dança tem — o que está presente de "Into the Groove" a "Vogue", a "Music" e a "Hung Up". Ela tem proporcionado aos fãs uma gloriosa exibição de imagens, além de anos de shows instigantes. Continuará a comunicar com seu corpo e sua música o que vê como o *zeitgeist*, o espírito do seu tempo. Seja qual for o resultado, a história de Madonna é longa, e a influência é de longo alcance. Ela nasceu num momento de exaltação da Virgem Maria no catolicismo americano. Atingiu a fama nos anos 1980, quando a Virgem era adorada em relicários espalhados pelo mundo inteiro. E sua fama tem ressurgido em períodos de conflitos e de incerteza global. Em seu desejo de salvar o Malauí, ela está saindo do mundo pop para assumir o papel de mãe espiritual. Como diz sua companheira pop iconoclasta, Tori Amos:

— Ela introduziu um novo paradigma de que a Virgem Maria pode ter sido espiritual *e* sexual. Se a Madonna dos tempos modernos entendeu perfeitamente ou não todas as implicações, não importa: ela foi batizada de Madonna e recebeu uma grande dádiva com uma música chamada "Like a Virgin".

Isso representou a ressurreição da Virgem Maria como mulher. Há muito nós temos relacionado o conceito de espiritualidade a uma idéia de negação da dimensão sexual, mas Madonna desafiou isso.

Embora cheia de falhas e extremamente humana, é o seu destemor que serve de inspiração. Como o ícone que originalmente levou o seu nome, Madonna está aqui para a eternidade.

Agradecimentos

AGRADEÇO, SOBRETUDO, a Malcolm Boyle, pelo amor, pelo humor e pela inspiração. Agradeço muitíssimo ao meu assistente de pesquisa Rob Diament (vocalista e compositor da banda Temposhark e um impressionante colecionador de informações sobre Madonna). Sua inteligência e entusiasmo me inspiraram toda vez que o trabalho passava por fases mais difíceis. Agradeço também à minha agente Jane Turnbull e aos meus editores: Doug Young e Sarah Emsley da Bantam Press, e Mauro DiPreta da HarperCollins US, pelo apoio e confiança no livro. E a Robert Sabella, pela ajuda e perspicácia.

Agradeço a enorme generosidade de todos os entrevistados, pelo tempo que me dedicaram e por suas recordações. O absoluto vigor, a criatividade e o dinamismo de tantos que conheceram e trabalharam com Madonna me impressionaram profundamente. A quantidade de material relevante era tão grande que não foi possível incluir tudo no livro. Agradeço, então, aos entrevistados Edward Acker, Lorenzo Agius, Tori Amos, Nancy Andersen, Camille Barbone, Andre Betts, Jimmy Bralower, Ginger Canzoreni, Louise Carolin, Ingrid Chavez, Gardner Cole, Pablo Cook, Wendy Cooling, Maree Cooper, Wyn Cooper, Andrae Crouch, Kevin Cummins, Marius De Vries, Bill De Young, Kim Drayton, Johnny Dynell, Andy Earle, Julia Eccleshare, Brigitte Echols, Ulrich Edel, Deborah Feingold, James Foley, Geoff Foster, Randy Frank, Bruce Gaitsch, Salim Gauwloos, Jon Gordon, Niki Haris, Ramon Hertz, Richard Hojna, Barney Hoskyns, Anthony Jackson, Mark Kamins, Mihran Kirakosyan, Danny Kleinman, Pearl Lang, Brian McCollum, Melodie McDaniel, Alex Magno, Bob Magnusson, Maripol, Charles

Melcher, Bill Meyers, Peter Morse, Rick Nowells, Melinda Patton, Guy Pratt, Princess Julia, Raistalla, Tim Rice, Dustin Robertson, Sandy Robertson, Earle Sebastian, Susan Seidelman, Tony Shimkin, Guy Sigsworth, Peter Sparling, Billy Steinberg, Peggy Vance, Carlton Wilborn, Doug Wimbish, Dick Witts e Peter York.

E agradeço muitíssimo a Heather Bradford, Sarah Cheang, Wendy Fonarow, Louise Kerr, Adrian Neale, Susan O'Brien, Daniel Theo e June Turner pela incrível ajuda com a pesquisa. Por fim, agradeço carinhosamente à minha família, por tudo.

Notas

A não ser as que são apenas mencionadas, todas as entrevistas para este livro foram concedidas à autora, na Inglaterra e nos Estados Unidos, entre os anos de 2004 e 2007.

Introdução

11: "Eu sou (...) *l'art.*" *The Confessions Tour* — Live from London DVD, 2007.

12: "Os olhos dela (...) começava a dançar." EVERETT, Rupert. *Red Carpets and Other Banana Skins*. Londres: Little Brown, 2006, p. 11.

12: "Ela uniu e cicatrizou (...) a prostituta." PAGLIA, Camille. *Sexo, arte e cultura americana*. São Paulo: Companhia das Letras, 1993, p. 11.

15: "É como se ela (...) a entrevista por ela." MAILER, Norman. Norman Mailer on Madonna: Like a Lady. *Esquire*, ago. 1994.

16: "Não sou tão (...) para merecer isso?" PRICE, Richard. War Over Baby David. *Daily Mail*, 25 jan. 2007.

16: "O que mais me (...) dessa sensação." *Naked Ambition*. UK Channel 4, dez. 2000.

1. A morte de Madonna

21: "Meus avós (...) queria se distanciar." WORRELL, Denise. Madonna: Why She's Hot. *Time*, 27 mai. 1985.

23: "Ela era (...) estrutura facial." Ibid.

24: "Eu era considerada (...) meu pai." Ibid.

25: "Minha mãe estava sempre (...) minha mãe." Ibid.

25: "Eu me lembro (...) 'tudo vai melhorar'." Ibid.

27: "Às vezes, (...) além sombrio." ZEHME, Bill. Madonna: The Rolling Stone Interview. *Rolling Stone*, 23 mar. 1989.

28: "A característica mais assustadora (...) em movimento." BOWLBY, John. *Attachment and Loss*. Londres: Pimlico, 1998, vol. 3, p. 371.

28: "Durante os cinco anos após a morte (...) tentando me estrangular." *Na cama com Madonna*, 1991.

28: "obsessiva por cuidar dos outros." BOWLBY, op. cit., p. 368.

29: “Acho que o que mais me tornou capaz de me expressar (...) Eu não aprendi nada dessas regras de educação e de comportamento.” THOMPSON, Douglas. *Madonna: Queen of the World*. Londres: John Blake, 2001, p. 16-17.

29: “Mãe significa (...) a mártir.” EICHENBAUM, Luise, e ORBACH, Susie. *Understanding Women*. Londres: Pelican Books, 1985, p. 60.

30: “O jansenismo promoveu (...) influência jansenista.” McBRIEN, Richard P. *Catholicism: Third Edition*. Londres: Geoffrey Chapman, 1994, p. 639-640.

31: “Minha mãe era uma fanática religiosa (...) a gente tenha isso em comum.” LASKAS, Jeanne Marie. *Immaterial girl*. Harpers & Queen, nov. 2005.

31: “Eu achava (...) bonito.” MADONNA. Madonna’s Private Diaries. *Vanity Fair*, nov. 1996.

31: “Era um ato fundamental (...) e nos filmes.” CHINNICI, Joseph O.F.M. “The Catholic Community at Prayer 1926-1976”. In: O’TOOLE, James (ed.). *Habits of Devotion*. Ithaca e Londres: Cornell University Press, 2004, p. 185.

31-32: “Quando uma mulher dá à luz uma menina, (...) o de uma cidadã de segundo plano.” EICHENBAUM e ORBACH. op. cit., p. 40.

32: “a conexão com o mundo exterior (...) precisará fazer mais tarde.” Ibid, p. 62.

2. Um lugar mágico

37: “Sou uma pessoa (...) eu não tenho necessidade de ser uma estrela.” CICCONE, Christopher. Oh Brother!. *Attitude*, jul. 2006.

37: “Eu me ressentia (...) Cinderela elevada à quinta potência.” WORRELL, Denise. Madonna: Why She’s Hot. *Time*, 27 mai. 1985.

38: “Eu não diria (...) será recompensado por seu investimento.” *Madonna: The Unauthorized Biography*. M.I.A. Vídeo, 1993.

38: “A cachorra (...) a algum lugar.” Ibid.

44: “Acredite, Madonna era uma página (...) o que não lhe seria negado.” TARABORRELLI, J. Randy. *Madonna: An Intimate Biography*. Londres: Sidgwick & Jackson, 2001, p. 28.

45: “Nenhuma das crianças brancas (...) como parte do grupo.” Madonna: Virgin Pop. *Island Magazine*, set. 1983.

46: “Na escola (...) mim mesma.” SHEWEY, Don. Madonna: The Saint, The Slut, The Sensation. *The Advocate*, 7 e 21 mai. 1991.

48: “Esquece, eu jamais poderia ser trágica.” TARABORRELLI, op. cit., p. 29.

49: “Christopher foi meu mentor, (...) meu tudo.” WORRELL, op. cit.

49: “Eu sabia que era sensual (...) uma garota bonita.” Ibid.

49: “Me sinto superior. (...) Me sinto uma guerreira.” BEGO, Mark. *Madonna: Blond Ambition*. Nova York: Cooper Square Press, 2000, p. 45.

51: “Era um visual punk, (...) chamar atenção.” MORTON, Andrew. *Madonna*. Londres: Michael O’Mara, 2001, p. 60.

51: “brilhante (...) muito magra.” TARABORRELLI, op. cit., p. 31.

52: "Tenho certeza (...) anoréxica." MORTON, op. cit.
53: "uma força (...) humana." *Naked Ambition*. UK Channel 4, dez. 2000.
53: "Eu tocava bateria (...) dançando." op. cit.
53: "Ela se lançou (...) minha amiga." TARABORRELLI, op. cit., p. 31.
53: "foi para a dança (...) arte moderna." Disponível em: www.gale.com, 2005.
54: "a linguagem oculta da alma." Disponível em: www.quotations.com, 2005.
54: "Não era natural (...) 180 graus." JOWITT, Deborah. *Time and the Dancing Image*. Berkeley e Los Angeles: University of California Press, 1988, p. 173.
55: "Não acredito (...) às pessoas." *UK LWT South Bank Show Documentary: The Alvin Ailey American Dance Theater, 1987.*
55: "Nas boates (...) eu era livre." GARFIELD, Simon. Looks Good on the Dance Floor. *Observer Music Monthly*, nov. 2005.
55: "A pista de dança (...) através da música." ECCLESTON, Danny. Power Is an Aphrodisiac. *Q Magazine*, jun. 1998.
56: "Não fora bem aconselhada." MORTON, op. cit., p. 64.
56: "Pare (...) por mim!" TARABORRELLI, op. cit., p. 35.

3. A arrogância e a coragem!

60: "Morro de raiva (...) da carreira dela." REDDINGTON, Helen. *The Lost Women of Rock Music: Women Musicians of the Punk Era*. Londres: Ashgate Press, 2007, p. 144.
60-61: "Nós nos vestíamos (...) totalmente confusos." O'BRIEN, Lucy. *She Bop II*. Londres e Nova York: Continuum, 2002, p. 146.
63: "Arrumei um emprego para ela (...) que ela estava conseguindo ter." *Naked Ambition*. UK Channel 4, dez. 2000.
64: "Um outro jeito (...) comprometedor demais." *Madonna: The Unauthorized Biography*. M.I.A. Vídeo, 1993.
65: "Eu fui violentada, (...) trataria com *glamour*." MORTON, Andrew. *Madonna*. Londres: Michael O'Mora, 2001, p. 69.
65: "Foi uma seqüência muito pesada (...) contar aquela história." Ibid.
67: "sensual (...) feita de luz." *Naked Ambition*, op. cit.
67: "Eu me oriento pela batida (...) no meu canto." *The Truth About Madonna's Men*. UK Channel 5, set. 2005.
70: "Você só tem ambição (...) nenhum talento!" TARABORRELLI, J. Randy. *Madonna: An Intimate Biography*. Londres: Sidgwick & Jackson, 2001, p. 54.
70: "Ela já tinha uma série (...) trabalhar juntos." *Naked Ambition*, op. cit.
70-71: "Algumas pessoas (...) nesse sentido." Ibid.
73-74: "Meus modelos eram (...) me deu coragem." ST. MICHAEL, Mick. *Madonna "Talking"*. Londres: Omnibus Press, 2004, p. 40.
74: "Uma banda levada (...) quebra os padrões." GAAR, Gillian G. *She's a Rebel: The History of Women in Rock & Roll*. Londres: Blandford Press, 1993, p. 107.

74: "Eu fui intensamente influenciada (...) referência." CHE, Cathay. *Deborah Harry: Platinum Blond*. Londres: André Deutsch, 1999, capa.

74: "Aquilo a impressionou (...) Ali ela teve um estalo." *Naked Ambition*, op. cit.

78: "uma garota real (...) *gloss* nos lábios." BURCHILL, Julie. *Time Out*. 23 jan. 1986.

4. Jam Hot, um grande improviso

87: "Eu a vi se fazendo de bêbada (...) se parecesse 'careta'." *Naked Ambition*. UK Channel 4, dez. 2000.

87: "Parecia uma garota (...) por dentro das coisas." Ibid.

90: "Você pode dançar (...) algum estímulo." GARFIELD, Simon. Looks Good on the Dance Floor. *Observer Music Monthly*, nov. 2005.

90: "Não tínhamos dinheiro nenhum (...) programadores de rádio." *The Truth About Madonna's Men*. UK Channel 5, set. 2005.

91: "Acho que se eu estivesse (...) Acreditava realmente em si mesma." *Madonna: The Unauthorized Biography*. M.I.A. Vídeo, 1993.

94: "Não penso (...) a vida." Disponível em: www.artquotes.net, 2006.

94: "SAMO (...) fazer arte". Ibid.

94: "Jean era (...) casamento da aristocracia, conveniente e previamente arranjado." HOBAN, Phoebe. *Basquiat: A Quick Killing in Art*. Nova York: Viking Penguin, 2004, p. 163.

95: "Madonna ligou o toca-fitas (...) a todos os lugares." Ibid.

95: "nunca (...) nenhum sentimento." Ibid, p. 165.

97: "Eu disse a ela (...) dois mil." SUTCLIFFE, Phil. Lucky Star, at Home and in Bed with Madonna. *Q Special Edition*, 2003, p. 13.

97: "Rika, eu sou (...) vamos mandar ver." HOBAN, op. cit., p. 160.

98: "Pensei que Reggie (...) igual a elas." HOSKYNS, Barney. Cheek to Cheat. *NME*, 5 nov. 1983.

98: "canção comercial (...) em torno do refrão." TATIT, Luiz. "Analysing Popular Songs". In: HESMONDHALGH, David e NEGUS, Keith (eds.). *Popular Music Studies*. Londres: Arnold, 2002, p. 33-49.

98: "uma busca (...) melodia". Ibid.

100-101: "A maioria dos meus amigos (...) algo assim." Disponível em: www.bouncefm.com, 2006.

101: "A música não parava (...) demais!" Ibid.

101: "O som dele (...) corações partidos." SHAPIRO, Peter. *Turn the Beat Around: The Secret History of Disco*. Londres: Faber & Faber, 2005, p. 266.

101: "Era muito comum (...) de seu disco." Disponível em: www.bouncefm.com.

102: "Ela decidiu, então, (...) para as canções pop." SUTCLIFFE, op. cit.

102: "Agora eu sei (...) uma categoria nova." HOSKYNS, op. cit.

103: "Ela é desprezível (...) Copia tudo." *The Madness of Boy George*. UK Channel 4, 2006.
103: "Ela ficaria no país (...) apareceu." BLACK, Johnny. Dancing Queen. *Q Special Edition*, 2003, p. 14.
103: "Meu Deus! (...) muito dela": FLETT, Kathryn. A Box of Madges. *Observer*, 4 dez. 2005.
104: "encaixavam as pernas (...) uns dos outros." BLACK, op. cit.
106: "Nos Estados Unidos, (...) música negra." HOSKYNS, op. cit.
107: "Maripol (...) acontecerem." Introdução de O'BRIEN, Glenn. *Maripolarama: Polaroids by Maripol*. Nova York: PowerHouse Books, 2005, introdução.

5. Louca e pervertida

111: "Nem todos no lugar entenderam (...) trazia tudo de volta." JOHNSON, Howard. Do You Remember the First Time? *Q Special Edition*, 2003, p. 24.
112: "Eu disse para ela: (...) artista de verdade." Ibid.
112: "Ela estava convencida (...) louca." Ibid, p. 25.
113: "Loucura e perversão (...) mexer com as pessoas." ZOLLO, Paul. *Songwriters on Songwriting*. Cincinnati: Da Capo Press, 2003, p. 622.
114: "Perder a virgindade (...) com a canção." JOHNSON, op. cit.
117: "Isso para nós, (...) fazer as coisas." Ibid.
119: "Ela era a minha garota (...) desse relacionamento." *The Truth About Madonna's Men*. UK Channel 5, set. 2005.
119: "A música é (...) o alvo." ST. MICHAEL, Mick. *Madonna "Talking"*. Londres: Omnibus Press, 2004, p. 36.
119: "Não era mais um mercado (...) o mundo dos negócios." ELIOT, Marc. *Rockonomics: The Money Behind the Music*. Londres: Omnibus Press, 1990, p. 188.
120: "Ter uma superestrela (...) que se pode ter." Ibid, p. 193.
121: "As pessoas detestavam (...) que eu não era lésbica!" O'BRIEN, Lucy. *She Bop II*. Londres e Nova York: Continuum, 2002, p. 228.
121: "Não dá para viver (...) me vender." Ibid, p. 229.
122: "parecia meio só (...) ridículo." Ibid, p. 230.

6. Como parei de me preocupar e aprendi a amar Madonna

123: "Trabalhei (...) que ia acontecer." ST. MICHAEL, Mick. *Madonna "Talking"*. Londres: Omnibus Press, 2004, p. 17.
130: "Madonna (...) furta em lojas." HACKETT, Pat (ed.). *The Andy Warhol Diaries*. Nova York e Boston: Warner Books, 1989, p. 632.
130: "Madonna (...) eles concordaram com isso." Disponível em: www.madonnasashram.com, 2005.

132: "Pensei que estava (...) clipe de rock." MATTHEW-WALKER, Robert. *Madonna: The Biography*. Londres: Pan, 1989, p. 81.
134: "Gosto de misturar (...) não ficam bem em mim." Ibid, p. 93.
134: "Se eles estão felizes (...) maiores de 17 anos." Ibid, p. 91.

7. Maquiando-se à maneira espetacular de Hollywood

139: "Ficávamos a noite inteira (...) um dublê para fazer." MATTHEW-WALKER, Robert. *Madonna: The Biography*. Londres: Pan, 1989, p. 95.
142: "A única coisa (...) dizer nada." Ibid, p. 97.
142: "Ela estava a caminho (...) naquela época." Disponível em: www.imdb.com, 2006.
143-144: "Lembro que o sol (...) do meu poder." DEEVOY, Adrian. I'm a Tormented Person. *Q Magazine*, jun. 1991.
145: "O casamento acabou virando (...) não pareceria verossímil." MATTHEW-WALKER, op. cit., p. 105.
145: "mistura perfeita (...) novo visual hollywoodiano." HACKETT, Pat (ed.). *The Andy Warhol Diaries*. Nova York e Boston: Warner Books, 1989, p. 670.
146: "uma personagem (...) era realmente uma atriz." MATTHEW-WALKER, op. cit., p. 109.
146: "ele não sabia (...) o filme." ST. MICHAEL, Mick. *Madonna "Talking"*. Londres: Omnibus Press, 2004, p. 59.
147: "Eu não parava de dizer (...) qualquer coisa." Ibid, p. 59.
147: "Ele me deu (...) num filme." Ibid, p. 58.
147: "uma estrela pop famosa (...) LSD." WISE, Damon. The Player. *Q Special Edition*, 2003, p. 39.
147: "era bobo (...) surpreendentemente ruim." WALKER, John (ed.). *Halliwell's Film and Video Guide 2003*. Londres: HarperCollins, 2003, p. 752
147-148: "Eu era a única (...) era ótimo." HACKETT, op. cit., p. 762.
148: "Eu peço a você (...) não assista ao filme." ST. MICHAEL, op. cit., p. 59.
150: "uma bosta conveniente cafona de merda." MORTON, Andrew. *Madonna*. Londres: Michael O'Mara, 2001, p. 165.
150: "Na música popular, (...) engrenagem." ADORNO, Theodor W. "On Popular Music". In: FRITH, Simon e GOODWIN, Andrew (eds.). *On Record: Rock, Pop and the Written Word*. Londres: Routledge, 1990, p. 303.
152: "à beleza (...) latino-americano." ANDERSEN, Christopher. *Madonna Unauthorized*. Londres: Michael Joseph, 1991, p. 152.
152: "Só quem não é latino (...) é bem-vinda." O'BRIEN, Lucy. *She Bop II*. Londres e Nova York: Continuum, 2002, p. 373.
152: "Ela estava (...) canções de amor." ST. MICHAEL, op. cit., p. 43.
153: "música (...) o caminho errado." ECCLESTON, Danny. True Blue. *Q Special Edition*, p. 34.

156: "Era como se Madonna (...) uma deusa." Disponível em: www.madonnatribe.com, 2006.

156: "Perguntei a Madonna (...) neste momento." HACKETT, op. cit., p. 616.

156: "Caramba, (...) um ano atrás." Ibid, p. 649.

156-157: "Madonna (...) perfeitamente pintado." Ibid, p. 675.

157: "queria facilitar, (...) democrático e franco." KOESTENBAUM, Wayne. *Andy Warhol*. Londres: Phoenix, 2001, p. 188.

157: "Com a estrutura física (...) serigrafias." Ibid, p. 131.

8. Eu na cena

161: "Eu estava realmente animada (...) um pastelão." ST. MICHAEL, Mick. *Madonna "Talking"*. Londres: Omnibus Press, 2004, p. 59.

161: "Eu tinha muito (...) vulnerabilidade que ela sente." MATTHEW-WALKER, Robert. *Madonna: The Biography*. Londres: Pan, 1989, p. 124-25.

162: "Todos os executivos da Warner (...) junto com os escritores." ST. MICHAEL, op. cit., p. 60.

164: "Quando ela e James Foley (...) não queira isso." KELLY, Richard T. *Sean Penn: His Life and Times*. Nova York: Canongate, 2004, p. 183.

164: "Tem gente (...) das duas carreiras." ST. MICHAEL, op. cit., p. 60.

169: "Curiosamente, (...) sobre ela." ECCLESTON, Danny. True Blue. *Q Special Edition*, p. 35.

170: "Eu estava em combustão interna (...) em meu espírito." LAHR, John. Citizen Penn. *Observer Magazine*, 4 jun. 2006.

170: "Tentando transformar (...) um pouco melhor." Ibid.

170: "Eles bebiam (...) sem ressaca." Ibid.

171: "É difícil compreendê-lo, (...) muito interessante." Ibid.

171: "Eles eram furiosos (...) vagabundos!" LEIGH, Wendy. I'm Just Attracted to Bums. *News of the World Sunday Magazine*, 9 ago. 1987.

172: "Sean (...) ao meu marido." KELLY, op. cit., p. 189.

172: "Ao conseguir (...) a sorte grande." *The Truth About Madonna's Men*. UK Channel 5, set. 2005.

172: "É como ir para cama com um garotinho de nove anos." Ibid.

172: "Sou a única atriz (...) lábios." *The Arsenio Hall Show*. Fox Broadcasting, 1990.

173: "Ela é a única (...) garota realmente corajosa." SHEWEY, Don. Madonna: The Saint, The Slut, The Sensation. *The Advocate*, 7 e 21 mai. 1991.

173: "Madonna não fica (...) como estar morta." MORTON, Andrew. *Madonna*. Londres: Michael O'Mara, 2001, p. 159.

173: "Ela desenvolveu (...) cabelo terrível." LAHR, op. cit.

9. O pecado está dentro de você

175: "Não tentei adocicar (...) estava sentindo." ZOLLO, Paul. *Songwriters on Songwriting*. Cincinnati: Da Capo Press, 2003, p. 616.

176: "Madonna andava triste (...) 'o álbum do divórcio'." KINNERSLEY, Simon. The Real Madonna: "I Just Call Her Daisy". *Mail on Sunday*, mar. 1989.

179: "Não acho que o uso do crucifixo (...) muito religiosa." *Naked Ambition*. UK Channel 4, dez. 2000.

179: "Às vezes, me sinto culpada (...) religião dolorosa." ZEHME, Bill. The Rolling Stone Interview. *Rolling Stone*, 23 mar. 1989.

181: "Eu realmente queria (...) um coro." ZOLLO, op. cit., p. 620.

182: "Sou eu lidando (...) na vida de uma pessoa." Ibid, p. 621.

183: "pequeno estúdio (...) no lugar para cantar." Ibid.

183: "Talvez eu não tenha sido (...) nenhum de nós." TARABORRELLI, J.Randy. *Madonna: An Intimate Biography*. Londres: Sidgwick & Jackson, 2001, p. 356.

184: "Essa tem muito a ver (...) que não pode acabar." ZEHME, op. cit.

185: "Não finalizamos nada (...) do outro lado da linha." Ibid.

186: "a confissão era primordial (...) com Deus." O'TOOLE, James M. (ed.). *Habits of Devotion*. Ithaca e Londres: Cornell University Press, 2004, p. 85.

187: "Para pecados da carne (...) para orgulho, orações." Ibid, p. 157.

187: "o impulso sexual (...) Pecado Original." McBRIEN, Richard P. *Catholicism: Third Edition*. Londres: Geoffrey Chapman, 1994, p. 560.

187: "É preciso unir (...) você convive." ZOLLO, op. cit., p. 620.

188: "O clipe de 'Like a Prayer' (...) me impunham." Madonna Speaks!!! *Smash Hits*, 28 jun.-11 jul. 1989.

191: "Tive que pintar meu cabelo (...) tão a sério." Ibid.

191: "Breathless Mahoney (...) experiente como vilã." ST. MICHAEL, Mick. *Madonna "Talking"*. Londres: Omnibus Press, 2004, p. 60.

191-192: "ela tem a vibração (...) é por isso que elas são colossais." NISBET, Jenny. Stars and Hypes. *Sunday Express Magazine*, ago. 1986.

192: "Devia ser maravilhoso nos velhos tempos (...) como faziam antigamente." ST. MICHAEL, op. cit., p. 56.

10. Só no carão

195: "*Nunca tinha sido feito (...) arrasamos.*" Disponível em: www.madonnatribe.com, 2006.

196: "Com a desculpa de (...) proximidade ocorrem." DEEVOY, Adrian. I'm a Tormented Person. *Q magazine*, jun. 1991.

196: "Ela está sempre (...) poucas pessoas realmente conseguem." *Na cama com Madonna*, 1991.

201: "'Justify My Love' (...) plágio." Disponível em: www.jimdero.com, 2001.
203: "quebrar todo tipo de regra possível." DOYLE, Tom. The Greatest Show on Earth. *Q Special Edition*, 2003, p. 48.
203: "jardineiro de paisagens, (...) três em um." BUYS, Sara. Rebel Without a Pause. *Harper's Bazaar*, out. 2006.
203: "Minhas roupas (...) permanece oculta." DOYLE, op. cit., p. 48.
204: "Sutiãs em forma de cone (...) parecer rebelde." *The Truth About Madonna's Men*. UK Channel 5, set. 2005.
205: "Madonna (...) saudável para uma mulher." MENZIES, Janet. Body of a Bombshell. *Daily Express*, 30 abr. 1991.
208: "acredita em liberdade artística e de expressão." *Na cama com Madonna*. op. cit.
210: "Vou filmar você (...) percam o efeito." O'BRIEN, Lucy. Is That the Real Me? *Select*, mai. 1991.
210: "Estava totalmente preparado (...) tudo correu bem." Ibid.
211: "Estou revelando (...) bastante revelador." RICKEY, C. Madonna on Madonna. *Philadelphia Inquirer*, 16 mai. 1991.
211: "Eu simplesmente me virava (...) em seu ponto mais fraco." DOYLE, op. cit.
211: "Ela muitas vezes (...) repreendida." FISHER, Carrie. True Confessions: Part Two. *Rolling Stone*, 27 jun. 1991.
211-212: "Por que eu tive (...) constrangedor às vezes." *Na cama com Madonna*, op. cit.
214: "Foi uma coisa realmente estranha (...) Marte." DEEVOY, op. cit.
214: "Aquilo me deixou maluco (...) privacidade que tenho." JONKERS, Gert. Entrevista para a revista virtual www.buttmagazine.com, 2006.
217: "Eu não entraria em confronto (...) as babaquices dela." O'BRIEN, op. cit.
217: "Em *Na cama com Madonna,* (...) supremacia branca." HOOKS, Bell. *Black Looks: Race and Representation*. Londres: Turnaround, 1992, p. 162.
217: "Então por que tanta gente (...) no poder." Ibid, p.163-164.
218: "Ela é realmente uma chata (...) de seu banheiro." O'BRIEN, op. cit.
218: "Um auto-retrato (...) bem-humorado." MASLIN, Janet. No One Ever Called Her Shy. *New York Times*, 10 mai. 1991.
218: "É entretenimento (...) épico." MATHEW-WALKER, Robert. *Madonna: The Biography*. Londres: Pan, 1989, p. 876.
219: "Pensei que ia ter (...) vai doer." *Na cama com Madonna*, op. cit.

11. Anjo caído

221: "As pessoas esperam que você (...) e culparam a mim por isso...". DU NOYER, Paul. I'd Play That Song and Cry. *Q magazine*, dez. 1994.
221: "Tenho orgulho de ter sido uma pioneira". ST. MICHAEL, Mick. *Madonna "Talking"*. Londres: Omnibus Press, 2004, p. 109.

221: "Começou como um desejo (...) artístico de idéias." O'BRIEN, Lucy. *She Bop II*. Londres e Nova York: Continuum, 2002, p. 224.
221: "Quero uma gravadora (...) harém." ST. MICHAEL, op. cit., p.39.
223: "'O Corpo' (...) voga." KENT, Sarah. Virgin on the Ridiculous. *Time Out*, 21-28 out. 1992.
223: "Na realidade, isso (...) pelo mau comportamento." NEIL, Andrew. Laid Bare: Unmasking Madonna. *Sunday Times Magazine*, 18 out. 1992.
223: "fala verborragicamente (...) silêncio." FOUCAULT, Michel. História da sexualidade I: a vontade de saber. 16ª ed. Rio de Janeiro: Edições Graal, 1998.
223: "Em todo o meu trabalho, (...) não tenha medo." NEIL, op. cit.
224: "A sexualidade (...) poder." FOUCAULT, op. cit.
226: "Quando eu era jovem, todas as minhas experiências sexuais (...) fica espiando." SHEWEY, Don. Madonna: The Saint, The Slut, The Sensation. *The Advocate*, 7 e 21 de mai., 1991.
226: "Quando ela goza, (...) gostosa!" MADONNA. *Sex*. Callaway e Nova York: Warner Books, 1992.
226: "O beijo (...) ela beija bem." *The Truth About Madonna's Men*. UK Channel 5, set. 2005.
227: "Não vou dizer (...) ou com um homem." NEIL, Andrew. I'm on a Mission: Part 2. *Sunday Times Magazine*, 25 out. 1992.
227: "uma ingênua (...) um pouco verdadeira." GRACE, Della. Estudos sobre *Unwrapping Sex*, discussão sobre o livro *Sex* no ICA, Londres, 30 mar. 1993.
227: "Madonna (...) dos *yuppies*." BAKER, Russell. Those Vile Few. *New York Times*, 24 out. 1992.
228: "Ela foi a primeira (...) para as celebridades lésbicas." O'BRIEN, Lucy. *She Bop II*. Londres e Nova York: Continuum, 2002, p. 270.
229: "Vejo a nossa amizade (...) espera passar." MORTON, Andrew. *Madonna*. Londres: Michael O'Mara, 2001, p. 185.
229: "Mesmo se eu tivesse descoberto (...) amiga de Madonna." OWEN, Frank. *Clubland: The Fabulous Rise and Murderous Fall of Club Culture*. Nova York: Broadway Books, 2003, p. 115.
229: "Nós nos falamos (...) teria rolado." *The Truth About Madonna's Men*, op. cit.
229: "Eu acho (...) a nossa comunidade." CAROLIN, Louise. Madonna — Icon or Vampire? *Diva*, ago. 2006.
230: "Acho que mulheres (...) essas qualidades." CZYZSELSKA, Jane. Jenny Shimizu & Rebecca Loos: What's the Story?. *Diva*, nov. 2005.
230: "Conheci Madonna (...) inteligente e segura." Ibid.
230: "Nós não somos donas (...) contribuição para o show." CAROLIN, op. cit.
231: "Há algo (...) gesto de amor." *Madonna*, op. cit.

231: "localizada (...) martírio." CIRLOT, J.E. *A Dictionary of Symbols*. Londres e Nova York: Routledge, 1988, p. 68-69.

231: "A definição (...) o machuque." NEIL. *Laid Bare*, op. cit.

231: "Estou trabalhando (...) um mundo de sonhos." NEIL. *I'm on a Mission*, Ibid.

232: "Em tese, (...) procurando por isso." *Madonna*, op. cit.

232: "Eu não queria (...) jeito nenhum." *The Truth About Madonna's Men*. op. cit.

232: "Era divertido, (...) *esfriar*!" Ibid.

234: "o sorriso de Madonna (...) Papua Nova Guiné." WARNER, Marina. Body Politic. *Observer*, 18 out. 1992.

235: "Talvez ela possa (...) visão das coisas." Ibid.

235-236: "Quando Madonna e companhia (...) cada um o seu caminho." ISHERWOOD, Charles. *Wonder Bread and Ecstasy: The Life and Death of Joey Stefano*. Los Angeles e Nova York: Alyson Books, 1996, p. 135-36.

236: "Se ela não (...) danos psicológicos irreversíveis." NEIL, op. cit.

238-239: "Eu tenho uma força de vontade brutal (...) sempre me importunando." HIRSCHBERG, Lynn. The Misfit. *Vanity Fair*, abr. 1991.

249: "O problema foi ter (...) causado por ele." AIZLEWOOD, John. Bedtime Stories. *Q Special Edition*, 2003, p. 73.

251: "Era terrível (...) uma puta." MORTON, op. cit., p. 152.

251: "Madonna (...) quando ainda era uma criança." KELLY, Richard T. *Sean Penn: His Life and Times*. Nova York: Cannongate, 2004, p. 180.

253: "A *groupie* é uma figura (...) o emprego certo." FONAROW, Wendy. *Empire of Dirt: The Aesthetics and Rituals of British Indie Music*. Middletown, CT: Wesleyan University Press, 2006, p. 210.

253: "Eu não sou de classe média alta (...) adolescente sem teto." O'BRIEN, op. cit., p. 171.

254: "O interesse de Madonna (...) próxima vítima." BRITE, Poppy Z. *Courtney Love: The Real Story*. Nova York: Simon & Schuster, 1997, p. 135.

254: "Quem tem (...) puta comigo?" Entrevista concedida no MTV Video Music Awards, out. 1995.

254: "Ela é extremamente (...) que faça sucesso." ST. MICHAEL, op. cit., p. 105.

254-255: "Elas falam mal (...) precisam se tornar independentes." GARRATT, Sheryl. Je ne regrette rien. *Face*, out. 1994.

255: "Um curandeiro inconsciente, (...) a fim de curá-la." IZOD, John. "Madonna as Trickster". In: LLOYD, Fran (ed.). *Deconstructing Madonna*. Londres: Batsford Ltd., 1993, p. 59.

255: "Eu infiltrei tanto (...) do que fora." TURNER, Kay (ed.). *I Dream of Madonna*. Londres: Thames & Hudson, 1993, p. 11.

255: "Ela estava interessada (...) atenção no problema." Ibid, p. 83.

256: "resposta não oficial (...) desse diálogo." Ibid, p. 20.
258: "celebrando o amor (...) de sexo e de amor." IZOD, op. cit., p. 55.

12. Só filmo o que preciso

261: "Divido minha carreira (...) aterrorizando as pessoas." MORTON, Andrew. *Madonna*. Londres: Michael O'Mara, 2001, p. 183.

266: "Acho que este foi (...) na minha opinião." JONKERS, Gert. Entrevista para a revista virtual www.buttmagazine.com, 2006.

269: "Eu queria mais do (...) 'disco da Madonna'." Release de imprensa da Maverick/Sire Records, out. 1994.

270: "É sobre Deus (...) em um pedestal." Ibid.

271-272: "minhas cantigas (...) pessoas de cor." HARRIS, Julius. Lullabies That Wake You Up. *Interview*, set. 1993.

273: "Escrevi a canção (...) bêbadas num bar ou algo assim." ASTON, Martin. *Björk: Björkgraphy*. Londres: Simon & Schuster, 1996, p. 262.

275: "soul delicioso (...) lamento." O'DAIR, Barbara. Resenha. *Rolling Stone*, 15 out. 1994.

275: "a garota continua (...) uma montanha de penas." SNOW, Mat. Resenha. *Q magazine*, out. 1994.

282: "Jogadores de basquete, (...) os observa de perto." RODMAN, Dennis. *Bad as I Wanna Be*. Nova York: Dell, 1996, p. 234.

283: "havia diálogos inventados (...) entrar na minha vida." MADONNA. Madonna's Private Diaries. *Vanity Fair*, nov. 1996.

283: "Fui com ela (...) dispensada por ele." Entrevista com o autor. *Q magazine*, nov. 1996.

284: "cara estudioso, (...) e inocente." THOMPSON, Douglas. *Madonna: Queen of the World*. Londres: John Blake, 2001, p. 234.

285: "era como se alguma (...) mão sobre o papel." MORTON, op. cit., p. 204.

13. Bits, zeros e uns

293: "Há especulações (...) fria e calculista." ST. MICHAEL, Mick. *Madonna "Talking"*. Londres: Omnibus Press, 2004, p. 110.

294: "Lourdes é um lugar (...) mas nunca conseguiu." ECCLESTON, Danny. Power Is an Aphrodisiac. *Q magazine*, jun. 1998.

295: "Os católicos acreditavam (...) protegesse seus filhos." KANE, Paula M. "Marian Devotion Since 1940: Continuity or Casualty". In: O'TOOLE, James (ed.). *Habits of Devotion*. Ithaca e Londres: Cornell University Press, 2004, p. 89-129.

300: "estranhamente, inquietantemente (...) era a socialização." BREWSTER, Bill e BROUGHTON, Frank. *Last Night a DJ Saved My Life*. Londres: Headline, 2006, citado na revista *One Week to Live*, fascículo 32, 3-9 jul. 2006.

300: "Eu amo o estilo (...) éramos uma boa combinação." FRENCH, Paul. Weird Science. *Q Special Edition*, 2003, p. 107.

300: "bom para ouvir (...) quando estivesse doidão." ECCLESTON, op. cit.

301: "Ela é uma pessoa muito obstinada (...) do que eu a ela." FRENCH, op. cit.

302: "Foi difícil para Pat. (...) destruí-las completamente." Ibid.

303: "A água é um elemento (...) nas minhas músicas." ECCLESTON, op. cit.

303: "A Igreja sempre (...) espírito da Páscoa." McBRIEN, Richard P. *Catholicism: Third Edition*. Londres: Geoffrey Chapman, 1994, p. 815.

304: "'Ray of Light' é apenas um (...) na gravação." HOGWOOD, Ben. *Head in a Cellcloud*. Disponível em: www.musicomh.com, mar. 2006.

304: "Lola não sabe que eu sou famosa, (...) uma perspectiva diferente." ECCLESTON, op. cit.

307: "Ela saiu de dentro (...) de arrepiar." Ibid.

307: "Mergulhei no Mundo de Madonna (...) e isso é o que ela realmente é." Ibid.

310 "Há grandes fases da minha vida (...) encontrei um." GANNON, Louise. Madonna: 'I've Been so Lonely for Much of My Life'. *Grazia*, 27 jun. 2005.

310: "Sabe quando as pessoas dizem (...) girando sobre o meu corpo!" SAWYER, Miranda. The Future Sound of London. *Face*, ago. 2000.

311: "Guy diz essas coisas (...) realmente fosse." THOMPSON, Douglas. *Madonna: Queen of the World*. Londres: John Blake, 2001, p. 260.

312: "Eu estava bem próximo de Trudi (...) minhas pernas tremerem um pouco." STEUER, Joseph. This Director Shoots from the Hip. *Interview*, fev. 2001.

314: "uma ética de trabalho que esmaga a minha. (...) o que aprender." FURNISH, David. Guy About Town. *Interview*, mar. 1999.

315: "Cada nova cena musical (...) coisas novas." Disponível em: www.emimusicpublishing.com, 2006.

315: "Na época do Taxi Girl, (...) mudar a cultura." McDONNELL, Evelyn. For This Avantgardist, Music Is More Than a Rock Star Cliché. *Interview*, fev. 2001.

315: "música é profecia (...) tornará visível." ATTALI, Jacques. *Noise: The Political Economy of Music*. Minneapolis e Londres: University of Minnesota Press, 1985, p. 11.

315: "O desafio era (...) profissional da música." McDONNELL, op. cit.

316: "Eu me sinto como um animal (...) desse tipo de energia." SAWYER, op. cit.

317: "Não chega a ser uma canção experimental, (...) para a música de vanguarda." McDONNELL, op. cit.

318: "Todas essas músicas (...) maravilhosa, é 'Amazing'." SAWYER, op. cit.

318: "É uma canção de amor, (...) levemente desconfortável." Ibid.

321: "Se eu soubesse que seria mal compreendida (...) o mundo inteiro idealiza." MADONNA. Madonna's Private Diaries. *Vanity Fair*, nov. 1996.

324: "Ele era pequeno (...) muito mais forte." THOMPSON, op. cit., p. 270.

324 "Primeiro Madonna (...) ensinou a amar alguém de verdade." TARABORRELLI, J. Randy. *Madonna: An Intimate Biography*. Londres: Sidgwick & Jackson, 2001, p. 351.

14. Trabalho duro e boas risadas

327: "Eu tenho que me manter atual (...) Britney Spears e Christina Aguilera." TARABORELLI, J. Randy. *Madonna: An Intimate Biography*. Londres: Sidgwick & Jackson, 2001, p. 345.

331: "Meu Deus, como você está linda." Ibid., p. 377.

331: "Finalmente vou treinar duro (...) mas também estou um pouco apreensiva." O'BRIEN, Lucy. The Second Coming. *Q Special Edition*, 2003, p. 122.

332: "Eu realmente não esperava (...) de trabalhar era diferente." Ibid.

333: "Quando o ensaio acabava, (...) bem com o trabalho." Ibid.

334: "A sua música, naquele período, (...) Foi realmente intrigante." Disponível em: www.madonnatribe.com, 2006.

334: "Cresci numa área (...) de teatro divino." Disponível em: www.drownedmadonna.com, 2006.

335: "Eu pensei, é! (...) doem nos seus dedos." O'BRIEN, op. cit., p. 125.

337: "Ele é muito exigente. (...) todo o sucesso que teve." Disponível em: www.madonnatribe.com, 2006.

339: "Grande parte da estrutura rítmica (...) o clímax do espetáculo." O'BRIEN, op. cit.

341-342: "em eventos comemorativos. (...) num momento tão difícil." Disponível em: www.madonnatribe.com, 2006.

344: "A fama é uma coisa brutal. (...) atravessado por leões." Citação em *WH Smith Diary*, 17 set. 2006.

344: "Há uma sedução erótica (...) fabricado artificialmente." EAGLETON, Terry. The Love That Speaks Its Name. *Hello! The Times Higher Education Suplement*, 9 dez. 2005.

344: "o fascínio (...) Ou melhor: eu ficava presa a isso." REES, Paul. Listen Very Carefully, I Will Say This Only Once. *Q magazine*, mai. 2003.

345: "Madonna estava chegando (...) descartou logo de cara." EVERETT, Rupert. *Red Carpets and Other Banana Skins*. Londres: Little, Brown, 2006, p. 242.

346: "Eu pus o cara sentado (...) daquele jeito há anos." KELLY, Richard T. *Sean Penn: His Life and Times*. Nova York: Canongate, 2004, p. 190.

347: "Estou dizendo que esse negócio (...) sabe mais do que eu?" REES, op. cit.

348: "Na hora de fazer a letra, (...) uma canção que surgiu assim." Ibid.

352: "É uma mensagem antiguerra (...) e eu sou contra todas elas." Ibid.

354: "O país inteiro pode discordar de mim, (...) Por quê?" SWEETING, Adam. How the Chicks Survived Their Scrap with Bush. *Daily Telegraph*, 15 jun. 2006.

354: "Prefiro ter um público menor (...) Toby Keith." TRYANGIEL, J. In the Line of Fire. *Time magazine*, 29 mai. 2006.

355: "muito intelectual, (...) chateada com George Bush." GARFIELD, Simon. Looks Good on the Dance Floor. *Observer Music Monthly*, nov. 2005.

355: "Existe uma atmosfera de medo (...) está fazendo isso." DAVIES, H. Sir Elton Attacks New 'Era of Censorship' in America. *Daily Telegraph*, 17 jul. 2004.

15. Mamãe pop star

357: "Beijei Britney Spears. (...) minha energia para ela." PETERSON, Todd. Madonna to Daughter: I'm Not Gay. *People*, 18 abr. 2007.

360: "Madonna pensou no título *Re-Invention* (...) aqueles que a usavam." Disponível em: www.madonnatribe.com, 2006.

361: "A religião provoca fragmentação. (...) possam ser um só." Do filme *I'm Going to Tell You a Secret*, 2005.

362: "Madonna foi quem teve a idéia. (...) funcionou muito bem." Disponível em: www.drownedmadonna.com, 2006.

363: "Esta é a parte mais estranha: não é um caos (...) um grande arrebatamento." SEGAL, David. Prime Madonna. *Washington Post*, 15 jul. 2004.

364: "Não estou interessada (...) prefiro não fazer." GINSBERG, M. Madonna: the Saga Continues. *W magazine*, mar. 2003.

365: "Sempre vi Madonna (...) a religião." Ibid.

367: "Eu posso gostar de moda, às vezes (...) Não se trata disso." Ibid.

370: "Insisti que esta sabedoria (...) então todos podem." SHAKESPEARE, Jocasta. Hollywood and Divine. *Observer Magazine*, 27 ago. 2006.

370: "É desafiante. É como uma aula de física, (...) e foi isso que atraiu Guy." DOUGARY, Ginny. The American Rose. *The Times Magazine*, 13 set. 2003.

371: "Homens e mulheres são duas entidades (...) ela revela a luz." NAHMIAS, Ruth. Palestra no Centro de Cabala. Londres, jan. 2006.

372: "Com a intenção de fazer (...) purificação." LANCASTER, Brian L. *The Essence of Cabala*. Royston, Herts: Eagle Editions, 2006, p.167.

372: "Eu vi, na ocasião, (...) escritora de livros infantis espetacular." DOUGARY, op. cit.

373: "As mulheres são muito passivas (...) Isso é tudo um monte de porcaria." Ibid.

373: "Primeiro convidaram (...) era mesmo muito legal." MADONNA. *As rosas inglesas*. Londres: Puffin, 2003, p. 42.

374-375: "A música, assim como a letra, (...) balas musicais." BARTHES, Roland. "On Popular Music". In: *Image Music Text*. Nova York: Fontana Press, 1977, p. 448.

16. American Wife

378: "Adotando matizes cuidadosamente (...) se casavam com nobres ingleses falidos." BOWLES, Hamish. Like a Duchess. *U.S. Vogue*, ago. 2005.

378: "Guy sempre quis morar no campo (...) Ele ama a natureza e os animais." Ibid.

379: "Nós passamos alguns dias (...) e meio macabra." THOMPSON, Douglas. *Madonna: Queen of The World*. Londres: John Blake, 2001, p. 264.

379: "há algo muito místico na casa (...) que existe no mundo." BOWLES, op. cit.

379-380: "Você pode ir até lá (...) escudo contra o mundo." Ibid.

380: "o cheiro pesado, (...) sangue." GILL, A. A.. A. A. Gill Is the Deer Hunter. *GQ Magazine*, jan. 2003.

381: "Ela foi bem-sucedida (...) da segurança". Power 100 of the Countryside. *Country Life*, 13 out. 2005.

382: "Madonna tem pouco a acrescentar (...) do estilo de vida aristocrático inglês." ALBIEZ, Sean. The Day the Music Died Laughing: Madonna and Country. In: FOUZ-HERNANDEZ, Santiago e JARMAN IVENS, Freya (eds). *Madonna's Drowned Worlds: New Approaches to Her Cultural Transformations, 1983-2003*. Londres: Ashgate, 2004, p. 130.

385: "Nunca, em tempo algum, pensei (...) as coisas foram mudando." LASKAS, Jeanne Marie. The Once and Future Madonna. *Ladies' Home Journal*, jul. 2005.

385: "O tratamento generoso (...) paraíso fiscal." MEEK, James. Super Rich. *Guardian*, 17 abr. 2006.

386: "Considero (...) mães substitutas!" ST. MICHAEL, Mick. *Madonna "Talking"*. Londres: Omnibus Press, 2004, p. 123.

386: "o álbum foi escrito (...) subconsciente." O'BRIEN, Lucy. *She Bop II*. Londres e Nova York: Continuum, 2002, p. 467.

386: "Eu vi a mesma (...) coisa toda estourou." Ibid.

388: "Não posso acreditar (...) dinheiro suado desse jeito." ST. MICHAEL, op. cit., p. 121.

388-389: "Uma coisa é (...) que está ali presente." DOUGARY, Ginny. The American Rose. *The Times Magazine*, 13 set. 2003.

389: "Eles cuidam (...) é ótimo para mim!" SHAKESPEARE, Jocasta. Hollywood and Divine. *Observer Magazine*, 27 ago. 2006.

391: "O fato de (...) ser a própria família." MEEK, op. cit.

"a voz de Madonna estava hesitante (...) mas estava lúcida." NEWTON, V. e KENNEDY, S. Madonna with Ze Big Bruises. *Sun*, 17 ago. 2005.

394: "Foi a coisa mais dolorosa (...) grande aprendizado." STRAUSS, Neil. How Madonna Got Her Groove Back. *Rolling Stone*, 1º dez. 2005.

394: "Casamento é difícil. (...) Quase nunca vou a festas, nem a restaurantes." LASKAS, op. cit.

17. ABBA sob efeito de drogas

396: "Eu penso nela, (...) mas é... inatingível." LASKAS, Jeanne Marie. The Once and Future Madonna. *Ladies' Home Journal*, jul. 2005

397: "No meu apartamento tem apenas um (...) e uma chaleira." ROBINSON, Peter. *She's More of a "Padder"*. Disponível em: www.popjustice.com, 25 out. 2005.

397: "Eu não poderia ter feito esse disco (...) nenhum luxo." GARFIELD, Simon. Looks Good on the Dance Floor. *Observer Music Monthly*, nov. 2005.

397-398: "O que nós estamos fazendo agora (...) e então cantava em cima." HERLIHY, Gavin. Driving Ms. Ravey. *Mixmag*, dez. 2005.

398: "Se há referências (...) estrutura molecular." GARFIELD, op cit.

398: "'Hung Up' fala sobre (...) acredito no momento certo." GREIG, G. All Loved Up. *Tatler*, dez. 2005.

399: "Tive que enviar um agente (...) acabaram dizendo sim." TODD, Matthew. Confessions of an Icon. *Attitude*, nov. 2005.

400: "Eu *amo* Londres e Paris, (...) o dedo numa tomada." Ibid.

401: "Parece que ela precisava de uma confirmação (...) as gerações mais jovens novamente." HASTINGS, Chris. Madonna Uses Secret Nightclub 'Focus Groups' to Pick Songs for New Album. *Daily Telegraph*, 28 ago. 2005

402: "Depois de seu álbum anterior, (...) críticas caírem por terra." PAOLETTA, Michael. Dancing Queen. *Billboard*, 12 nov. 2005.

402: "Só se fala de Madonna agora... (...) Mais ABBA. É isso aí." Ibid.

403: "Sou uma mulher de negócios (...) com vontade de dançar." Ibid.

403: "Madonna queria fazer um clipe (...) dentro de uma bola de espelhos." *The Confessions Tour DVD*, 2007.

404: "Quando fiz o clipe (...) me sentir forte novamente." BAILEY, Sarah. Madonna's Secrets. *Harper's Bazaar*, mar. 2006.

405: "No mundo mais simples (...) é infinito." MAINE, Margo. *Father Hunger: Fathers, Daughters and the Pursuit of Thinness*. Carlsbad, CA: Gurze Books, 2004, introdução.

406: "Mesmo com músculos como esses, (...) regime de exercícios pode resolver." SIMPSON, Richard. Even with Muscles Like These... *Daily Mail*, 26 jun. 2006.

406: "Quando conheci Guy, (...) eu respeito isso." GANNON, Louise. I've Been So Lonely for Much of My Life. *Grazia*, 27 jun. 2005.

406: "Ela reclama que ele nunca (...) uma mulher como ela." Madonna: Marriage 'Close to Breaking Point'. *Grazia*, 5 fev. 2007.

408-409: "ter escolhido tantos (...) em Bay City, Michigan." FLETT, Kathryn. A Box of Madges. *Observer*, 4 dez. 2005.

417: "Não é um deboche da cruz (...) em toda a sua vida." Disponível em: www.thetechstop.net.

417: "Ela é um pássaro engaiolado (...) dentro da gaiola." WARK, Kirsty. In Deep with Madonna. *Sunday Times*, 5 nov. 2006.

18. Enviada por Deus

421: "Eu estava tão cheia de adrenalina (...) me ouvir cantando." MADONNA. Transmissão do Live 8 pela BBC. Entrevista concedida a Jo Wiley, 2 jul. 2005.

421: "Eu estava prestes a tirar férias (...) Depois reconsiderei o convite." Transmissão do Live 8 pela BBC. Entrevista concedida a Jo Wiley, 2 jul. 2005.

422: "As pessoas precisam (...) eu realmente não sabia." DOUGARY, Ginny. The American Rose. *The Times Magazine*, 13 set. 2003.

423: "Ele se sente (...) realmente a interessasse." HARRIS, Ed. Is Guy out in Cold?. *Evening Standard*, 3 fev. 2005.

424: "O filme é baseado na fórmula de um jogo (...) três meses." Guy Ritchie: The Director of Revolver Interviewed. Disponível em: www.futuremovies.co.uk, 2006.

424: "Eu não tinha a menor idéia (...) fazendo o filme." Entrevista concedida a Kuki de Salvertes, disponível em www.totemfashion.com, 2007.

426: "Na África, bebês viraram um produto (...) populares nesta linha." SWINFORD, Steven. Madonna & Child. *Sunday Times*, 15 out. 2006.

426: "enviada por Deus." Ibid.

427: "Disseram que um *mzungu* (...) e crescer saudável." Ibid.

427: "Os ricos não devem ter um tratamento preferencial (...) do sistema." FRITH, Maxine e THOMPSON, Christopher. Madonna Polarises Opinion as David Flies Out. *Independent*, 17 out. 2006.

428: "Sempre que possível, (...) para criar uma criança." STIMSON, Ella. Madonna and Child: Saintly — or Sinning?. *Thelondonpaper*, 12 out. 2006.

428: "As pessoas estão se aproveitando (...) envolvem todo o processo." WIDDUP, Ellen e BENTHAM, Martin. Madonna "Bad Example to Parents." *Evening Standard*, 19 out. 2006.

428: "Temos que ser francos. (...) uma grande ajuda para o país." FRITH e THOMPSON, op. cit.

429: "Madonna ficou tão (...) emocionada com aquilo tudo." TARABORRELLI, Randy J. The Story Behind Why Madonna Has Adopted One-Year-Old David. *Hello!*, 24 out. 2006.

429: "Como ousam (...) amor e sua riqueza." LOW, Valentine. Sorry David But This Is Life in Madge's Circus. *Evening Standard*, 17 out. 2006.

431: "Sou uma pessoa atenta aos detalhes, (...) preparado para isso." Entrevista concedida a Kirsty Wark, *BBC Newsnight*, out. 2006.

431-432: "Vi esta menina (...) me deixaram devastada." TARABORRELLI, op. cit.

434: "Geralmente não saio de férias, (...) para descansar das férias!" Entrevista ao *Entertainment News*, BBC Radio 1, jan. 2007.

434: "Guy é realmente duro (...) mais gentil." Madonna: Marriage "Close to Breaking Point", op. cit.

436: "As pessoas me subestimaram, (...) pelo exemplo de suas vidas." TARABORRELLI, op. cit.

436-437: "como o que os ambientalistas (...) patrocínio público." ROSS, Andrew. Citado por ROBERTSON, Pamela. *Guilty Pleasures: Feminist Camp from Mae West to Madonna*. Durham, NC e Londres: Duke University Press, 1996, p. 130.

437: "Quando ela dançava, (...) quase hipnótico." Documentário de MARTHA GRAHAM. *BBC Omnibus*, 1992.

Bibliografia selecionada

BEGO, Mark. *Madonna: Blond Ambition*. Nova York: Cooper Square Press, 2000.

BERG, Yehuda. *The 72 Names of GOD: Technology for the Soul*. Nova York e Los Angeles: Cabala Center International, 2003.

BORDO, Susan. *Unbearable Weight: Feminism, Western Culture, and the Body*. Califórnia: University of California Press, 2004.

BOWLBY, John. *Attachment and Loss, Volume 3: Loss*. Londres: Pilmico, 1998.

BREWSTER, Bill e BROUGHTON, Frank. *Last Night a DJ Saved My Life:The History of the Disc Jockey*. Londres: Headline, 2006.

CHE, Cathay. *Deborah Harry: Platinum Blond*. Londres: André Deutsch, 1999.

EICHENBAUM, Luise, e ORBACH, Susie. *Understanding Women*. Londres: Pelican Books, 1985.

EVERETT, Rupert. *Red Carpets and Other Banana Skins*. Londres: Little Brown, 2006.

FONAROW, Wendy. *Empire of Dirt: The Aesthetics and Rituals of British Indie Music*. Middletown, CT: Wesleyan University Press, 2006.

FOUCAULT, Michel. *A história da sexualidade I: a vontade de saber*. 16ª ed. Rio de Janeiro: Edições Graal, 1998.

FOUZ-HERNANDEZ, Santiago, e JARMAN-IVENS, Freya (eds). *Madonna's Drowned Worlds: New Approaches to Her Cultural Transformations, 1983-2003*. Londres: Ashgate, 2004.

FRANK, Lisa, e SMITH, Paul. *Madonnarama: Essays on Sex and Popular Culture*. Petesburgo/São Francisco: Cleis Press, 1993.

FRITH, Simon, e GOODWIN, Andrew (eds). *On Record: Rock, Pop, and The Written Word*. Londres: Routledge, 1990.

GUILBERT, Georges-Claude. *Madonna as Postmodern Myth*. Jefferson: McFarland & Co., 2002.

HACKETT, Pat (ed). *The Andy Warhol Diaries*. Nova York e Boston: Warner Books, 1989.

HOBAN, Phoebe. *Basquiat: A Quick Killing in Art*. Nova York: Viking Penguin, 2004.

HOOKS, Bell. *Black Looks: Race and Representation*. Londres: Turnaround, 1992.

JOWITT, Deborah. *Time and the Dancing Image*. Berkeley e Los Angeles: University of California Press, 1988.

KELLY, Richard T. *Sean Penn: His Life and Times*. Nova York: Canongate, 2004.

KOESTENBAUM, Wayne. *Andy Warhol*. Phoenix, Londres: 2001.

LANCASTER, Brian L. *The Essence of Cabala*. Royston, Herts: Eagle Editions, 2006.

LLOYD, Fran (ed). *Deconstructing Madonna*. Batsford, Londres: 1993.

McBRIEN, Richard P. *Catholicism, Third Edition*. Londres: Geoffrey Chapman, 1994.

MAINE, Margo. *Father Hunger: Fathers, Daughters and the Pursuit of Thinness*. Califórnia: Gurze Books Carlsbad, 2004.

MARIPOL. *Maripolarama: Polaroids by Maripol*. Nova York: PowerHouse Books, 2005.

MORTON, Andrew. *Madonna*. Michael O'Mara, Londres: 2001.

O'BRIEN, Lucy. *She Bop I and II: The Definitive History of Women in Rock, Pop and Soul*. Londres e Nova York: Continuum, 1995 e 2002.

O'TOOLE, James (ed.). *Habits of Devotion: Catholic Religious Practice in Twentieth Century America*. Ithaca e Londres: Cornell University Press, 2004.

OWEN, Frank. *Clubland: The Fabulous Rise and Murderous Fall of Club Culture*. Nova York: Broadway Books, 2003.

PAGLIA, Camille. *Sex, Art, and American Culture*. Londres e Nova York: Viking, 1992.

REDDINGTON, Helen. *The Lost Women of Rock Music: Women Musicians of the Punk Era*. Londres: Ashgate Press, 2007.

ROBERTSON, Pamela. *Guilty Pleasures: Feminist Camp from Mae West to Madonna*. Durham, NC, e Londres: Duke University Press, 1996.

SHAPIRO, Peter. *Turn the Beat Around: The Secret History of Disco*. Londres: Faber & Faber, 2005.

SWICHTENBERG, Cathy. *The Madonna Connection: Representational Politics, Subcultural Identities, and Cultural Theory*. Boulder: Westview Press, 1993.

TARABORRELLI, J. Randy. *Madonna: An Intimate Biography*. Londres: Sidgwick & Jackson, 2001.

TAYLOR, Marvin J. (ed.). *The Downtown Book: The New York Art Scene 1974-1984*. Princeton e Oxford: Princeton University Press, 2006.

THOMPSON, Douglas. *Madonna: Queen of the World*. Londres: John Blake, 2001.

TURNER, Kay (ed.). *I Dream of Madonna*. Londres: Thames & Hudson, 1993.

ZOLLO, Paul. *Songwriters on Songwriting*. Cincinnati: Da Capo Press, 2003.

Discografia

Singles 7" (GB e EUA; em vinil, cassete e CD)

1982

De 1982 até 1992, todos os singles *foram lançados pelo selo Sire, a não ser que esteja indicado diferente aqui.*

Everybody (3.19 Remix) / (4.42 Dub)

1983

Holiday (Ed.) / *I Know It*

Holiday / *Think of Me*

1984

Borderline / *Think of Me*

Borderline / *Holiday* (EUA: Back-To-Back Hits)

Borderline (Ed.) / *Physical Attraction*

Lucky Star (Ed.) / *I Know It* (LP)

Borderline (Ed.) / *Physical Attraction* e *Holiday* (Ed.) / *Think of Me*

Like a Virgin / *Stay*

Like a Virgin / *Lucky Star* (EUA: Back-To-Back Hits)

1985

Material Girl / *Pretender*

Crazy For You / *No More Words* (selo Geffen; B-side: Berlin)

Crazy For You / *Gambler* (EUA: Back-To-Back Hits)

Crazy For You / *I'll Fall In Love Again* (lado B: Sammy Hagen)

Angel (Remix) / (Ed.)

Angel / *Material Girl* (EUA: Back-To-Back Hits)

Angel (Fade) / *Burning Up* (Remix)

Dress You Up / *Shoo-Bee-Doo*

Dress You Up / *I Know It*

Into the Groove (EUA: Back-To-Back Hits)

Into the Groove / *Shoo-Bee-Doo*
Gambler / *Nature of The Beach* (lado B: Black n'Blue)

1986
Papa Don't Preach (LP) / *Pretender*
Everybody / *Papa Don't Preach* (EUA: Back-To-Back Hits)
Papa Don't Preach (LP) / *Ain't No Big Deal*
True Blue / *Ain't No Big Deal*
True Blue (Remix) / *Holiday* (Ed.)
Open Your Heart / *White Heat*
Open Your Heart / *Lucky Star*
Holiday / *True Blue*
LiveToTell (Ed.) / (Instr.)
Live To Tell / *True Blue* (EUA: Back-To-Back Hits)

1987
La isla bonita (LP) / (Instr. Remix)
La isla bonita / *Open Your Heart* (EUA: Back-To-Back Hits)
Who's That Girl / *White Heat*
Causing a Commotion / *Jimmy Jimmy*
Causing a Commotion / *Who's That Girl* (EUA: Back-To-Back Hits)
The Look of Love / *I Know It*

1989
Like a Prayer (7-inch) / *Act of Contrition*
Like a Prayer (7-inch) / *Oh Father* (Ed.) (EUA: Back-To-Back Hits)
Express Yourself (7-inch Remix) / *The Look of Love* (LP)
Cherish (7-inch) / *Supernatural*
Cherish (Fade) / *Express Yourself* (7-inch Remix) (EUA: Back-To-Back Hits)
Oh Father / *Pray For Spanish Eyes* (LP)
Dear Jessie / *Till Death Do Us Part*
Like a Prayer (7-inch) / (7-inch Fade)
Keep It Together (*Single* Remix)/ (Instr.)

1990
Vogue (*Single*) / *Bette Davis Dub*
Vogue (*Single*) / *Keep It Together* (*Single* Remix)
Vogue / *Keep It Together* (EUA: Back-To-Back Hits)
Hanky Panky (LP) / *More* (LP)
Justify My Love / *Express Yourself* (Shep's 'Spressin' Himself' Re-Remix)
Justify My Love (EUA: Back-To-Back Hits)

1991
Rescue Me (*Single*)/(Alt. *Single* Mix)
Rescue Me (7-inch Mix) / *Spotlight* (LP)
Crazy For You (Remix) / *Keep It Together* (7-inch Remix)
This Used To Be My Playground (*Single*) / (Long)
This Used To Be My Playground (*Single*) / *Hanky Panky* (EUA: Back-To-BackHits)

1992
Todos os singles *entre 1992 e 2005 foram lançados pelo selo Maverick/Sire.*

Erotica (LP) / (Instr.)
Deeper and Deeper (LP) / (Instr.)
I'll Remember (LP) / *Secret Garden* (LP)

1993
Bad Girl (Ed.) / *Fever*
Bad Girl (Ed.) / *Erotica* (William Orbit Dub)
Rain (Radio Remix) / *Waiting* (LP)
Rain (Remix) / *Open Your Heart* (LP)
Fever (LP) / (Remix)

1994
I'll Remember (LP) / *Secret Garden* (LP)
Secret (LP) / (Instr.)
Secret / *Let Down Your Guard* (Rough Mix Edit)
Take a Bow (LP) / (InDaSoul Mix)
Take a Bow (LP) / (Instr.)
Bedtime Story (Album Edit) / (Junior's *Single* Mix)

1995
Bedtime Story (LP) / *Survival* (LP)
Human Nature (Radio) / *Sanctuary* (LP)
You'll See (LP) / (Instr.)
You'll See (LP) / *Live To Tell* (Ao vivo da turnê *Who's That Girl?*)

1996
Love Don't Live Here Anymore (Soulpower Radio Remix) / (Album Remix)
One More Chance / *Veras* (Versão em espanhol de *You'll See*)
You Must Love Me (LP) / *Rainbow High* (LP)
Don't Cry For Me, Argentina / *Santa Evita*

1998

Frozen (LP) / *Shanti/Astangi* (LP)

Ray of Light (LP) / *Has To Be* (faixa fora do álbum)

The Power of Goodbye / Mer Girl

The Power of Goodbye / Little Star

1999

Nothing Really Matters / To Have and Not to Hold (LP)

2000

Music (LP) / *Cyber-Raga* (faixa fora do álbum com participação de Talvin Singh)

Drowned World / Substitute For Love

2001

Don't Tell Me (LP) / (Thunderpuss 2001 Hand In The Air Radio Edit)

What It Feels Like For a Girl / Don't Tell Me

2002

Die Another Day (Radio Edit) / (LP version)

Die Another Day (Radio Edit) / (Dirty Vegas Main Mix)

2003

American Life (Radio Edit) / *Die Another Day* (Calderone & Quayle Afterlife Mix)

American Life (Radio Edit) / *Die Another Day* (Richard Hampty Vission Radio Edit)

Deste ponto em diante todos os singles *foram lançados pelo selo Warner Bros.*

2006

Sorry (Radio Version) / *Let It Will Be* (Paper Faces Vocal Ed.)

2007

Hey You (Composta para o Live Earth e disponibilizada pela Microsoft para download gratuito)

***Singles* 12" (GB e EUA; em vinil, cassete e CD maxi-*singles*)**

1982

De 1982 a 1992, todos os singles *foram lançados pelo selo Sire a não ser que esteja indicado diferente aqui.*

Everybody; *Everybody* (Instr.)
Everybody (Dub)

1983
Burning Up; *Physical Attraction*
Lucky Star (Full Length); *I Know It*
Holiday (Full Length); 'Think of Me'

1984
Borderline (New Mix); *Lucky Star* (New Mix)
Borderline (EUA Remix); (Dub Remix); *Physical Attraction*
Like a Virgin (Ext. Dance Remix); *Stay*
Material Girl (Ext. Dance Remix); *Pretender*

1985
Angel (Ext. Dance Mix); *Into the Groove* (*Single*)
Angel (Ext. Dance Mix); *Burning Up* (Mix)
Dress You Up (12-inch Formal Mix); (Casual Instr. Mix); *Shoo-Bee-Doo* (LP)
Dress You Up (12-inch. Formal Mix); (Casual Instr. Mix); *1 Know It*
Gambler (Ext. Dance Mix); (Instr.); *Nature of The Beach* (Reino Unido, 'Nature of The Beach' por Black n'Blue)
Crazy For You
Into the Groove; *Everybody*; *Shoo-Bee-Doo*

1986
Cosmic Climb (Ext. Dance Mix); (Ext.); *We Are The Gods* (com o subtítulo de *The Early Years*)
Live To Tell (LP); (Ed.); (Instr.)
Open Your Heart (Ext); (Dub); *White Heat*
Open Your Heart(Ext.); (Dub); *Lucky Star*
Papa Don't Preach (Ext. Remix); *Pretender*
Papa Don't Preach(Ext. Remix); *Pretender*; *Ain't No Big Deal*; *Papa Don't Preach* (LP)
True Blue (Color Mix); (Instr.); *Ain't No Big Deal*; *True Blue* (Remix/Edit); *True Blue* (Ext. Dance); *Holiday* (Full Length)

1987
La isla bonita (Ext. Remix); (Ext. Instr.)
Causing A Commotion (Silver Screen Mix); (Dub); (Movie House Mix); *Jimmy Jimmy*
Causing a Commotion (Silver Screen Mix); (Movie House Mix); *Jimmy Jimmy* (Fade)

The Look of Love; *Love Don't Live Here Anymore*; *I Know It*
Who's That Girl (Ext); (Dub); *White Heat* (LP)
Who's That Girl (Ext.); *White Heat* (LP)

1988
Cosmic Climb; *We Are The Gods*; *Wild Dancing* (Wild Dance Mix) (com o subtítulo de *The Early Years*)
Cherish (Ext.); (7-inch); *Supernatural*

1989
Dear Jessie (LP); *Till Death Do Us Part* (LP); *Holiday* (12-inch)
Express Yourself (Non-Stop Express Mix); (Stop & Go Dubs)
Express Yourself (Non-Stop Express Mix); (Stop & Go Dubs); (Local Mix); *The Look of Love* (LP)
Keep It Together (12-inch Remix); (Dub); (12-inch Ext. Mix); (12-inch Mix); (Bonus Beats); (Instr.)
Like a Prayer (12-inch Dance Mix); (12-inch Ext. Remix); (Churchapella); (12-inch Club); (7-inch Remix/Ed.); *Act of Contrition*
Like a Prayer (12-inch Dance Mix); (Churchapella); (7-inch Remix/Edit) 1990 *Hanky Panky* (Bare Bottoms 12-inch Mix); (Bare Bones *Single* Mix); *More* (LP)
The Holiday Collection: *Holiday* (LP); *True Blue* (LP); *Who's That Girl* (LP); *Causing A Commotion* (Silver Screen *Single* Mix) (Reino Unido mini-LP)
Justify My Love (Orbit 12-inch Mix); (Hip Hop Mix); (The Beast Within Mix); *Express Yourself* (1990 Remix Long)
Justify My Love (Orbit 12-inch Mix); (LP); *Express Yourself* (1990 Ed.); *Justify My Love 2* (Hip Hop Mix); (Q-Sound Mix); (The Beast Within Mix); *Vogue* (12-inch); (Bette Davis Dub); (Strike-A-Pose Dub)
Vogue (12-inch); *Keep It Together* (12-inch Remix)
Vogue (12-inch); (Strike-A-Pose Dub)

1991
Rescue Me (Titanic Vocal); (Lifeboat Vocal); (Houseboat Vocal); (S.O.S. Mix); *Rescue Me* (Titanic Vocal); (Lifeboat Vocal); (Houseboat Vocal)
Rescue Me 1 (7-inch Mix); (Titanic Vocal); (Demanding Dub)
Rescue Me 2 (Lifeboat Vocal); (Houseboat Vocal)
Crazy For You (Remix); *Keep It Together* (Special Remix); *Into the Groove* (Shep Pettibone Remix)
Get Down; *Get Down* (Ext. Mix) (com o subtítulo de *The Early Years*)

1992
Todos os singles *entre 1992 e 2005 foram lançados pelo selo Maverick/Sire.*

Erotica (Kenlou B-Boy Mix); (Jeep Beats); (Madonna's In My Jeep Mix); (WO 12-inch); (Underground Club Mix); (Bass Hit Dub)

Erotica (LP); (Instr.); (Radio Ed.)

Erotica (Orbit Mix); (Kenlou B-Boy Mix); (Underground Club Mix); (Orbit Dub); (Madonna's In My Jeep Mix)

Deeper and Deeper (Shep's Classic 12-inch); (Shep's Deep Makeover Mix); (Shep's Deep Beats); (David's Deeper Dub); (Shep's Deeper Dub)

Deeper and Deeper (Shep's Classic 12-inch); (Shep's Deep Makeover Mix); (David's Klub Mix); (David's Love Dub); (Shep's Deeper Dub)

Deeper and Deeper (LP); (Shep's Deep Makeover Mix); (David's Klub Mix); (Shep's Classic 12-inch); (Shep's Fierce Deeper Dub); (David's Love Dub); (Shep's Deep Beats)

Michael Jackson: *In The Closet*; (Cm) (Tum) (Tmd) (K 12-inch) (Mixes Behind Door 1, Madonna as Mystery Girl)

Michael Jackson: *In The Closet*; (Tum) (Fsm) (Tmof) (Tud) (Mixes Behind Door 2, Madonna as Mystery Girl)

1993

Bad Girl (Ext. Mix); *Fever* (Ext 12-inch Mix); (Shep's Remedy Dub); (Murk Boys' Miami Mix); (Murk Boys Deep South Mix); (Oscar G's Dope Dub)

Bad Girl (Ext. Mix); (Edit); *Fever* (Ext. 12-inch Mix); (Hot Sweat 12-inch); (Murk Boys' Miami Mix); (Murk Boys Deep South Mix)

Bad Girl (LP); *Erotica* (William Orbit 12-inch); (William Orbit Dub); (Madonna's In My Jeep Mix)

Erotica: *Bad Girl* (Ext. Mix); *Erotica* (Kenlou B-Boy Instr.); *Erotica* (Underground Tribute); *Erotica* (Wo Dub); *Erotica* (House Instr.);

Erotica (Bass Hit Dub)

Keep It Together (Remixes); *Cherish* (Ext.); (Contém 7 mixagens da faixa título: 12-inch Remix, Dub, 12-inch Ext. Mix, 12-inch Mix, Bonus Beats, Instr., and Original Version)

Rain (Radio Remix); (LP); *Up Down Suite* (faixa fora do LP); *Waiting* (Remix); *Rain* (Radio Remix); *Up Down Suite* (faixa fora do LP); *Waiting* (Remix); Remixed *Prayer* EP: *Like a Prayer* (12-inch Dance Mix); (12-inch Extended Mix); (Churchapella); (12-inch Club); (7-inch Remix); *Express Yourself* (Non-Stop Express Mix); (Stop & Go); (Local Mix)

This Used To Be My Playground (*Single*); (Instr.); (Long)

Fever (Hot Sweat 12-inch Mix); (Ext. 12-inch Mix); (Shep's Remedy Dub); (Murk Boys' Miami Mix); (Murk Boys' Deep South Mix); (Oscar G's Dope Dub)

1994

I'll Remember (Guerilla Beach Mix); (LP); (Guerilla Groove Mix); (Orbit Alternative Mix)

I'll Remember (Guerilla Beach Mix); (Orbit Mix); *Why It's So Hard* (Ao vivo da turnê *The Girlie Show*)

Secret (Junior's Sound Factory Mix); (Junior's Sound Factory Dub); (Junior's Luscious Club Mix); (Junior's Luscious Club Dub); (Allstar Mix); (CD maxi-*single* inclui 'Secret' (Ed.), Junior's Luscious *Single* Mix and Some Bizarre Mix, mas omite Junior's Sound Factory e Luscious Club Dub)

Secret (Junior's Luscious *Single* Mix); (Junior's Extended Luscious Club Mix); (Junior's Luscious Dub); (Junior's Sound Factory Mix); (Junior's Sound Factory Dub)

Secret (LP Ed.); *Let Down Your Guard* (Rough Mix Ed.); *Secret* (Instr); (LP); *Take a Bow* (InDaSoul Mix); (LP); (Silky Soul Mix); (InDaSoul Instr.); (Instr.); *Take a Bow* (Ed.); (LP); (Instr.)

Bedtime Story (Junior's Sound Factory Mix); (Junior's Sound Factory Dub); (Orbital Mix); (Junior's Wet Dream Mix); (Junior's Wet Dream Dub)

Bedtime Story (LP Edit); (Junior's Wet Dream Mix); (Junior's Dreamy Drum Dub); (Junior's Sound Factory Mix); (Junior's *Single* Mix)

1995

Oh Father; *Live To Tell* (Edição do show ao vivo na turnê *Ciao Italia*); *Why's It So Hard* (Ao vivo do show *The Girlie Show*)

Bedtime Story (Junior's Sound Factory Mix); (Juniors Sound Factory Dub); (Orbital Mix); (Juniores Wet Dream Mix)

Bedtime Story: (1) *Bedtime Story* (Junior's *Single* Mix); *Secret* (Some Bizarre Mix); (Allstar Mix); (Some Bizarre *Single* Mix); (2) *Bedtime Story* (LP); (Junior's Wet Dream Mix); (Junior's Dreamy Drum Dub); (Orbital Mix); (Junior's Sound Factory Mix); (Edição Limitada lançada na Inglaterra, CD duplo)

Into the Groove: Into the Groove; *Everybody*; *Shoo-Bee-Doo*

Like a Virgin (Ext Dub); *Stay*

Live To Tell (LP); (Ed.); (Instr.)

Lucky Star (EUA Remix); *I Know It*

Material Girl (Jellybean); *Pretender*

Open Your Heart: Open Your Heart (Ext.); *Open Your Heart* (Dub); *White Heat* (LP)

Papa Don't Preach: *Papa Don't Preach*; *Ain't No Big Deal*; *Papa Don't Preach* (LP)

Who's That Girl (Ext.); *White Heat* (LP)

You'll See (LP); (Instr); (Spanish); *Live To Tell* (Ao vivo da turnê *Who's That Girl?*)

You'll See (Ed.); *Rain* (LP); *You'll See* (Instr.)

Human Nature (Runway Club Mix); (Master With Nine Sample); (I'm Not Your Bitch Mix)

Human Nature 1 (LP); *Bedtime Story* (Junior's Sound Factory Mix); (Orbital-Mix)

Human Nature 2 (Radio Edit); (Human Club Mix); (Chorus Door Slam With Nine Sample); (I'm Not Your Bitch Mix)

1996

One More Chance (LP); *You'll See* (Spanish); (Spanglish)

Wild Dancing: *Wild Dancing* (Original); (Dance Mix); (Madonna faz *backing vocals*)

You'll See (LP); (Instr.); (Spanish); *Live To Tell* (Ao vivo da turnê *Who's That Girl?*)

Love Don't Live Here Anymore (Soulpower Radio Remix Ed.); (LP Remix Ed.); (Soulpower Radio Remix); (LP Remix)

Another Suitcase In Another Hall; *Don't Cry For Me, Argentina* (Miami Mix Edit); *You Must Love Me*; *Hello And Goodbye*

You Must Love Me (Video); *Rainbow High* (LP); *You Must Love Me/I'd Be Surprisingly Good For You* (Orchestra); (Warners Reino Unido CD maxi-*single*); *Don't Cry For Me, Argentina* (Miami Mix, Alt. Ending); (Miami Spanglish Mix); (Miami Mix Ed.); (Miami Dub Mix); (Miami Mix Instr.); (Miami Spanglish Mix Ed.)

Don't Cry For Me, Argentina; *Santa Evita*; *Latin Chant*

1997

Don't Cry For Me, Argentina (Miami Mix Edit.); (Miami Spanglish Ed); (Miami Mix); (LP)

Rescue Me (Alternate Mix); *Justify My Love* (Q-Sound Mix); (Orbit 12-inch Mix); (Hip Hop Mix); *Express Yourself*; *Justify My Love* (The Beast Within Mix); *Rescue Me* (*Single* Mix); (Titanic Mix); (Houseboat Vocal); (Lifeboat Vocal); (S.O.S. Mix)

1998

Ray of Light (LP); (Sasha UltraViolet Mix); (William Orbit Liquid Mix); (Victor Calderone Club Mix)

Ray of Light (12-inch *single*)

The Power of Goodbye; *Mer Girl*

The Power of Goodbye (Remix EP); (LP); (Dallas's Low End Mix); (Luke Slater's Super Luper Mix); (Luke Slater's Filtered Mix); (Fabian's Good God Mix)

Frozen (LP); (Stereo MCs Mix); (Extended Club Mix); (Meltdown Mix Long)

Frozen (Extended Club Mix); (Stereo MCs Mix); (Meltdown Mix Long) (O maxi-*single* lançado na Inglaterra continha faixas bônus — LP e Widescreen Mix)

Ray of Light (LP); (Sasha Ultra Violet Mix); (William Orbit Liquid Mix); (Victor Calderone Club Mix)

1999

Nothing Really Matters (LP); (Club 69 Vocal Club Mix); (Club 69 Future Mix); (Club 69 Phunk Mix); (Club 69 Speed Mix); (Kruder & Dorfmeister Mix); (Vikram Radio Mix); (Club 69 Future Mix); (Club 69 Radio Mix)

Nothing Really Matters (LP); (Club 69 Radio Mix);(Club 69 Vocal Club Mix); (Club 69 Phunk Mix); (Vikram Radio Dub); (Kruder & Dorfmeister Mix) (US edição limitada)

Beautiful Stranger (LP); (CC Mix); (CR Mix); (Da trilha sonora de *Austin Powers: O agente Bond cama)*

2000

Music (HQ2 Club Mix); (Groove Armada 12-inch Mix); (Calderone Anthem Mix); (LP); (Deep Dish Dot Com Mix); (Young Collective Club Remix)

Music (HQ2 Club Mix); (Calderone Anthem Mix); (Deep Dish Dot Com Mix); (Groove Armada Club Mix); (Young Collective Club Remix); (HQ2 Radio Mix); (Calderone Radio Edit); (Deep Dish Dot Com Radio Ed.); (Groove Amada 12-inch Mix)

Music (Deep Dish Dot Com Radio Ed.); (LP); (Groove Armada Club Mix); (Gab 12-inch Mix)

American Pie (LP); (Vission Radio Mix); (Calderone Filter Dub Mix); (Vission Visits Madonna); (Uma das duas contribuições de Madonna para a trilha sonora original de *Sobrou pra você*)

American Pie Part 1(LP); (Calderone Filter Dub Mix); (Calderone Vocal Dub Mix); (Reino Unido maxi-*single*)

American Pie Part 2 (LP); (Richard Vission Radio Mix); (Vission Visits Madonna); (Reino Unido maxi-*single*)

American Pie Part 3 (Calderone Vocal Dub Mix); (Calderone Extended Vocal); (Vission Visits Madonna); (Vission Radio Mix); (LP); (Reino Unido maxi-*single*)

American Pie Remixes (Richard Hampty Version); (Richard Hampty Version Radio Mix); (Victor Calderone Vocal Mix); (Victor Calderone Vocal Club); (Victor Calderone Extended Vocal Club Mix); (LP) (Japanese Maxi *Single*)

2001

Don't Tell Me (Timo Maas Mix); (Tracy Young Club Mix); (Vission Remix); (Thunderpuss' 2001 Hands In The Air Anthem); (Victor Calderone Sensory Mix); (Vission Radio Mix); (Thunderpuss' 2001 Hands In The Air Radio)

Don't Tell Me (Thunderpuss' 2001 Hands In The Air Anthem); (Timo Maas Mix); (Victor Calderone Sensory Mix); (Tracy Young Club Mix); (Thunderpuss' 2001 Tribe-A-Pella)

Don't Tell Me Part 1 (Radio Ed.); (Cyber-Raga); (Thunderpuss Club Mix) (CD maxi-*single* exclusivo para o Reino Unido)

Don't Tell Me Part 2 (LP); (Vission Remix); (Thunderpuss Radio Mix)

Dont Tell Me Part 3 (Radio Ed.); (Cyber-Raga); (Thunderpuss Club Mix); (Vission Remix)

Don't Tell Me (Remixes); (Timo Maas Remix); (Thunderpuss Mix); (Victor Calderone Mix); (Richard Hampty Vission Mix)

What It Feels Like For a Girl (Paul Oakenfold Perfecto Mix); (Richard Vission Velvet Masta Mix); (Calderone & Quayle Dark Side Mix); (Tracy Young Club Mix); (Above & Beyond 12-inch Club Mix); (Tracy Young Cool Out Radio Mix); (Richard Vission Velvet Masta Ed.); (Above & Beyond Club Radio Ed.); (Spanish)

What It Feels Like For a Girl (LP); (Calderone & Quayle Dark Side Mix); (Above & Beyond Club Mix); (Paul Oakenfold Perfecto Mix); (Richard Vission Velvet Masta Mix); (Reino Unido edição limitada).

2002

Die Another Day (Dirty Vegas Main Mix); (Thunderpuss Club Mix): (Thee RetroLectro Mix); (Deepsky Remix); (Dirty Vegas Dub)

Die Another Day (Radio Ed.); (Dirty Vegas Main Mix); (Thee RetroLectro Mix); (Thunderpuss Club Mix); (Deepsky Remix); (Brother Brown's Bond-Age Club)

Die Another Day (Radio Ed.); (Dirty Vegas Main Mix); (Deepsky Ed.)

Die Another Day (Radio Ed.); (Thunderpuss Club Mix); (Thee RetroLectro Mix)

2003

American Life (Radio Ed.); (Oakenfold Downtempo Remix); (Felix Da Housecat's Devin Dazzle Club Mix)

American Life (Radio Ed.); (Missy Elliott American Dream Mix); (Peter Rauhofer's American Anthem Part 1)

American Life (Missy Elliott American Dream Mix); (Oakenfold Downtempo Remix); (Felix Da Housecat's Devin Dazzle Club Mix); (Peter Rauhofer's American Anthem Part 1); (Peter Rauhofer's American Anthem Part 2); *Die Another Day* (Richard Hampty Vission Electrofried Mix); *American Life* (Edit With Rap); *Die Another Day* (Calderone & Quayle Afterlife Mix); *American Life* (Missy Elliott American Dream Mix); (Oakenfold Downtempo Remix); (Peter Rauhofer's American Anthem Part 1); (Felix Da Housecat's Devin Dazzle Club Mix); *American Life* (Peter Rauhofer's American Anthem Part 2)

American Life (Missy Elliott American Dream Mix); (Oakenfold Downtempo Remix); (Peter Rauhofer's American Anthem Part 1); (Felix Da Housecat's Devin Dazzle Club Mix); *Die Another Day* (Calderone & Quayle Afterlife Mix); *American Life* (Peter Rauhofer's American Anthem Part 2)

Hollywood 1 (The Micronauts Remix); (Oakenfold Full Remix); (Calderone & Quayle Glam Mix)

Hollywood 2 (Jacques Lu Cont's Thin White Duck Mix); (Oakenfold 12-inch Dub); (Deepsky's Home Sweet Home Vocal Remix)

Hollywood (Radio Ed.); (Jacques Lu Cont's Thin White Duck Mix); (The Micronauts Remix); (Oakenfold Full Remix); (Deepsky's Home Sweet Home Vocal Remix); (Calderone & Quayle Glam Mix)

Hollywood (Radio Ed.); (Jacques Lu Cont's Thin White Duck Mix); (The Micronauts Remix)

Hollywood (Radio Ed.); (Oakenfold Full Remix); (Deepsky's Home Sweet Home Vocal Remix)

Hollywood (Radio Ed.); (Jacques Lu Cont's Thin White Duck Mix); (Oakenfold Full Remix)

Nothing Fails (Peter Rauhofer's Classic House Mix); (Nevins Big Room Rock Mix); (Tracy Young's Underground Mix); (Nevins Global Dub); (Jackie's In Love In The Club Mix; (Peter Rauhofer's Private Life Mix Part 1); (Above & Beyond 12-inch Mix); (Mount Sims Italo Kiss Mix)

Nothing Fails 1 (Peter Rauhofer's Classic House Mix); (Nevins Big Room Rock Mix); (Tracy Young's Underground Mix); (Jackie's In Love In The Club Mix)

Nothing Fails 2 (Nevins Global Dub); (Mount Sims Italo Kiss Mix); (Mount Sims Old School Mix); (Tracy Young's Underground Dub)

Nothing Fails (Peter Rauhofer's Classic House Mix); (Nevins Big Room Rock Mix); (Tracy Young's Underground Mix); (Nevins Global Dub); (Jackie's In Love In The Club Mix); (Peter Rauhofer's Private Life Mix Part 1); (Above & Beyond 12-inch Mix); (Mount Sims Italo Kiss Mix)

Love Profusion (LP); (Ralphi Rosario House Vocal Mix); (Above & Beyond 12-inch Mix)

Love Profusion (Blow-Up Mix); (The Passengerz Club Profusion); (Ralphi Rosario House Vocal — Extended); (Craig J.'s Good Vibe Mix); (Ralphi Rosario Big Room Vox — Extended); (Ralphi Rosario Big Room Dub); (Peter Rauhofer's Lost In Space Mix)

Love Profusion (Passengerz Club Mix); (Above & Beyond 12-inch Mix)

Love Profusion 1 (The Passengerz Club Profusion); (Blow-Up Mix); (Ralphi Rosario House Vocal — Extended); (Ralphi Rosario Big Room Dub) 8:57

Love Profusion 2 (The Passengerz Dub Profusion); (Craig J.'s Good Vibe Mix); (Ralphi Rosario Big Room Vox) (Extended)

Love Profusion (LP); *Nothing Fails* (Radio Ed.); *Love Profusion* (Passengerz Club Mix)

2005

Deste ponto em diante todos os singles *são lançados pelo selo Warner Bros.*

Hung Up (Radio Version); (SDP Extended Vocal); (Tracy Youngs Get Up And

Dance Groove Edit); (Bill Hamel Remix); (Chus & Ceballos Remix); (SDP Extended Dub)

Hung Up (LP); (SDP Extended Vocal); (Bill Hamel Remix); (SDP Extended Dub); (Chus & Ceballos Remix); (Tracy Young's Get Up And Dance Groove)

Hung Up (Radio Version); (Tracy Young Get Up And Dance Groove Ed.); *Hung Up* (Radio Version); (Tracy Young Get Up And Dance Groove Ed.); (SDP Extended Vocal)

Hung Up (SDP Extended Dub); (SDP Extended Vocal); (Tracy Young's Get Up And Dance Groove Mix)

2006

Sorry (*Single* Ed.); (Man With Guitar Mix); (PSB Maxi-Mix); (Paul Oakenfold Remix); (Green Velvet Remix)

Sorry (Radio Version); *Let It Will Be* (Paper Faces Vocal Ed.)

Sorry (Album Version); (PSB Maxi-Mix); (Paul Oakenfold Remix); (Green Velvet Remix)

Sorry (*Single* Ed.); (Man With Guitar Ed.); (PSB Maxi-Mix); (Paul Oakenfold Remix); (Green Velvet Remix); *Let It Will Be* (Paper Faces Vocal Ed.)

Sorry 1 (Album Version); (Man With Guitar Mix); (PSB Maxi-Mix)

Sorry 2 (Paul Oakenfold Remix); (Green Velvet Remix); *Let It Will Be* (Paper Faces Mix)

Sorry (*Single* Ed.); (Man With Guitar Edit); (PSB Maxi-Mix); (Paul Oakenfold Remix); (Green Velvet Remix); *Let It Will Be* (Paper Faces Vocal Ed.)

Sorry (*Single* Ed.); *Let It Will Be* (Paper Faces Mix); (Man With Guitar Mix)

Confessions Remixed: *Hung Up* (SDP's Extended Vocal); *Hung Up* (SDP's Extended Dub); *Sorry* (Man With Guitar Mix); *Get Together* (Jacques Lu Cont Mix); *I Love New York* (Thin White Duke Mix); *Let It Will Be* (Paper Faces Mix)

Get Together (Album Version); (Jacques Lu Cont Remix); (Danny Howells & Dick Trevor Kinky Funk Mix); (Tiefschwarz Remix); (James Holden Remix); (Thin White Duke Remix)

Get Together (Radio Ed.); (Jacques Lu Cont Mix)

Get Together (Radio Ed.); (Jacques Lu Cont Remix); (Tiefechwarz Remix); *Get Together* 1 (LP); (Jacques Lu Cont Remix); (Danny Howells & Dick Trevor Kinky Funk Mix)

Get Together 2 (Tiefschwarz Remix); (James Holden Remix); *I Love New York* (Thin White Duke Remix)

Get Together (Radio Edit); (Jacques Lu Cont Vocal Ed.)

Get Together (LP); (Jacques Lu Cont Remix); (Danny Howells & Dick Trevor Kinky Funk Mix); (Tiefschwarz Remix); (James Holden Remix)

Get Together (LP); (Jacques Lu Cont Remix); (Danny Howeils & Dick Trevor Kinky Funk Mix); (Tiefschwarz Remix); (James Holden Remix); *I Love New York* (Thin White Duke Remix)

Jump (*Single* Edit); (Junior Sanchez's Misshapes Mix)
History (Unreleased B-side)
Jump (LP); (Extended LP Version)
Jump (Jacques Lu Cont Mix); (Extended Album Version)
History (Unreleased B-side)
Jump (Radio Edit); (Jacques Lu Cont Mix); (Axwell Remix); (Junior Sanchez's Misshapes Mix); (Extended LP Version); *History* (faixa fora do álbum)
Jump 1 (Jacques Lu Cont Mix); (LP); (Extended LP Version); (Axwell Remix)
Jump 2 (Junior Sanchez's Misshapes Mix); *History* (Unreleased B-side); (Radio Ed.)

Álbuns (Vinil, cassete e CD)

1983

De 1982 até 1992, todos os álbuns foram lançados pelo selo Sire, a não ser que esteja indicado diferente.

Madonna: "Lucky Star", "Borderline", "Burning Up", "I Know It", "Holiday", "Think of Me", "Physical Attraction", "Everybody" — remasterizado em 2001 com faixas bônus)

1984

Like a Virgin: "Material Girl", "Angel", "Like a Virgin", "Over And Over", "Love Don't Live Here Anymore", "Dress You Up", "Shoo-Bee-Doo", "Pretender", "Stay" — versão inglesa continha "Into the Groove"; remasterizado em 2001 com faixas bônus

Revenge of The Killer B's: "Ain't No Big Deal" (Warner Bros, uma faixa de Madonna)

1985

Em Busca da Vitória (trilha sonora): "Crazy For You", "Gambler" (selo Geffen, duas faixas de Madonna)

1986

True Blue: "Papa Don't Preach", "Open Your Heart", "White Heat", "Live To Tell", "Where's The Party", "True Blue", "La isla bonita", "Jimmy Jimmy", "Love Makes The World Go Round" — remasterizado em 2001 com faixas bônus)

1987

Quem é essa garota? (trilha sonora): "Who's That Girl", "Causing a Commotion", "The Look of Love", "24 Hours" (Duncan Faure), "Step By Step" (Club

Nouveau), "Turn It Up" (Michael Davidson), "Best Thing Ever" (Scritti Politti), "Can't Stop", "El Coco Loco" (Coati Mundi) — Madonna selecionou a trilha sonora e cantou quatro músicas. As demais são de outros artistas

You Can Dance: "Spotlight", "Holiday", "Everybody", "Physical Attraction", "Over And Over", "Into the Groove", "Where's The Party" cassete e 8-track incluíam dubs bônus de "Spotlight", "Holiday", "Over And Over" e "Into the Groove"; CD lançado sem 'Spotlight', mas com as versões dub, e mais "Where's The Party"

A Very Special Christmas: "Santa Baby" (A&M, uma faixa de Madonna)

1989

Like a Prayer: "Like a Prayer", "Express Yourself", "Love Song", "Till Death Do Us Part", "Promise To Try", "Cherish", "Dear Jessie", "Oh Father", "Keep It Together", "Spanish Eyes", "Act of Contrition"

The Early Years: "Wild Dancing" (Ext.), "Time To Dance" (Ext.), "On The Street", "We Are The Gods", "Cosmic Climb", "Time To Dance", "Cosmic Climb" (Ext.), "On The Street" (Ext.), "Wild Dancing", "Time To Dance" (Instr.) — lançado na Inglaterra

Best of & Rest of Madonna Vol. 1 (CD lançado no Reino Unido, com cinco faixas de *The Early Years,* mais uma entrevista)

Best of & The Rest of Madonna Vol. 2 (CD lançado no Reino Unido, com dez faixas de *The Early Years)*

1990

The Immaculate Collection: "Holiday", "Lucky Star", "Borderline", "Like a Virgin", "Material Girl", "Crazy For You", "Into the Groove", "Live To Tell", "Papa Don't Preach", "Open Your Heart", "La isla bonita", "Like a Prayer", "Express Yourself", "Cherish", "Vogue", "Justify My Love", "Rescue Me" — lançado também em box, *The Royal Box,* contendo uma fita cassete ou um CD do álbum e mais a fita de vídeo *The Immaculate Collection,* oito cartões postais e um pôster

I'm Breathless: Songs From And Inspired By The Film 'Dick Tracy': "He's a Man", "Sooner Or Later", "Hanky Panky", "I'm Going Bananas", "Cry Baby", "Something to Remember", "Back In Business", "More", "What Can You Lose", "Now I'm Following You, Part 1", "Now I'm Following You, Part II", "Vogue"

1991

The Immaculate Conversation: entrevista no Reino Unido: (cassete apenas)

Dangerous, de Michael Jackson: "In The Closet" (uma faixa com Madonna como a Mystery Girl)

1992

Todos os álbuns de 1992 até 2005 foram lançados pelos selos Maverick/Sire.

Erotica: "Erotica", "Deeper and Deeper", "Where Life Begins", "Bad Girl", "Waiting", "Thief of Hearts", "Words", "Rain", "Why's It So Hard", "In This Life", "Did You Do It?", "Secret Garden" — foram lançadas duas versões; a *Clean Version* vinha sem a canção "Did You Do It?"

Barcelona Gold: "This Used To Be My Playground" (uma faixa de Madonna)

1994

Com Mérito (trilha sonora): "I'll Remember" (Maverick, uma faixa de Madonna)

Just Say Roe: "Goodbye To Innocence" (Sire, uma faixa de Madonna)

Bedtime Stories: "Survival", "Secret", "I'd Rather Be Your Lover", "Don't Stop", "Inside of Me", "Human Nature", "Forbidden Love", "Love Tried To Welcome Me", "Sanctuary", "Bedtime Story", "Take a Bow"

1995

Something to Remember: "I Want You", "I'll Remember", "Take a Bow", "You'll See", "Crazy For You", "This Used To Be My Playground", "Live To Tell", "Love Don't Live Here Anymore", "Something to Remember", "Forbidden Love", "One More Chance", "Rain", "Oh Father", "I Want You" (orquestrada)

Inner City Blues: The Music of Marvin Gaye: "I Want You" (Motown, uma faixa de Madonna)

1996

Evita — As mais importantes: "Requiem For Evita", "Oh What A Circus", "On This Night of A Thousand Stars", "Eva And Magaldi/ Eva Beware of The City", "Buenos Aires", "Another Suitcase In Another Hall", "Goodnight And Thank You", "I'd Be Surprisingly Good For You", "Perón's Latest Flame", "A New Argentina", "Don't Cry For Me, Argentina", "High Flying, Adored", "Rainbow High", "And The Money Kept Rolling (In And Out)", "She Is A Diamond", "Waltz For Eva And Che", "You Must Love Me", "Eva's Final Broadcast", "Lament"

1997
Carnival (show na Rainforest Foundation): "Freedom" (Victor, uma faixa de Madonna)

1998
Ray of Light: "Drowned World/ Substitute For Love", "Swim", "Ray of Light", "Candy Perfume Girl", "Skin", "Nothing Really Matters", "Sky Fits Heaven", "Shanti/ Ashtangi", "Frozen", "The Power of Goodbye", "To Have and Not to Hold", "Little Star", "Mer Girl" — ganhou o Grammy de Melhor Álbum Pop em 1999)

1999
Austin Powers – O agente Bond cama: "Beautiful Stranger" (trilha sonora, uma faixa de Madonna. Ela interpreta a personagem Seductress apenas no vídeo

2000
Music: "Music", "Impressive Instant", "Runaway Lover", "I Deserve It", "Amazing", "Nobody's Perfect", "Don't Tell Me", "What It Feels Like For a Girl", "Paradise (Not For Me)", "Gone" — ganhou o Grammy de Melhor Capa de Disco, em 2001. O CD traz a faixa bonus "American Pie"

2001
The Early Years: *Give It To Me*: "Give It To Me", "Shake", "Get Down", "Time To Dance", "Wild Dancing", "Let's Go Dancing", "We Are The Gods", "Cosmic Climb", "On The Street", "Oh My!"

GHV2 (Greatest Hits Volume Two): "Deeper and Deeper", "Erotica", "Human Nature", "Secret", "Don't Cry For Me, Argentina", "Bedtime Story", "The Power of Goodbye", "Beautiful Stranger", "Frozen", "Take a Bow", "Ray of Light", "Don't Tell Me", "What It Feels Like For a Girl", "Drowned World (Substitute For Love)", "Music"

2003
American Life: "American Life", "Hollywood", "I'm So Stupid", "Love Profusion", "Nobody Knows Me", "Nothing Fails", "Intervention", "X-Static Process", "Mother And Father", "Die Another Day" (do filme da MGM *007 — um novo dia para morrer*), "Easy Ride"
Remixed And Revisited EP: "Nothing Fails" (Nevins Mix), "Love Profusion" (Headcleaner Rock Mix), "Nobody Knows Me" (Mount Sims Old School Mix), "American Life" (Headeaner Rock Mix), "*Like a Virgin*/ Hollywood Medley" com participação de Christina Aguilera, Britney Spears & Missy Elliott (apresentação

no VMA da MTV em 2005), "Into The Hollywood Groove" com participação de Missy Elliott (The Passenger Mix), "Your Honesty" (canção não-lançada)

2005
Deste ponto em diante todos os lançamentos pela Warner Bros.

Confessions on a Dance Floor: "Hung Up", "Get Together", "Sorry", "Future Lovers", "I Love New York", "Let It Will Be", "Forbidden Love", "Jump", "How High", "Isaac", "Push", "Like It Or Not"

Vídeos, filmes, peças e livros

Videoclipes

1982 "Everybody" (dir. Ed Steinberg)
1983 "Burning Up" (dir. Steve Barron)
1984 "Borderline" (dir. Mary Lambert)
1984 "Holiday" Nº 1 (diretor desconhecido, baixo orçamento. Não foi lançado)
1984 "Lucky Star" Nº 1 (dir. Arthur Pierson)
1984 "Like a Virgin" (dir. Mary Lambert)
1984 "Lucky Star" Nº 2 (dir. Arthur Pierson, versão estendida)
1985 "Like a Virgin" (MTV Video Music Awards)
1985 "Material Girl" (dir. Mary Lambert)
1985 "Crazy For You" (dir. Harold Becker)
1985 "Into the Groove" (dir. Susan Seidelman, de *You Can Dance*, feito com cenas do filme *Procura-se Susan desesperadamente*)
1985 "Dress You Up" Nº 1 (dir. Danny Kleinman, de *Like a Virgin*)
1985 "Dress You Up" Nº 2 (dir. Danny Kleinman, versão estendida de *Like a Virgin*)
1985 "Gambler" Nº 1 (dir. Harold Becker)
1985 "Gambler" (*The Virgin Tour Live*)
1985 "Like a Virgin" (*The Virgin Tour Live*)
1985 "Over and Over" (*The Virgin Tour Live*)
1986 "Live To Tell" (dir. James Foley, com cenas de *Caminhos violentos*)
1986 "Papa Don't Preach" (dir. James Foley)
1986 "True Blue" (dir. James Foley)
1986 "Open Your Heart" (dir. Jean-Baptiste Mondino)
1987 "La isla bonita" (dir. Mary Lambert)
1987 "The Look of Love" (dir. James Foley, feito com *takes* do filme *Quem é essa garota?*)
1987 "Causing a Commotion" (MTV Video Music Awards)
1988 "Into the Groove" (*Ciao Italia – Live*, vídeo promocional para o VHS do show)
1989 "Like a Prayer" (dir. Mary Lambert)
1989 "Make a Wish" (comercial da Pepsi, exibido em 2 de março)

1989 "Express Yourself" (MTV Video Music Awards)
1989 "Cherish" (dir. Herb Ritts)
1989 "Express Yourself" (dir. David Fincher)
1989 "Oh Father" (dir. David Fincher)
1989 "Dear Jessie" (diretor desconhecido, apenas animações, lançado fora dos EUA)
1989 "Papa Don't Preach" (Warner, apenas em disco laser)
1990 "Vogue" (dir. David Fincher)
1990 "Vogue" (MTV Video Music Awards)
1990 "Vote!" (comercial para a campanha "Rock the Vote", exibido de 22 de outubro a 6 de novembro)
1990 "Justify My Love" (dir. Jean-Baptiste Mondino. Vendido como o primeiro *single* em vídeo já feito)
1991 "Like a Virgin" (dir. Alek Keshishian, feito com cenas de *Na cama com Madonna*)
1991 "Holiday" Nº 2 (dir. Alek Keshishian, feito com cenas de *Na cama com Madonna*)
1992 "This Used to Be My Playground" (dir. Alek Keshishian, com cenas de *Uma equipe muito especial*)
1992 "Erotica" (dir. Fabien Baron)
1992 "Deeper and Deeper" (dir. Bobby Woods)
1993 "Bad Girl" (dir. David Fincher)
1993 "Fever" (dir. Stephan Sednaoui)
1993 "Rain" (dir. Mark Romanek)
1993 "Bye Bye Baby" (ao vivo da turnê *The Girlie Show*, somente na Austrália)
1994 "I'll Remember" (dir. Alek Keshishian, com cenas do filme *Com mérito*)
1994 "Secret" (dir. Melodie McDaniel)
1994 "Take a Bow" (dir. Michael Haussman)
1995 "Bedtime Story" (dir. Mark Romanek)
1995 "Human Nature" (dir. Jean-Baptiste Mondino)
1995 "I Want You" (dir. Earle Sebastian, do filme *Inner City Blues: the Music of Marvin Gaye*)
1996 "Love Don't Live Here Anymore" (dir. Jean-Baptiste Mondino)
1996 "You Must Love Me" (dir. Alan Parker, com cenas de *Evita*)
1996 "Don't Cry For Me Argentina" (dir. Alan Parker, com cenas de *Evita*)
1997 "Another Suitcase in Another Hall" (dir. Alan Parker, com cenas de *Evita*, não foi lançado nos EUA)
1997 "Buenos Aires" (dir. Alan Parker, com cenas de *Evita*, não foi lançado nos EUA)
1998 "Frozen" (dir. Chris Cunningham)

1998 "Ray of Light" (dir. Jonas Akerlund, ganhou o Grammy de Best Short Form Music Video de 1999)
1998 "Drowned World/ Substitute For Love" (dir. Walter Stern, não foi lançado nos EUA)
1998 "The Power of Goodbye" (dir. Matthew Rolston)
1999 "Nothing Really Matters" (dir. Johan Renck)
1999 "Beautiful Stranger" (dir. Brett Ratner, com cenas do filme *Austin Powers – O agente Bond cama*)
2000 "American Pie" (dir. Philip Stolzol, com cenas do filme *Sobrou pra você*)
2000 "Music" (dir. Jonas Akerlund)
2000 "Don't Tell Me" (dir. Jean-Baptiste Mondino, lançado também nos EUA como um *single* em CD/CDROM em janeiro de 2001)
2001 "What It Feels Like for a Girl" (dir. Guy Ritchie. O videoclipe foi censurado pelo excesso de violência)
2001 "Paradise" (dir. Dago Gonzalez, feito exclusivamente para a turnê *Drowned World*)
2001 "GHV2 Megamix" (vários diretores, vídeo promocional para o álbum *GHV2*)
2001 "Holiday Live" (dir. Hamish Hamilton, ao vivo da turnê *Drowned World*)
2002 "Die Another Day" (dir. Traktor, com cenas do filme *007 – Um novo dia para morrer)*
2003 "American Life" (dir. Jonas Akerlund)
2003 "Hollywood" (dir. Jean-Baptiste Mondino, remix feito por Dustin Robertson)
2003 "Me Against the Music" (dir. Paul Hunter. Videoclipe de Britney Spears com a participação de Madonna).
2004 "Love Profusion" (dir. Luc Besson)
2005 "Hung Up" (dir. Johan Renck)
2006 "Sorry" (dir. Jamie King)
2006 "Get Together" (dir. Logan, empresa de animação)
2006 "Jump" (dir. Jonas Akerlund)

Turnês mundiais

1985 *The Virgin Tour* (diretor da turnê: Brad Jeffries; diretor musical (MD): Patrick Leonard)

1987 *Who's That Girl? World Tour* (diretor da turnê: Jeffrey Hornaday; diretor musical (MD): Patrick Leonard; coreografias: Shabba Doo)

1990 *Blond Ambition World Tour* (diretora da turnê: Madonna; diretor musical (MD): Jai Winding; coreografias: Vincent Paterson)

1993 *The Girlie Show World Tour* (diretor artístico: Christopher Ciccone; diretor musical (MD): Jai Winding; coreografias: Alex Magno, Keith Young)

2001 *Drowned World Tour* (diretor da turnê: Jamie King; diretor musical (MD): Stuart Price; coreografias: Jamie King, Alex Magno)

2004 *Re-Invention World Tour* (diretor da turnê: Jamie King; diretor musical (MD): Stuart Price; coreografias: Jamie King, Talauega Brothers, Liz Imperio)

2006 *Confessions World Tour* (diretor da turnê: Jamie King; diretor musical (MD): Stuart Price; coreografias: Jamie King)

Filmes

1972 (sem título). Curta metragem em Super-8, estrelando Madonna, Carol Belanger e um ovo frito (dir. Wyn Cooper).

1980 *Um certo sacrifício* (dir. Stephen Jon Lewicki, 60 min.). Madonna faz o papel de Bruna.

1983 *Em busca da vitória* (dir. Harold Becker, 105 min.). Madonna interpreta uma cantora, participação especial.

1985 *Procura-se Susan desesperadamente* (dir. Susan Seidelman, 104 min.). Madonna faz o papel de Susan.

1986 *Surpresa de Shangai* (dir. Jim Goddard, 90 min.). Madonna interpreta o papel de Gloria Tatlock.

1987 *Quem é essa garota?* (dir. James Foley, 92 min.). Madonna faz o papel de Nikki Finn.

1988 *Doce inocência* (dir. Howard Brookner, 93 min.). Madonna faz o papel de Hortense.

1990 *Dick Tracy* (dir. Warren Beatty, 103 min.). Interpreta Breathless Mahoney.

1991 *Na cama com Madonna* (dir. Alex Keshisian, 119 min.).

1992 *Uma equipe muito especial* (dir. Penny Marshall, 128 min.). Interpreta Mae 'All-The-Way-Mae' Mordabito.

1992 *Neblina e sombras* (dir. Woody Allen, 86 min.). Interpreta Marie, a mulher do Homem Forte.

1993 *Corpo em evidência* (dir. Ulrich Edel, 101 min.). Madonna faz o papel de Rebecca Carlson.

1993 *Olhos de serpente* (dir. Abel Ferrara, 108 min.). Madonna interpreta Sarah Jennings.

1995 *Sem fôlego* (dir. Paul Auster, Wayne Wang, 89 min.). Interpreta uma entregadora de telegrama cantado.

1995 *Grande hotel* (dir. Allison Anders, Alexandre Rockwell, 98 min.). Interpreta a personagem Elspeth no segmento *O ingrediente que faltava.*

1996 *Evita* (dir. Alan Parker, 134 min.). Interpreta Eva Perón.

2000 *Sobrou pra você* (dir. John Schlesinger, 108 min.). Faz o papel de Abbie Reynolds.

2002 *Destino insólito* (dir. Guy Ritchie, 86 min.). Interpreta a personagem Amber Leighton.

2002 *007 – Um novo dia para morrer* (dir. Lee Tamahori, 133 min.). Interpreta Vanity, a instrutora de esgrima.

2005 *I´m Going to Tell You a Secret* (dir. Jonas Akerlund, 148 min.).

2007 *Arthur e os Minimoys* (dir. Luc Besson, 103 min.). Faz a voz da princesa Selenia.

2007 *Filth and Wisdom – Alguma sujeira e sabedoria de menos* (dir. Madonna, 30 min.).

Filmes de turnês e coletâneas de vídeos

1984 *Madonna* (dir. Steve Baron, Mary Lambert, vídeo, 17 min.)
1985 *The Virgin Tour – Live* (dir. Danny Kleinman, 50 min.)
1987 *Who´s That Girl? – Live in Japan* (dir. Mitchell Sinoway, 92 min.)
1988 *Ciao Italia – Live from Italy* (dir. Egbert van Hees, 100 min.)
1990 *Blond Ambition World Tour – Live* (dir. David Mallet, 112 min.)
1990 *Blond Ambition – Japan Tour 90* (dir. Mark Aldo Miceli, 105 min.)
1990 *The Immaculate Collection* (vários diretores, 60 min.)

1993 *The Girlie Show – Live Down Under* (dir. Mark Aldo Miceli, 118 min.)
1999 *Madonna: The Video Collection 93-99* (vários diretores, 67 min.)
2001 *Drowned World Tour 2001* (dir. Hamish Hamilton, 105 min.)
2007 *The Confessions Tour – Live from London* (CD + DVD) (dir. Jonas Akerlund, 121 min.)

Teatro

1987 *Goose and Tomtom,* de David Rabe. Workshop no Lincoln Center Theater. Fez o papel de Lorraine.
1988 *Speed-the-Plow,* de David Mamet. Produzida pelo Lincoln Center Theater no Royale Theater, Broadway. Fez o papel de Karen.
2002 *Up for Grabs,* de David Williamson. Wyndham's Theater, Londres. Fez o papel de Loren.

Livros

1992 *Sex* (Warner Books/Callaway)
1994 *The Girlie Show* (Callaway)
1996 *The Making of Evita*, de Alan Parker, com introdução de Madonna (HarperCollins)
2003 X-STATIC PRO=CESS (fotos de Steven Klein, edição limitada, livro de arte, encadernado à mão e impresso na Itália)
2004 *Nobody Knows Me* (fotos raras comentadas por "um ícone e seus anjos", publicação de um mês apenas no website oficial de Madonna, madonna.com)
2003 *As rosas inglesas* (ilustrações de Jeffrey Fulvimari, Puffin)
2003 *As maçãs do senhor Peabody* (ilustrações de Loren Long, Puffin)
2004 *Yakov e os sete ladrões* (ilustrações de Gennady Spirin, Puffin)
2005 *Lotsa De Casha* (ilustrações de Rui Paes, Puffin)
2006 *As rosas inglesas – Bom demais para ser verdade* (ilustrações de Stacy Peterson, Puffin)

Créditos das fotos

Primeiro caderno

Madonna no Madison Square Garden: Pressens Bild/PA Photos

Madonna em sua primeira comunhão: Stills/allaction.co.uk/EMPICS Entertainment/ PA Photos; fotos do álbum de ano da coleção pessoal de Kim Drayton; o pai de Madonna e sua segunda família: Maura Carraro/Rex Features

Foto do álbum de ano da coleção pessoal de Kim Drayton; Madonna no terraço do Gramercy Park Hotel e Madonna com sombras: fotos da coleção pessoal de Camille M. Barbone

Madonna com seu irmão e Erika Belle: BBC Photo Library/Redferns; Madonna na boate Hacienda: © Kevin Cummins/Idols

Madonna com um pirulito: © Deborah Feingold/Corbis

Madonna com Jellybean Benitez, por Andy Warhol © Andy Warhol Foundation/ Corbis; retrato em preto e branco de Madonna: foto da coleção pessoal de Camille M. Barbone

Capa da *Time* de 5 de maio de 1985: foto de Francesco Scavullo/Time Magazine/ Time & Life Pictures/Getty Images; Robert Joy e Madonna em *Procura-se Susan desesperadamente*: Orion/Aquarius Collection; Madonna na estréia de *Procura-se Susan desesperadamente*: © Bettmann/Corbis

Madonna se apresentando no Live Aid: © Jean Louis Atlan/Sygma/Corbis; contracapa do disco *Like a Virgin*: Elaine Litbir/ArenaPal; Madonna e Rosanna Arquette: Time & Life Pictures/Getty Images

Madonna cantando na turnê *Like a Virgin*: © Neal Preston/Corbis; Madonna no MTV Music Awards: Time & Life Pictures/ Getty Images

Madonna na turnê *Blond Ambition*: © Topham/AP; Madonna casando-se com Sean Penn: Phil Ramey/allaction.co.uk/Ramey Photo/PA Photos; Sean e os *paparazzi*: Rex Features

No set de filmagem de *Surpresa de Shanghai*: Herbie Knott/Rex Features; Sean e Madonna sentados num sofá: © Bettmann/Corbis; Paula Ciccone: Sipa Press/Rex Features

Madonna como Nikki Finn: © Jurgen Vollmer/Redferns; Madonna dançando no palco: PA/PA Archive/PA Photos; Madonna no filme *Quem é essa garota*: Warner Bros/The Kobal Collection

Madonna na turnê *Who's That Girl?*: Time & Life Pictures/Getty Images; Madonna na peça *Speed-the-Plow*: Time & Life Pictures; Madonna e Sandra Bernhard: Kip Rano/Rex Features

Madonna e as suas *backing vocals*: © Neal Preston/Corbis

Madonna c. 1990: Time & Life Pictures/Getty Images; Warren Beatty e Madonna no *set* de filmagem de *Dick Tracy*: Touchstone/The Kobal Collection; Al Pacino e Madonna em *Dick Tracy*: Touchstone/The Kobal Collection/Foreman, Richard

Madonna fazendo cena numa cama: © Neal Preston/Corbis; Warren Beatty e Madonna: © Allen Ginsberg/Corbis; Warren Beatty e Madonna dentro de um carro: Time & Life Pictures/Getty Images

Madonna no MTV Music Awards: © Neal Preston/Corbis

Segundo caderno

A turnê *The Girlie Show*: Kathy Willens/AP/PA Photos

Cartaz do filme *Na cama com Madonna*: Aquarius Collection; Madonna no *set* de filmagem com Woody Allen: The Kobal Collection; foto de cena de *Na cama com Madonna*: Retna; Alan Parker e Madonna: bfi Stills

Livro *Sex*: Rex Features/Sipa Press; Madonna caracterizada de Jean Harlow: © Schwartzwald Lawrence/Corbis Sygma

Madonna caracterizada de dominatrix: © Neal Preston/Corbis; Madonna na turnê *The Girlie Show*: © Neal Preston/Corbis

Madonna no *set* de filmagem do videoclipe de “Ray of Light”: Getty Images; exercitando-se com J.F.K. Jr.: Rex Features; Madonna com seu pai: Associated Press

Madonna com Ingrid Casares e Guy Oseary: © Mitchell Gerber/Corbis; Madonna, Lourdes e Ingrid Casares: Alex Oliveira/Rex Features

Madonna no comício do presidente Clinton: © Wally McNamee/Corbis; com Jean Paul Gaultier: Dave Lewis/Rex Features; com Carlos Leon: Richard Young/Rex Features; Lourdes Maria: Sipa Press/Rex Features

Turnê *Drowned World*: Diana Scrimgeour/Redferns

Madonna e Guy Ritchie: © Reuters/Corbis; pregão de casamento: James Fraser/Rex Features; Madonna e Britney Spears: © Reuters/Corbis

Madonna e a rainha da Inglaterra: © Corbis; Madonna no lançamento de seu livro: © Michael Crabtree/Reuters/Corbis

Cartaz do filme *Destino insólito*: Ska Films/The Kobal Collection; Madonna com Guy Ritchie: © Warren Toda/epa/Corbis; no *set* de filmagem de *Destino insólito*: Ska Films/The Kobal Collection

Turnê *Re-Invention*: Retna e © Robert Galbraith/Reuters/Corbis; turnê *Confessions*: Retna e © Jessica Rinaldi/Reuters/Corbis;

Madonna na cruz: Getty Images; apresentação no Live 8: Mick Hutson/Redferns; com Bob Geldof: © José Manuel Ribeiro/Corbis

Madonna e Guy com um guarda-costas: © Boaz Oppenheim/epa/Corbis; saindo de uma cerimônia da cabala: Diane L. Cohen/Gamma; Guy e Madonna numa festa: © Hubert Boesl/dpa/Corbis

Madonna e Guy com as crianças no Hyde Park: Getty Images

Madonna no Malauí: Rex Features

Madonna, David e Lourdes: Karel Prinsloo/AP/PA Photos

Índice

C

F

G

H

I

J

K

L

N

R

T

U

V

W

X

Y

Z

EDITORA RESPONSÁVEL
Izabel Aleixo

PRODUÇÃO EDITORIAL
Daniele Cajueiro
Mariana Elia

REVISÃO DE TRADUÇÃO
Lucas Nunes

REVISÃO
Izabel Cury
Isabela Fraga
Isabela Cutrim

INDEXAÇÃO
Adriana Torres

DIAGRAMAÇÃO
Filigrana

Este livro foi impresso em São Paulo, em agosto de 2008, pela Lis Gráfica e Editora, para a Editora Nova Fronteira. A fonte usada no miolo é Sabon, corpo 11,5/16. O papel do miolo é pólen soft 70g/m^2 e da capa é cuchê brilho 120g/m^2.

Visite o site do livro:
www.madonna50anos.com.br